IMPRIMERIE PANCKOUCKE,
rue des Poitevins, 14.

OEUVRES

DE

MACROBE

TRADUCTION NOUVELLE
PAR MM. HENRI DESCAMPS
N. A. DUBOIS, LAASS D'AGUEN
A. UBICINI MARTELLI

TOME PREMIER

PARIS

C. L. F. PANCKOUCKE, ÉDITEUR,
OFFICIER DE L'ORDRE ROYAL DE LA LÉGION D'HONNEUR
RUE DES POITEVINS, 14

1845

NOTICE

SUR MACROBE.

Le critique Macrobe (Aurelius, Ambrosius, Theodosius), selon les probabilités les plus vraisemblables, paraît avoir composé ses ouvrages sous l'empire d'Honorius et du jeune Théodose, vers le commencement du ve siècle. Malgré le besoin que nous éprouvons de donner plusieurs détails biographiques au sujet d'un écrivain qui nous a laissé de si curieux commentaires sur les coutumes privées de l'ancienne Rome, force est à nous de ne pas accomplir ce devoir, par l'absence presque totale des matériaux nécessaires. Et cependant Macrobe obtint, de son vivant, le titre pour le moins honorable d'*homme illustre* [*vir illustris*]; il exerça les fonctions et la dignité de chambellan impérial [*præfectus sacri cubiculi*] : distinctions aussi éminentes autrefois qu'aujourd'hui, dans certaines cours de l'Europe, et qui, d'après les mœurs et les formes gouvernementales de l'empire romain en décadence, devaient correspondre aux premières charges dont s'appuyait le trône des césars. Or, sous Honorius et sous Théodose le jeune, un *homme illustre*, un *chambellan impérial*, rappelait, en quelque sorte, le secrétaire du cabinet, le grand domestique, nous avons presque dit, le préfet du prétoire, si puissant dans les troubles civils de l'anarchie impériale, puisqu'il fit et défit plus d'une fois les empereurs.

Quoi qu'il en soit, c'est tout au plus s'il nous reste des renseignements positifs sur l'époque de la mort d'un auteur qui fut honoré, comme le soupçonnent les scoliastes, d'assez notables qualifications. Ainsi donc, bien que sa mort ne soit pas plus connue que sa vie, l'on présume, disent les plus véridiques de ses interprètes, et sans trop oser même l'affirmer, qu'il mourut l'an 415 de l'ère chrétienne.

Nous sommes certains, du reste, sauf encore les réclames de ses prétendus homonymes, qu'on lui doit trois compositions assez connues : un *Commentaire* du livre de Cicéron ayant pour titre : *le Songe de Scipion;* un *Traité sur l'analogie et les différences des langues grecque et latine,* et sept morceaux de mélanges critiques du plus curieux intérêt, intitulés *Saturnales* [*Convivia Saturnalia*] : dernier ouvrage et le plus important de Macrobe, qui a pris soin de l'écrire sous la forme du dialogue, et dont le genre présente un rapport sensible avec les *Nuits attiques* d'Aulu-Gelle. C'est plutôt, comme il est facile de le voir, l'œuvre d'un antiquaire que d'un écrivain de profession. La négligence incorrecte et la pesanteur du style dénué de chaleur et de toute espèce de coloris, ne trahissent que trop les efforts laborieusement pénibles de l'étranger peu fait au nouvel idiome qu'il adopte, ou qu'il s'évertue à reproduire. Quelque graves que soient ces défauts qu'on ne pouvait, toutefois, éviter de rencontrer, l'ouvrage de Macrobe ne laisse pas que d'offrir un assez grand nombre de savantes compilations, des aperçus pleins de goût et de profondeur sur Homère et Virgile : ce recueil se recommande aussi par l'intérêt des digressions historiques et mythologiques.

Quant à la partie bibliographique, en tête des meilleures éditions de l'auteur sont placées celles de Leyde, 1670, in-8°, *cum notis variorum;* de Zeune (Leipzig, 1776, *id.*), et l'édition *bipontina*, 1788, qui renferme également deux volumes.... mais rien de plus rare que celle in-folio de Venise (1472).

Le martyrologe de saint Jérôme et le calendrier de Carthage parlent aussi d'un saint Macrobe, dont la fête se célèbre le 16 février, et d'un autre homonyme de l'ancien critique. Mais, de bonne foi, saint Macrobe ne saurait être l'*homme illustre,* le *chambellan* du jeune Théodose : et c'est ce que nous nous efforcerons de démontrer plus explicitement par la suite de cette notice.

Plus la vie de Macrobe est ignorée, plus le zèle investigateur des scoliastes et des interprètes a multiplié les versions sur ce personnage, qui reste encore incompris, biographiquement parlant. Continuons de donner, à cet égard, au lecteur, le texte le plus raisonnable d'un original dont on ne sait pas même le lieu de la naissance.

D'abord, et sans craindre de nous abuser, affirmons qu'il était grammairien. Serait-ce à sa gloire? Non, certes, si l'on veut bien avoir le triste courage d'examiner le soin minutieux avec lequel il analyse les plus petits mots de sa langue d'adoption. Mais, il faut le dire aussi, les bonnes intentions du philosophe platonicien dédommagent amplement, chez Macrobe, des vétilles grammaticales de l'hypercritique érudit. Et, si l'on n'a pu nous donner ses noms eux-mêmes avec la plus simple apparence de certitude, on conviendra du moins qu'il défend de très-bonne grâce, avec autant de goût que de chaleur, le système du divin Platon contre les subtilités d'Aristote, le tout sans manquer de respect au grand philosophe péripatéticien.

A présent, que son nom de Macrobe (du grec Μακρόβιος, de longue vie) ne soit qu'un surnom, qu'importe au lecteur; et comment s'en assurer après tout, puisque l'on n'est nullement d'accord si sa vie fut courte ou longue, au milieu des incertitudes et des obscurités qui se rattachent à son nom? Pour ce qui regarde sa naissance, comme il nous apprend lui-même que le latin n'était pas sa langue naturelle, il ne pouvait donc être né ni à Parme, ni à Vérone, ainsi que plusieurs modernes le supposent. Il s'appelle, dans un manuscrit, *Sicerinus*, ou plutôt telle est l'épithète que l'on joint à ses autres noms et surnoms : d'où l'on pourrait entendre qu'il était de Sicca, ville de Numidie, ou qu'il naquit plus vraisemblablement à Sicenus, une des îles Sporades, situées sur la mer Égée; son style offrant, de plus, un grand nombre d'hellénismes. Il paraîtrait aussi, d'après une loi du code Théodosien, que, vers l'année 422, il obtint la dignité de *chef de la garde-robe* (c'est le titre latin de *præfectus sacri cubiculi*); nous en avons fait mention plus haut : seulement les modernes commentateurs changent la dénomination en français. C'est à la cour du jeune Théodose qu'il fut revêtu de cette charge, à laquelle on eut soin d'ajouter d'autres attributions honorifiques (Voir l'article vi et l'article viii du code Théodosien). Il reste authentique, à suivre la même version, qu'il était païen d'origine. Aussi, dans les *Saturnales*, bien que le sujet l'amenât tout naturellement à discuter sur la religion chrétienne, s'il ne traite nullement cette matière, ce fut sans doute par un sentiment de reconnaissance pour les bienfaits de son maître l'empereur Théodose.

Si nous adoptons une seconde table bibliographique, ses *Commentaires du Songe de Scipion* et les sept livres des *Saturnales* parurent conjointement sous ce titre latin : *In Somnium Scipionis expositio;—Saturnaliorum* libri vii (Venise, Jenson, 1472, in-f°; Alde, 1528, in-8°; Bâle, Hervag., 1535, in-f°, etc., etc.). Le troisième ouvrage de Macrobe : *De differentiis et societatibus*

Græci Latinique verborum, parut, in-8°, à Paris, chez Henri Estienne, en 1583; *ibid.*, Duval, 1588, également in-8°; et, l'année 1605, in-4°, dans les *Grammatici veteres* de Putsch, Hanau. Ce même *Traité sur l'analogie et les différences des langues grecque et latine* figure dans toutes les éditions suivantes des œuvres de Macrobe, dont les plus estimées sont, comme nous l'avons dit au commencement de cette notice, celles de Leyde, in-8°, 1597 et 1670, *cum notis variorum;* Leipzig, 1774, aussi in-8°, *idem;* Deux-Ponts, 1788, en 2 volumes, également in-8°.

Dans le premier de ces ouvrages, l'auteur prend pour texte le *Songe de Scipion,* fragment du sixième livre de la *République* de Cicéron. C'est là que Scipion Émilien voit l'Africain, son aïeul, lui montrant les récompenses dont jouit la vertu, quand elle aborde le séjour des Immortels ; il expose l'opinion des anciens philosophes sur le système du monde ; y reproduit la célèbre trinité platonicienne; soutient que la nature est indestructible, et ne trouve qu'allégories, phénomènes de la physique chez les dieux du paganisme.

Les sept livres des *Saturnales* sont le plus important des ouvrages de Macrobe : il donne un semblable titre à ce traité, parce qu'il y entretient son fils de différentes conversations qu'il suppose avoir eu lieu dans des festins et des conférences, pendant les fêtes ainsi nommées Saturnales, et qui duraient alors huit jours successifs ; mais ce livre, à proprement dire, et tel qu'il nous fut transmis, ne contient au fait que deux journées, bien qu'il se divise en sept livres. Le but de l'auteur, comme il est facile de le voir, est d'imiter la forme d'un dialogue de Platon, ou le *Banquet des sept sages* de Plutarque. Au nombre des douze ou treize interlocuteurs qu'il produit en scène, on distingue Prétextatus (chez lequel se tient la docte réunion qui s'assemble dans sa propre bibliothèque); l'éloquent païen Symmaque, si connu par son discours sur le temple de la Victoire; Servius le grammairien, et d'autres personnes très-recommandables de la même époque.

La première discussion parle des *Saturnales,* des diverses fêtes romaines et du calendrier romain. Rien de plus varié que la seconde discussion : elle est présentée comme sous la forme d'*ana;* fragment d'autant plus curieux et plus piquant d'intérêt, que la plupart des anecdotes privées qu'il renferme sur la vie et les mœurs individuelles des anciens Romains, ne se rencontrent chez nul autre écrivain de l'antiquité. Voilà sans doute ce qui, dernièrement encore, faisait dire au savant Ch. Nodier, qu'il y a dans Macrobe quelques pages capables d'inspirer les écrits de la plus grande étendue.

Les quatre livres qui suivent les deux premiers entretiens, présentent l'examen et le développement non moins raisonné qu'approfondi des poëmes de Virgile, ainsi que des emprunts qu'il a faits non-seulement à Homère, mais encore aux autres poëtes de l'Italie. Dans la septième discussion enfin, on disserte sur différentes questions physiques, physiologiques et même littéraires.

Coupé, dans le quatrième volume de ses *Soirées de littérature*, et Chompré, dans le tome troisième de ses *Modèles de latin*, ont traduit plusieurs passages des *Saturnales*. Un ancien professeur du collége de France, M. Couture, en avait fait une traduction complète : on ignore pour quels motifs elle n'a pas été publiée.

Nous ne possédons point, tel que l'avait rédigé Macrobe, le *Traité sur l'analogie et les différences des langues grecque et latine :* en supposant que ce qui nous en reste, soit un abrégé pur et simple, composé par Jean Scot Érigène, comme l'assure le savant Pithou, l'ouvrage pourrait avoir donné toutefois au critique La Harpe l'idée première de sa *Comparaison des langues*. Toujours est-il que le latin de Macrobe se ressent du mauvais goût d'un siècle en décadence. Convenons cependant qu'Érasme et les autres critiques du même temps ont pu lui reprocher, mais avec trop d'exagération peut-être, des vices de style, vu le texte tout en lambeaux et complétement dénaturé qu'offraient les premières éditions. Laissons là d'ailleurs ses nombreux plagiats et ses incohérences de plan : de pareils défauts devaient nécessairement résulter du cadre dont il avait fait choix. Certes, il nous serait bien plus utile, s'il avait pris la peine d'indiquer les noms de ceux à qui l'on doit les morceaux qu'il prête aux divers interlocuteurs de ses ouvrages.

Avant de mettre à profit, pour la clarté de cette Notice, l'important et consciencieux travail de M. Mahul, disons qu'un autre Macrobe, prêtre africain, et qui fut évêque des Donatistes à Rome, composa, vers l'année 344, un opuscule ou mandement adressé *ad confessores et virgines;* puis une épître aux habitants de Carthage, *sur le martyre des Donatistes Isaac* et *Maximien*. Il existe un extrait de cette pièce dans la seconde édition du t. IV des *Analectes* du Père Mabillon, p. 185.

Il fallait sans doute que les humanistes du moyen âge, qui savaient si bien apprécier les trésors d'érudition grecque et latine, désespérassent de nous donner des documents positifs sur la vie et les œuvres de Macrobe, pour laisser aux modernes le soin de réparer cette omission ; nous serions trop heureux de remplir une pareille lacune au moyen des renseignements épars çà et là que fournissent leurs différentes interprétations, et des écrits plus rapprochés de nos jours.

Si nous devons revenir encore sur les noms divers que porta Macrobe, de ce que celui de Théodose presque toujours se place le premier, faudrait-il en conclure, avec P. Colomiès, que ce fut le nom sous lequel on le reconnut et le remarqua de son vivant? Alors le nom de Macrobe ne serait qu'un simple surnom. Or, telle est la manière dont Colomiès appuie et développe sa pensée : « A quel Théodose, dit-il, Avienus a-t-il fait la dédicace de ses fables? quel est enfin ce Théodose? » Lilio Geraldi affirme positivement que c'est l'empereur ; erreur véritable ! car ce Théodose ne saurait être un autre que celui qui, dans notre langage, s'appelle communément Macrobe, mais qui devait être, sans aucun doute, appelé Théodose par les anciens. L'appendice et l'addition de Jean, d'Érigène, ou de quelque autre, en est une preuve convaincante (Voir le *Traité sur l'analogie et les différences*, etc., etc.). Le passage suivant d'un vieil interprète de l'*Ibis* d'Ovide vient de plus confirmer notre opinion. Voici comme il s'exprime : « *Tyrannus,* mot des deux genres, selon la règle qu'établit *Théodose le grammairien.* »

P. Pithou pense de même, sauf quelque doute ; suivant le Père Sirmon, au contraire, qui ne se montre pas moins affirmatif et moins tranchant que Colomiès, le Théodose dont Boëce fait mention, celui-là même à qui furent dédiées les fables d'Avienus, c'est Macrobe : le catalogue des manuscrits d'Isaac Vossius, que rédigea Colomiès, présentant, sous le n° 294, l'indication ci-jointe : *Theodosii (imo Avieni) ad Macrobium Theodosium fabulæ.* D'une autre part, Saxius et Henri Cannegieter sont si loin d'adopter cette opinion, qu'ils font Avienus contemporain de l'empereur Antonin le Pieux.

A croire Osarth, il existait un manuscrit qu'il eut en main lui-même, et portant ce titre : *Macrobii, Ambrosii, Oriniocensis in Somnium Scipionis commentarium incipit;* d'où il conclut que Macrobe aurait pris ce nouveau nom d'Oriniocensis, soit du lieu de sa naissance, ou par allusion à son *Commentaire sur le Songe de Scipion* Émilien : comme si l'on employait l'épithète d'*onirocritique,* terme composé de deux mots grecs : ὄνειρος [songe] et κρίνειν [juger]. La même interprétation est donnée par le scoliaste d'un manuscrit que posséda Pontanus, un des anciens commentateurs de Macrobe; seulement tantôt on l'y nomme *Ornicensis*, tantôt *Ornicsis*.

Selon le Père Alex. Wilthem, un manuscrit du monastère de Saint-Maximin était ainsi intitulé : AVR. MEMM. SYMMACH. VS. V. C. emendabam. VEL. DIV. MEVM. Ravennæ. CVM. MACROBIO. PLOTINO. EVDOXIO. Ce manuscrit portait encore un titre tout différent, que Wilthem avait eu soin de transcrire par ces mots : MACROBII. AMBROSII. SICETINI. DE. SOMNIO, etc., etc. Avant de sortir du labyrinthe presque inextricable des différentes dénominations de Macrobe, qu'on nous permette de citer l'anecdote suivante, conservée précieusement par Jurieu[1], de fougueuse et fanatique mémoire: « Un écolier, dit ce violent ennemi de Bayle, fut saisi par un inquisiteur, parce que l'on trouva, dans sa bibliothèque, un *Macrobius*. Le membre du saint office jugea que cet effroyable nom, *Macrobii Saturnalia*, ne pouvait être que celui de quelque hérétique allemand. »

Nous avons déjà parlé du titre de *Sicetini*, qui paraîtrait, selon toute évidence, être le nom de la patrie de l'auteur. Serait-ce, nous le répétons, la ville de Numidie, Sicca? Salluste en appelle les habitants *Siccenses*; quant à la ville, c'était *Sicca Veneria*, selon Procope et Ptolémée; Solin la nomme tout simplement *Veneria*. Si nous laissons de côté les fables mythologico-mythographiques, le mot de *Sicetini* donnerait-il à entendre que Macrobe était originaire d'une des Sporades précédemment désignées? Cette île est appelée Sicenus dans Strabon; Ptolémée la nomme Sicinus; c'est l'île de Sicynus avec Pomponius Méla, et de Sycinui avec Pline.

Trêve ici de recherches inutiles : nul indice ne saurait d'ailleurs nous amener à résoudre la grande question du lieu de naissance de Macrobe. Il y aurait plus que de la témérité à oser l'entreprendre sur la foi d'un seul manuscrit.

Mais que répondre à ceux qui le font originaire de Parme? C'est une assertion encore plus erronée que la précédente, bien qu'elle ait été reproduite par un grand nombre de dictionnaires : elle ne peut que reposer, du reste, sur quelque vague tradition. M. Mahul, à qui nous empruntons ces détails, en ignore tout à fait la source; le plus ancien auteur qui l'énonce est Gaudentius

---

[1] *Histoire du calvinisme et du papisme mis en parallèle*; Rotterdam, 1633; in 4°, t. 1, p. 67.

Mérula, contemporain du xvie siècle; encore est-ce pour la signaler comme une erreur qu'il ose hasarder une semblable version. Ce qui toutefois, à part le sentiment des plus illustres érudits, la réfute d'une manière décisive, c'est le témoignage personnel de Macrobe lui-même : « Nos sub alio ortos cœlo, Latinæ linguæ vena non adjuvat.... petitum impetratumque volumus, æqui bonique consulant, si in nostro sermone nativa Romani oris elegantia desideretur. » (*Saturn.* lib. I, c. 2.)

Habemus confitentem reum! pourrait-on ici répondre à tout commentateur qui s'efforcerait encore de faire un Latin de Macrobe. Donc il était Grec, à ne consulter que l'étymologie de son nom : et l'on sait que, quand il composa ses ouvrages, le monde civilisé ne parlait que les deux langues grecque et latine. Ce qui prouverait plus encore qu'il était Grec, c'est son style : non que l'on y reconnaisse la noblesse et l'harmonie du plus noble des idiomes : il se trahit par ses défauts mêmes qu'il s'imagine être des beautés nationales.

Écrivant en latin, quoique Grec, à une époque dégénérée des beaux modèles dans les deux genres, malgré les fréquentes citations de sa langue primitive et ses bigarrures toutes hérissées d'hellénismes, Macrobe, quant au mérite d'écrivain, est un Grec du Bas-Empire et un Latin déchu du beau siècle des lettres romaines, quel que soit son enthousiasme pour les Platon et les Homère, les Cicéron et les Virgile. Après ce jugement définitif de critique littéraire sur la patrie de notre auteur, il serait inutile d'ajouter qu'au rapport des *Lectiones antiquæ* de Célius Rhodiginus, les habitants de Vérone comptaient Macrobe parmi les écrivains nés dans leur ville. Cette opinion, qui n'a pu trouver un seul partisan d'une grave autorité, tombe d'elle-même.

Il deviendrait plus que fastidieux, du moment où l'on assigne tant de diverses patries à Macrobe, de vouloir préciser l'année positive de sa naissance. Et cependant, s'il faut en croire les lois du code Théodosien qu'on lui adresse, ainsi que les noms des personnages déjà cités dans les *Saturnales*, et qui furent ses contemporains, tels que Symmaque et Prétextatus, ce qu'il y a de plus clair, c'est qu'il vécut sous les règnes de Théodose le jeune et d'Honorius, entre la date, bien entendu, correspondant à l'année 395, lors de l'avénement au trône du dernier de ces deux princes, et l'an 435, époque où fut publié le code Théodosien. Ceux donc qui nous ont donné la classification chronologique des auteurs latins, ont cru devoir suivre ce laps de temps sans nullement en dévier; témoin la Chronique du *Nouvel Almageste,* où Riccioli classe Macrobe entre les années 395 et 400; il en profite même pour réfuter l'erreur adoptée par Génébrard, Theret et Sansovino, qui l'avaient placé faussement vers le second siècle du christianisme, comprenant dans la même critique les rédacteurs du catalogue de la bibliothèque du Vatican, qui placent Macrobe au xe siècle. Saxius le fait naître en 410; M. Schœll le fait figurer sous l'année 409, dans la *Table synoptique des écrivains romains*, mise en tête de son *Histoire de la littérature latine* (Paris, 1814, 4 vol. in-8°, t. IV, p. 300).

Le code Théodosien a, de plus, consigné toutes les fonctions publiques et les dignités impériales de l'écrivain qui nous occupe. Une loi de Constantin, datée de Sirmium, le 12 des calendes de mars (année 326), se trouve, par exemple, être adressée à un Maximianus Macrobius, sans qualification ni titres honorifiques, excepté la différence du prénom, jointe à l'époque où il vécut. Ce qui pourrait faire penser que ce Maximianus Macrobius fut le père ou l'aïeul de l'auteur des *Saturnales* et du *Commentaire*.

La loi XIII, liv. xvi, tit. 10, *de Paganis* (code Justinien), est adressée par l'empereur Honorius au vice-préfet (*pro-præfecto*) des Espagnes, Macrobe.

On l'y accuse d'empiètement de pouvoir, en le qualifiant de *vicarius*, par une loi datée de Milan, l'année 400. La loi II, liv. vi, tit. 28, *de Indulgentiis debitorum*, datée de 410, s'adresse à Macrobe, proconsul d'Afrique.

Enfin, dans un rescrit d'Honorius et du jeune Théodose, sous la date de l'année 482, et qui s'adresse à Florent, les empereurs proclament qu'ils mettent la dignité de *præfectus sacri cubiculi* de pair avec celle de préfet du prétoire (comme nous l'avons déjà remarqué), de préfet de ville ou de préteur militaire. Les personnes revêtues de ces fonctions devaient jouir des mêmes honneurs et des mêmes priviléges que ces hauts dignitaires de la magistrature. « C'est en faveur de Macrobe, et pour lui témoigner l'estime que nous faisons de ses services, ajoutaient les mêmes empereurs, que nous avons porté cette loi. Nous *entendons* et *ordonnons* qu'il soit le premier à profiter de son bénéfice, et cela sans que ses prédécesseurs, sortis de charge, aient le droit d'y prétendre. » Ils qualifiaient en même temps leur favori du titre honorable de *vir illustris*. Voilà peut-être des preuves de réhabilitation plus qu'authentiques, et qui pourraient relever le païen Macrobe de l'anathème inquisitorial signalé par Jurieu.

Le titre de *præfectus sacri cubiculi* répondant, par la traduction moderne, à celui de *grand maître de la garde-robe*, on compare cet emploi aux attributions du grand chambellan dans les cours de notre moderne Europe. Mais, il faut l'ajouter ici, les empereurs d'Orient et d'Occident de l'ancienne Rome avaient des grands chambellans comme dans notre siècle. Le *præfectus sacri cubiculi*, suivant l'ordre hiérarchique de domesticité impériale, occupait le premier rang dans la troisième classe des *illustres*. Parmi les autres dignitaires, ses subalternes, on rangeait le *primicerius sacri cubiculi*, qualifié de l'épithète de *spectabilis*, et les *chartularii sacri cubiculi* au nombre de trente, etc., etc. Mais revenons à Macrobe : s'il obtint également, suivant les manuscrits, le titre *de vir illustris* (ou *illuster*) et de *consularis*, c'est que, d'après Gronovius, on donnait alors aux gouverneurs des provinces une semblable dénomination; de plus, dans l'*Index dignitatum* d'Ernesti, en tête de son édition d'Ammien Marcellin, le gouverneur de la Cœlé-Syrie fut qualifié de *vir consularis*. Quant à l'épithète d'*illuster*, différents écrivains, que cite le *Thesaurus* de Gessner, démontrent qu'alors on appelait de ce nom les sénateurs de première classe. Au reste, plus d'un savant révoque en doute l'identité du Macrobe dont il est question dans le rescrit de Florent, avec le Macrobe des *Saturnales*. Un pareil doute se fonde sur ce que le poste de *præpositus sacri cubiculi* fut l'apanage habituel des eunuques, tandis qu'au contraire, Macrobe eut un fils, nommé Eusthate (Voir le *Commentaire sur le Songe*), auquel il dédie ses ouvrages les plus importants, et qu'il salue d'une tendresse honorablement affectueuse et toute bienveillante : *Eusthati fili, luce mihi dilectior.... vitæ mihi pariter dulcedo et gloria!*

Un point essentiel pour le monde érudit fut toujours de savoir de quelle religion était Macrobe. Depuis la naissance du culte réformé, cette question devenait surtout palpitante d'intérêt : aussi devait-elle provoquer, dès le xvie siècle, les plus vives et les plus nombreuses controverses. Dans ses *Objections contre l'Évangile*, Collins n'hésite pas à faire chrétien l'auteur des *Saturnales*, parce qu'il raconte, au liv. II, ch. 4, le massacre des enfants de Bethléem, etc., etc., événement rapporté par saint Mathieu, et sur lequel tous les écrivains du paganisme gardent un silence peu vraisemblable. Grotius et Barth partagent l'opinion de Collins; mais Barth classe Macrobe au nombre des païens, tout en paraissant reconnaître, sur de légers indices, qu'il professait la religion chrétienne. Quelques expressions d'ailleurs, telles que *Deus, omnium fabricator, Deus opifex*, des

Saturnales, ainsi que d'autres du *Commentaire*, purent abuser Collins, Barth et consorts, quoiqu'elles sembleraient encore très-naturelles sous la plume d'un néo-platonicien du ive siècle. Dans une réponse contradictoire à Collins, Masson, établissant le paganisme de Macrobe, s'efforce de démontrer qu'à l'exemple de Celse, de Porphyre et de Julien, il n'eut pour but que de disculper le polythéisme du reproche d'absurdité qu'on lui adressait si justement; de là cette métamorphose de ses multiples divinités en symboles, emblèmes et divers attributs affectés au Soleil. On voit même, si l'on poursuit l'analyse des idées logiques de Masson, que Macrobe ne parlait jamais de ces dieux adorés par le vulgaire, sans faire entendre qu'il leur rendait aussi de semblables hommages publics. « Dans nos saintes cérémonies, nous prions Janus.... nous vénérons Apollon, etc., » dit le Macrobe du liv. i, ch. 9, des *Saturnales*. Telle est la profession de foi religieuse que l'on y rencontre à chaque entretien. Il aurait, certes, pris soin de s'en abstenir, s'il eût professé la religion chrétienne, surtout à l'époque où le paganisme et le christianisme se partageaient la croyance du monde entier, quand cette lutte religieuse régnait encore dans toute sa force, qu'elle était la pensée prédominante qui agitait alors la presque universalité des esprits. Qui ne connaît, après tout, les mœurs des premiers chrétiens? Ils poussaient l'observance de leurs pieux devoirs jusqu'à l'héroïsme des persécutions et du martyre. Lorsque tant de généreuses victimes préféraient la mort aux plus faibles concessions que les empereurs païens voulaient leur imposer, quel motif puissant aurait pu contraindre le chrétien Macrobe à rendre publiquement, dans ses ouvrages, aux faux dieux, des honneurs qu'il eût réputés criminels? Et puis, ne voyons-nous pas aussi que tous les interlocuteurs des *Saturnales*, tous ceux que Macrobe représente comme ses amis et ses confidents les plus intimes, protestent du plus parfait accord, de l'admiration la plus sincère pour le système religieux de Prétextatus. Qui ne sait aussi que ce dernier était prêtre du paganisme?

Voici l'éloge que Macrobe adresse à Prétextatus, au liv. i, ch. 17, des *Saturnales* :

« Quand il eut cessé de parler, tous les assistants, les yeux fixés sur lui, témoignaient leur admiration par un profond silence. Ensuite on se mit à louer, l'un sa mémoire, l'autre sa doctrine, tous *sa religion*, assurant qu'il était le seul qui connût bien les mystères de la nature des *dieux*; que lui seul avait l'intelligence de comprendre les choses divines, et le génie d'en parler. »

Pour ce qui regarde Symmaque, noble personnage que nous avons déjà fait connaître comme un des principaux interlocuteurs du même ouvrage (*Saturnales*), il exerça le suprême sacerdoce de souverain pontife; et ses opinions religieuses ne sauraient être suspectes, puisque nous possédons les écrits qu'il a composés contre le vrai culte. Enfin, une preuve dernière, et toujours par présomption, en faveur du paganisme de Macrobe, nous l'avons déjà donnée, nous la reproduisons de nouveau, comme la plus forte de toutes : c'est le silence absolu de l'auteur sur la religion chrétienne, qu'il devait être amené si naturellement à discuter dans ses livres critiques et religieux, où le principe de l'immortalité de l'âme occupe une place très-importante. Était-ce par crainte de perdre ses hauts emplois, sous un empereur chrétien, qu'il n'aborde pas cette question? Croyons plutôt, et plaisons-nous à répéter, qu'il obéissait aux sentiments de la reconnaissance envers son maître et son bienfaiteur. Le silence qu'il garde prouve, du reste, son courage et sa noblesse de caractère : il craignait de blesser Théodose le jeune, sans chercher cependant à flatter son opinion religieuse.

Après avoir épuisé tout le catalogue des documents biographiques, bibliographiques et critiques sur la personne de Macrobe, passons à l'analyse littéraire de ses œuvres.

Elles sont, comme déjà l'on a pu le voir, au nombre de trois :

1º. Le *Commentaire sur le Songe de Scipion*;
2º. Les *Saturnales*;
3º. Le *Traité sur l'analogie et les différences des langues grecque et latine*.

COMMENTAIRE SUR LE SONGE DE SCIPION. — C'est l'ouvrage que j'ai traduit : on me permettra de donner sur ce sujet des détails plus étendus.

Au sixième livre de sa *République*, Cicéron représente Scipion Émilien voyant lui apparaître dans un songe le vainqueur d'Annibal, Scipion l'Africain, son aïeul, qui lui décrit les récompenses destinées, après leur mort, ou plutôt dans une autre vie, aux grands hommes dont les services méritèrent la reconnaissance de leurs concitoyens, sur la terre. Macrobe fait choix de ce texte si fécond en développements scientifiques de tous genres, pour exposer les idées des anciens par rapport au système du monde. Son *Commentaire* se divise en deux livres seulement; ce qui ne l'empêche point d'y renfermer toutes les sciences connues de son temps. L'astronomie et l'astrologie, la physique céleste, la métaphysique et la cosmologie : telles sont les diverses branches des connaissances humaines qu'embrasse le terrain de la discussion; ouvrage d'autant plus précieux, qu'il est, en quelque sorte, l'expression fidèle des sentiments de la science contemporaine du siècle où vivait l'auteur; c'est comme l'analyse de l'opinion des érudits de cette époque sur ces différentes matières. Selon Brucker, Macrobe s'y montre l'adepte de la secte des néoplatoniciens, soit qu'il reproduise la trinité du grand philosophe, qu'il soutienne que la matière est indestructible et ne fait que changer réellement de forme, quand elle paraît s'anéantir aux yeux du corps; soit qu'il ne puisse voir enfin dans les divinités païennes que des allégories et de simples phénomènes de la nature physique (*Historia critica philosophiæ a Jacobo Bruckerio*, 6 vol. in-4°, etc., etc.).

Les connaissances astronomiques développées dans les deux livres du *Commentaire*, ont porté Riccioli à ranger Macrobe au nombre des astronomes; il va même plus loin : il consacre, dans l'*Almageste*, un chapitre spécial au système astronomique de l'auteur. Nous ne saurions adopter aujourd'hui ce docte enthousiasme; car il faut convenir que l'astronomie a fait d'immenses progrès depuis Macrobe jusqu'au savant M. Arago.

Le *Commentaire*, si l'on en croit Barth, n'était qu'un fragment des *Saturnales*. Son opinion est fondée sur ce qu'il a vu certain manuscrit de ce dernier ouvrage ayant pour titre : *Macrobii Th. V. C. et Inl. commentariorum tertiæ diei Saturnaliorum liber primus incipit*. D'où il semblerait évident, ajoute-t-il, que la principale division de l'ouvrage était par *journées*, dont le *Commentaire* aurait rempli la troisième. Macrobe y explique, en effet, le sens caché de Cicéron; comme, dans les *Saturnales*, il explique celui de Virgile. Ne serait-il pas possible aussi qu'on eût perdu quelques expressions tendant à lier ensemble l'un et l'autre ouvrage? car, vers la fin du second livre des *Saturnales*, quoiqu'il soit annoncé que la réunion doit avoir lieu le lendemain chez Symmaque, celle, toutefois, qui ouvre immédiatement le livre troisième, se fait chez Prétextatus. D'ailleurs, dans la division actuelle des livres, on en composerait à peine un seul des troisième et quatrième, surtout quand on les compare à l'étendue des précédents et des suivants (*Claudiani opera, ex editione et cum Commentario Gasp. Barthii*; Francof., 1650, in-4°, p. 791). Ce qui vient de plus à l'appui de cette opinion, c'est que, dans les deux ouvrages, Macrobe adresse également la parole à son fils Eustathe : remarquons néanmoins, en sens contraire de l'opinion précédente, que, si l'on nomme fréquemment les interlocuteurs dans les *Saturnales*, il n'est jamais fait mention de ces personnages dans les deux livres très-volumineux du *Commentaire*. Cette remarque suffirait peut-être pour détruire l'opinion de Barth. Ne se pourrait-il pas aussi qu'après avoir composé les *Saturnales* et le *Commentaire* pour ne faire qu'un seul et même ouvrage, le bon goût de Macrobe eût détaché le second du premier, comme un hors-d'œuvre? Et puis les noms des Scipion et de Cicéron ne forment-ils point un étrange anachronisme avec les interlocuteurs des *Saturnales*, quelque recommandables qu'ils fussent de leur temps?

Suivant l'opinion commune, le grammairien Théodore Gaza traduisit en grec le *Songe de Scipion* de l'orateur romain; de là, plusieurs érudits s'imaginèrent à tort qu'il avait également traduit le *Commentaire* de Macrobe. L'unique interprétation que nous possédions de cette œuvre en grec, est de Maxime Planude, moine de Constantinople, qui vécut vers l'année 1327, et que l'on croit être auteur de plusieurs autres ouvrages, parmi lesquels on distingue les fables connues sous le nom de *Fables d'Ésope*. Il existe, sur le témoignage du Père Montfaucon, un manuscrit de la traduction du *Commentaire* par Planude (traduction qui, du reste, ne fut jamais publiée) dans la bibliothèque de Coislin, n° 35 (olim 504); et dans la bibliothèque du Roi, d'après le catalogue des manuscrits, il en existe sept autres.

Les Saturnales sont le plus important et le plus cité des ouvrages de Macrobe. Sans décrire ici les fêtes dont le nom sert de titre au livre, nous renvoyons le lecteur aux septième et dixième chapitres du livre Ier. — Les *Saturnales* se divisent en sept livres, dans lesquels l'auteur raconte à son fils Eustathe les entretiens qu'il suppose avoir eu lieu dans les réunions tenues et dans les festins célébrés chez Prétextatus, pendant les Saturnales. Nommons d'abord les personnages qu'y met en scène Macrobe.

Le jurisconsulte Postumius raconte à Decius, son ami, quelles discussions s'engagèrent, pendant les Saturnales, chez Prétextatus; ce qu'il fait, d'après le récit d'Eusèbe, un des interlocuteurs, lequel avait eu soin, au sortir de ces réunions, de transcrire ce qu'il venait d'y entendre. Postumius assiste à la première *journée*; puis, obligé de vaquer aux occupations habituelles de sa profession, il se fait remplacer par Eusèbe; de sorte qu'il n'y a réellement que douze interlocuteurs dans les *Saturnales*, savoir : Eusèbe, Prétextatus, Flavien, Symmaque, Cécina, Decius Albinus, Furius Albinus, Eustache, Nicomaque-Avienus, Evangelus, Disaire, Horus et Servius.

Observons encore que jamais on n'entend Macrobe parler de lui-même au sujet de ces réunions; nulle part il ne dit qu'il y ait assisté : c'est que réellement, d'après les termes de son prologue, sans être de pures fictions, ces prétendues conférences servaient simplement de cadre à l'auteur qui orne beaucoup la vérité. « Je vais exposer, dit-il, le plan que j'ai *donné* à cet ouvrage. Les nobles les plus illustres de Rome se réunissaient chez Prétextatus, pendant la fête des Saturnales, etc. »

Puis, comparant ces banquets à ceux de Platon, et le langage de ses interlocuteurs à celui que tient Socrate dans les écrits du philosophe grec, « Si les Cotta, continue Macrobe, les Lélius, les Scipion ont pu traiter, dans les livres anciens, les plus importants sujets de la littérature latine, ne sera-t-il pas permis aux Flavien, aux Albinus, aux Symmaque, leurs *émules de gloire* (il le croit du moins), et qui ne leur sont pas inférieurs en vertu, de discuter sur quelques sujets de même nature? Et qu'on ne me reproche point que la vieillesse de plusieurs d'entre eux est postérieure au siècle de Prétextatus : les dialogues de Platon autorisent une *semblable licence*. Aussi n'ai-je compté pour rien, à son exemple, l'âge des convives réunis ensemble, etc., etc. »

Il reste constant, d'après cela, que, si des assemblées et des dissertations philosophiques et littéraires eurent lieu de fait chez Prétextatus, Macrobe ne nous en a transmis qu'un résultat disposé dans un cadre fictif et de sa pure imagination. Mais, comme les personnages qu'il introduit existèrent effectivement et presque à la même époque, donnons quelques détails sur chacun d'eux et dans un ordre successif.

Au premier rang mettons Prétextatus; c'était le président de la réunion, le roi de la table [*rex mensæ*], et de plus, les séances avaient lieu dans sa bibliothèque. Ce fut, comme il est vraisemblable, un païen profondément instruit des rites sacrés et des mystères, ou grands *arcanes* du polythéisme. Cependant, malgré tout le zèle et l'attachement qu'il professait pour la religion des faux dieux, « Qu'on me nomme évêque de Rome, disait-il, selon saint Jérôme, et je me fais aussitôt chrétien! » C'est lui qui, dans les *Saturnales*, prend le plus souvent la parole et qui tient les plus longs discours. Bref, Prétextatus était l'orateur de ce petit cercle parlementaire. A ses vastes connaissances comme savant, il joignait l'avantage d'exercer les plus hautes fonctions politiques et publiques. En 384, sous le règne de Valens et de

Valentinien, on le trouve désigné préfet de Rome. Selon Godefroi, qui le rapporte sur le témoignage d'un manuscrit, en 384 il fut préfet du prétoire. Ammien Marcellin le comble d'éloges dans l'énumération de tous les services qu'il rendit à Rome, durant sa préfecture. Nous apprenons aussi du même historien, que, sous Julien, il fut proconsul d'Achaïe, poste qu'il occupait encore au commencement du règne de Valentinien, comme l'écrit Zosime, qui, du reste, ne lui prodigue pas moins d'éloges qu'Ammien Marcellin. Plusieurs des lettres de Symmaque lui sont adressées. Il en est d'autres où le même Symmaque déplore la mort de Prétextatus, et dans la vingt-cinquième du dixième livre de son recueil, il nous fait savoir que Prétextatus venait d'être désigné consul pour l'année suivante, quand il mourut. C'est ce qu'appuie Gruter dans une inscription qu'il cite, et que nous allons transcrire [1].

Cette inscription provient d'une table de marbre trouvée à Rome, dans les jardins de la villa Mattei, inscription volumineuse et pleine de faste, qui brillait de tout son lustre sur le piédestal d'une statue élevée en l'honneur de Prétextatus. Sa famille, une des plus illustres de Rome, produisit plusieurs personnages recommandables : la *Roma subterranea* d'Aringhi en donne une notice étendue. Enfin, une des catacombes de Rome porte le nom de la famille *Prætextata*. Le sixième chapitre du troisième livre d'Aringhi lui est consacré, sous le titre de *Cœmæterium Prætextati*.

Le nom de Symmaque est encore plus connu que celui de Prétextatus, à moins qu'il ne s'agisse, dans les *Saturnales*, d'un autre personnage que du contemporain de Boëce. Symmaque (Quintus, Aurelius, Avianus), fils d'un préfet de Rome, fut de bonne heure entouré de toutes les jouissances du luxe et des charmes de la littérature. Le meilleur de ses maîtres était Gaulois, et Symmaque dut lui conserver une longue reconnaissance; car la renommée littéraire du disciple s'éleva presque à côté de celle de Pline le Jeune, qu'il s'était proposé pour modèle. Dès son enfance, il était destiné au barreau; son éloquence lui ouvrit le palais impérial. Sous les règnes de Valentinien et de Gratien,

---

[1] Vettio. Agorio. Prætextato. V. C. Pontifici. Vestæ. Pontifici. Soli. Aviodecemviro. Augurio. Tauroboliato. Curiali. Neocoro. Mierofante. Patri. Sacrorum. Quæstori. Candidato. Prætori. Urbano. Correctori. Tusciæ. Et. Unibriæ. Consulari. Lusitaniæ. Procons. Achaiæ. Præfecto. Urbi. Præf. Præt. II. Italiæ. Et. Illyrici. Consuli. Designato. Dedicata. Kal. Feb. — Dn. Fl. Valentiniano. Aug. III. Et. Eutropio. Coss. Jan.

il fut successivement grand pontife, questeur, préteur, gouverneur de la Campanie et du Bruttium, ensuite proconsul d'Afrique, où ses administrés lui érigèrent une statue. Avec tout cela, Symmaque était païen, et l'on comprend à peine son élévation à la cour fervente et pieuse de Valentinien et de Gratien, si ce n'est toutefois par des motifs de politique. Il y avait encore à Rome un parti très-puissant, qui s'était énergiquement rattaché à la vie expirante du paganisme. La religion du Christ avait subjugué partout les masses populaires; mais la haute et vieille aristocratie, qui dédaignait le peuple, soutenait vigoureusement les préjugés antiques, et la preuve en est que le sénat demanda presque à l'unanimité le rétablissement de l'autel de la Victoire. Symmaque fut choisi pour présenter la pétition solennelle à l'empereur, et en même temps il parut une lettre célèbre, qui traitait la question de l'autel de la Victoire. Une phrase remarquable de cette lettre est celle-ci: « Eadem spectamus astra; commune cœlum est; idem nos involvit mundus : quid interest qua quisque prudentia verum inquirat? uno itinere non potest perveniri ad tam grande secretum; sed hæc otiosorum disputatio est : nos preces, non certamina offerimus. » Quoi qu'il en soit, l'éloquence de Symmaque ne fit pas rétrograder le christianisme, et la statue de la Victoire resta au bas du piédestal. Aussi les païens gardèrent rancune à la famille impériale. Quand le meurtrier de Gratien, l'usurpateur Maxime, parut aux bords du Tibre, en 384, le sénat et Symmaque, alors préfet de Rome, se rangèrent ouvertement de son parti; Symmaque prononça même son panégyrique. Vint le grand Théodose; Maxime est tué; son armée détruite; le préfet de Rome, Symmaque, se réfugie dans une église, et, chose singulière! ce fut un hérétique, Léontius, le pape des Novatiens, qui obtint sa grâce d'un empereur orthodoxe; sa réhabilitation devint peu à peu complète, à tel point qu'en 391, Symmaque fut nommé consul, et, quelques années après, son fils obtint le titre de préteur, en 397. On ignore l'époque de la mort de Symmaque, sous les fils de Théodose. Le fils de Symmaque recueillit les lettres de son père, en fit arbitrairement un recueil, sans ordre chronologique, en dix livres, et les publia sous le règne d'Honorius. C'est là tout ce qui nous reste de Symmaque : ses autres ouvrages ont péri, les panégyriques, comme les travaux exclusivement littéraires. A défaut de monuments historiques, on trouve, dans la correspondance de Symmaque, des notices instructives pour l'histoire du temps, des anecdotes politiques, des faits et événements dans lesquels l'auteur a été témoin ou acteur. La plus intéressante de toutes ses lettres est la cinquante-quatrième du dixième livre, où Symmaque avait réuni en faisceau tous les arguments, toutes les accusations, tous les reproches que le paganisme formulait, depuis quatre siècles, contre les chrétiens. Cette lettre fit sensation dans le monde romain, et valut à son auteur de nombreuses réfutations, entre autres celles de Prudence et de saint Ambroise. Plusieurs passages de sa correspondance montrent qu'il était Africain, et qu'il conserva la plus tendre affection pour sa patrie. Dans ses recherches infatigables, Mgr le cardinal Angelo Maïo, précédemment conservateur de la bibliothèque Ambroisienne de Milan, a eu la bonne fortune, pour un érudit, de découvrir et de publier une foule de fragments des discours de Symmaque, lequel fit aussi une traduction grecque de la Bible, dont il ne reste que des lambeaux. Le fils de Symmaque consacra pieusement à son père une inscription trouvée à Rome sur le mont Célius, et que, dans ses Notes sur Macrobe, Pontanus fut le premier à rendre publique. L'auteur de cette inscription était Eusèbe, le même sans doute que l'un des interlocuteurs qui figurent dans les *Saturnales*. Au sujet de ce dernier, nous ne connaissons rien autre chose que ce que nous a dit Macrobe : quoique Grec d'origine, il n'était pas moins versé dans les lettres romaines que dans celles de sa nation. Il exerça la profession de rhéteur, non sans quelque gloire ; son style était abondant et d'une élégance fleurie.

Flavien était frère de Symmaque. Gruter cite une inscription qui lui est relative (p. 70, n° 5). Voici le commencement d'une autre inscription qui fut trouvée en même temps que celle de Symmaque, indiquée ci-dessus : *Virio Nicomacho Flaviano*, etc., etc. « Serait-ce, demande Pontanus, la même que celle dont Jean de Sarisbury parle dans les termes suivants : « C'est ce que Flavien « affirme, à certain passage de son livre ayant pour titre : *de Vesti-« giis philosophorum;* » et autre part, quand il dit : « L'anecdote « la de matrone d'Éphèse que raconte Pétrone, est une fable ou « une histoire, comme il vous plaira de l'appeler. » Flavien atteste cependant qu'ainsi se passa le fait à Éphèse ? » Ce fut le même Flavien, ajoute le Père de Colónia, qui, de concert avec Arbogaste, après avoir soulevé Rome pour la cause d'Eugène, se fit tuer en défendant, contre le grand Théodose, le passage des Alpes et l'entrée de l'Italie (*La Religion chrétienne autorisée par le témoignage des anciens auteurs païens*, Lyon, 1718, 2 vol. in-12, t. 1er, p. 208 et suiv.).

En 414, Albinus Cécina fut préfet de Rome, sous l'empereur Honorius. Il en est fait mention dans l'*Itinéraire* de Cl. Rutilius Numatianus; Olympiodore le cite également, ainsi que l'enseigne la *Bibliothèque* de Photius. Gruter rapporte deux inscriptions qui lui sont relatives.

Avienus Nicomachus, encore très-jeune alors, se contentait seulement de proposer des questions (*Voir* le liv. vi, ch. 7 des *Saturnales*). D'après l'opinion de Saxius, cet Avienus serait Rufus Festus Avienus, non pas l'auteur des *Fables*, mais l'interprète des *Phénomènes* d'Aratus et de Denys Périégète. Sur le témoignage de Boissard et de Smetius, Gruter cite une inscription trouvée dans Rome, au bas du Capitole, et servant comme de piédestal à une statue élevée en l'honneur de R. AVV. Avianus Symmachus V. C., le 3 des calendes de mai, sous le consulat de Gratien IV et de Mérobaudes.

Pour abréger enfin cette collection assez longue des interlocuteurs mis en scène dans les *Saturnales*, ne disons qu'un mot d'Eustathe, philosophe remarquable et l'intime ami de Flavien, mais qu'il faut bien se garder de confondre avec le docte archevêque de Thessalonique, commentateur d'Homère; car il ne vécut que plusieurs siècles après lui. A peine aussi nommerons-nous Evangelus, que Macrobe nous représente sous des traits âpres et rudes; Horus, de race égyptienne, ainsi que son nom le fait voir, et qui finit par embrasser la secte des cyniques, après avoir obtenu plusieurs palmes comme athlète; Disaire, d'origine grecque, le premier des médecins de Rome, dans son siècle; et, pour clore la liste définitivement, Servius le grammairien, dont il nous reste un *Commentaire sur Virgile*. Ce fut peut-être au milieu des dissertations approfondies de la réunion de Prétextatus, sur le poëte latin, que Servius conçut l'idée de son ouvrage. Du moins, les mots que lui prête Macrobe, à la fin du troisième livre, se retrouvent-ils presque littéralement répétés dans le *Commentaire* du grammairien, sans omettre plusieurs de ses réflexions. Lorsque parurent les *Saturnales*, il venait d'être reçu professeur de grammaire; et notre auteur ne fait pas moins l'éloge de son érudition que de sa modestie, qui chez lui se manifestait jusque dans l'extérieur (*Saturnales,* liv. i, ch. 2).

Maintenant que l'on connaît presque en détail les principaux convives assis au banquet de Macrobe ou de Prétextatus, essayons de tracer une brève analyse des *Saturnales* elles-mêmes.

Elles se divisent en sept livres. Dans un passage du sixième livre, où l'on annonce qu'à la prochaine séance, Flavien discutera sur les connaissances de Virgile, au sujet de l'art des augures, ce projet ne se réalise point. De là Pontanus prend l'occasion de soupçonner qu'il existait un huitième livre; ce qui d'ailleurs eût composé un nombre égal à celui des journées que les fêtes des Saturnales remplissaient en dernier lieu. D'où Barth a pu croire, en suivant l'idée de Pontanus, que le *Commentaire sur le Songe de Scipion* formait ce dernier livre. Malgré tout cela, Henri Estienne divise les sept livres en trois journées, nombre égal aux jours de fête pendant lesquels duraient primitivement les Saturnales. La première journée contient donc le premier livre ; la deuxième, les livres deux, trois, quatre, cinq et six ; enfin le septième et dernier livre est renfermé dans la troisième journée, qui est aussi la dernière. C'est une divison purement arbitraire et toute conventionnelle : elle ne s'accorde même pas avec le texte précis de l'ouvrage, dans lequel on ne cite que deux journées : on ne l'a pas moins, dans les éditions postérieures, toujours prise depuis pour guide.

Telles sont, à peu de chose près, les matières contenues dans les sept livres, ainsi que l'ordre où elles se trouvent disposées.

Au livre premier, on passe en revue les Saturnales et plusieurs autres fêtes romaines, Saturne, Janus, la division de l'année latine, la méthode successive avec laquelle Romulus, Numa Pompilius et Jules César l'organisèrent; puis viennent le partage du jour civil et de ses différences; les calendes, les ides, les nones, tout ce qui généralement se rapporte au calendrier romain ; enfin le livre se termine par plusieurs chapitres d'une haute importance, où Macrobe développe ses richesses d'érudition, pour appuyer le système qui concentre toutes les autres divinités dans le Soleil. C'est le point le plus original de l'ouvrage, autant du moins que peuvent le comporter les travaux purement scientifiques. Dans le reste de ce premier livre, Macrobe emprunte beaucoup de Sénèque le philosophe et d'Aulu-Gelle.

Le livre deuxième est le plus piquant, le plus curieux, le plus vulgairement connu de toutes les *Saturnales*. Rien d'étonnant, surtout par le temps qui court, puisque c'est un recueil d'anecdotes, de plaisanteries, de bons mots, voire même de calembourgs, nous avons presque dit un véritable *ana*. Ce qu'il y a surtout de précieux dans ce livre, c'est qu'on rencontre là uniquement, et qu'on ne trouve nulle autre part chez les anciens, presque toutes les choses qu'il renferme, et dont il nous donne comme le secret; nouveautés vraiment *nouvelles*, pour me servir de cette expression, et qui nous seraient tout à fait étrangères et inconnues, si Macrobe n'eût pris soin de nous les transmettre. Et puis encore, la seconde partie du livre offre un autre genre de mérite bien plus neuf. Là, en effet, on peut lire des détails de la plus grande curiosité sur la vie privée des Romains, sur leur cuisine, leur nourriture, les fruits qu'ils consommaient, et différentes particularités non moins rares.

A partir du livre troisième jusqu'au sixième y compris, les *Saturnales* sont un commentaire aussi détaillé qu'approfondi de Virgile, qu'on y examine sous les rapports les plus variés. C'est au troisième livre que le critique énumère les connaissances du poëte sur les croyances et les institutions religieuses. Le quatrième vous montre jusqu'à l'évidence combien lui furent familières toutes les ressources de l'art oratoire; vous êtes, en quelque sorte, initiés aux moyens habiles qu'il sut employer pour être grand orateur, sans cesser un moment de sacrifier aux tours poétiques. Le cinquième livre est un parallèle en forme de Virgile et d'Homère. Dans cette lutte continuelle, établie par le commentateur entre les deux poëtes épiques, on signale tout ensemble les nombreux larcins que le chantre de l'*Énéide* a faits au peintre de l'*Iliade* et de l'*Odyssée*. Le livre sixième est une révélation savante et logique de tout ce que Virgile crut devoir emprunter aux poëtes de l'Italie. C'est aussi dans ce livre que l'on développe quelques points curieux d'antiquité, toujours d'après les poëmes de Virgile.

On retrouve, au septième livre, une répétition presque fidèle du *Symposiaque*, ou repas de Plutarque. Différentes questions physiques et physiologiques d'un haut intérêt y sont discutées; on peut y remarquer des modèles curieux de la manière subtile qu'employaient les anciens sophistes pour soutenir le pour et le contre d'une même proposition.

Un dernier mot sur le style et le latin de Macrobe. Oui, sans doute, chez cet auteur, l'expression révèle, à chaque instant, la décadence du siècle dans lequel il écrivit. Mais, encore une fois, attribuons ses plus grands torts au texte mutilé de ses écrits; il y avait bien là de quoi désespérer le savoir si perspicace des Érasme, des Muret et des Scaliger. Qu'on leur pardonne donc l'excès de leur mauvaise humeur contre les *Saturnales* et le *Commentaire sur le Songe de Scipion*. Mais pourquoi faire expier si rigoureusement à Macrobe la maladresse et l'ignorance de ses premiers copistes? On sait que Tacite lui-même ne put résister d'abord à de telles épreuves : il passa presque, aux yeux de certains critiques des xve et xvie siècles, pour un écrivain d'une latinité plus qu'équivoque. Ainsi grâce pour Macrobe, arrivé bien plus tard et bien autrement défiguré que le grand historien des *Annales!*

Entre autres reproches qu'adressent à Macrobe les commentateurs et savants interprètes déjà cités, mettons en première ligne ses plagiats. « C'était, dit Érasme, *Æsopica cornicula.... quæ ex aliorum pannis suos contexuit centones. Non loquitur, et, si quando loquitur, Græculum Latine balbutire credas.* » Fort bien! Dans ce grand courroux d'un maître expert, respire je ne sais quelle sainte indignation où se trahit entièrement l'amateur de la bonne latinité. Mais puisque, en fait de plagiats, on accusait Salluste, même de son temps, d'être un *maladroit voleur* du style de Caton l'Ancien, doit-on se montrer impitoyable pour Macrobe, né au IVe siècle, qui semble *balbutier* le latin, quand il butine maladroitement chez les grands modèles classiques, et qu'il ne se fait pas faute de les piller?

Continuons l'examen de ses méfaits par-devant les hautes puissances latines du XVIe siècle.

Vossius l'écrase de cette virulente apostrophe : *Bonorum scriptorum lavernam.* — *Macrobium*, dit plaisamment Muret, ce digne reproducteur du latin de Quintilien, *Macrobium factitasse eamdem artem, quam plerique hoc seculo faciunt, qui ita humani a se nihil alienum putant, in alienis æque utantur ac suis.* Enfin Ange Politien et le premier des Scaliger ne se montrent pas moins défavorables au pauvre Africain Macrobe (en supposant qu'il soit réellement Africain). Oserons-nous dire, nous, en réponse à tant d'imposantes autorités, qu'il y a souvent, sauf les plagiats, une mâle vigueur sous cette plume de fer africaine : Macrobe nous apparaît être de temps à autre, quant au *style*, bien entendu, le Tertullien de la critique littéraire et scientifique du IVe siècle.

Il est cependant un autre reproche bien plus fort, et que ne lui ont point lancé les hypercritiques nommés ci-dessus, c'est l'absence totale de méthode, qui dépare l'ouvrage des *Saturnales*. Le cadre qu'avait choisi l'auteur lui permettait cette licence; nous y consentons : mais il ne devait peut-être point en abuser. La modestie, du reste, avec laquelle il s'exprime dans sa préface, aurait dû, ce semble, désarmer ses inflexibles aristarques. Ce n'est point, en effet, un ouvrage original qu'il ambitionnait de composer; il voulait rassembler seulement dans un seul cadre, pour l'instruction d'un fils chéri, le résultat de ses nombreuses lectures. « Loin de moi, lui dit-il, la pensée de faire ostentation de mon éloquence ! je ne voulais que réunir, dans l'intérêt de vos études, un certain faisceau de connaissances diverses. » Voilà ce dont il prend soin de prévenir son fils. Enfin, et pour sa plus grande justification, il n'oublie pas d'avertir le lecteur, que très-souvent il avait copié jusqu'aux propres expressions des écrivains qu'il cite. Voilà donc notre plagiaire assez adroitement défendu par lui-même !

Ajoutons, pour continuer d'être justes, que tous les critiques ne se montrèrent pas insensibles au modeste aveu de sa préface. Godefroi Thomasius, quoiqu'en le classant au nombre des plagiaires (*Dissertatio de plagio litterario*, Lipsiæ, 1673, in-4°, § 503), déclare que ce rang l'honore plus qu'il ne lui fait injure. S'il emprunte souvent, remarque le Père Vavasseur, il produit plus souvent encore de son propre fonds (*De ludicra sectione*, sect. 3). Célius Rhodiginus va même jusqu'à l'appeler, au liv. xiv, ch. 5 de ses *Leçons antiques* [*Lectiones antiquæ*] *auctorem excellentissimum, et virum reconditæ scientiæ*.

Les critiques modernes, au surplus, lui rendent surtout pleine et entière justice. Jer. Volpi, l'éditeur de Padoue, proclame très-sensément cette vérité dans sa préface : *Nemo est fere illorum qui studia humanitatis cum disciplinis gravioribus conjungere amant, cui Macrobii scripta et grata et explorata non sint.* — Dans son *Recueil d'auteurs latins ad usum studiosæ juventutis*, Chompré a inséré des fragments du onzième chapitre du premier livre, des deuxième et cinquième chapitres du livre second des *Saturnales*, avec la traduction de ces différents morceaux (*Selecta Latini sermonis exemplaria*, 1771, 6 vol. in-12). Voici comment il s'exprime, en français, sur le mérite de Macrobe : « S'il y a un livre à faire connaître aux jeunes gens, c'est celui-là : il est rempli de choses extrêmement utiles et agréables ; le peu que nous en avons tiré n'est que pour avertir les étudiants qu'*il y a un Macrobe* qui mérite d'être connu et lu. » Enfin M. Coupé lui consacre un article dans ses *Soirées littéraires*, au tome iv ; après avoir traduit à sa façon, ou, pour mieux dire, vaguement analysé quelques passages des premier, deuxième et septième livres, entre autres choses flatteuses et en l'honneur de Macrobe, il ajoute : « Voilà tout ce que nous dirons de cet *auteur charmant*, à qui nous désirons un traducteur. »

Les *Saturnales romaines* devaient trouver des imitateurs chez les modernes. Nous avons les *Saturnales françaises* en 4 volumes in-12. Elles se divisent par *journées* : c'est le seul point de rapport que l'on puisse remarquer entre les deux ouvrages. Parmi nous, la scène se passe, pendant les vacances du palais, au château d'un président, à quelques lieues de Paris. Le *Dictionnaire des livres anonymes et pseudonymes* de Barbier (4 vol., 1806) met sur le compte d'un abbé de la Baume, assez inconnu d'ailleurs, cette faible production.

Le Traité sur l'analogie et les différences des langues grecque et latine, troisième et dernière composition de Macrobe, est purement grammatical. Il ne nous a point été transmis tel que l'auteur l'avait conçu dans le principe. Répétons que ce qui nous en reste n'est qu'un simple abrégé fait par un nommé Jean, que Pithou soupçonne être Jean Scot, dit Érigène. Cet auteur vivait en 805, sous le règne de Charles le Chauve; on lui doit une traduction latine des ouvrages grecs de Denys l'Aréopagite. Cependant, s'il faut en croire Trithème, un autre Jean Scot lui fut antérieur. Ce dernier vécut vers l'année 800, sous l'empire de Charlemagne; enfin il exista depuis encore, après ces deux écrivains, un Jean Duns Scot, sous l'empereur Albert, en 1308. Opsépéus, premier éditeur du petit *Traité sur l'analogie et les différences des langues grecque et latine,* pense que Jean Scot y fit des retranchements considérables, mais sans y rien ajouter de lui-même.

Quant aux ouvrages inédits ou fragments de Macrobe, dans le catalogue des manuscrits d'Isaac Vossius, Paul Colomiès cite, entre autres manuscrits latins, n° 30 : l'extrait d'un livre de Macrobe, portant pour titre : *De differentia stellarum;* et sous le n° 48 : *De solis magnitudine;* ensuite un troisième fragment intitulé : *Sphæra Macrobii;* puis enfin, sous le n° 91, ce quatrième fragment : *Macrobius, de Palliis, quæ sunt nomina lapidum.* Si l'on excepte ce dernier fragment, qui prouverait, au reste, la presque universalité des connaissances scientifiques de notre écrivain, la nature du sujet de ces fragments divers paraît indiquer de simples lambeaux du *Commentaire sur le Songe de Scipion.* D'après Ernesti, (*Bibliothèque latine de Fabricius*), Godefroi Thomasius aurait possédé à Nuremberg un manuscrit portant ce titre : *Macrobius, de Secretis mulierum.* Dans ses notes sur le ch. 5 du deuxième livre du *Commentaire sur le Songe de Scipion,* Gronovius publia un fragment très-étendu de la *Géométrie* d'un anonyme, tiré des manuscrits de son père; fragment où l'on cite souvent Macrobe, et même où quelquefois on le copie. D'une autre part, Brucker prétend que le continuateur du livre de Bède, *De gestis Anglorum,* cite une *Épître à Gerbert,* qu'Elbode, évêque de Wisburg, crut devoir consacrer à des dissertations sur les doctrines géométriques de Macrobe. D'où il nous semble naturel de supposer, par induction, que ce même Elbode est l'auteur inconnu de la *Géométrie* publiée par Gronovius. Dans la *Nouvelle Bibliothèque des bibliothèques manuscrites* (1379, 2 vol. in-f°) du Père Montfaucon, se trouve l'indication qui suit : « Le mathematiche di Macrobio, tradotte da incerto, colla posizione per il loro uso mss » (ex biblioth. regis Taurinensis). Argellati, citant le manuscrit ci-dessus désigné, le donne à la bibliothèque du roi de France ; les indications suivantes se trouvent encore dans la *Nouvelle Bibliothèque* du Père Montfaucon : *Macrobius, de Lunæ cursu per signum tonitruale* (p. 41), ex biblioth. reginæ Sueciæ in Vatican., n° 1259. — *Macrobius, de Cursu lunæ et tonitru* (p. 81), ex biblioth. Alexandri Petavii, in Vatican., n° 557,108.

Donnons sur la *Sphère de Macrobe*, c'est-à-dire sur le manuscrit, un renseignement qui se trouve dans une des préfaces de l'édition publiée par M. Sébastien Ciampi, de la version italienne, que Zanobi da Strata a faite de la version grecque par Maxime Planude du *Songe de Scipion* de Cicéron. Selon Tiraboschi, l'abbé Mehus parle d'une traduction en *ottava rima*, du *Commentaire* de Macrobe *sur le Songe*; traduction que l'on conserve manuscrite à Milan, dans la bibliothèque de Saint-Marc, laquelle serait vraisemblablement, continue Tiraboschi, ce même poëme attribué par quelques-uns à Macrobe, et que ces érudits regardent comme composé en vers latins. C'est aussi l'opinion de plusieurs personnes, que Zanobi traduisit en vers latins et non en *ottava rima*, le *Commentaire sur le Songe de Scipion*.

Pourquoi parler de nouveau, quand nous terminons cette Notice, des homonymes de Macrobe ? Qu'il nous suffise d'avoir extrait tout ce que nous avons pu recueillir de notes et de renseignements possibles sur la vie, la naissance, la religion, les ouvrages, etc., etc., de l'auteur des *Saturnales* et du *Commentaire* : trop heureux si nous avions eu les moyens de dissiper la nuit d'incertitudes et de ténèbres qui couvre encore la personne et les ouvrages du grammairien critique ! A défaut de preuves convaincantes et sans réplique, du moins aurons-nous prouvé notre conscience et notre loyauté impartiale.

Disons cependant, afin de satisfaire le lecteur, toujours curieux des plus minces détails, qu'il exista deux autres écrivains du nom de Macrobe : le premier, qui fut diacre de l'Église carthaginoise, et chaleureux partisan du système religieux ainsi que des

oraisons sacrées de saint Cyprien. L'auteur de l'Appendice au traité de saint Hildefonse (ch. 2) *De scriptis Ecclesiæ*, cite de ce Macrobe un livre en cent chapitres, extrait de la sainte Écriture, et qu'il publia pour répondre aux objections des hérétiques.

L'autre Macrobe est plus connu; il fut d'abord prêtre en Afrique, puis nommé clandestinement évêque des Donatistes de Rome. Simple prêtre, il composa, nous l'avons dit précédemment, un ouvrage qu'il adressait aux confesseurs et aux jeunes filles [*ad confessores et virgines*]. Gennade (*De scriptoribus ecclesiasticis*) et Trithème (*ibid.*) font le plus grand éloge de cet écrit. Dans la dernière édition de ses *Analecta* (t. IV, p. 185), le Père Mabillon publia le fragment d'une épître que ce second Macrobe adressait au peuple de Carthage, sur le martyre des Donatistes Isaac et Maximien. L'Anglais William Cave lui consacre un article dans son *Histoire littéraire des écrivains ecclésiastiques*, en 344[1].

Il existe, en français, deux traductions complètes de Macrobe, qu'il ne nous appartient pas de juger ici : 1° celle de M. Ch. de Rosoy, ancien censeur adjoint au prytanée de St-Cyr (2 vol. in-8°, Paris, Firmin Didot, sans texte latin en regard); 2° celle de la collection publiée sous la direction de M. Nisard. L'éditeur ne nous dit pas à qui est due la traduction du *Commentaire sur le Songe de Scipion*, et celle du *Traité sur l'analogie et les différences des langues grecque et latine;* mais il a soin de nous apprendre que la nouvelle traduction des *Saturnales* est de M. Mahul, « lequel, dit-il, n'a pas peu ajouté au prix de son travail en l'accompagnant de notes très-complètes, ainsi que d'une savante dissertation sur la vie et les ouvrages de Macrobe. »

Cette dissertation nous a été, pour notre Notice, du plus grand secours. M. Mahul avait fait si bien, que nous n'avons pas cherché à mieux faire. A lui l'expression de toute notre reconnaissance pour un travail si complet, et qui a beaucoup facilité et abrégé le nôtre.

Le texte que nous avons adopté est celui de l'édition de Padoue (1736) qui a servi de copie aux éditeurs de Deux-Ponts : nous n'en connaissons pas de meilleure.

N.-A. DUBOIS.

---

[1] *Scriptorum ecclesiasticorum Historia litteraria;* Oxoniæ, 1742-43, 3 vol. in-f°.

LES SATURNALES

LIVRES I, II, III, IV

TRADUCTION NOUVELLE

PAR M. A. UBICINI MARTELLI

Professeur de l'Université.

MACROBII SATURNALIORUM

LIBER PRIMUS.

AD FILIUM PRÆFATIO.

Multas variasque res in hac vita nobis, Eustathi fili, natura conciliavit: sed nulla nos magis quam eorum qui e nobis essent procreati caritate devinxit: eamque nostram in his educandis atque erudiendis curam esse voluit, ut parentes neque, si id quod cuperent ex sententia cederet, tantum ulla alia ex re voluptatis, neque, si contra eveniret, tantum mœroris capere possint. Hinc est quod mihi quoque institutione tua nihil antiquius æstimatur: ad cujus perfectionem compendia longis anfractibus anteponenda ducens, moræque omnis impatiens, non opperior ut per hæc sola promoveas quibus ediscendis naviter ipse invigilas: sed ago, ut ego quoque tibi legerim, et quidquid mihi vel te jam in lucem edito, vel antequam nascereris, in diversis seu Græcæ seu Romanæ linguæ voluminibus elaboratum est, id totum sit tibi scientiæ supellex: et quasi de quodam litterarum peno, si quando usus venerit, aut historiæ quæ in librorum strue latens clam vulgo est, aut dicti factive memorabilis reminiscendi, facile id tibi inventu atque depromptu sit.

LES SATURNALES
DE MACROBE

LIVRE PREMIER.

PRÉFACE ADRESSÉE A SON FILS.

La nature, mon fils Eustathe, nous attache ici-bas par une foule de liens; mais en est-il un comparable à l'amour que nous ressentons pour ceux qui nous doivent le jour? Que de soins nous prenons pour les élever et pour les instruire! Si le succès couronne ses efforts, est-il pour un père une satisfaction plus vive? s'il échoue, une douleur plus amère? Pour moi, votre éducation étant la chose qui m'intéresse le plus au monde, je préfère, pour son achèvement, une méthode abrégée à la longueur des détours : tout retard m'impatiente, et, n'attendant pas vos progrès des seules études auxquelles vous consacrez vos veilles, je veux que mes propres lectures vous profitent, et que les matériaux recueillis par moi, soit avant, soit depuis votre naissance, dans les divers écrits des Grecs et des Romains, deviennent pour vous un fonds scientifique, une sorte de provision littéraire, où vous trouviez au besoin, sans travail et sans peine, soit des traits d'histoire enfouis sous une masse de volumes qui les cachent au vulgaire, soit des dits et faits mémorables.

Nec indigeste tanquam in acervum congessimus digna memoratu : sed variarum rerum disparilitas auctoribus diversa, confusa temporibus, ita in quoddam digesta corpus est; ut, quæ indistincte atque promiscue ad memoriæ subsidium annotaveramus, in ordinem instar membrorum cohærentia convenirent. Nec mihi vitio vertas, si res quas ex lectione varia mutuabor, ipsis sæpe verbis quibus ab ipsis auctoribus enarratæ sunt explicabo : quia præsens opus non eloquentiæ ostentationem, sed noscendorum congeriem pollicetur. Et boni consulas oportet, si notitiam vetustatis modo nostris non obscure, modo ipsis antiquorum fideliter verbis recognoscas, prout quæque se vel enarranda vel transferenda suggesserint. Apes enim quodammodo debemus imitari, quæ vagantur et flores carpunt; deinde quidquid attulere disponunt ac per favos dividunt; et succum varium in unum saporem mixtura quadam et proprietate spiritus sui mutant. Nos quoque, quidquid diversa lectione quæsivimus, committemus stylo, ut in ordinem eodem digerente coalescant. Nam et in animo melius distincta servantur; et ipsa distinctio non sine quodam fermento, quo conditur universitas, in unius saporis usum varia libamenta confundit : ut, etiamsi quid apparuerit unde sumptum sit, aliud tamen esse quam unde sumptum noscetur appareat; quod in corpore nostro videmus sine ulla opera nostra facere naturam. Alimenta quæ accipimus, quamdiu in sua qualitate perseverant, et solida innatant, male stomacho oneri sunt; at quum ex eo quod erant, mutata sunt, tum demum in vires et sanguinem transeunt. Idem in his quibus aluntur ingenia præstemus : ut quæcumque hausimus, non patiamur integra esse, ne

Ces souvenirs n'ont pas été jetés pêle-mêle ; mais, puisés à des sources et à des époques différentes, rassemblés au hasard et sans ordre pour le soulagement de ma mémoire, ils forment un corps d'ouvrage dont tous les membres s'harmonisent et s'assortissent entre eux. Il m'arrivera souvent, quand je rappellerai un fait, d'employer les expressions mêmes dont s'est servi l'auteur ; vous ne m'en blâmerez pas, sachant que le présent ouvrage n'est pas une œuvre de littérature, mais un recueil de choses mémorables, et il vous suffira que vous trouviez à mon style un air d'antiquité, soit que je m'exprime avec clarté en mon nom propre, soit que je cite fidèlement les paroles mêmes des vieux auteurs, selon que je devrai raconter ou traduire. C'est à nous, en quelque sorte, à imiter les abeilles qui vont butinant sur les fleurs, disposent ensuite leur récolte par rayons, et de ces sucs divers que leur estomac s'assimile, composent un mélange d'une saveur unique. A leur exemple, je vais composer un ouvrage de tout ce que j'ai puisé dans mes lectures, pour en former un faisceau bien coordonné. En effet, le classement vient en aide à la mémoire ; c'est comme un ferment qui, agissant sur la masse, donne une seule saveur à des ingrédients divers, si bien que, tout en reconnaissant le terroir qui les a produits, on ne saurait les confondre avec le terroir même. La nature agit de même en nous à notre insu : les aliments que nous prenons chargent l'estomac tant qu'ils n'ont pas subi de transformation, et flottent à l'état solide ; mais dès que le changement s'est opéré, ils passent dans la circulation et soutiennent nos forces. Appliquons le même procédé à la nourriture de l'esprit : faisons subir aux aliments une préparation qui les rende plus assimilables ; soumettons-les au travail de la digestion : autrement ils passeront bien dans la mémoire, mais non dans l'entendement. Formons un tout de leur assemblage, comme on forme

aliena sint; sed in quamdam digeriem concoquantur; alioquin in memoriam ire possunt, non in ingenium. Ex omnibus colligamus unde unum fiat ex omnibus, sicut unus numerus fit ex singulis. Hoc faciat noster animus: omnia quibus est adjutus, abscondat; ipsum tamen ostendat quod effecit[2] : ut qui odora pigmenta conficiunt, ante omnia curant ut nullius sint odoris propria quæ condientur, confusura videlicet omnium succos odoraminum in spiramentum unum. Vides quam multorum vocibus chorus constet; una tamen ex omnibus redditur : aliqua est illic acuta, aliqua gravis, aliqua media; accedunt viris feminæ; interponitur fistula. Ita singulorum illic latent voces, omnium apparent, et fit concentus ex dissonis.

Tale hoc præsens opus volo; multæ in illo artes, multa præcepta sint, multarum ætatum exempla, sed in unum conspirata. In quibus si neque ea quæ jam tibi sunt cognita asperneris, nec quæ ignota sunt vites : invenies plurima quæ sit aut voluptati legere, aut cultui legisse, aut usui meminisse : nihil enim huic operi insertum puto aut cognitu inutile aut difficile perceptu. Sed omnia quibus sit ingenium tuum vegetius, memoria adminiculatior, oratio sollertior, sermo incorruptior : nisi sicubi nos sub alio ortos cœlo[3] Latinæ linguæ vena non adjuvet. Quod ab his, si tamen quibusdam forte nonnunquam tempus voluntasque erit ista cognoscere, petitum impetratumque volumus, ut æqui bonique consulant, si in nostro sermone nativa Romani oris elegantia desideretur.

Sed næ ego incautus sum, qui venustatem reprehensionis incurri a M. quondam Catone profectæ in A. Al-

un seul nombre en ajoutant ensemble des nombres divers. Ainsi doit procéder l'esprit : cacher les moyens, ne montrer que les résultats. Voyez les parfumeurs ; leur premier soin est de faire qu'aucune odeur ne domine dans leurs préparations ; c'est ainsi que du mélange de plusieurs essences, ils parviennent à en composer une seule. Que de voix il faut pour former un chœur ! et toutes ces voix n'en forment qu'une : ici le ton aigu ou le grave ; là le ténor ; les voix de femmes s'unissent à des voix d'hommes, et la flûte forme l'accompagnement. Impossible de distinguer une seule de ces voix ; mais toutes frappent l'oreille, et de la différence des sons naît l'harmonie.

Tel sera cet ouvrage ; je veux qu'il renferme beaucoup de connaissances pratiques, un grand nombre de préceptes, des exemples puisés à des époques différentes, mais tous conspirant au même but. Si vous ne dédaignez pas de revoir ce que vous savez déjà, si vous êtes curieux de savoir ce que vous ne savez pas encore, vous trouverez là nombre de choses qu'on lit avec plaisir, ou qui ornent l'esprit, ou qui meublent utilement la mémoire : car je crois n'avoir rien inséré dans cet ouvrage dont la connaissance fût sans intérêt, ou l'intelligence difficile. Tout, au contraire, est de nature à rendre votre esprit plus vigoureux, votre mémoire plus sûre, votre style plus savant, votre langage plus correct, si toutefois, nés sous un autre ciel, nous possédons le véritable esprit de la langue latine. Ceci posé, si quelqu'un avait le loisir ou la fantaisie de parcourir ce recueil, je réclame indulgence de son équité, dans le cas où mon style manquerait de cette élégance propre aux bouches romaines.

Mais, imprudent que je suis de m'exposer au juste reproche que fit un jour Caton l'Ancien à A. Albinus !

binum, qui cum L. Lucullo consul fuit[4]. Is Albinus res Romanas oratione Græca scriptitavit. In ejus historiæ primo scriptum est ad hanc sententiam : neminem succensere sibi convenire, si quid in illis libris parum composite aut minus eleganter scriptum foret. « Nam sum, inquit, homo Romanus natus in Latio ; et eloquium Græcum a nobis alienissimum est. » Ideoque veniam gratiamque malæ existimationis, si quid esset erratum, postulavit. Ea quum legisset M. Cato : « Næ tu, inquit, Aule, nimium nugator es, quum maluisti culpam deprecari, quam culpa vacare : nam petere veniam solemus aut quum imprudentes erravimus, aut quum noxam imperio compellentis admisimus. Te, inquit, oro, quis perpulit ut id committeres quod priusquam faceres peteres ut ignosceretur ? »

Nunc argumentum quod huic operi dedimus, velut sub quodam prologi habitu dicemus.

I. Argumentum operis totius.

Saturnalibus apud Vettium Prætextatum Romanæ nobilitatis proceres doctique alii congregantur; et tempus solemniter feriatum deputant colloquio liberali, convivia quoque sibi mutua comitate præbentes, nec discedentes a se nisi ad nocturnam quietem. Nam per omne spatium feriarum meliorem diei partem feriis disputationibus occupantes, cœnæ tempore sermones conviviales agitant : ita ut nullum diei tempus docte aliquid vel lepide proferendi vacuum relinquatur. Sed erit in mensa sermo jucundior ; ut habeat voluptatis amplius, severitatis minus. Nam quum apud alios quibus sunt

Cet Albinus, qui fut consul avec L. Lucullus, avait écrit en grec une histoire de Rome, au commencement de laquelle il mit une phrase dont le sens était : qu'on ne devait pas lui en vouloir, si quelques endroits de ses livres manquaient de correction ou d'élégance : « Car, disait-il, je suis Romain, né dans le Latium, et le génie de notre langue diffère essentiellement de celui de la langue grecque. » C'est pourquoi il demandait grâce pour les fautes qui avaient pu lui échapper dans le choix des mots. M. Caton, ayant lu cette introduction, lui dit : « En vérité, vous êtes plaisant, mon cher Albinus, de demander grâce pour une faute qu'il était si facile de ne pas commettre. Car enfin, on ne s'excuse ordinairement que d'une erreur involontaire, ou d'un tort auquel on a été contraint. Mais, dites-moi, qui vous forçait à faire une chose pour laquelle vous demandez pardon avant de l'avoir faite ? »

Maintenant je vais indiquer, dans une espèce d'avant-propos, le plan de cet ouvrage.

I. Plan de tout l'ouvrage.

Les sommités de la noblesse romaine et plusieurs savants sont réunis, pendant les Saturnales, chez Vettius Prétextatus, et passent le temps des fêtes dans des entretiens choisis. Ils donnent à tour de rôle des repas où règne une politesse exquise, et ne se séparent que pour aller goûter le repos de la nuit. Tant que durent les fêtes, la plus grande partie du jour est occupée par de hautes discussions ; puis vient un souper égayé par des propos de table, en sorte qu'il n'y a pas une heure dans la journée qui ne soit remplie par des conversations savantes ou enjouées. Mais à table, l'entretien aura plus de charmes, d'autant qu'alors la gravité le cède à l'enjouement. C'est ainsi que chez tous les écrivains qui nous ont laissé des

descripta convivia, tum in illo Platonis symposio non austeriore aliqua de re convivarum sermo, sed Cupidinis varia et lepida descriptio est. In quo quidem Socrates non arctioribus, ut assolet, nodis urget atque implicat adversarium; sed eludendi magis quam decertandi modo, apprehensis dat elabendi prope atque effugiendi locum. Oportet enim versari in convivio sermones ut castitate integros, ita appetibiles venustate.

Matutina vero erit robustior disputatio; quæ viros et doctos et præclarissimos deceat. Neque enim Cottæ, Lælii, Scipiones [5] amplissimis de rebus quoad Romanæ litteræ erunt in veterum libris disputabunt : Prætextatos vero, Flavianos, Albinos, Symmachos, et Eustathios, quorum splendor similis et non inferior virtus est, eodem modo loqui aliquid licitum non erit? Nec mihi fraudi sit si uni aut alteri ex his quos cœtus coegit, matura ætas [6] posterior sæculo Prætextati sit; quod licito fieri Platonis dialogi testimonio sunt. Quippe Socrate ita Parmenides antiquior, ut hujus pueritia vix illius apprehenderit senectutem : et tamen inter illos de rebus arduis disputatur. Inclytum dialogum Socrates habita cum Timæo disputatione consumit; quos constat eodem sæculo non fuisse. Paralus vero et Xanthippus, quibus Pericles pater fuit, cum Protagora apud Platonem disserunt secundo adventu Athenis morante; quos multo ante infamis illa pestilentia Atheniensis [7] absumpserat. Annos ergo coeuntium mitti in digitos, exemplo Platonis nobis suffragante, non convenit. Quo autem facilius quæ ab omnibus dicta sunt apparere ac secerni possent; Decium de Postumiano quinam ille sermo aut inter quos fuisset sciscitantem fecimus. Et ne diutius lectoris desideria mo-

descriptions de festins, et dans le banquet même de Platon, nous voyons les convives, au lieu d'agiter quelque grave matière, tracer des tableaux variés et badins dont l'amour fait les frais. Socrate, au lieu d'embarrasser son adversaire et de serrer autour de lui les nœuds de ses filets, se joue plutôt qu'il ne combat; et, s'il le prend dans le piége, il lui offre lui-même le moyen de s'échapper. Ainsi l'amabilité, non moins que la décence, doit régner à table.

La conversation, le matin, sera plus solide, et telle qu'il convient entre d'illustres et de doctes personnages. Aussi longtemps que vivront les lettres romaines, les livres des anciens nous montreront les Cotta, les Lélius, les Scipion dissertant sur les choses les plus élevées. Pourquoi les Prétextatus, les Flavien, les Albinus, les Symmaque, les Eustathe, dont le rang est égal, et dont la vertu n'est pas moindre, n'auraient-ils pas le privilége de parler comme eux? Qu'on ne m'impute pas à infidélité d'introduire dans cette compagnie un ou deux personnages trop jeunes pour y figurer du vivant de Prétextatus; les dialogues de Platon autorisent cette liberté. En effet, Parménide est tellement antérieur à Socrate, que l'enfance de celui-ci touche à peine à la vieillesse du premier, et pourtant il les met aux prises sur des matières ardues. La dispute de Socrate et de Timée, que l'on sait n'avoir pas été contemporains, remplit un admirable dialogue. Le même Platon fait disserter ensemble Paralus et Xanthippe, tous deux fils de Périclès, et Protagoras, lors du deuxième séjour qu'il fit à Athènes. Or, il y avait longtemps qu'ils avaient été enlevés par cette terrible peste de l'Attique. L'exemple de Platon m'autorise donc à ne pas calculer sur les doigts les années de mes convives; toutefois, pour qu'on puisse distinguer plus aisément les divers interlocuteurs, je suppose que Decius s'enquiert auprès de Postumianus de la nature

remur, jam Decii et Postumiani sermo palam faciet quæ hujus colloquii vel origo fuerit, vel ordo processerit.

II. Quæ convivalis hujus sermonis origo et quis ordo fuerit.

DECIUS. Tentanti mihi, Postumiane, aditus tuos et mollissima consultandi tempora commodo assunt feriæ, quas indulget magna pars mensis Jano dicati : ceteris enim ferme diebus, qui perorandis causis opportuni sunt, hora omnino reperiri nulla potest, quin tuorum clientium negotia vel defendas in foro, vel domi discas. Nunc autem (scio te enim non ludo sed serio feriari) si est commodum respondere id quod rogatum venio : tibi ipsi, quantum arbitror, non injucundum, mihi vero gratissimum feceris. Requiro autem abs te id primum, interfuerisne convivio per complusculos dies continua comitate renovato, eique sermoni quem prædicare in primis, quemque apud omnes maximis ornare laudibus diceris : quem quidem ego ex patre audissem, nisi post illa convivia Roma profectus Neapoli moraretur. Aliis vero nuper interfui admirantibus memoriæ tuæ vires, universa quæ tunc dicta sunt per ordinem sæpe referentis.

POSTUMIANUS. Hoc unum, Deci, nobis (ut et ipse, quantum tua sinit adolescentia, videre et ex patre Albino audire potuisti) in omni vitæ cursu optimum visum est, ut, quantum cessare a causarum defensione licuisset, tantum ad eruditorum hominum tuique similium con-

de ces entretiens et de ceux qui y avaient pris part. Mais c'est assez retarder l'impatience du lecteur; un dialogue entre Decius et Postumianus lui fera connaître l'origine et l'enchaînement de ces conversations.

II. De l'origine et de l'enchaînement de ces conversations de table.

Decius. Je cherchais l'occasion de vous voir, Postumianus, et de m'entretenir avec vous; je n'en saurais souhaiter une meilleure que les féries qui ont lieu pendant une grande partie du mois consacré à Janus : car, durant les autres jours, où le barreau est ouvert, on ne peut quasi trouver une heure qui ne soit employée à défendre vos clients au forum, ou à donner audience chez vous. Aujourd'hui cependant, car vous n'avez, je le sais, que de graves loisirs, si vous voulez bien répondre à mes questions, vous ne serez pas mécontent, je crois, et vous me ferez, à moi, un grand plaisir. J'ai à vous demander d'abord si vous étiez à ce banquet qu'une courtoisie mutuelle a renouvelé pendant plusieurs jours, et à cet entretien que vous citez entre tous, et dont vous faites partout, à ce que l'on assure, le plus grand éloge. Pour moi, je l'eusse su de mon père, s'il n'avait quitté Rome au sortir de ces réunions, pour se rendre à Naples, où il est encore. Or, je fus dernièrement chez des personnes qui admiraient par quelle force prodigieuse de mémoire vous pouviez rappeler textuellement et par ordre, comme vous faites, toutes les choses qui furent dites alors.

Postumianus. La seule chose (et quoique jeune, mon cher Decius, vous avez pu en juger vous-même, ou l'entendre dire à votre père) qui m'ait paru excellente dans tout le cours de ma vie, fut de consacrer les loisirs que me laissait le barreau à la recherche et à l'entretien des personnes instruites, comme vous l'êtes. Est-il, en

gressum aliquem sermonemque conferrem : neque enim recte institutus animus requiescere aut utilius aut honestius usquam potest, quam in aliqua opportunitate docte ac liberaliter colloquendi interrogandique et respondendi comitate. Sed quodnam istud convivium? an vero dubitandum non est quin id dicas quod doctissimis procerum ceterisque nuper apud Vettium Prætextatum[8] fuit, et quod discurrens post inter reliquos grata vicissitudo variavit?

Decius. De hoc ipso quæsitum venio; et explices velim quale illud convivium fuerit, a quo te abfuisse propter singularem omnium in te amicitiam non opinor.

Postumianus. Voluissem equidem, neque id illis, ut æstimo, ingratum fuisset. Sed, quum essent amicorum complures mihi causæ illis diebus pernoscendæ, ad cœnam tum rogatus meditandi non edendi illud mihi tempus esse respondi; hortatusque sum ut alium potius nullo involutum negotio atque a cura liberum quærerent. Itaque factum est : nam facundum et eruditum virum Eusebium rhetorem[9], inter Græcos præstantem omnibus idem nostra ætate professis, doctrinæ Latiaris haud inscium Prætextatus meum in locum invitari imperavit.

Decius. Unde igitur illa tibi nota sunt quæ tum jucunde et comiter ad instituendam vitam exemplis, ut audio, rerum copiosissimis et variæ doctrinæ ubertate prolata digestaque sunt?

Postumianus. Quum solstitiali die, qui Saturnaliorum festa quibus illa convivia celebrata sunt consequutus est, forensi cura vacuus lætiore animo essem domi; eo Eu-

effet, pour un sage esprit, un délassement plus utile et plus honorable que la commodité d'une conversation savante et libérale, où la politesse règle les demandes et les réponses? Mais de quel banquet parlez-vous? sans doute de celui qui réunit dernièrement, chez Vettius Prétextatus, les sommités littéraires et autres, et qui, rendu successivement par tous les invités, offrit la diversité la plus agréable?

Decius. De celui-là même. Faites-moi donc la grâce de me raconter ce qui s'y passa; car vous en étiez, si j'en juge par l'amitié singulière que professe pour vous chaque convive.

Postumianus. Je l'aurais voulu, et ma présence, je crois, n'eût fâché personne; mais précisément à la même époque, ayant à étudier les causes de plusieurs de mes amis, je déclinai l'invitation, donnant pour excuse qu'il me fallait consacrer ce temps à l'étude, et non à la bonne chère, et je priai qu'on voulût bien choisir à ma place quelqu'un qui fût libre de soins et d'affaires. Ainsi fut fait, et Prétextatus invita le rhéteur Eusèbe, qui joignait une grande instruction à une grande habileté dans la parole, bien supérieur en cela à tous les Grecs de notre époque, et versé même dans la connaissance des lettres latines.

Decius. Mais qui donc alors a pu vous faire connaître ces entretiens, où la grâce et l'urbanité traçaient des règles de conduite appuyées de nombreux exemples; ces entretiens qu'une variété heureuse de connaissances prolongeait et renouvelait sans cesse?

Postumianus. Le jour du solstice (c'était immédiatement après les fêtes des Saturnales, qui donnèrent lieu à cette série de festins), libre des soins du forum,

sebius cum paucis e sectatoribus suis venit, statimque vultu renidens : — Permagna me, inquit, abs te, Postumiane, quum ex aliis tum hoc maxime gratia fateor obstrictum, quod a Prætextato veniam postulando, mihi in cœna vacuefecisti locum. Itaque intelligo, non studium tantum tuum [10], sed ipsam quoque, ut aliquid abs te mihi fiat commodi, consentire atque adspirare fortunam. — Visne, inquam, restituere id nobis quod debitum tam benigne ac tam libenter fateris; nostrumque hoc otium, quo perfrui raro admodum licet, eo ducere, ut his, quibus tunc tu interfueris, nunc nos interesse videamur? — Faciam, inquit, ut vis. Narrabo autem tibi non cibum aut potum, tametsi ea quoque ubertim casteque affuerint; sed et quæ vel in conviviis vel maxime extra mensam ab isdem per tot dies dicta sunt, in quantum potero, animo repetam. Quæ quidem ego quum audirem, ad eorum mihi vitam qui beati a sapientibus dicerentur accedere videbar : nam et quæ pridie quam adessem inter eos dicta sunt, Avieno mihi insinuante [11], comperta sunt; et omnia scripto mandavi, ne quid subtraheret oblivio. Quæ si ex me audire gestis, cave æstimes diem unum referendis quæ per tot dies sunt dicta, sufficere.

Decius. Quemnam igitur et inter quos aut unde ortum sermonem, Postumiane, fuisse dicebat? ita præsto sum indefessus auditor.

Postumianus. Tum ille : Declinante, inquit, in vesperum die, quem Saturnale festum erat insequuturum, quum Vettius Prætextatus domi convenire gestientibus copiam faceret : eo venerunt Aurelius Symmachus [12] et Cæcina Albinus [13], quum ætate tum etiam moribus ac

je me tenais chez moi. Eusèbe me vint voir en compagnie de quelques-uns de ses disciples, et avec un visage où brillait l'allégresse. — Postumianus, me dit-il, je suis votre obligé dans mille occasions ; mais je le suis plus encore aujourd'hui, que votre refus a laissé au festin de Prétextatus une place qui me permet d'y assister. Est-ce à votre amitié seule que j'en suis redevable, et n'est-ce pas aussi que la fortune, d'accord avec vous, a voulu que je vous dusse ce plaisir ? — Voulez-vous, lui dis-je, acquitter cette dette que vous reconnaissez d'une manière si franche et si aimable ? Je jouis aujourd'hui d'un loisir qui m'est rarement accordé ; profitez-en pour me faire maintenant assister à ces festins où vous assistâtes vous-même alors. — Volontiers, répondit-il. Je ne vous parlerai ni des mets, ni des vins qui furent servis avec abondance, quoique sans profusion ; mais tous les propos qui se tinrent, soit pendant les festins, soit hors de table, pendant la durée des fêtes, je vous les rapporterai aussi exactement que possible. Entretiens délicieux ! Il me semblait, en les écoutant, participer à l'existence de ces êtres appelés heureux par les sages. Tout ce qui avait été dit entre eux la veille du jour où je fus admis dans cette réunion me fut rapporté par Avienus ; je me hâtai de l'écrire de peur d'oubli. Je ne refuse pas de vous l'apprendre ; mais gardez-vous de penser qu'un seul jour suffise à ce récit des entretiens de plusieurs jours.

Decius. Redites-moi d'après lui, Postumianus, quel était l'objet de ces entretiens, ce qui y donna lieu, quels furent les interlocuteurs ? Aussi bien je suis un auditeur infatigable.

Postumianus. Eusèbe reprit : La veille des Saturnales, sur le soir, Vettius Prétextatus recevant tous ceux qui voulaient bien se réunir chez lui, on vit arriver Aurelius Symmaque et Cécina Albinus, unis entre eux par la communauté de l'âge, du caractère, des études. Le gram-

studiis inter se conjunctissimi. Hos Servius[14] inter grammaticos doctorem recens professus, juxta doctrinam mirabilis et amabilis verecundiæ, terram intuens et velut latenti similis sequebatur. Quos quum prospexisset obviamque processisset, ac perblande salutavisset, conversus ad Furium Albinum, qui tum forte cum Avieno aderat : — Visne, ait, mi Albine, cum his quos advenisse peropportune vides, quosque jure civitatis nostræ lumina dixerimus, eam rem de qua inter nos nasci cœperat sermo communicemus? — Quid ni maxime velim? Albinus inquit, nec enim ulla alia de re quam de doctis quæstionibus colloqui aut nobis aut his potest esse jucundius. — Quumque consedissent, tum Cæcina : Quidnam id sit, mi Prætextate, tametsi adhuc nescio; dubitare tamen non debeo esse scitu optimum, quum et vobis ad colloquendum causam attulerit, et nos ejus esse expertes non sinatis. — Atqui scias, inquit, oportet eum inter nos sermonem fuisse, ut, quoniam dies crastinus festis Saturno dicatis initium dabit, quando Saturnalia incipere dicamus, id est quando crastinum diem initium sumere existimemus. Et inter nos quidem parva quædam de hac disputatione libavimus : verum, quia te quidquid in libris latet investigare notius est, quam ut per verecundiam negare possis, pergas volo in medium proferre quidquid de hoc quod quærimus edoctum tibi comprehensumque est.

III. De principio ac divisione civilis diei.

Tum Cæcina : Quum vobis, qui me in hunc sermonem inducitis, nihil ex omnibus quæ veteribus elaborata

mairien Servius, qui venait d'être reçu parmi les docteurs, et joignait à beaucoup de science la plus aimable modestie, les suivait, les yeux baissés, et comme se dérobant aux regards. D'aussi loin qu'il les aperçoit, Prétextatus s'avance à leur rencontre, les salue de l'air le plus aimable, puis se tournant vers Furius Albinus, qui se trouvait là par hasard avec Avienus : — Me permettez-vous, mon cher Albinus, dit-il, d'instruire les illustres personnages qui arrivent à propos, et qui sont regardés avec raison comme les lumières de notre cité, du sujet sur lequel nous commencions à discourir? — Pourquoi non? reprend Albinus. Pour eux, comme pour nous, aucune conversation ne vaut ces savantes discussions. — On s'assied, et alors Cécina : J'ignore encore ce dont il s'agit; mais ce ne peut être que d'une chose très-intéressante, puisqu'elle fournit matière à vos entretiens, et que vous voulez nous en faire part. — Voici donc, reprend Prétextatus, ce dont il est question : c'est demain le premier jour des fêtes consacrées à Saturne; il s'agit de savoir quand commencent véritablement les Saturnales, c'est-à-dire l'instant précis où demain remplace aujourd'hui. Nous n'avons fait qu'effleurer la question entre nous; mais vous, qui avez fouillé tous les secrets des livres (c'est un point trop bien établi pour que votre modestie puisse s'en défendre), obligez-nous de nous dire quel est sur ce point le résultat de vos recherches.

III. Du commencement et de la division du jour civil.

Mêlé à cet entretien, dit alors Cécina, par des gens auxquels les travaux des anciens sont trop familiers pour

sunt aut ignoratio neget, aut oblivio subtrahat : superfluum video inter scientes nota proferre. Sed ne quis me æstimet dignatione consultationis gravari, quidquid de hoc mihi tenuis memoria suggesserit, paucis revolvam.

Post hæc, quum omnes paratos ad audiendum erectosque vidisset, ita exorsus est.

M. Varro in libro *Rerum humanarum* quem de diebus scripsit, « Homines, inquit, qui ex media nocte ad proximam mediam noctem his horis viginti quatuor nati sunt, uno die nati dicuntur. » Quibus verbis ita videtur dierum observationem divisisse, ut qui post solis occasum ante mediam noctem natus sit illo quem nox sequuta est; contra vero qui in sex noctis horis posterioribus nascitur, eo die videatur natus qui post eam noctem diluxerit. Athenienses autem aliter observare idem Varro in eodem libro scripsit; eosque a solis occasu ad solem iterum occidentem omne id medium tempus unum diem esse dicere. Babylonios porro aliter ; a sole enim exorto ad exortum ejusdem incipientem id spatium unius diei nomine vocare. Umbros vero unum et eumdem diem esse dicere a meridie ad insequentem meridiem. « Quod quidem, inquit Varro, nimis absurdum est : nam qui kalendis hora sexta apud Umbros natus est, dies ejus natalis videri debebit et kalendarum dimidiatus, et qui post kalendas erit usque ad horam ejusdem diei sextam. » Populum autem Romanum ita uti Varro dixit dies singulos annumerare a media nocte ad mediam proximam multis argumentis ostenditur. Sacra sunt enim Romana partim diurna, alia nocturna; et ea quæ diurna sunt ab

qu'on puisse craindre chez eux l'ignorance ou l'oubli, il me semble superflu de rappeler des choses qu'ils connaissent parfaitement. Toutefois, pour ne pas paraître me soustraire aux questions qu'on me fait l'honneur de m'adresser, je dirai en peu de mots tout ce que me suggère ma faible mémoire.

Après ce préambule, voyant que tout le monde se disposait à l'écouter, et lui prêtait une oreille attentive, il commença ainsi :

M. Varron, dans son livre *des Choses humaines*, qui traite de la division des jours, dit : « Les hommes qui sont nés dans les vingt-quatre heures comprises entre la moitié d'une nuit et la moitié de la nuit suivante, sont censés nés le même jour. » Il résulte de ce passage que, d'après la manière de diviser les jours de Varron, l'enfant né après le coucher du soleil, mais avant minuit, date sa naissance du jour qui a précédé la nuit ; au lieu que l'enfant né dans les six dernières heures de la nuit, date la sienne du jour qui succède à cette nuit. Varron nous apprend encore, dans le même livre, que les Athéniens comptaient différemment : chez eux, c'était l'espace compris entre un coucher du soleil et le coucher suivant, qui formait la totalité du jour. Nouveau calcul encore chez les Babyloniens, qui appelaient jour l'intervalle qui sépare deux levers de soleil. Les Ombriens comptaient le jour d'un midi à l'autre : « Calcul absurde, observe Varron : car supposons un enfant né en Ombrie le jour des calendes, à la sixième heure ; son jour de naissance sera formé de la dernière moitié du jour des calendes et de la première moitié du jour suivant jusqu'à la sixième heure. » Que le peuple romain soit dans l'usage, comme l'a dit Varron, de compter le jour de minuit à minuit, c'est ce que prouvent nombre d'exemples. Ainsi il y a à Rome des sacrifices de jour et de nuit : les premiers ont lieu depuis le point du jour jusqu'à minuit ; à minuit

initio diei ad medium noctis protenduntur : ab hora sexta noctis sequentis nocturnis sacris tempus impenditur. Ad hoc ritus quoque et mos auspicandi eamdem esse observationem docet : nam magistratus, quando uno die eis et auspicandum est et id agendum super quo processit auspicium, post mediam noctem auspicantur, et post exortum solem agunt : auspicatique et egisse eodem die dicuntur. Præterea tribuni plebis, quos nullum diem integrum abesse Roma licet, quum post mediam noctem proficiscuntur, et post primam facem ante mediam noctem sequentem revertuntur, non videntur abfuisse diem : quoniam ante horam noctis sextam regressi partem aliquam illius in urbe consumunt. Quintum quoque Mucium [15] jureconsultum dicere solitum legi, non isse usurpatum mulierem quæ, quum kalendis januariis apud virum matrimonii causa esse cœpisset, ad diem quartum kalendas januarias sequentes [16] usurpatum isset : non enim posse impleri trinoctium, quo abesse a viro usurpandi causa ex Duodecim Tabulis [17] deberet : quoniam tertiæ noctis posteriores sex horæ alterius anni essent, qui inciperet ex kalendis.

Virgilius quoque id ipsum ostendit, ut hominem decuit poeticas res agentem, recondita atque operta veteris ritus significatione :

> Torquet, *inquit*, medios Nox humida cursus :
> Et me sævus equis Oriens afflavit anhelis.
> (*Æn.* lib. V, v. 738.)

His enim verbis diem quem Romani civilem appellaverunt, a sexta noctis hora oriri admonet. Idem poeta quando nox quoque incipiat expressit in sexto. Quum enim dixisset :

commencent les sacrifices nocturnes. Les cérémonies et les rites de l'aruspication en sont une nouvelle preuve : en effet, lorsque les magistrats doivent, dans le même jour, observer les auspices, et agir ensuite conformément à leurs indications, ils observent à partir de minuit, et opèrent après le lever du soleil, et l'on dit alors qu'ils ont observé et opéré dans le même jour. De plus, les tribuns du peuple, qui ne peuvent s'absenter de Rome un jour plein, lorsqu'étant partis après le milieu de la nuit, ils sont de retour avant le milieu de la nuit suivante, ne sont pas censés s'être éloignés de Rome un jour entier : car il suffit qu'ils soient rentrés avant la sixième heure de la nuit, pour en avoir passé une portion dans la ville. J'ai lu que le jurisconsulte Quintus Mucius avait coutume de dire que l'usurpation n'atteignait pas la femme qui, pour cause de mariage, aurait demeuré avec un homme depuis les calendes de janvier jusqu'au quatrième jour des calendes de janvier suivantes, parce qu'alors elle ne pouvait s'être absentée l'espace de trois nuits de la maison de cet homme, espace de temps nécessaire pour déterminer l'usurpation, aux termes de la loi des Douze-Tables ; les six dernières heures de la troisième nuit appartenant à la nouvelle année, laquelle commence aux calendes.

Virgile exprime en poëte la même idée, lorsque, désignant sous des termes cachés et allégoriques un ancien rite, il dit :

« La Nuit humide a atteint la moitié de sa course, et l'Orient cruel fait passer sur moi l'haleine de ses coursiers. »

D'où l'on peut conclure que le jour appelé civil par les Romains commençait à la sixième heure de la nuit. Le même poëte indique expressément, dans son sixième chant, le moment où commence la nuit. Voici d'abord ce qu'il dit :

Hac vice sermonum roseis Aurora quadrigis
Jam medium æthereo cursu trajecerat axem.
(*Æn.* lib. vi, v. 535.)

Mox suggessit vates :

Nox ruit, Ænea, nos flendo ducimus horas.
(*Æn.* lib. vi, v. 539.)

Ita observantissimus civilium definitionum diei et noctis initia descripsit. Qui dies ita dividitur : primum tempus diei dicitur mediæ noctis inclinatio ; deinde gallicinium, inde conticuum, quum et galli conticescunt et homines etiam tum quiescunt; deinde diluculum, id est quum incipit dies dignosci; inde mane, quum dies clarus est. Mane autem dictum aut quod ab inferioribus, id est a manibus[18], exordium lucis emergat, aut, quod verius mihi videtur, ab omine boni nominis. Nam et Lanuvii *mane* pro *bono* dicunt : sicut apud nos quoque contrarium est *immane :* ut, *immanis bellua*, vel, *immane facinus*, et hoc genus cetera, pro *non bono*[19]. Deinde a mane ad meridiem, hoc est ad medium diei; inde jam supra vocatur tempus occiduum; et mox suprema tempestas, hoc est diei novissimum tempus ; sicut expressum est in Duodecim Tabulis : SOLIS. OCCASUS. SUPREMA. TEMPESTAS. ESTO. Deinde vespera ; quod a Græcis tractatum est : illi enim ἑσπέραν a stella Hespero dicunt : unde et Hesperia Italia, quod occasui subjecta sit, nominatur. Ab hoc tempore prima fax[20] dicitur ; deinde concubia; et inde intempesta, quæ non habet idoneum tempus rebus gerendis. Hæc est diei civilis a Romanis observata divisio. Ergo noctu futura, quum

« Pendant cet entretien, l'Aurore sur son char couleur de rose poursuivant sa course éthérée, avait franchi le milieu de l'axe. »

Puis, un instant après, la sibylle répond :

« Énée, la nuit se précipite, et nous consumons le temps dans les pleurs. »

C'est ainsi qu'il fixe, avec la plus grande précision, le commencement de la nuit et du jour, conformément à la division civile. Voici cette division : la première partie du jour s'appelle le déclin du milieu de la nuit ; vient ensuite le *gallicinium* [1] ; puis le *conticuum* [2], lorsque les coqs se taisent et que les hommes sont encore plongés dans le repos ; puis le *diluculum*, c'est-à-dire l'instant où le jour commence à poindre ; enfin le matin [3], quand il se montre dans tout son éclat. Le mot de *mane* vient de ce qu'alors la lumière monte des régions inférieures habitées par les mânes ; ou bien, ce qui est plus vraisemblable, c'est une appellation de bon augure. En effet, à Lanuvium, l'on emploie ce mot *mane*, pour *bonum* [4] ; de même que chez nous, dans un sens inverse, *immane* signifie *non bonum* [5] : ainsi nous disons *immanis bellua* [6], *immane facinus* [7], et il est mille autres exemples qu'on pourrait citer. Vient ensuite la portion comprise entre le matin et le midi, ou le milieu du jour, auquel succède la chute du jour ; puis la dernière partie du jour [8], marquée par le coucher du soleil, comme il est dit dans les Douze-Tables : SOLIS. OCCASUS. SUPREMA. TEMPESTAS. ESTO. Alors commence le soir [9], appelé en grec ἑσπέρα, du nom de l'étoile Hesperus. De là aussi le nom d'Hespérie donné à l'Italie, parce qu'elle est située au couchant. A cette période en succèdent trois autres appelées *prima fax* [10], *concubia* [11], *intempesta* [12], la por-

---

(1) Chant du coq. — (2) Silence profond. — (3) *Mane*. — (4) Bon. — (5) Mauvais. — (6) Monstre horrible. — (7) Abominable forfait. — (8) *Suprema tempestas*. — (9) *Vespera*. — (10) Premier flambeau. — (11) L'heure du coucher. — (12) L'instant du repos.

media esse cœperit, auspicium Saturnaliorum erit; quibus die crastini mos inchoandi est.

IV. Latine dici *Saturnaliorum*, *noctu futura*, et *die crastini*.

Hic, quum omnes quasi vetustatis promptuarium Albini memoriam laudavissent, Prætextatus Avienum videns Furio insusurrantem : Quidnam hoc est, mi Aviene, inquit, quod uni Albino[21] indicatum clam ceteris esse velis? — Tum ille : Moveor quidem auctoritate Cæcinæ, nec ignoro errorem in tantam non cadere doctrinam : aures tamen meas ista verborum novitas perculit; quum, *noctu futura* et *die crastini*, magis quam *nocte futura* et *die crastino* dicere, ut regulis placet, maluit. Nam, *noctu*, non appellatio sed adverbium est; porro, *futura*, quod nomen est, non potest cum adverbio convenire; nec dubium est, hoc inter se esse *noctu* et *nocte*, quod *diu* et *die*; et rursus, *die* et *crastini*, non de eodem casu sunt; et nisi casus idem nomina in hujusmodi elocutione non jungit. *Saturnaliorum* deinde cur malimus quam *Saturnalium* dicere, opto dinoscere.

Ad hæc quum Cæcina renidens taceret, et Servius a Symmacho rogatus esset quidnam de his existimaret : Licet, inquit, in hoc cœtu non minus nobilitate quam doctrina reverendo, magis mihi discendum sit quam docendum, famulabor tamen arbitrio jubentis, et insinuabo primum de Saturnalibus, post de ceteris, unde sit sic eloquendi non novitas, sed vetustas. Qui *Saturnalium* di-

tion de la nuit qui n'est pas employée au travail. Telle est chez les Romains la division du jour civil. Ainsi donc, puisque les Saturnales doivent ouvrir le jour de demain, elles commenceront dès le milieu de la nuit prochaine.

IV. Les expressions *Saturnaliorum*, *noctu futura*, et *die crastini* sont latines.

Pendant que tout le monde félicitait Albinus de sa mémoire, qui semblait être le registre de l'antiquité, Prétextatus, s'étant aperçu qu'Avienus parlait bas à l'oreille de Furius : Pourquoi donc, mon cher Avienus, dit-il, priver le reste de la compagnie des confidences que vous faites au seul Albinus? — L'autorité de Cécina m'impose, répondit Avienus, et je sais qu'une si vaste érudition doit être infaillible. Toutefois mes oreilles ont été frappées de la nouveauté de ces expressions : *noctu futura*, *die crastini*[1], au lieu de *nocte futura*, *die crastino*, comme le veut la règle. En effet, *noctu* n'est pas un nom, mais un adverbe; or, *futura*, qui est un nom, ne peut s'accorder avec un adverbe. De plus, *noctu* et *nocte* sont évidemment dans le même rapport que *diu* et *die*. J'ajoute que *die* et *crastini* ne sont pas au même cas, et qu'ici l'on ne peut joindre les deux noms qu'en les mettant au même cas. Enfin je désire savoir pourquoi l'on dit *Saturnaliorum* de préférence à *Saturnalium*.

A ces questions, Cécina souriait sans répondre; alors Servius, prié par Symmaque de donner son opinion, prit la parole en ces termes : Bien que dans une telle compagnie, aussi recommandable par l'éclat du rang que par le mérite, le rôle de disciple me convînt mieux que celui de docteur, j'obéirai cependant à l'invitation qui m'est faite, et je dirai touchant les Saturnales d'abord;

[1] Nuit prochaine, jour de demain.

cit, regula innititur; nomina enim quæ dativum pluralem in *bus* mittunt, nunquam genitivum ejusdem numeri syllaba crevisse patiuntur; sed aut totidem habet: ut, *monilibus monilium, sedilibus sedilium;* aut una syllaba minus est : ut, *carminibus carminum, luminibus luminum :* sic ergo *Saturnalibus* rectius *Saturnalium* quam *Saturnaliorum.* Sed, qui *Saturnaliorum* dicunt, auctoritate magnorum muniuntur virorum; nam et Sallustius in tertia *Bacchanaliorum* ait; et Masurius[22] *Fastorum* secundo «*Vinaliorum* dies [23], inquit, Jovi sacer est; non, ut quidam putant, Veneri;» et, ut ipsos quoque grammaticos in testimonium citem, Verrius Flaccus[24] in eo libello qui *Saturnus* inscribitur: «*Saturnaliorum*, inquit, dies apud Græcos quoque festi habentur;» et in eodem libro : « Dilucide me, inquit, de constitutione *Saturnaliorum* scripsisse arbitror.» Item Julius Modestus[25] de feriis : «*Saturnaliorum*, inquit, feriæ;» et in eodem libro : «Antias[26], inquit., *Agonaliorum*[27] repertorem Numam Pompilium refert.» Hæc tamen, inquies, auctoritas quæro an possit aliqua ratione defendi. Plane, quatenus alienum non est committi grammaticum cum sua analogia, tentabo suspicionibus eruere quid sit quod eos a solita enuntiatione detorserit, ut mallent *Saturnaliorum* quam *Saturnalium* dicere. Ac primum æstimo quod hæc nomina, quæ sunt festorum dierum neutralia carentque numero singulari, diversæ conditionis esse voluerunt ab his nominibus quæ utroque numero figurantur. *Compitalia* enim, et *Bacchanalia*, et *Agonalia*, *Vinaliaque*, et reliqua his similia festorum dierum nomina sunt, nec singulariter nominantur; aut, si singulari numero dixeris, non idem significabis nisi adjeceris *festum :*

puis touchant les autres choses, d'où vient cette façon de parler, non pas nouvelle, mais au contraire fort ancienne. Celui qui dit *Saturnalium* a pour lui la règle ; car dans les noms qui ont le datif pluriel en *bus*, le génitif pluriel ne saurait avoir une syllabe de plus que le datif ; ou il en a autant, comme *monilibus monilium*, *sedilibus sedilium* ; ou il en a une de moins, comme *carminibus carminum, luminibus luminum* ; de même *Saturnalibus* fait plus régulièrement *Saturnalium* que *Saturnaliorum*. Cependant ceux qui disent *Saturnaliorum* ont pour eux de grandes autorités. Salluste, dans son troisième livre, se sert du mot *Bacchanaliorum*, et nous lisons au deuxième livre des *Fastes* de Masurius : *Vinaliorum dies Jovi sacer est ; non, ut quidam putant, Veneri*[1]. Enfin, pour invoquer le témoignage des grammairiens eux-mêmes, Verrius Flaccus, dans son petit livre intitulé *Saturne*, dit : *Saturnalium dies apud Græcos quoque festi habentur*[2]. Puis, dans le même livre, il ajoute : *Dilucide me de constitutione Saturnaliorum scripsisse arbitror*[3]. Julius Modestus, parlant des féries, dit de même, *Saturnaliorum feriæ*, et plus loin : *Antias Agonaliorum repertorem Numam Pompilium refert*[4]. Mais, direz-vous, une telle autorité se peut-elle défendre ? Sans doute ; et comme il est naturel de mettre un grammairien aux prises avec sa propre science, j'essayerai d'établir par des conjectures le motif qui a pu porter nos adversaires à substituer, contrairement aux règles, *Saturnaliorum* à *Saturnalium*. Et, d'abord, je crois qu'ils ont voulu marquer une différence entre ces noms neutres de fêtes qui n'ont pas de singulier, et les autres noms qui ont les deux nombres. Ainsi *Compitalia, Bacchanalia, Agonalia, Vinalia,* et tous les noms semblables sont privés de

---

[1] Le jour des Vinales est consacré à Jupiter, et non, comme quelques-uns le pensent, à Vénus. — [2] Les Grecs célèbrent aussi les Saturnales. — [3] Je pense avoir expliqué clairement l'institution des Saturnales. — [4] Antias rapporte que Numa Pompilius fut l'inventeur des Agonales.

ut, *Bacchanale festum*, *Agonale festum*, et reliqua : ut jam non positivum sit, sed adjectivum, quod Graeci ἐπίθετον vocant. Animati sunt ergo ad faciendam discretionem in genitivo casu; ut ex hac declinatione exprimerent nomen solemnis diei, scientes, in nonnullis saepe nominibus dativo in *bus* exeunte, nihilominus genitivum in *rum* finiri : ut, *domibus domorum, duobus duorum, ambobus amborum*. Ita et *viridia* quum ἀντὶ ἐπιθέτου accipiuntur, genitivum in *ium* faciunt; ut *viridia prata, viridium pratorum;* quum vero ipsam loci viriditatem significare volumus, *viridiorum* dicimus : ut quum dicitur, « formosa facies *viridiorum;* » tunc enim *viridia* quasi positivum ponitur, non accidens. Tanta enim apud veteres fuit licentia hujus genitivi, ut Asinius Pollio[28] *vectigaliorum* frequenter usurpet : quod *vectigal* non minus dicatur quam *vectigalia ;* sed et quum legamus : « laevaque *ancile* gerebat, » tamen et *anciliorum* relatum est. Videndum ergo ne magis varietas veteres delectaverit, quam ut ad amussim verum sit festorum dierum nomina sic vocata; ecce enim et praeter solemnium dierum vocabula, alia quoque sic declinata reperimus ut praecedens sermo patefecit ; *viridiorum,* et *vectigaliorum,* et *anciliorum.* Sed et ipsa festorum nomina secundum regulam declinata apud veteres reperio : siquidem Varro *Ferialium diem* ait *a ferendis in sepulchra epulis* dici; non dixit *Ferialiorum;* et alibi *Floralium,* non *Floraliorum* ait, quum idem non ludos Florales illic, sed ipsum festum Floralia[29] significaret. Masurius etiam secundo *Fastorum,* « *Liberalium* dies[30], *inquit,* a pontificibus agonium Martiale appellatur ; » et in eodem libro : « Eam noctem deincepsque insequentem diem qui est

singulier ; ou, si on les emploie à ce nombre, ils perdent leur signification, à moins qu'on n'y ajoute *festum* [1] : *Bacchanale festum*, *Agonale festum*, etc. ; en sorte qu'ils ne sont plus positifs, mais adjectifs, ce que les Grecs appellent ἐπίθετον [2]. Si donc ils ont introduit ce changement du génitif, c'est qu'ils voulaient spécifier, par cette nouvelle déclinaison, les noms des jours solennels, sachant bien, du reste, que plusieurs noms terminés en *bus* au datif, avaient cependant le génitif en *rum*, comme *domibus domorum*, *duobus duorum*, *ambobus amborum*. Ainsi *viridia* [3] employé comme épithète, fait *ium* au génitif, *viridia prata* [4], *viridium pratorum ;* mais s'il désigne la verdure même, nous disons *viridiorum ;* exemple : *formosa facies viridiorum* [5]. On le prend alors comme positif, et non plus comme accident. L'emploi irrégulier de ce génitif est si fréquent chez les anciens, qu'Asinius Pollion met à chaque instant *vectigaliorum*, parce que *vectigal* [6] est aussi usité que *vectigalia*. Nous lisons *lævaque ancile gerebat* [7] ; ce qui n'empêche pas qu'on ne dise aussi *anciliorum*. Peut-être est-ce l'amour de la variété qui engagea nos ancêtres à affecter ainsi, malgré la règle, une terminaison différente aux noms des jours de fêtes ; ce qui le prouverait, c'est qu'outre les noms de fêtes, d'autres noms, comme nous venons de le voir, ont reçu cette autre terminaison, *viridiorum*, *vectigaliorum*, *anciliorum*. Toutefois on trouve aussi chez les anciens les noms de fêtes déclinés d'après la règle. Ainsi Varron assure que *Ferialium dies* [8] vient de *ferendis in sepulchra epulis* [9] ; il ne dit pas *Ferialiorum*. Ailleurs il se sert de *Floralium*, au lieu de *Floraliorum*, parce qu'il entend, non pas les jeux Floraux, mais la fête même des Florales. Masurius, au deuxième livre des *Fastes*, s'exprime ainsi : *Liberalium dies* [10] est appelé par les pontifes *agonium Mar-*

---

(1) Fête. — (2) Épithète. — (3) Verdoyants. — (4) Prés verdoyants — (5) L'aspect charmant de la verdure. — (6) Impôt. — (7) Il portait dans sa gauche un bouclier. — (8) Jour des morts. — (9) Porter des mets dans les tombeaux. — (10) Le jour des fêtes de Bacchus.

Lucarium; » non dixit, *Lucariorum* [31]; itemque, *Liberalium* multi dixere, non *Liberaliorum;* unde pronuntiandum est veteres indulsisse copiæ per varietatem : ut dicebant, *exanimos* et *exanimes, inermos* et *inermes,* tum *hilaros* atque *hilares.* Et ideo certum est licito et *Saturnalium* et *Saturnaliorum* dici : quum alterum regula cum auctoritate, alterum etsi sola sed multorum defendat auctoritas.

Reliqua autem verba quæ Avieno nostro nova visa sunt, veterum nobis sunt testimoniis asserenda. Ennius enim, nisi cui videtur inter nostræ ætatis politiores munditias respuendus, *noctu concubia* dixit his versibus :

> Qua Galli furtim noctu summa arcis adorti
> Mœnia concubia, vigilesque repente cruentant.

Quo in loco animadvertendum est non solum quod *noctu concubia,* sed quod etiam *qua noctu* dixerit : et hoc posuit in *Annalium* septimo; in quorum tertio clarius idem dixit,

> Hac noctu filo pendebit Etruria tota.

Claudius quoque Quadrigarius [32] *Annali* tertio : « Senatus autem de *noctu* convenire, *noctu* multa domum dimitti. » Non esse ab re puto hoc in loco id quoque admonere; quod decemviri in Duodecim Tabulis inusitate *nox* pro *noctu* dixerunt. Verba hæc sunt : SEI. NOX. FVRTVM. FACTVM. ESIT. SEI. IM. OCCISIT. IOVRE. CAISVS. ESTO.

tiale[1] ; et, dans un autre passage : *Eam noctem deinceps-que insequentem diem qui est Lucarium*[2], il dit *Lucarium*, et non *Lucariorum*; de même qu'on trouve chez plusieurs *Liberalium* au lieu de *Liberaliorum*. D'où il faut conclure que les anciens ne multipliaient ainsi les désinences que pour varier ; c'est ainsi qu'ils disaient *exanimos* et *exanimes*, *inermos* et *inermes*, *hilaros* et *hilares*. Il est donc démontré que *Saturnalium* et *Saturnaliorum* se disent également, l'un ayant pour lui la règle jointe à l'autorité, l'autre l'autorité seulement, mais l'autorité de nombreux exemples.

Quant aux autres expressions qui semblent nouvelles à notre ami Avienus, je puis citer à leur appui le témoignage des anciens. Ennius, si toutefois il est de mise parmi l'élégante politesse de ce siècle, s'est servi de l'expression *noctu concubia* dans ces vers :

« Vers le milieu de cette nuit[3], les Gaulois attaquèrent à la dérobée les hauteurs du Capitole, et massacrèrent à l'improviste les sentinelles. »

Observez qu'il ne dit pas seulement *noctu concubia*, mais même *qua noctu* : j'emprunte cette citation au septième livre des *Annales*; mais il dit plus clairement encore au troisième livre :

« Cette nuit[4] l'Étrurie tout entière sera suspendue à un fil. »

Claudius Quadrigarius, au troisième livre des *Annales*, dit : *Senatus autem de noctu convenire, noctu multa domum dimitti*[5]. Peut-être ne sera-t-il pas inutile non plus de faire remarquer que les décemvirs, dans les Douze-Tables, ont mis *nox* pour *noctu*. Voici le texte : SEI. NOX. FVRTVM. FACTVM. ESIT. SEI. IM. OCCISIT. IOVRE. CAISVS. ESTO [6].

---

(1) Jeux en l'honneur de Mars. — (2) Cette nuit et le jour suivant, qui est celui des Lucaries. — (3) *Qua noctu concubia*. — (4) *Hac noctu*. — (5) Le sénat s'assemble de nuit, et se sépare la nuit étant fort avancée. — (6) Si un vol est fait de nuit, si quelqu'un tue le voleur, qu'il soit tué légalement.

In quibus verbis id etiam notandum est, quod ab eo est *is*, non *eum*, casu accusativo, sed *im* dixerunt [33].

Sed nec, *die crastini*, a doctissimo viro sine veterum auctoritate prolatum est : quibus mos erat modo *diequinti* modo *diequinte* pro adverbio copulative dicere; cujus indicium est quod syllaba secunda corripitur quæ natura producitur quum solum dicitur *die*. Quod autem diximus extremam istius vocis syllabam tum per *e*, tum per *i*, scribi; consuetum id veteribus fuit ut his litteris plerumque in fine indifferenter uterentur; sicut *præfiscine* et *præfiscini*, *proclive* et *proclivi*. Venit ecce illius versus Pomponiani [34] in memoriam qui est ex atellana quæ *Mevia* inscribitur :

Dies hic sextus quum nihil egi; diequarte moriar fame.

Die pristine eodem modo dicebatur; quod significabat die pristimo, id est priore : quod nunc pridie dicitur converso compositionis ordine, quasi *pristino die*. Nec inficias eo lectum apud veteres *die quarto*, sed invenitur de transacto non de futuro positum; nam Cn. Mattius [35], homo impense doctus, in mimiambis pro eo dicit quod nudius quartus nos dicimus, in his versibus :

Nuper die quarto ut recordor, et certe
Aquarium urceum unicum domi fregit.

Hoc igitur intererit ut, *die quarto* quidem de præterito dicamus, *diequarti* autem de futuro. Verum ne de *die crastini* nihil retulisse videamur, suppetit Cælianum [36] illud ex libro *Historiarum* secundo : « Si vis mihi equitatum dare, et ipse cum cetero exercitu me sequi :

Notons aussi *im* au lieu de *eum*, accusatif de *is*.

L'expression *die crastini*, qu'a employée un savant convive, a aussi pour elle l'autorité des anciens. Ne disaient-ils pas adverbialement, en joignant les deux mots, *diequinti* et *diequinte* indifféremment? La preuve est que la deuxième syllabe de *die* est brève dans ce cas, tandis qu'elle est longue dans *die* pris isolément. Nous avons dit que la dernière syllabe était terminée tantôt par *i*, tantôt par *e*; les anciens employaient l'une pour l'autre ces deux syllabes finales, comme dans *præfiscine* et *præfiscini*[1], *proclive* et *proclivi*[2]. Il me revient en mémoire un vers de Pomponius, dans son atellane intitulée *Mevia* :

« Voilà six jours que je ne fais rien; dans quatre jours[3] je mourrai de faim. »

On disait de même *die pristine*, pour *die pristino*[4] dont nous avons fait *pridie*, en transposant les deux termes. Je ne nie pas que l'on ne trouve chez les anciens *die quarto*, mais dans le sens du passé, et non du futur. Cn. Mattius, homme d'un prodigieux savoir, l'emploie dans ses mimiambes, dans le sens où nous disons aujourd'hui *nudius quartus*. Voici le passage :

« Il y a quatre jours[5], s'il m'en souvient, qu'il cassa le seul vase à eau qui fût à la maison. »

Il y aura donc cette différence, que *die quarto* devra s'entendre du passé, *diequarti* du futur. Mais de peur que l'on ne nous accuse de n'avoir cité rien à l'appui de *die crastini*, voici un passage de Célius, tiré du second livre de ses *Histoires* : « Si tu veux me confier la cavale-

---

(1) Soit dit sans vanité.—(2) Qui va en pente. (3) *Diequarte*.—(4) La veille.—(5) *Die quarto*.

diequinti Romæ in Capitolium curabo tibi cœnam coctam. »

Hic Symmachus : Cælius tuus, inquit, et historiam et verbum ex *Originibus* M. Catonis accepit; apud quem ita scriptum est : « Igitur dictatorem Carthaginiensium magister equitum monuit : Mitte mecum Romam equitatum, *diequinti* in Capitolio cœna cocta erit. »

Et Prætextatus : Æstimo nonnihil ad demonstrandam consuetudinem veterum etiam prætoris verba conferre, quibus more majorum ferias concipere solet, quæ appellantur Compitalia; ea verba hæc sunt : DIE. NONI. POPOLO. ROMANO. QVIRITIBVS. COMPITALIA [37]. ERVNT. QVANDO. CONCEPTA. FOVERINT. N.

V. De exauctoratis obsoletisque verbis: tum recte ac Latine dici, *mille verborum est.*

Tum Avienus aspiciens Servium : Curius, inquit, et Fabricius et Coruncanius, antiquissimi viri, vel etiam his antiquiores Horatii illi trigemini plane ac dilucide cum suis fabulati sunt, neque Auruncorum, aut Sicanorum, aut Pelasgorum, qui primi coluisse in Italia dicuntur, sed ætatis suæ verbis utebantur. Tu autem perinde quasi cum matre Evandri loquare, vis nobis verba multis jam sæculis oblitterata revocare : ad quorum congeriem præstantes quoque viros, quorum memoriam continuus legendi usus instruit, incitasti; sed antiquitatem vobis placere jactatis, quod honesta et sobria et modesta sit. Vivamus ergo moribus præteritis, præsentibus verbis loquamur; ego enim id quod a C. Cæsare, excellentis ingenii ac providentiæ viro, in primo *Analogiæ* libro scriptum est, habeo semper in memoria atque

rie, et toi-même me suivre avec le reste de l'armée, dans cinq jours [1], je te fais souper à Rome au Capitole. »

Symmaque l'interrompant à cet endroit : Votre Célius, dit-il, a copié le récit et la phrase même de M. Caton, dans ce passage de ses *Origines :* « Le maître de la cavalerie dit donc au dictateur carthaginois : Confie-moi la cavalerie, et dans cinq jours [1] je te fais souper au Capitole. »

On pourrait encore, ajouta Prétextatus, pour justifier cette façon ancienne de parler, citer la formule ordinaire par laquelle le préteur annonce l'ouverture des féries connues sous le nom de Compitales : DIE. NONI. POPOLO. ROMANO. QVIRITIBVS. COMPITALIA. ERVNT. QVANDO. CONCEPTA. FOVERINT. N [2].

V. Des mots vieillis et hors d'usage. L'expression *mille verborum est* est correcte et latine.

Avienus s'adressant alors à Servius : Curius, lui dit-il, et Fabricius, et Coruncanius, hommes du vieux temps, ou même les trois jumeaux du nom d'Horace, plus anciens encore, s'entretenaient avec leurs contemporains d'une manière claire et intelligible ; ils se servaient de la langue de leur siècle, au lieu d'emprunter celle des Aurunces, des Sicanes, ou des Pélasges, qui furent, dit-on, les premiers habitants de l'Italie. Mais vous, comme si vous conversiez avec la mère d'Évandre, vous employez en nous parlant des mots oubliés depuis longtemps ; vous poussez même à les recueillir d'éminents personnages dont la mémoire s'enrichit par des lectures assidues. Vous aimez, dites-vous, l'antiquité, parce qu'elle est honnête, modeste, frugale. Très-bien ; retenons les mœurs d'autrefois, et parlons le langage d'aujourd'hui. Je n'ai garde d'avoir oublié ce

---

(1) *Diequinti.* — (2) Le neuvième jour le peuple romain célébrera les Compitales.

in pectore, ut tanquam scopulum sic fugiam infrequens atque insolens verbum [38]. *Mille* denique *verborum* talium est, quæ quum in ore priscæ auctoritatis crebro fuerint, exauctorata tamen a sequenti ætate repudiataque sunt. Horum copiam proferre nunc possem, ni tempus noctis jam propinquantis necessariæ discessionis nos admoneret.

Bona verba, quæso, Prætextatus morali, ut assolet, gravitate subjecit : nec insolenter parentis artium antiquitatis reverentiam verberemus, cujus amorem tu quoque dum dissimulas magis prodis. Quum enim dicis *mille verborum est;* quid aliud sermo tuus nisi ipsam redolet vetustatem? nam licet M. Cicero in oratione quam pro Milone concepit, ita scriptum reliquerit : « Ante fundum Clodii, quo in fundo propter insanas illas substructiones facile *mille hominum versabatur* valentium, » non *versabantur* : quod in libris minus accurate scriptis reperiri solet; et in sexta in Antonium : « Qui unquam in illo Jano [39] inventus est qui L. Antonio *mille nummum* ferret expensum? » licet Varro quoque ejusdem sæculi homo in septimodecimo *Humanarum* dixerit : *Plus mille et centum annorum est;* tamen fiduciam sic componendi non nisi ex antecedentium auctoritate sumpserunt : nam Quadrigarius in tertio *Annalium* ita scripsit: « Ibi *occiditur mille* hominum; » et Lucilius in tertio *Satirarum :*

Ad portam *mille,* a porta *est sex* inde Salernum.

Alibi vero etiam declinationem hujus nominis exsequutus est; nam in libro quintodecimo ita dicit :

Hunc *milli passum* qui vicerit atque duobus,

que dit C. César, ce sage et brillant génie, dans le premier livre de l'*Analogie;* aussi j'évite comme un écueil tout eexpression étrange et inusitée : Or, il y en a mille de cette sorte[1] qui, consacrées autrefois par l'usage, ont été rejetées et mises au rebut par l'âge suivant. J'en pourrais citer ici un grand nombre, si l'approche de la nuit ne nous obligeait au départ.

Doucement, je vous conjure, reprit Prétextatus, avec son air de gravité habituel; n'outrageons pas insolemment le respect dû à l'antiquité, cette mère des arts, pour laquelle, Avienus, votre affection se trahit d'autant plus que vous voulez la dissimuler. En effet, cette expression *mille verborum est* que vous employez ne sent-elle pas bien son antiquité? Cicéron a dit, il est vrai, dans son oraison *pour Milon :* « Devant la maison de campagne de Clodius, dans laquelle, par suite de ces folles constructions, se trouvaient au moins mille ouvriers[2] robustes. » Il ne dit pas *versabantur,* qu'on lit dans les manuscrits moins corrects. On lit également dans son sixième discours *contre Antoine :* « Où trouva-t-on jamais dans cette rue de Janus un homme qui voulût prêter à Antoine mille sesterces[3] ? » Varron, son contemporain, dans le dix-septième livre *des Choses humaines,* se sert de l'expression *Plus mille et centum annorum est*[4]. Mais ils ont emprunté cette locution de leurs devanciers : en effet, nous lisons au troisième livre des *Annales* de Quadrigarius : « Là furent tués mille hommes[5]; » et dans le troisième livre des *Satires* de Lucilius :

« De là à la porte il y a mille pas[6], et de la porte à Salerne six mille[7]. »

Ailleurs, dans le quinzième livre, il va jusqu'à décliner ce nom :

« Aucun coursier galopant après un coursier de Campanie qui

---

(1) *Mille verborum talium est.* — (2) *Mille hominum versabatur.* — (3) *Mille nummum.* — (4) Plus de onze cents ans. — (5) *Occiditur mille.* — (6) *Mille est.* — (7) *Est sex.*

Campanus sonipes succursor nullu' sequetur,
Majore spatio ac diversu' videbitur ire.

Idem in libro nono :

Tu *milli nummum* potes uno quærere centum.

Milli passum, dixit pro *mille passibus*, et *milli nummum*, pro *mille nummis*, aperteque ostendit, *mille*, et vocabulum esse, et singulari numero dici, et casum etiam capere ablativum, ejusque plurativum esse *millia*: *mille* enim non ex eo ponitur, quod Græce chilia dicuntur, sed quod chilias; et sicut una chilias et duæ chiliades, ita unum mille et duo millia [40] veteres certa atque directa ratione dicebant. Et heus tu! his ne tam doctis viris, quorum M. Cicero et Varro imitatores se gloriantur, adimere vis in verborum comitiis jus suffragandi : et tanquam sexagenarios majores [41] de ponte dejicies? Plura de hoc dissereremus, ni vos invitos ab invito discedere hora cogeret; sed vultisne diem sequentem, quem plerique omnes abaco et latrunculis conterunt, nos istis sobriis fabulis a primo lucis in cœnæ tempus, ipsam quoque cœnam non obrutam poculis, non lascivientem ferculis, sed quæstionibus doctis pudicam et mutuis ex lecto relationibus exigamus? sic enim ferias præ omni negotio fetas commodi senserimus, non animum, ut dicitur, remittentes (nam remittere, inquit Musonius [42], animum quasi amittere est), sed demulcentes eum paululum atque laxantes jucundis honestisque sermonum illectationibus. Quod si ita decerni-

aura sur lui une avance de trois mille pas⁽¹⁾, ne pourra le suivre ; même la distance augmentera, et ils sembleront suivre une route opposée. »

On lit aussi au livre neuvième :

« Avec mille sesterces⁽²⁾ tu peux en gagner cent mille. »

Milli passum est ici pour *mille passibus*, *milli nummum* pour *mille nummis*. C'est ainsi qu'il fait de *mille* un nom ayant un singulier, un ablatif, et un pluriel qui est *millia*. *Mille* ne s'emploie pas dans le sens du mot grec *chilia*, mais bien du mot *chilias*⁽³⁾ ; et de même qu'on dit une chiliade, deux chiliades, les anciens disaient avec raison et par analogie *unum mille*⁽⁴⁾, *duo millia*⁽⁵⁾. Eh quoi ! ces érudits que M. Cicéron et Varron se vantent d'imiter, leur ravirez-vous le droit de suffrage dans les comices de la langue, et leur interdirez-vous les tables comme à des vieillards sexagénaires ? Nous pousserions plus loin cette dissertation si, à notre regret commun, l'heure ne nous forçait à la retraite. Voulez-vous cependant que nous employions la journée de demain, depuis le matin jusqu'à l'heure du souper, à converser ainsi à jeun, au lieu de la passer, comme tout le monde, à jouer aux dames ou aux échecs ? Le souper même, d'où nous bannirons et l'ivresse des coupes et le luxe de la chère, nous pourrions le rehausser par de savantes discussions, en nous communiquant mutuellement le fruit de nos lectures. C'est ainsi que les féries nous seront plus profitables que le travail le plus sérieux, et que, sans donner du relâche à notre esprit (car, dit Musonius, donner du relâche à son esprit, c'est, en quelque sorte, en faire abandon), nous le récréerons, nous l'égayerons un peu par des conversations agréables et décentes. Si donc vous

---

(1) *Milli passum atque duobus.* — (2) *Mille nummum.* — (3) Une chiliade, le nombre de dix mille. — (4) Un millier. — (5) Deux milliers.

tis, diis penatibus meis huc conveniendo gratissimum feceritis.

Tum Symmachus : Nullus, qui quidem se dignum hoc conventu meminerit, sodalitatem hanc vel ipsum conventus regem repudiabit; sed, ne quid ad perfectionem coetus desideretur, invitandos ad eumdem congressum convictumque censeo Flavianum (qui quanto sit mirando viro et venusto patre præstantior non minus ornatu morum gravitateque vitæ quam copia profundæ eruditionis asseruit) simulque Postumianum, qui forum defensionum dignatione nobilitat, et Eustathium [43], qui tantus in omni philosophiæ genere est, ut solus nobis repræsentet ingenia trium philosophorum, de quibus nostra antiquitas gloriata est; illos dico quos Athenienses quondam ad senatum legaverunt impetratum uti multam remitteret quam civitati eorum fecerat propter Oropi vastationem [44]; ea multa fuerat talentum fere quingentum. Erant isti philosophi Carneades ex Academia, Diogenes stoicus, Critolaus peripateticus : quos ferunt seorsum quemque ostentandi gratia per celeberrima urbis loca magno conventu hominum dissertavisse. Fuit, ut relatum est, facundia Carneades violenta et rapida, scita et tereti Critolaus, modesta Diogenes et sobria; sed in senatum introducti interprete usi sunt Coelio senatore. At hic noster quum sectas omnes assequutus, sed probabiliorem sequutus sit, omniaque hæc inter Græcos genera dicendi solus impleat; inter nos tamen ita sui locuples interpres est, ut nescias qua lingua facilius vel ornatius expleat operam disserendi.

Probavere omnes Q. Aurelii judicium quo edecumatos elegit sodales : atque his ita constitutis, primum a

pensez comme moi, vous ferez, en vous réunissant ici, grand plaisir à mes dieux pénates.

Alors Symmaque : Quiconque peut se croire digne d'une pareille réunion, n'aura garde de répudier ni ses compagnons ni le roi de la fête ; mais pour que rien n'y manque, je propose d'y inviter, ainsi qu'au repas, Flavien, supérieur à son père même par ses talents et ses grâces extérieures (tout le monde connaît cette élégance et cette pureté de mœurs que relève encore une vaste érudition), Postumianus, qui honore le barreau par l'éclat de ses plaidoyers, enfin Eustathe, qui a tellement approfondi les divers systèmes de philosophie, qu'à lui seul il nous représente le génie des trois philosophes dont Rome a conservé le glorieux souvenir : je veux parler de ceux que les Athéniens députèrent jadis au sénat pour obtenir la remise de l'amende de cinq cents talents à laquelle ils avaient été condamnés pour le pillage de la ville d'Orope. C'étaient l'académicien Carnéade, Diogène le stoïque, et le péripatéticien Critolaüs, lesquels, dit-on, voulant faire étalage de leurs talents, enseignèrent chacun de son côté dans les endroits de la ville les plus fréquentés, au milieu d'un concours immense de citoyens. On ajoute que l'éloquence de Carnéade était nerveuse et entraînante, celle de Critolaüs harmonieuse et savante, celle de Diogène simple et sans ornements. Toutefois, quand ils furent introduits dans le sénat, il fallut que le sénateur Célius leur servît d'interprète. Eustathe, lui, non content d'avoir embrassé toutes les sectes, afin de suivre la meilleure, et de résumer en lui les divers genres de l'éloquence grecque, est lui-même parmi nous son propre interprète avec tant de bonheur, qu'on ne saurait dire quelle langue il parle avec plus de grâce et d'aisance.

Tout le monde applaudit avec joie au goût dont Symmaque avait fait preuve dans le choix des convives ; et,

Prætextato, simul deinde a se discedentes, domum quisque suam regressi sunt.

VI. De origine ac usu prætextæ. Quomodo hæc in usum transierit nominis; inibique de aliorum quorumdam nominum propriorum origine.

Postero die ad ædes Vettii matutini omnes, inter quos pridie convenerat, affuerunt, quibus Prætextatus in bibliothecam receptis, in qua eos opperiebatur : Præclarum, inquit, diem mihi fore video, quum et vos adestis, et affuturos se illi quos ad conventus nostri societatem rogari placuit, spoponderunt; soli Postumiano antiquior visa est instruendarum cura defensionum; in cujus abnuentis locum Eusebium Graia et doctrina et facundia rhetorem subrogavi : insinuatumque omnibus ut ab exorto die se nobis indulgerent, quandoquidem nullis hodie officiis publicis occupari fas esset. Togatus certe, vel trabeatus, paludatusque seu prætextatus hac die videtur nullus.

Tum Avienus, ut ei interpellandi mos erat : Quum sacrum mihi, ait, ac reipublicæ nomen, Prætextate, tuum inter vocabula diversi habitus refers : admoneor non ludicræ, ut æstimo, quæstionis. Quum enim vestitus togæ, vel trabeæ, seu paludamenti nullum de se proprii nominis usum fecerit, quæro abs te cur hoc de solo prætextæ habitu usurpaverit vetustas, aut huic nomini quæ origo contigerit?

Inter hæc Avieni dicta Flavianus [45] et Eustathius, par insigne amicitiæ, ac minimo post Eusebius, ingressi alacriorem fecere cœtum; acceptaque ac reddita salutatione

les choses étant ainsi réglées, on prit congé d'abord de Prétextatus, puis les uns des autres, et chacun s'en retourna chez soi.

VI. Origine et usage de la prétexte. Comment on en fit un nom propre ; et de l'étymologie de quelques autres noms.

Le lendemain, de bonne heure, l'on se rencontra chez Prétextatus, comme il avait été convenu la veille. Après avoir reçu les arrivants dans sa bibliothèque, où il les attendait : Voilà, s'écria-t-il, un beau jour pour moi ; vous êtes arrivés, et ceux qui ont été invités à grossir notre réunion ont promis de venir. Le seul Postumianus a préféré travailler à ses plaidoyers, et j'ai fait prier à sa place le rhéteur Eusèbe, en qui brillent l'éloquence et le savoir des Grecs. J'ai engagé notre monde à venir de bonne heure, toute fonction publique étant interdite aujourd'hui. Il est certain, en effet, qu'on ne voit personne en ce jour revêtu de la toge, de la trabée, du paludamentum ou de la prétexte [1].

Alors Avienus, qui avait la manie des interruptions : Vous venez, dit-il, en nommant les divers costumes, de citer un nom qui ne m'est pas moins cher qu'à tout l'État : c'est le vôtre, et cela me fait songer à vous adresser une question que je crois digne d'intérêt. Pourquoi, lorsque l'usage de la toge, ou de la trabée, ou du paludamentum, n'a fourni aucun nom propre, l'antiquité en a-t-elle dérivé un de la prétexte, et quelle est l'origine de ce nom ? Voilà ce que je voudrais savoir.

Avienus parlait encore, que Flavien et Eustathe, couple illustre d'amis, arrivèrent, et peu après Eusèbe. Leur entrée redoubla l'allégresse de l'assistance ; ils s'assirent

[1] *Prætextatus nullus.*

consederunt, percunctantes quidnam offenderint sermocinationis. — Tum Vettius : Peropportune, inquit, affuistis mihi assertorem quærenti; movet enim mihi Avienus nostri nominis quæstionem, et ita originem ejus flagitat, tanquam fides ab eo generis exigatur. Nam, quum nullus sit qui appelletur suo nomine vel Togatus, vel Trabeatus vel Paludatus, cur Prætextatus nomen habeatur postulat in medium proferri. Sed et quum posti inscriptum sit Delphici templi, et unius e numero sapientum eadem sit ista sententia, Γνῶθι σεαυτόν; quid in me scire æstimandus sim si nomen ignoro, cujus mihi nunc et origo et causa dicenda est? Tullus Hostilius, Hosti filius, rex Romanorum tertius, debellatis Etruscis, sellam curulem lictoresque et togam pictam atque prætextam, quæ insignia magistratuum Etruscorum[46] erant, primus ut Romæ haberentur instituit; sed prætextam illo sæculo puerilis non usurpabat ætas; erat enim, ut cetera quæ enumeravi, honoris habitus. Sed postea Tarquinius, Demarati exsulis Corinthii filius, Priscus, quem quidam Lucumonem vocitatum ferunt, rex tertius ab Hostilio, quintus a Romulo, de Sabinis egit triumphum, quo bello filium suum annos quatuordecim natum, quod hostem manu percusserat, et pro concione laudavit, et bulla aurea prætextaque donavit, insigniens puerum ultra annos fortem præmiis virilitatis et honoris : nam sicut prætexta magistratuum, ita bulla gestamen erat triumphantium, quam in triumpho præ se gerebant, inclusis intra eam remediis quæ crederent adversus invidiam[47] valentissima. Hinc deductus mos ut prætexta et bulla in usum puerorum nobilium usurparentur, ad omen et vota conciliandæ virtutis ei similis cui primis in annis munera ista cesserunt. Alii putant eum-

après les politesses d'usage, et demandèrent sur quoi roulait la conversation. — Ma foi, dit Vettius, vous arrivez fort à propos; je cherchais un aide; c'est Avienus qui a soulevé une question relativement à mon nom, et veut en savoir l'origine, comme s'il était chargé d'en vérifier l'extraction. En effet, comme il n'y a personne qui s'appelle de son nom Togatus, ou Trabeatus, ou Paludatus, il veut savoir d'où vient que Prétextatus est employé comme nom propre. Or, d'après cette sentence de l'un des sept sages, gravée sur le frontispice du temple de Delphes, *Connais-toi toi-même*, quelle idée se ferait-on de moi, si je n'étais point en état de répondre aux questions qui me seraient adressées sur le principe et l'origine de mon nom? Tullus Hostilius, fils d'Hostus et troisième roi de Rome, ayant vaincu les Étrusques, introduisit le premier à Rome la chaise curule, les licteurs, la tunique brodée et la prétexte, qui étaient les insignes de leurs magistrats. Mais dans ce siècle, la prétexte n'était pas à l'usage des enfants; c'était, comme les autres choses dont j'ai parlé, une marque d'honneur. Dans la suite, Tarquin l'Ancien, qu'on nomme aussi Lucumon, fils de Démarate, exilé de Corinthe, le troisième roi à partir d'Hostilius, et le cinquième en comptant de Romulus, triompha des Sabins; dans cette même guerre, son fils, âgé de quatorze ans, ayant tué de sa main un ennemi, il fit publiquement son éloge, et le gratifia de la bulle d'or et de la prétexte, attribuant à un enfant qui avait montré un courage au-dessus de son âge, les insignes de la bravoure et de la virilité : car la prétexte était le costume des magistrats, et la bulle d'or un ornement des triomphateurs, qui la portaient devant eux comme un charme souverain contre l'envie. De là l'usage vint de donner la bulle et la prétexte aux enfants de naissance noble, comme un présage, un espoir qu'ils auraient un jour le courage de celui qui les reçut dès ses jeunes années.

dem Priscum, quum is statum civium solertia providi principis ordinaret, cultum quoque ingenuorum puerorum inter præcipua duxisse, instituisseque ut patricii bulla aurea cum toga cui purpura prætexitur uterentur, duntaxat illi quorum patres curulem gesserant magistratum : ceteris autem ut prætexta tantum uterentur indultum; sed usque ad eos quorum parentes equo stipendia justa meruissent. Libertinis vero nullo jure uti prætextis licebat; ac multo minus peregrinis, quibus nulla esset cum Romanis necessitudo. Sed postea libertinorum quoque filiis prætexta concessa est ex causa tali : quam M. Lælius augur [48] refert, qui bello Punico secundo duumviros dicit ex senatusconsulto, propter multa prodigia, libros Sibyllinos adiisse; et inspectis his nuntiasse in Capitolio supplicandum, lectisterniumque [49] ex collata stipe faciendum, ita ut libertinæ quoque quæ longa veste uterentur, in eam rem pecuniam subministrarent. Acta igitur obsecratio est, pueris ingenuis, itemque libertinis, sed et virginibus patrimis matrimisque pronuntiantibus carmen; ex quo concessum ut libertinorum quoque filii, qui ex justa duntaxat matrefamilias nati fuissent, togam prætextam et lorum in collo [50], pro bullæ decore, gestarent.

Verrius Flaccus [51] ait, quum populus Romanus pestilentia laboraret, essetque responsum id accidere quod dii despicerentur, anxiam urbem fuisse, quia non intelligeretur oraculum; evenisseque ut Circensium die puer de cœnaculo pompam superne despiceret, et patri referret quo ordine secreta sacrorum in arca pilenti composita vidisset : qui quum rem gestam senatui nuntiasset, placuisse velari loca ea qua pompa vehere-

Selon d'autres, le même Tarquin, lorsqu'il régla avec la prévoyance d'un prince habile l'état des citoyens, attacha une grande importance à l'habillement des enfants de condition, et il voulut que les fils de patriciens portassent la bulle avec la robe bordée de pourpre ; mais seulement ceux dont les pères avaient exercé une dignité curule : les autres avaient simplement la prétexte, encore fallait-il que leurs pères eussent servi le temps voulu dans la cavalerie. Les affranchis ne pouvaient la porter dans aucun cas, encore moins les étrangers qui n'avaient avec les Romains aucun lien de parenté. Plus tard cependant le privilége fut étendu aux fils des affranchis; voici à quelle occasion : M. Lélius l'augure rapporte que, dans la deuxième guerre punique, plusieurs prodiges s'étant manifestés, un sénatus-consulte enjoignit aux duumvirs de consulter les livres Sibyllins. La consultation faite, les duumvirs déclarèrent qu'il fallait faire des supplications au Capitole, et dresser un lectisterne avec le produit d'une collecte à laquelle contribueraient aussi les femmes d'affranchis autorisées à porter la robe longue. Les prières eurent lieu, et les enfants de l'un et de l'autre sexe, de condition libre, et les fils d'affranchis ayant encore leurs pères et leurs mères, chantèrent les hymnes. C'est en mémoire de cet événement qu'on permit aux fils d'affranchis, nés d'un légitime mariage, de porter la prétexte et la courroie au cou, au lieu de la bulle.

S'il faut en croire Verrius Flaccus, une peste désolait Rome, et l'oracle ayant répondu que ce fléau venait de ce que les dieux *despicerentur* [1], cette réponse, dont personne ne pouvait comprendre le sens, jetait l'alarme dans la ville, lorsque, le jour des jeux du Cirque, un enfant qui de l'étage le plus élevé de sa maison avait regardé la pompe religieuse, rapporta à son père dans quel ordre étaient rangés au fond du coffre placé sur le

---

[1] Au sens propre, *étaient vus de haut en bas ;* au figuré, *étaient méprisés.*

tur : atque ita peste sedata, puerum qui ambiguitatem sortis absolverat, togæ prætextæ usum munus impetravisse.

Vetustatis peritissimi referunt, in raptu Sabinarum unam mulierem nomine Hersiliam, dum adhæret filiæ, simul raptam : quam quum Romulus Hosto cuidam ex agro Latino, qui in asylum ejus confugerat, virtute conspicuo, uxorem dedisset, natum ex ea puerum antequam alia ulla Sabinarum partum ederet; eumque, quod primus esset in hostico procreatus, Hostum Hostilium a matre vocitatum, et eumdem a Romulo bulla aurea ac prætextæ insignibus honoratum. Is enim quum raptas ad consolandum vocasset, spopondisse fertur, se ejus infanti quæ prima sibi civem Romanum esset enixa, illustre munus daturum.

Nonnulli credunt, ingenuis pueris attributum ut cordis figuram in bulla ante pectus annecterent; quam inspicientes ita demum se homines cogitarent, si corde præstarent, togamque prætextam his additam, ut ex purpuræ rubore ingenuitatis pudore regerentur.

Diximus unde prætexta; adjecimus et causas quibus æstimatur concessa pueritiæ; nunc idem habitus quo argumento transierit in usum nominis, paucis explicandum est. Mos antea senatoribus fuit in curiam cum prætextatis filiis introire; quum in senatu res major quæpiam consultabatur, eaque in posterum diem prolata esset, placuit ut hanc rem, super qua tractavissent, ne quis enuntiaret priusquam decreta esset; mater Papirii

char, les objets qui servaient au culte secret. Le père ayant dénoncé la chose au sénat, il fut ordonné que les rues par où défilerait le cortége seraient tendues de voiles. Le fléau fut ainsi apaisé, et l'enfant qui avait débrouillé le sens obscur de l'oracle reçut en récompense l'autorisation de porter la prétexte.

Des auteurs très-versés dans la connaissance de l'antiquité rapportent que, lors de l'enlèvement des Sabines, une femme nommée Hersilie, qu'on n'avait pu séparer de sa fille, fut entraînée avec elle, et que Romulus l'ayant mariée à un certain Hostus, du territoire sabin, homme d'un grand courage et qui s'était réfugié dans son asile, elle mit au monde un fils avant toutes ses autres compagnes. Cet enfant, né sur le territoire ennemi[1], fut appelé par sa mère Hostus Hostilius, et fut gratifié de la bulle d'or et de la prétexte par Romulus, qui, pour consoler les Sabines de leur enlèvement, avait promis, dit-on, de récompenser magnifiquement l'enfant de celle qui accoucherait la première d'un citoyen romain.

Selon d'autres, cette bulle en forme de cœur que les enfants de condition libre portaient sur le devant de la poitrine, n'avait d'autre but que de les entretenir dans cette idée, qu'ils ne seraient véritablement hommes que s'ils avaient le cœur vaillant ; et l'on y avait ajouté la prétexte pour leur rappeler, par la rougeur de la pourpre, cette pudeur, signe d'une âme bien née.

J'ai dit l'origine de la prétexte ; j'ai rapporté les causes présumées qui en ont fait revêtir l'enfance ; reste à montrer rapidement comment ce même costume est devenu un nom propre. Autrefois les sénateurs se rendaient au sénat avec leurs fils revêtus de la prétexte ; or, toutes les fois qu'il y avait une délibération importante et que l'affaire était renvoyée au lendemain, on avait défendu d'en parler avant que le décret eût été rendu. Un jour que le

---

[1] *Hostico.*

pueri, qui cum parente suo in curia fuerat, percunctatur filium quidnam in senatu egissent patres. Puer respondit tacendum esse, neque id dici licere; mulier fit audiendi cupidior; secretum rei et silentium pueri animum ejus ad inquirendum everberat : quærit igitur compressius violentiusque. Tum puer, urgente matre, lepidi atque festivi mendacii consilium capit : actum in senatu dixit utrum videretur utilius magisque e republica esse, unusne ut duas uxores haberet, an ut una apud duos nupta esset. Hoc illa ubi audivit, animo compavescit; domo trepidans egreditur; ad ceteras matronas affert : postridieque ad senatum copiosa matrumfamilias caterva confluunt ; lacrymantes atque obsecrantes orant una potius ut duobus nupta fieret, quam ut uni duæ. Senatores ingredientes curiam, quæ illa mulierum intemperies, et quid sibi postulatio istæc vellet mirabantur, et ut non parvæ rei prodigium illam verecundi sexus impudicam insaniam pavescebant. Puer Papirius publicum metum demit : nam in medium curiæ progressus, quid ipsi mater audire institisset, quid matri ipse simulasset, sicut fuerat, enarrat. Senatus fidem atque ingenium pueri exosculatur, consultumque facit uti posthac pueri cum patribus in curiam non introeant, præter illum unum Papirium ; eique puero postea cognomentum, honoris gratia, decreto inditum, Prætextatus, ob tacendi loquendique in prætextæ ætate [52] prudentiam. Hoc cognomentum postea familiæ nostræ in nomen hæsit. Non aliter dicti Scipiones : nisi quod Cornelius, qui cognominem patrem luminibus carentem pro baculo regebat, Scipio cognominatus, nomen ex cognomine posteris dedit. Sic Messala tuus [53], Aviene, dictus

jeune Papirius avait accompagné son père au sénat, sa mère lui demanda sur quelle matière on avait délibéré. L'enfant lui répond que c'était un secret qu'il lui était interdit de révéler. La curiosité de la femme redouble : le mystère du fait, la discrétion de l'enfant, que de motifs de pénétrer ce secret! Ses interrogations deviennent plus vives, plus serrées. Pressé par sa mère, l'enfant a recours à un mensonge très-adroit et très-plaisant : L'on a, dit-il, agité dans le sénat la question de savoir lequel serait le plus utile et le plus avantageux à la république, qu'un homme épousât deux femmes, ou qu'une femme fût mariée à deux hommes. La mère est atterrée ; elle sort éperdue de chez elle, et va répandre la nouvelle chez les autres matrones. Le lendemain, elles se portent en foule au sénat, fondant en larmes, et suppliant qu'on votât plutôt deux maris pour une seule femme, que pour deux femmes un seul mari. Les sénateurs arrivent ; ces femmes éperdues, ces réclamations étranges les frappent de stupeur ; et cet oubli de toute pudeur de la part d'un sexe naturellement réservé leur semble un prodige alarmant. Le jeune Papirius fit cesser la peur universelle. Il s'avança au milieu de la salle, et raconta de point en point et les instances de sa mère et la ruse qu'il avait employée. Le sénat, émerveillé de la discrétion et de la présence d'esprit de cet enfant, rendit un décret par lequel il était défendu aux fils des sénateurs de paraître avec leurs pères aux assemblées ; Papirius seul était excepté. De plus, on lui décerna le surnom de Prétextatus, voulant honorer cette sagesse de parler et de se taire à l'âge de la prétexte. Ce surnom devint dans la suite le nom de notre famille. Il en fut de même des Scipion : un Cornelius qui servait de guide à son père aveugle, appelé comme lui Cornelius, et lui tenait lieu de bâton, reçut le surnom de *Scipio*[(1)], qui devint le nom pa-

___
(1) Bâton.

a cognomento Valerii Maximi, qui postquam Messanam urbem Siciliae nobilissimam cepit, Messala cognominatus est. Nec mirum si ex cognominibus nata sunt nomina, quum contra et cognomina ex propriis sint tracta nominibus; ut ab Æmilio Æmilianus, a Servilio Servilianus.

Hic subjecit Eusebius : Messala et Scipio, alter de pietate, de virtute alter, ut refers, cognomina repererunt; sed Scropha et Asina, quae viris non mediocribus cognomenta sunt, volo dicas unde contigerint, quum contumeliae quam honori propiora videantur.

Tum ille : Nec honor nec injuria, sed casus fecit haec nomina : nam Asinae cognomentum Corneliis datum est, quoniam princeps Corneliae gentis empto fundo, seu filia data marito, quum sponsores ab eo solemniter poscerentur, asinam cum pecuniae onere produxit in forum quasi pro sponsoribus praesens pignus. Tremellius vero Scropha cognominatus est eventu tali : is Tremellius cum familia atque liberis in villa erat; servi ejus, quum de vicino scropha erraret, surreptam conficiunt; vicinus, advocatis custodibus, omnia circumvenit, ne qua efferri possit, isque ad dominum appellat restitui sibi pecudem. Tremellius, qui ex villico rem comperisset, scrophae cadaver sub centonibus collocat super quos uxor cubabat; quaestionem vicino permittit; quum ventum est ad cubiculum, verba jurationis concipit nullam esse in villa sua scropham, nisi istam, inquit, quae in centonibus jacet; lectulum monstrat. Ea facetissima juratio Tremellio Scrophae cognomentum [54] dedit.

tronymique de ses descendants. Même chose encore, Avienus, pour votre ami Messala : son nom lui vient de son ancêtre Valerius Maximus, surnommé Messala pour s'être emparé de Messine, l'une des principales villes de la Sicile. Il ne faut pas s'étonner, au reste, que des surnoms aient donné naissance à des noms de famille, puisque de ceux-ci se tirent de même les surnoms : c'est ainsi qu'on a fait d'Émilius Émilianus, et de Servilius Servilianus.

Il résulte de ce que vous venez de dire, reprit Eusèbe, que Scipion et Messala doivent leurs surnoms, l'un à sa piété filiale, l'autre à son courage. Mais apprenez-moi, je vous prie, d'où les illustres familles des Scropha et des Asina tirèrent les leurs, plus injurieux, ce semble, qu'honorables?

Ce n'est ni par honneur ni par injure, répliqua Postumianus, mais par pur effet du hasard, que ces surnoms ont été créés. Car les Cornelius ont reçu celui d'Asina[1], parce que le chef de leur maison ayant acheté un fonds de terre ou marié sa fille, au lieu des garants qu'il devait fournir suivant l'usage, conduisit sur la place publique une ânesse chargée d'argent. Quant à Tremellius, voici comme lui advint son surnom de Scropha[2]. Il était à la campagne avec ses enfants et toute sa maison; une truie s'échappe de chez le voisin; ses esclaves la saisissent et la tuent. Le voisin, pour empêcher qu'on n'emporte l'animal, fait cerner la maison, puis il somme le maître de le lui rendre. Tremellius, à qui son fermier avait conté l'aventure, ordonne qu'on cache le cadavre de la truie sous la couverture du lit qu'occupait sa femme; puis il permet au voisin de faire ses recherches. Quand on fut arrivé à la chambre à coucher, il affirma par serment qu'il n'y avait aucune truie dans sa maison, si ce n'est, ajouta-t-il, en montrant le lit, celle qui est étendue sous ces couvertures. Ce serment bouffon valut à Tremellius le surnom de Scropha.

[1] Anesse. — [2] Truie.

VII. De Saturnaliorum origine ac vetustate; ubi et alia quædam obiter perstringuntur.

Dum ista narrantur, unus a famulitio, cui provincia erat admittere volentes dominum convenire, Evangelum adesse nuntiat cum Dysario, qui tunc Romæ præstare videbatur ceteris medendi artem professis. Corrugato indicavere vultu plerique de considentibus Evangeli interventum otio suo inamœnum minusque placido conventui congruentem. Erat enim amarulenta dicacitate, et linguæ protervæ, mendacii procax, ac securus offensarum, quas sine delectu cari vel non amici in se passim verbis odia serentibus provocabat. Sed Prætextatus, ut erat in omnes æque placidus ac mitis, ut admitterentur, missis obviis, imperavit; quos Horus ingredientes commodum consequutus comitabatur, vir corpore atque animo juxta validus: qui post innumeras inter pugiles palmas ad philosophiæ studia migravit, sectamque Antisthenis et Cratetis atque ipsius Diogenis sequutus, inter cynicos non incelebris habebatur.

Sed Evangelus, postquam tantum cœtum assurgentem sibi ingressus offendit: Casus ne, inquit, hos omnes ad te, Prætextate, contraxit? an altius quiddam cui remotis arbitris opus sit cogitaturi ex disposito convenistis? quod si ita est, ut æstimo, abibo potius quam me vestris miscebo secretis; a quibus me amovebit voluntas, licet fortuna fecisset irruere.

Tum Vettius, quamvis ad omnem patientiam constanter animi tranquillitate firmus, nonnihil tamen consultatione tam proterva motus: Si aut me, inquit,

VII. Origine des Saturnales. Leur ancienneté. — Excursions sur divers sujets.

On en était là de l'entretien, quand l'esclave chargé d'introduire les personnes qui voulaient parler au maître de la maison, annonça la visite d'Evangelus et de Dysarius. Ce Dysarius passait pour le médecin le plus habile qui fût alors à Rome. Quant à Evangelus, aux rides qui se dessinèrent sur le visage de la plupart des assistants, il était aisé de voir que sa venue n'était rien moins qu'agréable à la compagnie, dont elle menaçait l'union et la tranquillité : c'était un caustique amer, méchante langue, menteur effronté, peu soucieux du mal qu'il faisait, blessant par ses propos amis et ennemis, et détesté de tout le monde. Toutefois Prétextatus, qui ne se départait jamais de sa politesse ni de sa bienveillance habituelles, ordonna qu'on les introduisît, et les envoya recevoir. Horus, qui était arrivé en même temps qu'eux, les accompagnait ; doué d'une force prodigieuse d'esprit et de corps, après je ne sais combien de palmes remportées au pugilat, il s'était adonné à l'étude de la philosophie, et, embrassant la secte d'Antisthène, de Cratès et de Diogène, s'était acquis quelque réputation parmi les cyniques.

Tout le monde se leva à l'arrivée d'Evangelus. Mais lui de s'écrier aussitôt, à la vue d'une réunion si nombreuse : Est-ce le hasard, Prétextatus, qui a réuni chez vous tout ce monde ? ou serait-ce que vous vous êtes rassemblés de concert pour quelque pratique occulte qui ne saurait souffrir de témoins ? S'il en est ainsi, comme je le suppose, je me retirerai plutôt que de m'immiscer dans vos secrets ; et malgré le hasard qui m'a conduit ici, il y aurait indiscrétion de ma part à rester dans cette enceinte.

Vettius était doué d'une égalité d'âme à toute épreuve ; néanmoins il fut ému de cette impertinente apostrophe : Evangelus, dit-il, vous oubliez à qui vous parlez ; au-

Evangele, aut hæc innocentiæ lumina cogitasses, nullum inter nos tale secretum opinarere, quod non vel tibi vel etiam vulgo fieri dilucidum posset; quia neque ego sum immemor, nec horum quemquam inscium credo sancti illius præcepti philosophiæ : « Sic loquendum esse cum hominibus tanquam dii audiant; sic loquendum cum diis tanquam homines audiant; » cujus secunda pars sancit ne quid a diis petamus quod velle nos indecorum sit hominibus confiteri. Nos vero, ut et honorem sacris feriis haberemus, et vitaremus tamen torporem feriandi, atque otium in negotium verteremus, convenimus diem totum doctis fabulis velut ex symbola conferendis daturi; nam, si per sacra solemnia

. . . . Rivos deducere nulla
Relligio prohibet[55]; . . . .
(Georg. lib. I, v. 269.)

si salubri fluvio mersare oves fas et jura permittunt : cur non religionis honor putetur dicare sacris diebus sacrum studium litterarum? Sed, quia vos quoque deorum aliquis nobis additos voluit, facite, si volentibus vobis erit, diem communibus et fabulis et epulis exigamus : quibus ut omnes hodie qui præsentes sunt acquiescant impetratum teneo.—Tunc ille : Supervenire fabulis non evocatos haud equidem turpe existimatur : verum sponte irruere in convivium aliis præparatum, nec ab Homero [56] sine nota vel in fratre memoratum est; et vide ne nimium arroganter tres tibi velis Menelaos contigisse, quum illi tanto regi unus evenerit.

Tum omnes Prætextatum juvantes orare blandeque ad commune invitare consortium : Evangelum quidem sæpius

trement vous ne supposeriez pas qu'il pût exister entre moi et ces flambeaux de vertu tel secret qui ne pût vous être révélé à vous, comme à tout le monde. Je me souviens, et chacun ici se le rappelle comme moi, de ce précepte divin de la philosophie : « Parle avec les hommes comme si les dieux t'entendaient, et avec les dieux comme si tu étais entendu des hommes; » c'est-à-dire, d'après la seconde partie de cet axiome, que nous ne devons rien demander aux dieux que nous ne puissions avouer sans rougir à la face des hommes. Pour nous, voulant à la fois sanctifier les féries et fuir l'oisiveté qu'elles amènent, afin de rendre utile notre repos, nous nous sommes réunis avec l'intention de consacrer tout le jour à de savants entretiens où chacun fournit son écot; car si durant la solennité des fêtes.

« Nul précepte de la religion ne défend de nettoyer les fossés; »

si les rites sacrés permettent de baigner les brebis dans une onde salutaire, pourquoi ne serait-ce pas honorer la religion que de vouer à l'étude sacrée des lettres les jours consacrés par elle? Vous-mêmes, puisqu'un dieu a pris soin de vous amener parmi nous, consentez, si cela vous fait plaisir, à partager les entretiens et le banquet de ce jour. Je vous assure de l'assentiment de toutes les personnes ici présentes. — Sans doute, répondit Evangelus, je ne vois rien de honteux à tomber, sans être attendu, au milieu d'un entretien ; mais fondre volontairement sur un repas préparé pour d'autres, c'est, de l'aveu d'Homère, une indiscrétion blâmable, même chez un frère. Prenez garde aussi qu'il n'y ait un peu de présomption de votre part à souhaiter la présence de trois Ménélas, lorsqu'un si grand roi n'en reçut qu'un seul.

Tous alors de se joindre à Prétextatus, et d'unir poliment leur invitation à la sienne; invitation qui,

et maxime, sed nonnunquam et cum eo pariter ingressos. Inter hæc Evangelus petitu omnium temperatus : M. Varronis, inquit, librum vobis arbitror non ignotum ex satiris Menippeis[57], qui inscribitur : *Nescis quid vesper vehat*, in quo convivarum numerum hac lege definit, ut neque minor quam Gratiarum sit, neque quam Musarum numerosior[58]. Hic video, excepto rege convivii, tot vos esse quot Musæ sunt; quid ergo perfecto numero quæritis adjiciendos ? — Et Vettius : Hoc, inquit, nobis præsentia vestra præstabit, ut et Musas impleamus et Gratias : quas ad festum deorum omnium principis æquum est convenire.

Quum igitur consedissent, Horus Avienum intuens, quem familiarius frequentare solitus erat : In hujus, inquit, Saturni cultu, quem deorum principem dicitis, ritus vester ab Ægyptiorum religiosissima gente dissentit; nam illi neque Saturnum nec ipsum Serapim receperant in arcana templorum usque ad Alexandri Macedonis occasum; post quem tyrannide Ptolemæorum pressi, hos quoque deos in cultum recipere Alexandrinorum more, apud quos præcipue colebantur, coacti sunt; ita tamen imperio paruerunt, ut non omnino religionis suæ observata confunderent. Nam quia nunquam fas fuit Ægyptiis pecudibus aut sanguine, sed precibus et thure solo placare deos, his autem duobus advenis hostiæ erant ex more mactandæ, fana eorum extra pomœrium[59] locaverunt; ut et illi sacrificii solemnis sibi cruore colerentur, nec tamen urbana templa morte pecudum polluerentur. Nullum itaque Ægypti oppidum intra muros suos aut Saturni aut Serapis fanum recepit; horum alterum vix

bien qu'adressée plus souvent, et d'une manière plus spéciale, à Evangelus, ne laissait pas que de comprendre aussi les nouveaux venus. Evangelus fut flatté de cet empressement unanime. Cependant, dit-il, vous connaissez tous, j'imagine, parmi les satires Ménippées de Varron, celle qui est intitulée : *Vous ne savez pas ce que le soir vous prépare*, et où il fixe ainsi le nombre des convives : ni moindre que celui des Grâces, ni plus grand que celui des Muses. Or, vous êtes ici, si je mets à part le roi du festin, autant que sont les Muses; pourquoi voulez-vous ajouter à un nombre aussi parfait? — Eh bien, répliqua Vettius, nous devrons à votre présence, d'ajouter aux neuf Muses les trois Grâces; et n'est-il pas juste de convier ces dernières à la fête du premier de tous les dieux?

On s'assit, et Horus, regardant Avienus qu'il connaissait plus particulièrement, prit la parole : Le culte, dit-il, que vous rendez à Saturne, appelé par vous le premier des dieux, diffère de celui de la religieuse Égypte; car, jusqu'à la mort d'Alexandre, elle n'admit dans ses sanctuaires ni Saturne, ni même Sérapis. A cette époque seulement, en proie à la tyrannie des Ptolémées, les Égyptiens rendirent un culte à ces dieux, à l'imitation des Alexandrins chez lesquels ils étaient spécialement en honneur : toutefois ils ne poussèrent pas l'obéissance jusqu'à amalgamer les deux cultes. En effet, comme ils n'offraient jamais à leurs divinités ni sang ni victimes, mais seulement de l'encens et des prières, ils immolèrent des victimes aux nouveaux venus, et, suivant l'usage, bâtirent leurs temples en dehors du Pomœrium; de sorte qu'ils payèrent à ces dieux le tribut sanglant qu'ils exigent sans que les temples de la cité fussent souillés par le meurtre des animaux. C'est ainsi qu'aucune ville d'Égypte ne reçut dans son enceinte les temples de Saturne et de Sérapis. Or, de ces dieux, c'est, dit-on, avec peine et comme malgré vous

ægreque a vobis admissum audio : Saturnum vero vel maximo inter ceteros honore celebratis; si ergo nihil est quod me hoc scire prohibeat, volo in medium proferatur.

Hic Avienus in Prætextatum exspectationem consulentis remittens : Licet omnes, ait, qui adsunt, pari doctrina polleant, sacrorum tamen Vettius unice conscius potest tibi et originem cultus qui huic deo penditur, et causam festi solemnis aperire.

Quod quum Prætextatus in alios refundere tentasset, omnes ab eo impetraverunt ut ipse dissereret; tunc ille silentio facto ita exorsus est : Saturnaliorum originem illam mihi in medium proferre fas est; non quæ ad arcanam divinitatis naturam refertur, sed quæ aut fabulosis admixta disseritur, aut a physicis in vulgus aperitur; nam occultas et manantes ex meri veri fonte rationes ne in ipsis quidem sacris enarrari permittitur; sed si quis illas assequitur, continere intra conscientiam tectas jubetur. Unde quæ sciri fas est Horus noster licebit mecum recognoscat.

Regionem istam, quæ nunc vocatur Italia, regno Janus obtinuit; qui, ut Hyginus [60] Protarchum Trallianum [61] sequutus tradit, cum Camese æque indigena terram hanc ita participata potentia possidebant, ut regio Camesene, oppidum Janiculum vocitaretur. Post ad Janum solum regnum redactum est, qui creditur geminam faciem prætulisse, ut quæ ante quæque post tergum essent intueretur; quod procul dubio ad prudentiam regis solertiamque referendum est, qui et præterita nosset et futura prospiceret, sicut Antevorta et Postvorta [62], divinitatis scilicet aptissimæ comites, apud Romanos co-

que vous honorez l'un ; l'autre, au contraire, Saturne, vous l'élevez au-dessus de toutes les autres divinités ; d'où cela vient-il ? voilà ce que je voudrais savoir, si rien ne s'y oppose.

Ici Avienus, laissant à Prétextatus le soin de répondre : Bien que tous les membres de cette réunion, dit-il, aient une science égale, c'est à Prétextatus, instruit plus particulièrement de ce qui concerne les sacrifices, de vous faire connaître l'origine du culte rendu à ce dieu, et la cause de ces solennités.

Prétextatus essaya d'abord de rejeter la tâche sur un autre ; mais à la fin, cédant aux instances de tous, il prit la parole en ces termes : Je puis vous dévoiler l'origine des Saturnales, non celle qui touche à la nature secrète de la divinité, mais celle qui découle des traductions semi-fabuleuses, ou des révélations des physiciens. Quant aux motifs secrets et puisés aux sources de la pure vérité, nous devons les taire, même dans la célébration des mystères, et quiconque les pénètre doit les tenir cachés au fond de sa conscience. Voici donc tout ce qu'il est permis de savoir ; je ne demande pas mieux que d'en instruire notre cher Horus.

Cette contrée, qui porte aujourd'hui le nom d'Italie, obéissait anciennement à Janus ; ce Janus, à ce que rapporte Hygin, d'après Protarchus Trallianus, possédait le pays de moitié avec Camèse, indigène comme lui ; de telle sorte que le territoire s'appelait Camésène ; la ville, Janicule. Janus, dans la suite, devint seul roi. On rapporte qu'il avait le visage double, ce qui lui permettait de voir à la fois devant et derrière lui. Cette tradition doit s'entendre évidemment de la prudence et de l'habileté qui le mettaient à même de connaître le passé et de deviner l'avenir ; de même que chez les Romains, Antevorta et Postvorta sont honorées comme les compagnes inséparables de la divinité. Ce même Janus,

luntur. Hic igitur Janus, quum Saturnum classe pervectum excepisset hospitio, et ab eo edoctus peritiam ruris ferum illum et rudem ante fruges cognitas victum in melius redegisset, regni eum societate muneravit; quum primus quoque æra signaret, servavit et in hoc Saturni reverentiam, ut, quoniam ille navi fuerat advectus, ex una quidem parte sui capitis effigies, ex altera vero navis [63] exprimeretur; quo Saturni memoriam in posteros propagaret. Ita fuisse signatum hodieque intelligitur in aleæ lusu, quum pueri denarios in sublime jactantes, *Capita aut navia*, lusu teste vetustatis exclamant. Hos una concordesque regnasse vicinaque oppida communi opera condidisse, præter Maronem qui refert,

Janiculum huic, illi fuerat Saturnia nomen;
(*Æneid.* lib. VIII, v. 358.)

etiam illud in promptu est, quod posteri quoque duos eis continuos menses dicarunt, ut december sacrum Saturni, januarius alterius vocabulum possideret. Quum inter hæc subito Saturnus non comparuisset, excogitavit Janus honorum ejus augmenta, ac primum terram omnem ditioni suæ parentem Saturniam nominavit : aram deinde cum sacris tanquam deo condidit, quæ Saturnalia nominavit. Tot sæculis Saturnalia præcedunt Romanæ urbis ætatem. Observari igitur eum jussit majestate religionis quasi vitæ melioris auctorem [64]; simulacrum ejus indicio est, cui falcem insigne messis adjecit. Huic deo insertiones surculorum pomorumque educationes et omnium cujuscemodi fertilium tribuunt disciplinas. Cyrenenses etiam, quum rem divinam ei faciunt,

lorsque Saturne vint en Italie avec une flotte, lui offrit un asile dans ses États, apprit de lui l'art de cultiver la terre, et substitua une nourriture plus douce aux aliments grossiers dont les hommes s'étaient servi jusqu'alors. Il l'en récompensa en l'associant à sa puissance ; et quand, le premier, il fit frapper des monnaies de cuivre, il lui rendit un nouvel hommage. Nous avons dit que Saturne était arrivé en Italie sur un vaisseau ; Janus voulut que l'on gravât d'un côté sa propre effigie, et de l'autre un navire, afin de transmettre à la postérité le souvenir de Saturne. Une preuve que ce fut bien là l'empreinte de la première monnaie, c'est qu'aujourd'hui encore, dans ce jeu de hasard qui consiste à jeter en l'air une pièce de monnaie, les enfants s'ecrient : *Tête ou vaisseau*. Ils régnèrent ensemble dans une union parfaite, et bâtirent deux villes en commun. Ce fait est attesté par Virgile d'abord :

« L'une s'appelait Janicule, l'autre Saturnie ; »

puis par la postérité, qui leur a dédié deux mois qui se suivent : décembre fut consacré à Saturne, Janus à janvier. Sur ces entrefaites, Saturne ayant disparu subitement, Janus, pour honorer encore plus sa mémoire, appela Saturnie la totalité du territoire qu'il possédait en propre ; puis il lui éleva un autel comme à un dieu, et institua en son honneur des sacrifices qu'il nomma Saturnales. Vous voyez combien de siècles les Saturnales existaient avant la fondation de Rome. Janus lui rendit un culte religieux, parce qu'il avait amélioré la vie des hommes : témoin sa statue, qui le représente armé d'une faux, symbole de la moisson. On rapporte à ce dieu l'usage de la greffe, la culture des arbres à fruits, et toutes les pratiques d'agriculture de ce genre. Les Cyrénéens lui attribuent la découverte du miel et des fruits ; de là vient que, dans les sacrifices, ils se couronnent de branches

ficis recentibus coronantur, placentasque mutuo missitant, mellis et fructuum repertorem Saturnum æstimantes. Hunc Romani etiam Stercutum vocant; quod primus stercore fecunditatem agris comparaverit. Regni ejus tempora felicissima feruntur quum propter rerum copiam, tum etiam quod nondum quisquam servitio vel libertate discriminabatur; quæ res intelligi potest, quod Saturnalibus tota servis licentia permittitur.

Alia Saturnaliorum causa sic traditur. Qui erant ab Hercule in Italia relicti, ut quidam ferunt, irato quod incustoditum fuisset armentum, ut nonnulli æstimant, consulto eos relinquente ut aram suam atque ædem ab incursionibus tuerentur : hi ergo, quum a latronibus infestarentur, occupato edito colle[65] Saturnios se nominaverunt, quo ante nomine etiam idem collis vocabatur; et, quia se hujus dei senserunt nomine ac religione tutos, instituisse Saturnalia feruntur, ut agrestes vicinorum animos ad majorem sacri reverentiam ipsa indicti festi observatio vocaret.

Nec illam causam, quæ Saturnalibus assignatur, ignoro : quod Pelasgi, sicut Varro memorat, quum sedibus suis pulsi diversas terras petissent, confluxerunt plerique Dodonam, et incerti quibus hærerent locis, ejusmodi accepere responsum :

> Στείχετε μαιόμενοι Σικελῶν Σατουρνίαν αἶαν
> Ἠδ' Ἀϐοριγενέων Κοτύλην, οὖ νᾶσος ὀχεῖται·
> Αἷς ἀναμιχθέντες δεκάτην ἐκπέμψατε Φοίϐῳ,
> Καὶ κεφαλὰς Ἅδῃ, καὶ τῷ πατρὶ πέμπετε φῶτα[66].

acceptaque sorte, quum Latium post errores plurimos appulissent, in lacu Cutyliensi enatam insulam deprehenderunt; amplissimus enim cespes sive ille continens

nouvelles de figuier, et s'envoient réciproquement des gâteaux. Les Romains l'honorent aussi sous le nom de Stercutus, parce qu'il s'avisa le premier de fertiliser la terre à l'aide de fumier[1]. Son règne fut l'époque la plus heureuse : l'abondance régnait partout, et l'on ne distinguait pas encore les hommes par les noms de maîtres et d'esclaves : on en trouve la preuve dans cette liberté absolue dont jouissent les esclaves pendant la durée des Saturnales.

On assigne aux Saturnales une autre origine. Hercule avait abandonné en Italie plusieurs de ses compagnons, selon les uns, parce que ses troupeaux avaient été mal gardés, selon les autres, afin de mettre son autel et son temple à l'abri des incursions des brigands. Assaillis par ces derniers, les soldats d'Hercule se retirèrent sur une haute colline, où ils prirent le nom de Saturniens, de celui que portait la colline avant eux. C'est alors que, se sentant protégés par le nom et le culte du dieu, ils établirent, dit-on, les Saturnales, pour que l'annonce et la célébration de ces fêtes frappassent d'une crainte encore plus grande les esprits grossiers de leurs voisins.

Je sais qu'on explique encore d'une autre manière l'établissement des Saturnales. En effet, Varron rapporte que les Pélasges, chassés de leurs foyers, s'étant répandus dans diverses contrées, le plus grand nombre se réunit à Dodone, et que là, comme ils ne savaient où fixer leur demeure, ils reçurent de l'oracle cette réponse :

« Cherchez avec ardeur la terre des Siciliens, consacrée à Saturne, et la Cotyla des Aborigènes, où flotte une île ; quand vous en aurez pris possession, offrez la dîme à Phébus, des têtes à Pluton, et des hommes[2] à son père. »

Ils partirent avec cette réponse, et, après avoir erré longtemps, ils abordèrent dans le Latium et découvrirent

(1) *Stercus.* — (2) Φῶτα.

limus seu paludis fuit, coacta compage, virgultis et arboribus in silvæ licentiam comptus jactantibus per amnem fluctibus vagabatur; ut fides ex hoc etiam Delo facta sit, quæ celsa montibus, vasta campis, tamen per maria ambulabat. Hoc igitur miraculo deprehenso, has sibi sedes prædictas esse didicerunt : vastatisque Siciliensibus incolis, occupavere regionem, decima prædæ secundum responsum Apollini consecrata, erectisque Diti sacello et Saturno ara, cujus festum Saturnalia nominarunt. Quumque diu humanis capitibus Ditem et virorum victimis [67] Saturnum placare se crederent, propter oraculum in quo erat :

Καὶ κεφαλὰς Ἄδῃ καὶ τῷ πατρὶ πέμπετε φῶτα.

Herculem ferunt postea cum Geryonis pecore [68] per Italiam revertentem, suasisse illorum posteris ut faustis sacrificiis infausta mutarent, inferentes Diti non hominum capita, sed oscilla ad humanam effigiem arte simulata [69]; et aras Saturnias non mactando viros, sed accensis luminibus [70] excolentes : quia non solum virum sed et lumina φῶτα significat. Inde mos per Saturnalia missitandis cereis cœpit. Alii cereos non ob aliud mitti putant, quam quod hoc principe ab incomi et tenebrosa vita quasi ad lucem et bonarum artium scientiam editi sumus. Illud quoque in litteris invenio; quod, quum multi occasione Saturnaliorum per avaritiam a clientibus ambitiose munera exigerent, idque onus tenuiores gra-

une île sortie du sein du lac Cutylien. C'était un immense gazon formé d'un limon solidifié ou d'un marécage devenu compacte, hérissé à sa surface d'arbres et de broussailles qui formaient comme une espèce de forêt, et flottant de côté et d'autre au gré des vagues, semblable à cette Délos, qui, toute couverte de hautes montagnes et de vastes plaines, errait à travers les mers. A la vue de ce prodige, les Pélasges reconnurent les demeures annoncées par l'oracle; ils s'emparèrent de la contrée, en chassèrent les Siciliens qui l'habitaient, consacrèrent, suivant la réponse du dieu, la dîme du butin à Apollon, bâtirent un temple à Pluton et un autel à Saturne, dont ils nommèrent la fête Saturnales. Dans le principe, ils offraient à Pluton des têtes d'hommes, et immolaient à Saturne des victimes humaines, afin de se conformer au texte de l'oracle :

« Immolez des têtes à Pluton, et des hommes(1) à son père.»

Mais, dans la suite, Hercule étant revenu en Italie avec les bœufs de Géryon, persuada, dit-on, à leurs descendants de remplacer ces offrandes sinistres par des sacrifices moins funestes, en offrant à Pluton, au lieu de têtes humaines, de petites figures faites à l'image de l'homme, et sur les autels de Saturne, au lieu de sacrifices humains, des flambeaux allumés : car φῶτα signifie également homme et flambeau. De là l'usage de s'envoyer des flambeaux de cire à l'époque des Saturnales. Selon d'autres, cet usage viendrait de ce que, sous le règne de ce prince, les hommes passèrent des ténèbres de l'ignorance à la lumière et à la pratique des arts. J'ai vu, de plus, écrit quelque part, que plusieurs patrons avides, profitant de l'occasion des Saturnales pour extorquer des présents considérables à leurs clients, et cet impôt devenant ruineux pour les citoyens pauvres, le tribun du peuple Publicius décida

(1) Φῶτα.

varet, Publicius tribunus plebi tulit, non nisi ditioribus cerei missitarentur.

Hic Albinus Cæcina subjecit : Qualem nunc permutationem sacrificii, Prætextate, memorasti, invenio postea Compitalibus celebratam; quum ludi per Urbem in compitis agitabantur, restituti scilicet a Tarquinio Superbo Laribus ac Maniæ, ex responso Apollinis; quo præceptum est ut pro capitibus, capitibus supplicaretur; idque aliquandiu observatum, ut pro familiarium sospitate pueri mactarentur Maniæ deæ matri Larum. Quod sacrificii genus Junius Brutus consul Tarquinio pulso aliter constituit celebrandum; nam capitibus allii et papaveris supplicari jussit, ut responso Apollinis satisfieret de nomine capitum, remoto scilicet scelere infaustæ sacrificationis : factumque est ut effigies Maniæ [71] suspensæ pro singulorum foribus periculum, si quod immineret familiis, expiarent : ludosque ipsos ex viis compitorum in quibus agitabantur Compitalia appellitaverunt. Sed perge cetera.

Tum Prætextatus : Bene et opportune similis emendatio sacrificiorum relata est; sed ex his causis quæ de origine hujus festi relatæ sunt apparet Saturnalia vetustiora esse urbe Romana : adeo ut ante Romam in Græcia hoc solemne cœpisse L. Accius [72] in *Annalibus* suis referat his versibus :

> Maxima pars Graium Saturno et maxime Athenæ
> Conficiunt sacra, quæ Cronia esse iterantur ab illis;
> Eumque diem celebrant : per agros urbesque fere omnes
> Exercent epulis læti : famulosque procurant
> Quisque suos : nostrique itidem. Et mos traditus illinc.
> Iste, ut quum dominis famuli epulentur ibidem.

qu'on n'enverrait à plus riche que soi que des flambeaux de cire.

Albinus Cécina prenant alors la parole : Une substitution semblable à celle dont vous avez parlé, Prétextatus, eut lieu plus tard dans les Compitales, quand ces jeux, qui se célébraient en l'honneur des Lares et de la déesse Mania, dans les carrefours de Rome, eurent été rétablis par ordre de Tarquin le Superbe. L'oracle d'Apollon ayant dit qu'il fallait sacrifier *pour des têtes avec des têtes*, pendant longtemps, pour obtenir le salut d'êtres chéris, on immola des enfants à Mania, mère des Lares ; mais le consul Junius Brutus, après l'expulsion des Tarquins, changea le mode de ce sacrifice, et substitua dans les supplications des têtes d'ail et de pavot, afin de satisfaire l'oracle d'Apollon sur le mot *tête*. Ainsi furent abolies ces coutumes abominables ; et désormais des simulacres de la déesse Mania, suspendus au-dessus de la porte, conjurèrent les dangers qui menaçaient la famille. Quant aux jeux, ils furent appelés Compitales, des carrefours où ils se célébraient[1]. Mais poursuivez votre discours.

Cette réforme dans les sacrifices, reprit alors Prétextatus, est exacte et citée à propos ; mais enfin, des causes diverses auxquelles nous avons attribué l'origine des Saturnales, il résulte que ces fêtes sont plus anciennes que la ville de Rome ; il paraîtrait même, d'après un passage tiré des *Annales* de L. Accius, qu'elles prirent naissance en Grèce, à une époque antérieure :

« Dans presque toute la Grèce, et surtout à Athènes, l'on a établi en l'honneur de Saturne des sacrifices que l'on nomme Cronies : c'est un jour consacré qui, soit aux champs, soit à la ville, se passe en joyeux festins, où chacun traite ses esclaves, comme chez nous ; et c'est de là que nous est venue la coutume de ces banquets qui réunissent à la même table le maître et les esclaves. »

[1] *Compita.*

VIII. De templo Saturni, deque his quæ in hujus æde aut imagine visuntur, et quomodo intelligenda sint ea quæ de hoc deo fabulose dici consueverunt.

Nunc de ipso dei templo pauca referenda sunt. Tullum Hostilium, quum bis de Albanis, de Sabinis tertio triumphasset, inveni fanum Saturno ex voto consecravisse; et Saturnalia tunc primum [73] Romæ instituta, quamvis Varro libro sexto, qui est de sacris ædibus, scribat ædem Saturni ad Forum faciendam locasse L. Tarquinium regem; Titum vero Larcium dictatorem Saturnalibus eam dedicasse [74]. Nec me fugit Gellium [75] scribere senatum decrevisse ut ædes Saturni fieret, eique rei L. Furium tribunum militum præfuisse. Habet aram et ante senaculum; illic Græco ritu capite aperto res divina fit: quia primo a Pelasgis, post ab Hercule ita eam a principio factitatam putant. Ædem vero Saturni ærarium Romani esse voluerunt [76], quod tempore quo incoluit Italiam fertur nullum in ejus finibus furtum esse commissum: aut quia sub illo nihil erat cujusquam privatum;

> Nec signare solum aut partiri limite campum
> Fas erat; in medium quærebant.
> *(Georg.* lib. I, v. 126.)

Ideo apud eum locaretur populi pecunia communis sub quo fuissent cunctis universa communia. Illud non omiserim, Tritonas cum buccinis fastigio Saturni ædis superpositos: quoniam ab ejus commemoratione ad nostram ætatem historia clara et quasi vocalis est; ante vero muta et obscura et incognita, quod testantur caudæ Tritonum humi mersæ et absconditæ. Cur autem Saturnus ipse in compedibus visatur, Verrius Flaccus cau-

VIII. Du temple de Saturne; des attributs qui décorent le temple et la statue; comment on doit entendre les fables répandues sur ce dieu.

Disons maintenant quelques mots du temple même du dieu. J'ai lu que Tullus Hostilius, après avoir triomphé deux fois des Albins et trois fois des Sabins, avait dédié un temple à Saturne par suite d'un vœu qu'il avait fait, et que ce fut l'époque de l'institution des Saturnales. Cependant Varron, dans son sixième livre, où il traite des édifices sacrés, rapporte que le roi L. Tarquin passa un marché pour la construction du temple de Saturne qu'on voit sur le Forum, et que le dictateur Titus Larcius en fit la dédicace pendant les Saturnales. Je n'ignore pas, non plus, ce que dit Gellius, que le sénat avait décrété un temple à cette même divinité, et que L. Furius, tribun militaire, présida à sa construction. On lui a élevé aussi, devant le palais du sénat, un autel où l'on sacrifie, suivant le rite grec, la tête voilée. L'origine de cet usage remonte, dit-on, aux Pélasges, puis à Hercule. C'est dans le temple de Saturne que les Romains ont placé leur trésor, parce que, suivant la tradition, durant son séjour en Italie, il ne se commit aucun vol dans ses États; ou bien parce que, sous son règne, on ne possédait rien en propre :

« Il n'était pas permis de marquer le sol, ni de partager la terre par des limites. Tout était en commun. »

Ce fut pour cette raison sans doute que celui sous lequel toutes choses étaient communes, fut chargé de la garde du trésor commun. N'oublions pas, non plus, les Tritons avec leurs conques, placés au haut du temple; c'est l'allégorie de l'histoire, qui, muette jadis, obscure et inconnue, comme l'attestent les queues des Tritons cachées et enfouies dans le sol, depuis Saturne jusqu'à nos jours éclate et parle pour ainsi dire. Mais pourquoi le dieu est-il enchaîné? Verrius Flaccus dit en

sam se ignorare dicit; verum mihi Apollodori [77] lectio sic suggerit : Saturnum Apollodorus alligari ait per annum laneo vinculo, et solvi ad diem sibi festum, id est mense hoc decembri; atque inde proverbium ductum : «deos laneos pedes habere;» significari vero decimo mense semen in utero animatum in vitam grandescere : quod donec erumpat in lucem mollibus naturæ vinculis detinetur. Est porro idem Κρόνος καὶ Χρόνος [78]. Saturnum enim in quantum mythici fictionibus distrahunt, in tantum physici ad quamdam verisimilitudinem revocant. Hunc aiunt abscidisse Cœli patris pudenda : quibus in mare dejectis Venerem procreatam, quæ a spuma unde coaluit Ἀφροδίτη nomen accepit; ex quo intelligi volunt, quum chaos esset, tempora non fuisse, siquidem tempus est certa dimensio quæ ex cœli conversione colligitur, tempus cœpit inde; ab ipso natus putatur Κρόνος, qui, ut diximus, Χρόνος est. Quumque semina rerum omnium post cœlum gignendarum de cœlo fluerent, et elementa universa quæ mundo plenitudinem facerent ex illis seminibus funderentur : ubi mundus omnibus suis partibus membrisque perfectus est, certo jam tempore finis factus est procedendi de cœlo semina ad elementorum conceptionem; quippe quæ jam plena fuerant procreata. Ad animalium vero æternam propagationem ad Venerem generandi facultas ex humore translata est : ut per coitum maris feminæque cuncta deinceps gignerentur. Propter abscisionis pudendorum fabulam etiam nostri eum Saturnum vocitarunt, παρὰ τὴν σάθην, quæ membrum virile declarat, veluti Sathimum. Unde etiam Satyros, veluti Sathimnos, quod sint in libidinem proni, appellatos opinantur. Falcem ei quidem putant attributam, quod tempus omnia

ignorer la cause. Toutefois, voici ce que je trouve dans Apollodore : Saturne est enchaîné pendant toute l'année par des bandelettes de laine que l'on ne détache que le jour de sa fête, c'est-à-dire dans le mois de décembre où nous sommes. De là ce proverbe : « Les dieux ont des pieds de laine. » N'est-ce pas en effet le dixième mois que le fœtus nourri dans le sein de sa mère fait son entrée dans la vie, brisant les liens délicats qui le retiennent captif, jusqu'au jour où il s'élance à la lumière? Or, Saturne est le même que le Temps [1]. Autant les faiseurs de fables ont défiguré son histoire, autant les physiciens l'ont rapprochée de la vraisemblance. Les premiers nous disent que Saturne ayant retranché à son père Cœlus [2] les parties génitales, et les ayant jetées dans la mer, il en naquit Vénus, qui, de l'écume dont elle fut formée, prit le nom d'Aphrodite. Or, voici le sens de cette fiction. Durant le chaos, le temps n'existait point. En effet, le temps ayant pour mesure la révolution fixe du ciel, commença d'être en même temps que celui-ci. Le Ciel fut donc père de Saturne [3] ou du Temps [4], ce qui est la même chose. De lui découlaient sans cesse les semences de tous les êtres qui restaient encore à créer après lui, semences qui renfermaient en elles les principes générateurs de la création tout entière. Mais à l'instant précis où le monde eut atteint le développement complet de ses parties et de ses membres, le ciel cessa d'envoyer à la terre les germes nécessaires à la génération des éléments; car ils avaient été doués eux-mêmes de la puissance créatrice. Quant à l'éternelle propagation des animaux, Vénus y pourvut désormais : au lieu de la rosée céleste, et de l'union du mâle et de la femelle naquirent tous les êtres. Cette fable de l'amputation des parties sexuelles fut l'origine du nom de Saturne, *Saturnus* ou *Sathimus*, de σάθη, membre viril. De là vient aussi, du moins on le suppose, le nom

---

[1] Κρόνος καὶ Χρόνος. — [2] Le Ciel. — [3] Κρόνος. — [4] Χρόνος.

metat, exsecet et incidat. Hunc aiunt filios suos solitum devorare, eosdemque rursus evomere; per quod similiter significatur eum tempus esse, a quo vicibus cuncta gignantur absumanturque, et ex eo denuo renascantur; eumdemque a filio pulsum quid aliud est, quam tempora senescentia ab his quæ post sunt nata depelli? Vinctum autem : quod certa lege naturæ connexa sint tempora; vel quod omnes fruges quibusdam vinculis nodisque alternentur; nam et falcem volunt fabulæ in Siciliam decidisse, quod sit terra ista vel maxime fertilis.

IX. Qui deus Janus, deque variis ejus dei nominibus et potestate.

Et quia Janum cum Saturno regnasse memoravimus, de Saturno autem quid mythici, quid physici æstiment jam relatum est : de Jano quoque, quid ab utrisque jactetur, in medium proferemus. Mythici referunt, regnante Jano, omnium domos religione ac sanctitate fuisse munitas : idcircoque ei divinos honores esse decretos, et ob merita introitus et exitus ædium eidem consecratos. Xenon[79] quoque primo *Italicon* tradit Janum in Italia primum diis templa fecisse, et ritus instituisse sacrorum; ideo eum in sacrificiis præfationem meruisse perpetuam. Quidam ideo eum dici bifrontem putant, quod et præterita sciverit, et futura providerit.

Sed physici eum magnis consecrant argumentis divinitatis. Nam sunt qui Janum eumdem esse atque Apollinem et Dianam dicant, et in hoc uno utrumque exprimi numen affirment. Etenim, sicut Nigidius[80] quoque refert,

de *Satyri* ou *Sathimni*, donné aux Satyres, à cause de leur penchant à la lubricité. La faux avec laquelle on le représente est l'emblème du temps qui coupe, tranche, moissonne toutes choses. Quant à cette fiction qui le fait dévorer ses enfants et les rendre ensuite, c'est encore le temps par lequel tout naît, meurt et se reproduit. Si nous le voyons chassé par son fils, c'est que les temps, en vieillissant, sont chassés par les temps nés après eux. Il est enchaîné, parce que la loi immuable de la nature forme une seule chaîne de tous les siècles, ou parce que toutes les plantes sont formées de nœuds et de fibres enlacés. La fable ajoute que sa faux tomba en Sicile, parce que cette île est une des plus fertiles du monde.

IX. De Janus ; des noms divers et de la puissance de ce dieu.

Nous avons dit que Janus régna conjointement avec Saturne, et nous avons rapporté touchant ce dernier les diverses opinions des physiciens et des mythologues ; reste à exposer ce que les uns et les autres enseignent de Janus. Sous son règne, disent les poëtes, la religion et l'équité veillaient au seuil de toutes les demeures ; c'est pourquoi la reconnaissance publique rendit à ce prince des honneurs divins et lui consacra l'entrée et la sortie des maisons. Xenon rapporte au premier livre de ses *Italiques*, que Janus fut le premier en Italie qui éleva des temples aux dieux, et institua les rites des sacrifices : ce qui lui mérita d'être invoqué le premier dans toutes les cérémonies. Le double visage avec lequel on le représente vient de ce qu'il connaît le passé et prévoit l'avenir.

Mais les physiciens en font un dieu, et appuient leur croyance d'autorités considérables. Beaucoup parmi eux pensent que Janus est le même que Diane et Apollon, réunis en une seule personne. En effet, nous voyons dans Nigidius

apud Græcos Apollo colitur qui Θυραῖος vocatur : ejusque aras ante fores suas celebrant, ipsum exitus et introitus demonstrantes potentem. Idem Apollo apud illos et Ἀγυιεὺς nuncupatur ; quasi viis præpositus urbanis ; illi enim vias quæ intra pomœria sunt, ἀγυιὰς appellant. Dianæ vero ut Triviæ viarum omnium iidem tribuunt potestatem. Sed apud nos Janum omnibus præesse januis nomen ostendit, quod simile Θυραίῳ ; nam et cum clavi ac virga figuratur, quasi omnium et portarum custos et rector viarum. Pronuntiavit Nigidius Apollinem Janum esse, Dianamque Janam ; apposita *d* littera, quæ sæpe *i* litteræ, causa decoris, apponitur, ut *reditur, redhibetur, redintegratur,* et similia.

Janum quidam solem demonstrari volunt ; et ideo geminum, quasi utriusque januæ cœlestis potentem ; qui exoriens aperiat diem, occidens claudat : invocarique primum quum alicui deo res divina celebratur, ut per eum pateat ad illum, cui immolatur, accessus, quasi preces supplicum per portas suas [81] ad deos ipse transmittat. Inde et simulacrum ejus plerumque fingitur manu dextera trecentorum, et sinistra sexaginta et quinque numerum retinens, ad demonstrandam anni dimensionem, quæ præcipue est solis potestas [82]. Alii mundum, id est cœlum, esse voluerunt ; Janumque ab *eundo* dictum, quod mundus semper eat dum in orbem volvitur, et ex se initium faciens in se refertur ; unde et Cornificius [83] *Etymorum* libro tertio, « Cicero, inquit, non Janum sed *Eanum* [84] nominat ab *eundo.* » Hinc et Phœnices, in sacris imaginem ejus exprimentes, draconem finxerunt in orbem redactum, caudamque suam devo-

que les Grecs avaient un Apollon *Thyréen*[1], dont l'autel était placé devant les portes, pour indiquer que l'entrée et la sortie des maisons étaient confiées à sa garde. Le même Apollon est encore invoqué par eux sous le nom de *Agyeus*, comme dieu tutélaire des rues; les rues comprises dans l'enceinte du pomœrium étant appelées *Agyai*. De plus, ils reconnaissent Diane *Trivia* comme la déesse protectrice de tous les chemins. Or, chez nous, c'est Janus qui préside aux portes, comme l'indique son nom même, synonyme de *Thyréen*. Ajoutons qu'on le représente avec une clef et une baguette, comme gardien des portes et guide des chemins. Nigidius en conclut qu'Apollon et Janus sont identiques, comme *Diana*[2] et *Jana*, par l'apposition de la lettre *d*, que l'on ajoute souvent à l'*i* par euphonie, comme dans *reditur, redhibetur, redintegratur*, et autres mots semblables.

Par Janus, quelques-uns entendent le soleil. On lui a donné, disent-ils, un double visage pour figurer les deux portes du ciel, auxquelles il semble présider, ouvrant le jour quand il se lève, et le fermant quand il se couche. Si dans les autres sacrifices offerts aux divinités on l'invoque le premier, c'est afin qu'il serve d'intermédiaire auprès d'elles, les prières des suppliants ne pouvant arriver aux Immortels qu'après avoir franchi ses portes. On le représente tenant d'une main le nombre trois cents, et de l'autre le nombre soixante-cinq, pour figurer la mesure de l'année, ce qui est la principale attribution du soleil. D'autres le prennent pour l'univers ou le ciel, et veulent que Janus vienne de *eundo*[3], parce que l'univers se meut éternellement dans un cercle, et revient sur lui-même après avoir été lui-même son point de départ. Témoin ce passage de Cornificius dans le troisième livre de ses *Étymologies* : « Cicéron écrit *Eanus*, de *eundo*, et non pas Janus. » C'est ainsi que les Phéniciens, dans leurs

[1] Qui veille à la porte. — [2] Diane. — [3] Marchant.

rantem; ut appareat mundum et ex seipso ali et in se revolvi. Ideo et apud nos in quatuor partes spectat, ut demonstrat simulacrum ejus Faleris advectum. Gavius Bassus [85], in eo libro quem de diis composuit, Janum bifrontem fingi ait, quasi superum atque inferum janitorem; eumdem quadriformem quasi universa climata majestate complexum. Saliorum quoque antiquissimis carminibus deorum deus canitur. Marcus etiam Messala [86], Cn. Domitii in consulatu collega, idemque per annos quinquaginta et quinque augur, de Jano ita incipit : « Qui cuncta fingit eademque regit, aquae terraeque vim ac naturam gravem atque pronam in profundum dilabentem, ignis atque animae levem immensum in sublime fugientem copulavit circumdato coelo : quae vis coeli maxima duas vis dispares colligavit. » In sacris quoque invocamus Janum Geminum, Janum Patrem, Janum Junonium, Janum Consivium, Janum Quirinum, Janum Patulcium et Clusivium. Cur Geminum invocemus supra jam diximus. Patrem, quasi deorum deum; Junonium, quasi non solum mensis januarii, sed omnium mensium ingressus tenentem; in ditione autem Junonis sunt omnes kalendae : unde et Varro, libro quinto *Rerum divinarum* scribit, Jano duodecim aras pro totidem mensibus dedicatas; Consivium, a conserendo, id est a propagine generis humani, quae Jano auctore conseritur; Quirinum, quasi bellorum potentem, ab hasta quam Sabini curim vocant; Patulcium et Clusivium, quia bello caulae ejus patent, pace clauduntur. Hujus autem rei haec causa narratur. Quum bello Sabino, quod virginum raptarum gratia commissum est, Romani portam quae sub radicibus collis Viminalis erat, quae postea ex

sacrifices, le représentent sous la figure d'un serpent roulé en cercle et dévorant sa queue, pour montrer que le monde se nourrit de sa propre substance et revient sur lui-même. De même chez nous, il regarde à la fois les quatre points du ciel, comme on le voit par sa statue rapportée de Falérie. Gavius Bassus, dans son livre où il traite des dieux, dit qu'on l'a représenté avec deux visages, comme portier du ciel et des enfers, et avec quatre, comme emplissant tous les climats de sa majesté. Les chants saliens les plus anciens l'appellent le dieu des dieux ; et Marcus Messala, qui fut consul avec Cn. Domitius, et remplit pendant cinquante-cinq ans les fonctions d'augure, débute ainsi en parlant de Janus : « Il crée et gouverne toutes choses ; c'est par lui que la terre et l'eau, corps pesants de leur nature et tendant sans cesse à descendre, l'air et le feu, corps légers et tendant toujours à s'élever, furent mis sous la pression de la voûte céleste, et qu'une force puissante enchaîne ces deux forces contraires. » Il reçoit encore dans nos sacrifices une foule d'autres noms ; Janus Geminus, Janus Pater, Janus Junonius, Janus Consivius, Janus Quirinus, Janus Patulcius et Clusivius. Nous avons dit d'où lui venait le premier. On l'appela Père, comme étant le dieu des dieux ; Junonius, parce qu'il ouvre non-seulement le mois de janvier, mais encore tous les autres mois, et que les calendes de chaque mois sont consacrées à Junon : d'où Varron dit, dans le cinquième livre de ses *Choses divines*, que Janus avait douze autels, autant qu'il y a de mois dans l'année ; Consivius, de *conserere*[1], parce qu'il est le père de la race humaine ; Quirinus, c'est-à-dire présidant à la guerre, de la lance, nommée par les Sabins *curis*; Patulcius et Clusivius, parce que son temple est ouvert pendant la guerre, fermé pendant la paix. Voici, du reste, l'origine de cette coutume. Dans la guerre qui suivit l'en-

[1] Semer.

eventu Janualis vocata est, claudere festinarent, quia in ipsam hostes ruebant : postquam est clausa, mox sponte patefacta est : quumque iterum ac tertio idem contigisset, armati plurimi pro limine, quia claudere nequibant, custodes steterunt, quumque ex alia parte acerrimo proelio certaretur, subito fama pertulit, fusos a Tatio nostros. Quam ob causam Romani, qui aditum tuebantur, territi profugerunt. Quumque Sabini per portam patentem irrupturi essent, fertur ex æde Jani per hanc portam magnam vim torrentium, undis scatentibus, erupisse, multasque perduellium catervas aut exustas ferventi, aut devoratas rapida voragine, deperiisse. Ea re placitum, ut belli tempore, velut ad Urbis auxilium profecto deo, fores reserarentur.

Hæc de Jano.

X. Quo die Saturnalia celebrari consueverint, et quod primo uno tantum, deinde pluribus diebus sunt celebrata.

Sed, ut ad Saturnalia revertamur, bellum Saturnalibus sumere nefas habitum ; poenas a nocente iisdem diebus exigere piaculare est. Apud majores nostros Saturnalia die uno finiebantur ; qui erat ad diem quartumdecimum kalendas januarias. Sed postquam C. Cesar huic mensi duos addidit dies, sextodecimo coepta celebrari. Ea re factum est, ut, quum vulgus ignoraret certum Saturnaliorum diem, nonnullique a C. Cæsare inserto die, et alii vetere more celebrarent, plures dies Saturnalia numera-

lèvement des Sabines, les Romains, voyant les ennemis se précipiter en foule vers la porte située au pied de la colline Viminale, qu'on appela par la suite Janicule, en raison de l'événement qui suivit, se hâtèrent de la fermer; mais à peine le fut-elle, qu'elle se rouvrit d'elle-même, et cela jusqu'à deux et trois fois : ce que voyant les soldats de garde à cette porte, et désespérant de la tenir fermée, ils se postèrent en armes à l'entrée; puis, comme on combattait avec acharnement sur un autre point, le bruit se répandit tout à coup que Tatius avait mis les nôtres en déroute. A cette nouvelle, les gardes épouvantés prirent la fuite, et les Sabins allaient franchir la porte qui demeurait ouverte, lorsque, dit-on, par cette même porte s'échappa tout à coup du temple de Janus un torrent impétueux qui sortait de dessous terre, et qui, dans son cours rapide, brûla ou engloutit un grand nombre de cohortes ennemies. C'est depuis ce temps que les portes du temple restent ouvertes pendant la guerre, comme pour donner passage au dieu protecteur de Rome.

Voilà ce qu'on rapporte sur Janus.

X. Quel jour se célébraient les Saturnales : elles ne durèrent d'abord qu'un seul jour, ensuite plusieurs.

Revenons aux Saturnales. On ne pouvait, tant qu'elles duraient, entreprendre une guerre, ni punir un coupable, à moins de sacrifices expiatoires. Elles ne duraient autrefois qu'un jour, qui était le quatorze des calendes de janvier; mais C. César ayant ajouté deux jours à ce mois, elles commencèrent alors le seize. Il arriva de là que le vulgaire ignorant l'époque précise des Saturnales, les uns adoptèrent le nouveau style, les autres conservèrent l'ancien, ce qui fit plusieurs jours de fête. Cependant l'opinion des anciens limite leur durée à sept jours, si l'on peut appeler opinion un fait qui repose sur les au-

rentur; licet et apud veteres opinio fuerit septem diebus peragi Saturnalia ; si opinio vocanda est quæ idoneis firmatur auctoribus. Novius[87] enim, probatissimus atellanarum scriptor, ait,

> Olim exspectata veniunt septem Saturnalia.

Memmius[88] quoque, qui post Novium et Pomponium diu jacentem artem atellaniam suscitavit, « Nostri, inquit, majores velut bene multa instituere, hoc optime : a frigore fecere summo dies septem Saturnalia. » Sed Mallius[89] ait eos qui se, ut supra diximus, Saturni nomine et religione defenderant, per triduum festos instituisse dies, et Saturnalia vocavisse. « Unde et Augustus, hujus rei, inquit, opinionem sequutus, in legibus judiciariis tri duo servari ferias jussit. » Masurius et alii uno die, id est quartodecimo kalendas januarias, fuisse Saturnalia crediderunt : quorum sententiam Fenestella[90] confirmat, dicens Æmiliam virginem quintodecimo kalendarum januariarum esse damnatam. Quo die, si Saturnalia gererentur, nec causam omnino dixisset; deinde adjecit : « Sequebantur eum diem Saturnalia. » Mox ait : « Postero autem die, qui fuit tertiusdecimus kalendarum januariarum, Liciniam virginem ut causam diceret jussam. » Ex quo ostendit, tertiodecimo kalendarum profestum esse. Duodecimo vero feriæ sunt divæ Angeroniæ, cui pontifices in sacello Volupiæ sacrum faciunt : quam Verrius Flaccus Angeroniam dici ait, quod angores ac animorum sollicitudines propitiata depellat. Masurius adjicit, simulacrum hujus deæ ore obligato atque signato in ara Volupiæ propterea collocatum; quod, qui suos dolores anxietatesque dissimulant, perveniant patientiæ beneficio ad maximam volu-

torités les plus légitimes. Novius, auteur estimé d'atellanes, dit :

« Voici venir enfin les sept fêtes consacrées à Saturne. »

Quant à Memmius qui ressuscita ce genre de pièces, mort, pour ainsi dire, depuis Novius et Pomponius, voici comment il s'exprime : « Nous devons à nos ancêtres beaucoup de bonnes institutions ; la meilleure, c'est d'avoir placé les sept jours des Saturnales à l'époque des plus grands froids. » Cependant Mallius prétend que ces hommes qui s'étaient fait, comme nous l'avons dit plus haut, du nom et du culte de Saturne un moyen de défense, instituèrent des fêtes qui durèrent trois jours, et qu'ils nommèrent Saturnales : « Et, ajoute-t-il, c'est d'après cette tradition qu'Auguste, dans ses règlements judiciaires, fixe à trois jours la durée des féries. » Masurius et d'autres la restreignent à un seul, lequel tombe le quatorze des calendes de janvier. Un passage de Fenestella vient à l'appui de cette assertion : c'est celui où il dit que la vestale Émilia fut condamnée le quinze des calendes de janvier ; or, si les Saturnales se fussent célébrées ce jour-là, il n'y aurait pu avoir de jugement. Il ajoute : « Les Saturnales tombaient le lendemain ; et le surlendemain, c'est-à-dire le treize des calendes, la vestale Licinia fut citée devant les juges. » Donc le treize des calendes n'était point un jour férié. De plus, le douze, on célébrait la fête de la déesse Angéronie, à qui les pontifes sacrifient dans la chapelle de Volupia, ainsi appelée, au dire de Verrius Flaccus, parce qu'elle apaise par sa clémence les angoisses[1] et les soucis de l'âme. Masurius ajoute que la statue de cette déesse est placée sur l'autel de Volupia, la bouche couverte d'un bandeau et scellée, parce

[1] *Angores.*

ptatem. Julius Modestus ideo sacrificari huic deæ dicit, quod populus Romanus morbo, qui angina dicitur [91], præmisso voto sit liberatus. Undecimo autem kalendas feriæ sunt Laribus consecratæ; quibus ædem bello Antiochi Æmilius Regillus prætor in campo Martio curandam vovit. Decimo kalendas feriæ sunt Jovis, quæ appellantur Larentinalia; de quibus, quia fabulari libet, hæ fere opiniones sunt.

Ferunt enim, regnante Anco, ædituum Herculis per ferias otiantem, deum tesseris provocasse, ipso utriusque manum tuente : adjecta conditione ut victus cœna scortoque multaretur. Victore itaque Hercule, illum Accam Larentiam, per id tempus nobilissimum scortum, intra ædem inclusisse cum cœna; eamque postero die distulisse rumorem quod post concubitum dei accepisset munus; nec commodum primæ occasionis, quum se domum reciperet, offerendæ aspernaretur; evenisse itaque ut egressa templo mox a Carucio capto ejus pulchritudine compellaretur, cujus voluntatem sequuta assumptaque nuptiis, post obitum viri omnium bonorum ejus facta compos, quum decederet populum Romanum nuncupavit heredem. Et ideo ab Anco in Velabro loco celeberrimo Urbis sepulta est : ac solemne sacrificium eidem constitutum, quo diis manibus ejus per flaminem sacrificaretur [92], Jovique feriæ consecratæ, quia æstimaverunt antiqui animas a Jove dari, et rursus post mortem eidem reddi. Cato ait, Larentiam meretricio quæstu locupletatam, post excessum suum populo agros Turacem, Semurium, Lutirium et Solinium reliquisse; et ideo sepulcri

que les douleurs et les tourments que l'on a la force de cacher deviennent, par un heureux effet de la patience, une source de voluptés. Selon Julius Modestus, le culte de cette déesse a été établi parce que le peuple romain fut délivré, à la suite d'un vœu, de la maladie appelée angine. Le onze des calendes est consacré aux dieux Lares, à qui le préteur Émilius Regillus fit vœu, lors de la guerre contre Antiochus, d'élever un temple dans le champ de Mars. Au dix, sont fixées les féries de Jupiter, appelées Larentinales; et, puisque je suis en train de conter, voici ce qu'on débite à ce sujet.

Sous le règne d'Ancus, le gardien du temple d'Hercule, un jour de férie qu'il était de loisir, provoqua le dieu aux dés, s'offrant à tenir la main pour lui. Le perdant devait payer à l'autre un souper et une fille. Hercule gagna, et son adversaire lui fit servir à souper dans le temple, où il enferma Acca Larentia, courtisane fameuse de ce temps-là. Le lendemain, cette femme répandit le bruit qu'au sortir de ses bras, le dieu reconnaissant l'avait engagée à ne pas dédaigner la première occasion qui s'offrirait à elle en s'en retournant dans sa maison. Or, elle était à peine sortie du temple, que Carucius, séduit par sa beauté, lui avait fait des propositions qu'elle écouta. Bientôt après, elle l'épousa; et, après la mort de son mari, devint maîtresse de tous ses biens, qu'elle-même laissa par testament au peuple romain. Ancus la fit enterrer dans le Vélabre, qui était le quartier de Rome le plus fréquenté, et voulut que chaque année un sacrifice fût offert à ses mânes par l'entremise du flamine. Cette férie fut consacrée à Jupiter, parce que, d'après l'opinion des anciens, c'est de Jupiter que viennent les âmes, et c'est à lui qu'elles retournent après la mort. Caton rapporte que Larentia, après s'être enrichie à son métier de courtisane, légua au peuple romain, après sa mort, les champs de Turax, de Semure, de Lutire et de Solinie;

magnificentia et annuae parentationis honore dignatam. Macer [93] *Historiarum* libro primo, Faustuli conjugem Accam Larentiam [94] Romuli et Remi nutricem fuisse confirmat. Hanc, regnante Romulo, Carucio cuidam Tusco diviti denuptam, auctamque hereditate viri, quam post Romulo, quem educasset, reliquit : et ab eo parentalia diemque festum causa pietatis statutum.

Ex his ergo omnibus colligi potest et uno die Saturnalia fuisse, et non nisi quartodecimo kalendarum januariarum celebrata : quo solo die apud aedem Saturni convivio dissoluto Saturnalia clamitabantur ; qui dies nunc Opalibus inter Saturnalia deputatur, quum primum Saturno pariter et Opi fuerit adscriptus. Hanc autem deam Opem Saturni conjugem crediderunt; et ideo hoc mense Saturnalia itemque Opalia celebrari : quod Saturnus ejusque uxor tam frugum quam fructuum repertores esse credantur ; itaque omni jam fetu agrorum coacto, ab hominibus hos deos coli quasi vitae cultioris auctores; quos etiam nonnullis coelum ac terram esse persuasum est ; Saturnumque a satu dictum, cujus causa de coelo est ; et terram Opem, cujus ope humanae vitae alimenta quaeruntur ; vel ab opere, per quod fructus frugesque nascuntur. Huic deae sedentes vota concipiunt, terramque de industria tangunt; demonstrantes et ipsam matrem esse terram mortalibus appetendam. Philochorus [95] Saturno et Opi primum in Attica statuisse aram Cecropem dicit, eosque deos pro Jove terraque coluisse, instituisseque, ut patres familiarum, et frugibus et fructibus jam coactis, passim cum servis vescerentur, cum quibus patientiam laboris in colendo rure toleraverant; delectari enim deum honore servorum contemplatu laboris. Hinc est

ce qui lui valut l'honneur d'un superbe tombeau et d'un service funèbre annuel. Le premier livre des *Histoires* de Macer fait mention d'une Acca Larentia, femme de Faustulus, laquelle avait été nourrice de Romulus et de Rémus. Sous le règne du premier, elle épousa un riche Toscan, Carucius, dont elle devint héritière, et laissa tous ses biens en mourant à son nourrisson, qui, par piété, institua en son honneur une fête et des sacrifices funéraires.

De tout ceci l'on peut conclure, et qu'il n'y avait qu'un seul jour de Saturnales, et que ce jour tombait le quatorze des calendes de janvier. Le quatorze donc, pendant le repas libre offert dans le temple de Saturne, on proclamait les Saturnales. Ce jour est réservé aujourd'hui aux Opalies, qui en sont une dépendance, parce que, dans le principe, il appartenait également à Saturne et à Ops. Ops était regardée comme l'épouse de Saturne; et comme ils passent tous deux pour les inventeurs de l'agriculture, les Saturnales et les Opalies étaient célébrées le même mois. Voilà pourquoi, après que tous les fruits de la terre ont été recueillis, les hommes rendent hommage à ces divinités qui leur ont enseigné à jouir d'une vie moins grossière. D'autres les ont prises pour le ciel et la terre, Saturne venant de *satus*[1], dont le ciel est le principe, et la terre ayant reçu le nom d'*Ops*[2], parce que son secours nourrit les hommes; à moins que ce nom ne dérive de *oppus*[3], le travail faisant naître les fruits et les moissons. On adresse des vœux à cette déesse, assis et en touchant la terre, pour montrer que les mortels doivent chérir la terre comme une mère. Cécrops fut le premier, au dire de Philochore, qui éleva dans l'Attique un autel à Saturne et à Ops. C'était Jupiter et la terre qu'il adorait sous ces noms. Il voulut que les pères de famille goûtassent pêlemêle avec leurs esclaves les fruits et les moissons nouvellement récoltés, de même que les travaux des champs

---

[1] Génération. — [2] Secours. — [3] Travail.

quod ex instituto peregrino huic deo sacrum aperto capite facimus.

Abunde jam probasse nos aestimo, Saturnalia uno tantum die, id est quartodecimo kalendarum, solita celebrari : sed post in triduum propagata, primum ex adjectis a Caesare huic mensi diebus; deinde ex edicto Augusti, quo trium dierum ferias Saturnalibus addixit. A sextodecimo igitur coepta in quartumdecimum desinunt; quo solo fieri ante consueverant. Sed Sigillariorum adjecta celebritas, in septem dies discursum publicum et laetitiam religionis extendit.

XI. Non esse contemnendam sortem servorum, quum et dii horum curam gerant, et multos ex his fideles, providos, fortes; et philosophos quoque fuisse constet : tum Sigillariorum origo quae fuerit.

Tunc Evangelus : Hoc quidem, inquit, jam ferre non possum, quod Praetextatus noster in ingenii sui pompam et ostentationem loquendi, vel paulo ante honori alicujus dei assignari voluit, quod servi cum dominis vescerentur : quasi vero curent divina de servis, aut sapiens quisquam domi suae contumeliam tam foedae societatis admittat ; vel Sigillaria, quae lusum reptanti adhuc infantiae oscillis fictilibus praebent, tentat officio religionis adscribere, et quia princeps religiosorum putatur, nonnulla etiam superstitionis admiscet, quasi vero nobis fas non sit Praetextato aliquando non credere.

Hic quum omnes exhorruissent, Praetextatus renidens : Superstitiosum me, Evangele, nec dignum cui credatur

s'étaient faits en commun. Honorer les esclaves en considération de leur travail, c'était, disait-il, se rendre agréable aux dieux. De ce rite étranger nous est venue la coutume de sacrifier à Saturne, la tête découverte.

Je crois avoir suffisamment prouvé que les Saturnales se réduisaient dans le principe à un seul jour de fête, célébré le quatorze des calendes. Plus tard, il y en eut trois, d'abord par suite des deux jours que César intercala dans le mois, puis en vertu d'un édit d'Auguste, qui fixa ainsi la durée de la fête. De cette manière, elles vont du seize au quatorze, qui jadis les voyait commencer et finir. Mais le concours occasionné par la fête des Sigillaires, qui suit immédiatement, prolonge en réalité jusqu'au septième jour le mouvement général et l'allégresse religieuse.

XI. Que l'on ne doit pas mépriser les esclaves, d'abord parce qu'ils sont sous la protection des dieux, ensuite parce qu'il y a eu parmi eux des hommes fidèles, prévoyants, courageux, des philosophes même. De l'origine des Sigillaires.

Voilà ce que je ne puis admettre, dit alors Evangelus. Tout à l'heure Prétextatus, cherchant un thème à son rare génie et à sa brillante faconde, a fait honneur à un dieu de ces repas que les maîtres prennent en commun avec les esclaves, comme si les dieux s'occupaient des esclaves, ou qu'un être raisonnable pût se résigner chez lui à la honte d'une telle communauté ; et maintenant il attribue à une pratique religieuse ces petites figures de terre, nommées Sigillaires, qui servent de jouets aux enfants en bas âge : et parce qu'il possède à fond, dit-on, les matières religieuses, il y mêle un grain de superstition, comme si l'on ne pouvait, sans hérésie, contester parfois son témoignage !

Un murmure général d'indignation accueillit ces paroles ; mais Prétextatus reprit en souriant : Je consens,

æstimes volo, nisi utriusque tibi rei fidem ratio asserta monstraverit. Et, ut primum de servis loquamur, joco ne an serio putas esse hominum genus, quod dii immortales nec cura sua, nec providentia dignentur? An forte servos in hominum numero esse non pateris? Audi igitur quanta indignatio de servi supplicio cœlum penetraverit. Anno enim post Romam conditam quadringentesimo quadragesimo quarto [96], Autronius quidam Maximus servum suum verberatum patibuloque constrictum ante spectaculi commissionem per Circum egit; ob quam causam indignatus Jupiter, Annio cuidam per quietem imperavit, ut senatui nuntiaret non sibi placuisse plenum crudelitatis admissum. Quo dissimulante, filium ipsius mors repentina consumpsit : ac, post secundam denuntiationem, ob eamdem negligentiam, ipse quoque in subitam corporis debilitatem solutus est. Sic demum ex consilio amicorum lectica delatus senatui retulit; et vix consummato sermone, sine mora recuperata bona valetudine, curia pedibus egressus est. Ex senatus itaque consulto, et Mævia lege, ad propitiandum Jovem additus est illis Circensibus dies is, qui instauratitius dictus est, non a patibulo, ut quidam putant, Græco nomine ἀπὸ τοῦ σταυροῦ, sed a redintegratione, ut Varroni placet; qui instaurare ait esse instar novare.

Vides quanta de servo ad deorum summum cura pervenerit. Tibi autem unde in servos tantum et tam immane fastidium? quasi non ex iisdem tibi et constent et alantur elementis, eumdemque spiritum ab eodem principe carpant. Vis tu cogitare, eos, quos jus tuum vocas, iisdem seminibus ortos, eodem frui cœlo, æque vivere,

Evangelus, à passer à vos yeux pour un homme superstitieux et peu digne de foi, si je n'établis ces deux points par des arguments sans réplique. Et d'abord, pour parler des esclaves, croyez-vous sérieusement, ou n'est-ce qu'une plaisanterie, qu'il y a au monde une espèce d'hommes sur laquelle les dieux immortels dédaignent d'étendre leurs soins et leur providence? ou bien, soutiendrez-vous que les esclaves ne sont pas des hommes? Écoutez alors quelle indignation souleva dans le ciel le supplice d'un esclave. L'an quatre cent quarante-quatre de la fondation de Rome, Autronius Maximus frappa de verges son esclave, et lui ayant passé le carcan au cou, le promena en cet état autour du Cirque, avant l'ouverture des jeux. Jupiter, indigné, commanda en songe à un certain Annius d'instruire le sénat de son mécontentement. Annius garda le silence, et une mort subite emporta son fils. Un second avis lui ayant été donné, dont il ne tint pas plus de compte, lui-même fut atteint d'une paralysie complète de tous les membres. Enfin il consulta ses amis, et se fit conduire au sénat, où il eut à peine achevé son récit, qu'il recouvra la santé sur-le-champ, et revint à pied chez lui. C'est alors qu'un sénatus-consulte, confirmé par la loi Mévia, ajouta aux jeux du Cirque un jour expiatoire, en l'honneur de Jupiter. Ce jour fut nommé *instauratitius*, mot qui ne vient pas, comme quelques personnes le croient, de *patibulum*[1], en grec σταυρός, mais du latin *redintegratio*[2], conformément à l'opinion de Varron, qui dit que *instaurare* est formé de *instar novare*.

Vous voyez à quel point le plus grand des dieux fut touché du sort d'un esclave. Et vous, d'où vous vient ce mépris souverain pour les esclaves? Ne sont-ils pas formés et nourris des mêmes éléments que vous? ne puisent-ils pas la vie à la même source? Songez-vous que ces hommes que vous dites vous appartenir, dérivant du même principe

---

[1] Fourche ou croix. — [2] Restauration.

æque mori? Servi sunt! imo homines. Servi sunt! imo conservi. Si cogitaveris tantumdem in utrosque licere fortunæ : tam tu illum videre liberum potes, quam ille te servum. Nescis qua ætate Hecuba servire cœpit, qua Crœsus, qua Darii mater, qua Diogenes, qua Plato ipse? Postremo, quid ita nomen servitutis horremus? Servus est quidem, sed necessitate : sed fortasse libero animo servus est. Hoc illi nocebit, si ostenderis quis non sit. Alius libidini servit, alius avaritiæ, alius ambitioni, omnes spei, omnes timori ; et certe nulla servitus turpior quam voluntaria. At nos jugo a fortuna imposito subjacentem tanquam miserum vilemque calcamus : quod vero nos nostris cervicibus inserimus, non patimur reprehendi. Invenies inter servos aliquem pecunia fortiorem ; invenies dominum spe lucri oscula alienorum servorum manibus infigentem. Non ergo fortuna homines æstimabo, sed moribus. Sibi quisque dat mores : conditionem casus assignat. Quemadmodum stultus est qui empturus equum non ipsum inspicit, sed stratum ejus ac frenos : sic stultissimus est, qui hominem aut ex veste, aut ex conditione, quæ modo vestis nobis circumdata est, æstimandum putat. Non est, mi Evangele, quod amicum tantum in foro et in curia quæras ; si diligenter attenderis, invenies et domi. Tu modo vive cum servo clementer ; comiter quoque et in sermonem illum, et nonnunquam in necessarium admitte consilium. Nam et majores nostri omnem dominis invidiam, omnem servis contumeliam detrahentes, dominum patremfamilias, servos familiares appellaverunt. Colant ergo te potius servi tui, mihi crede, quam timeant. Dicet aliquis, nunc me dominos de fastigio suo dejicere, et quodammodo ad pileum

que vous, jouissent du même ciel que vous, vivent et meurent comme vous? Ils sont esclaves! mais ils sont hommes. Ils sont esclaves! mais ils sont vos compagnons de servitude. Rappelez-vous que vous êtes placé comme eux sous le joug de la fortune, et que vous pouvez les voir libres comme ils peuvent vous voir esclave. Ignorez-vous donc à quel âge Hécube apprit à servir? à quel âge Crésus, à quel âge la mère de Darius, et Diogène, et Platon lui-même? Et d'où vient enfin l'horreur que vous inspire le nom d'esclavage? On n'est esclave que parce que le destin l'a voulu; un esclave peut avoir une âme libre. Montrez-moi un homme qui ne soit pas esclave, alors j'entrerai dans vos vues. L'un a la débauche pour maître, l'autre a l'ambition, un troisième l'avarice, tous l'espérance et la crainte. Et certes la servitude volontaire est la plus honteuse de toutes. Mais nous sommes ainsi faits : nous appelons misérable et vil, nous foulons aux pieds l'homme courbé sous le joug de la nécessité, et nous ne rougissons pas du joug auquel nous nous attachons nous-mêmes. Vous voyez tel esclave plus fort que l'argent, et tel maître, par l'appât du gain, baiser la main de l'esclave d'autrui. Je n'apprécierai donc pas les hommes d'après leur condition, mais d'après leurs mœurs. Nos mœurs viennent de nous-mêmes; le rang, c'est le hasard qui le donne. Que diriez-vous d'un homme qui, voulant acheter un cheval, ne regarderait pas l'animal, mais le frein et la housse? Plus fou mille fois est celui qui juge son semblable d'après son vêtement, ou d'après sa condition, qui est elle-même une autre sorte de vêtement. Ce n'est pas au forum seulement, ou dans le sénat, que vous devez chercher des amis, Evangelus; regardez autour de vous, dans votre maison même vous en trouverez. Traitez seulement votre esclave avec douceur, avec bonté; admettez-le dans votre entretien, dans votre conseil intime quelquefois; car nos ancêtres, ôtant l'orgueil au maître et la honte aux esclaves, ont appelé le

servos vocare [97]; quos debere dixi magis colere quam timere. Hoc qui senserit, obliviscetur, id dominis parum non esse quod diis satis est. Deinde qui colitur, etiam amatur : non potest amor cum timore misceri. Unde putas arrogantissimum illud manasse proverbium, quo jactatur, totidem hostes nobis esse, quot servos? Non habemus illos hostes, sed facimus; quum in illos superbissimi, contumeliosissimi, crudelissimi sumus; et ad rabiem nos cogunt pervenire deliciæ, ut, quidquid non ex voluntate respondit, iram furoremque evocet. Domi enim nobis animos induimus tyrannorum; et, non quantum decet, sed quantum licet, exercere volumus in servos. Nam, ut cetera crudelitatis genera prætercam, sunt qui, dum se mensæ copiis et aviditate distendunt, circumstantibus servis movere labra nec in hoc quidem, ut loquantur, licere permittunt; virga murmur omne compescitur; et ne fortuita quidem verberibus excepta sunt : tussis, sternutamentum, singultus magno malo luitur. Sic fit, ut isti de domino loquantur, quibus coram domino loqui non licet. At illi, quibus non tantum præsentibus dominis, sed cum ipsis erat sermo, quorum os non consuebatur, parati erant cum domino porrgiere cervicem, et periculum imminens in caput suum vertere; in conviviis loquebantur, sed in tormentis tacebant [98].

Vis exercitas in servili pectore virtutes recenseamus? Primus tibi Urbinus occurrat : qui quum, jussus occidi, in Reatino lateret, latebris proditis, unus ex servis, annulo ejus et veste insignitus, in cubiculo, ad quod irruebant

maître *père de famille*, et les esclaves *familiers*. Croyez-moi, que les vôtres vous révèrent plutôt qu'ils ne vous craignent. Quelqu'un dira que je fais déchoir les maîtres du rang suprême, et que je donne le bonnet aux esclaves : j'ai dit qu'ils doivent plutôt révérer leurs maîtres que les craindre. Prétendre au delà, c'est oublier que ce qui suffit aux dieux est d'un assez haut prix pour les maîtres. De plus, l'amour accompagne le respect ; mais la crainte exclut l'attachement. D'où peut venir cette maxime pleine d'arrogance, que nos esclaves sont nos ennemis ? Non, ils ne sont point nos ennemis ; c'est nous qui les rendons tels, en nous montrant pour eux superbes, méprisants, cruels à l'excès ; notre délicatesse est si voisine de la rage, que la moindre contrariété provoque notre colère, notre fureur. Nous prenons chez nous des âmes de tyrans, et usons de notre pouvoir dans les limites, non de la raison, mais du droit. Que de fois, sans parler de mille autres barbaries, tandis que le maître se gorge avidement à table, les esclaves, debout autour de lui, ne peuvent remuer les lèvres, même pour parler ! La verge étouffe le plus léger murmure ; on ne pardonne pas même au hasard : la toux, l'éternument, le hoquet, reçoivent des châtiments sévères. Qu'arrive-t-il ? ceux qui ne peuvent parler en présence du maître, parlent de lui en arrière. Mais jadis l'esclave qui s'entretenait librement, non-seulement devant son maître, mais avec son maître, l'esclave dont on n'avait point voulu coudre la bouche, était prêt à mourir avec lui, et à détourner sur sa propre tête le péril qui menaçait ses jours. Il parlait à table, mais se taisait dans les tortures.

Rappellerai-je les vertus nourries dans des âmes d'esclaves ? Voici d'abord l'histoire d'Urbinus. Condamné à mort, il s'était caché à Réate ; sa retraite fut découverte. Alors un de ses esclaves, paré de ses habits et de son anneau, attendit dans la chambre où les soldats étaient sur

qui persequebantur, pro domino jacuit ; militibusque ingredientibus cervicem præbuit, et ictum tanquam Urbinus excepit. Urbinus postea restitutus monumentum ei fecit, titulo scriptionis, qui tantum meritum 99 loqueretur, adjecto. Æsopus libertus Demosthenis, conscius adulterii, quod cum Julia patronus admiserat, tortus diutissime perseveravit non prodere patronum ; donec, aliis coarguentibus consciis, Demosthenes ipse fateretur. Et ne æstimes ab uno facile celari posse secretum : Labienum, ope libertorum latentem, ut indicarent, liberti nullo tormentorum genere compulsi sunt. Ac ne quis libertos dicat hanc fidem beneficio potius libertatis acceptæ, quam ingenio debuisse, accipe servi in dominum benignitatem, quum ipse a domino puniretur. Antium enim Restionem proscriptum solumque nocte fugientem, diripientibus bona ejus aliis, servus compeditus inscripta fronte [100], quum post damnationem domini aliena esset misericordia solutus, fugientem persequutus est : hortatusque ne se timeret, scientem contumeliam suam fortunæ imputandam esse, non domino : abditumque ministerio suo aluit. Quum deinde persequentes adesse sensisset, senem, quem casus obtulit, jugulavit, et in constructam pyram conjecit : qua accensa, occurrit eis qui Restionem quærebant, dicens damnatum sibi pœnas luisse, multo acrius a se vexatum quam ipse vexaverat : et fide habita, Restio liberatus est [101]. Cæpionem quoque, qui in Augusti necem fuerat animatus, postquam detecto scelere damnatus est, servus ad Tiberim in cista detulit, pervectumque Ostiam, inde in agrum Laurentem, ad villam patris, nocturno itinere perduxit. Cumis deinde navigationis naufragio una expulsum dominum Neapoli dissi-

le point de pénétrer; puis, offrant sa gorge aux bourreaux, reçut la mort sous le nom d'Urbinus. Urbinus, réhabilité par la suite, lui bâtit un tombeau, avec une inscription qui rappelait le souvenir d'un si beau dévouement. Ésopus, affranchi de Démosthène, que son maître avait mis dans le secret de sa liaison criminelle avec Julie, endura la torture sans faire un seul aveu, jusqu'à ce que Démosthène lui-même, chargé par ses autres confidents, se fût déclaré coupable. Si vous m'objectez qu'un secret gardé par un seul homme n'offre rien de bien merveilleux, je vous citerai les affranchis de Labienus, qui firent cacher leur maître, et dont la fidélité triompha de tous les tourments. Direz-vous que ce n'était plus leur instinct qui agissait en eux, mais le bienfait de la liberté récente : je rappellerai la conduite généreuse d'un esclave à l'égard de son maître qui venait de le punir. Antius Restion, proscrit, s'était enfui seul au milieu de la nuit. Pendant que ses esclaves pillaient sa maison, un d'entre eux, qu'il avait fait mettre aux fers et marquer au front, profita de la liberté qui venait de lui être rendue, pour rejoindre le fugitif; il l'exhorta à ne rien craindre de lui, l'assura qu'il n'imputait qu'à la fortune le traitement infâme qu'il avait reçu, et lui fournit des vivres dans sa retraite. Un jour, il apprend que les soldats n'étaient pas loin : un vieillard s'offre sur son chemin; il le tue, dresse un bûcher, y jette le corps, l'allume, puis il va lui-même au-devant des soldats, et leur déclare que le condamné a subi sa peine; qu'il lui a infligé, lui, un châtiment plus terrible que celui qu'il en avait reçu. On le crut, et Restion fut sauvé. Cépion, qui avait conspiré contre Auguste, ayant été condamné à mort après la découverte du complot, un de ses esclaves le porta de nuit jusqu'au Tibre, le descendit à Ostie, d'où ils gagnèrent, à la faveur des ténèbres, la maison de campagne du père, sur le territoire de Laurente; puis ils s'embarquèrent de nou-

mulanter occuluit : exceptusque a centurione, nec pretio nec minis ut dominum proderet potuit adduci [102]. Asinio etiam Pollione acerbe cogente Patavinos, ut pecuniam et arma conferrent, dominisque ob hoc latentibus. præmio servis cum libertate proposito qui dominos suos proderent, constat servorum nullum victum præmio dominum prodidisse.

Audi in servis non fidem tantum, sed et fecundum bonæ inventionis ingenium. Quum premeret obsidio Grumentum, servi, relicta domina, ad hostes transfugerunt; capto deinde oppido, impetum in domum habita conspiratione fecerunt, et extraxerunt dominam vultu pœnam minante, ac voce obviis asserente, quod tandem sibi data esset copia crudelem dominam puniendi : raptamque quasi ad supplicium obsequiis plenis pietate tutati sunt.

Vide in hac fortuna etiam magnanimitatem exitum mortis ludibrio præferentem. C. Vettium Pelignum Italicensem comprehensum a cohortibus suis ut Pompeio traderetur, servus ejus occidit; ac se, ne domino superstes fieret, interemit. C. Gracchum ex Aventino fugientem Euporus servus, vel, ut quidam tradunt, Philocrates, dum aliqua spes salutis erat, indivulsus comes qua potuit ratione tutatus est : super occisum deinde animam, scissis proprio vulnere visceribus, effudit [103]. Ipsum P. Scipionem Africani, patrem, postquam cum Annibale conflixerat, saucium in equum servus imposuit, et, ceteris deserentibus, solus in castra perduxit [104].

Parum fuerit dominis præstitisse viventibus. Quid? quod in his quoque exigendæ vindictæ reperitur animo-

veau. Une tempête les éloigna de Cumes; l'esclave cacha son maître à Naples. Tombé lui-même entre les mains d'un centurion, ni menaces ni promesses ne purent l'engager à le trahir. Asinius Pollion avait exigé des habitants de Padoue qu'ils livrassent leurs armes et leurs trésors. Ils se cachèrent; et malgré la liberté et une somme d'argent promises aux esclaves qui dénonceraient leurs maîtres; pas un ne se laissa corrompre.

Voici maintenant chez des esclaves un trait de fidélité qui prouve en même temps un esprit fort inventif. Pendant le siége de Grumentum, des esclaves s'enfuirent de chez leur maîtresse dans le camp ennemi. La ville prise, ils se précipitent de concert dans la maison, en arrachent leur maîtresse, et, la menace à la bouche, la fureur sur le visage, ils disent à tous ceux qu'ils rencontrent que le moment est enfin venu où ils vont se venger de ses anciennes cruautés. Cependant cette femme, qui semblait marcher au supplice, fut conduite en un lieu sûr, avec les marques du plus respectueux dévouement.

Il y eut aussi dans cette condition des âmes magnanimes qui préférèrent la mort à l'insulte. C. Vettius, du pays des Péligniens, en Italie, arrêté par ses propres soldats, allait être livré à Pompée, quand il fut tué par son esclave, qui se tua lui-même après lui pour ne pas survivre à son maître. Lorsque C. Gracchus cherchait à fuir de l'Aventin, son esclave Euporus, d'autres disent Philocrate, ne le quitta pas d'une minute, et le protégea aussi longtemps qu'il eut quelque espoir de le sauver; puis il se perça lui-même après lui, et rendit le dernier soupir sur le cadavre de son maître. P. Scipion, père de l'Africain, blessé dans un combat contre Annibal, était abandonné de toute son armée, quand son esclave le plaça sur un cheval, et le ramena seul dans le camp.

Des esclaves ont fait plus que de sauver la vie de leur maître; ils se sont montrés ardents à les venger. L'esclave

sitas? Nam Seleuci regis servus, quum serviret amico ejus a quo dominus fuerat interemptus, coenantem in ultionem domini confodit. Quid? quod duas virtutes, quæ inter nobiles quoque unice claræ sunt, in uno video fuisse mancipio, imperium regendi peritiam et imperium contemnendi magnanimitatem? Anaxilaus enim Messenius, qui Messanam in Sicilia condidit, fuit Rheginorum tyrannus. Is quum parvos relinqueret liberos, Micitho servo suo commendasse contentus est. Is tutelam sancte gessit, imperiumque tam clementer obtinuit, ut Rhegini a servo regi non dedignarentur. Perductis deinde in ætatem pueris et bona et imperium tradidit; ipse, parvo viatico sumpto, profectus est, et Olympiæ cum summa tranquillitate consenuit.

Quid etiam in commune servilis fortuna profuerit, non paucis docetur. Bello Punico, quum deessent qui scriberentur, servi pro dominis pugnaturos se polliciti in civitatem recepti sunt; et Volones, quia sponte hoc voluerunt, appellati. Ad Cannas quoque victis Romanis octo millia servorum empta militaverunt: quumque minoris captivi redimi possent, maluit se respublica servis in tanta tempestate committere. Sed et post calamitatem apud Thrasumenum notæ cladis acceptam, libertini quoque in sacramentum vocati sunt. Bello Sociali cohortium duodecim ex libertinis conscriptarum opera memorabilis virtutis apparuit. C. Cæsarem, quum milites in amissorum locum substitueret, servos quoque ab amicis accepisse, et eorum forti opera usum esse comperimus. Cæsar Augustus in Germania et Illyrico cohortes libertinorum complures legit, quas Voluntarias appellavit. Ac ne putes hæc in nostra tantum contigisse republica,

du roi Seleucus passa au service de son meurtrier, et le massacra au milieu d'un festin, pour venger son premier maître. Ce n'est rien encore : il y a deux vertus qui, même isolées, donnent à la noblesse un lustre éclatant, et que je trouve réunies dans un esclave : la science de régner et le dédain du trône. Anaxilaüs de Messénie, qui fonda Messine, en Sicile, était tyran de Rhèges. A sa mort, ses enfants étant en bas âge, il les recommande simplement à son esclave Micithus. Celui-ci s'acquitta religieusement de sa tutelle, et gouverna avec tant de modération, que les habitants de Rhège ne rougirent pas d'obéir à un esclave. Quand ses pupilles furent en âge, il les mit en possession des biens et du trône de leur père ; puis il partit, léger d'argent, et alla finir tranquillement ses jours à Olympie.

De nombreux exemples nous montrent aussi combien les esclaves ont été utiles à l'État. Lors de la seconde guerre Punique, comme on manquait de citoyens pour les levées, on vit des esclaves s'offrir pour combattre à la place de leurs maîtres : ce qui leur valut, avec le droit de cité, le nom de *volones*[1], parce qu'ils s'étaient proposés de leur plein gré. Après la défaite de Cannes, on acheta huit mille esclaves pour servir dans l'armée romaine ; le rachat des captifs eût moins coûté, mais la république aima mieux, dans un tel désastre, se confier à des esclaves. La même chose arriva après la célèbre et malheureuse affaire de Thrasymène, où on enrôla les affranchis. Douze cohortes, composées également d'affranchis, signalèrent leur bravoure dans la guerre Sociale. On sait que C. César, pour remplacer les soldats qu'il avait perdus, prit les esclaves de ses amis, qui lui rendirent de grands services. Auguste leva en Germanie et en Illyrie plusieurs cohortes d'affranchis, à titre de volontaires. Au reste, n'allez pas croire que ces exemples soient particuliers à notre république :

[1] Volontaires.

Borysthenitæ, oppugnante Zopyrione, servis liberatis, dataque civitate peregrinis, et factis tabulis novis, hostem sustinere potuerunt. Cleomenes Lacedæmonius, quum mille et quingenti soli Lacedæmonii qui arma ferre possent superfuissent, ex servis manumissis bellatorum novem millia conscripsit. Athenienses quoque, consumptis publicis opibus, servis libertatem dederunt.

Ac ne in solo virili sexu æstimes inter servos exstitisse virtutes, accipe ancillarum factum non minus memorabile, nec quo utilius reipublicæ in ulla nobilitate reperias. Nonis juliis diem festum esse ancillarum tam vulgo notum est, ut nec origo, nec causa celebritatis ignota sit. Junoni enim Caprotinæ die illo liberæ pariter ancillæque sacrificant sub arbore caprifico, in memoriam benignæ virtutis quæ in ancillarum animis pro conservatione publicæ dignitatis apparuit. Nam post Urbem captam, quum sedatus esset Gallicus motus, respublica vero esset ad tenue deducta, finitimi opportunitatem invadendi Romani nominis aucupati, præfecerunt sibi Postumium Livium, Fidenatium dictatorem; qui, mandatis ad senatum missis, postulavit ut, si vellent reliquias suæ civitatis manere, matresfamiliæ sibi et virgines dederentur. Quumque patres essent in ancipiti deliberatione suspensi, ancilla, nomine Tutela, seu Philotis, pollicita est se cum ceteris ancillis sub nomine dominarum ad hostes ituram : habituque matrumfamilias et virginum sumpto, hostibus cum prosequentium lacrymis ad fidem doloris ingestæ sunt. Quæ quum a Livio in castris distributæ fuissent, viros plurimo vino provocaverunt, diem festum apud se esse simulantes; quibus soporatis, ex arbore caprifico, quæ castris erat proxima, signum Romanis de-

les Borysthéniens, assiégés par Zopyrion, donnèrent la liberté aux esclaves, le droit de cité aux étrangers, abolirent les dettes, et purent résister à l'ennemi. Cléomène, n'ayant plus que quinze cents Lacédémoniens en état de porter les armes, affranchit neuf mille esclaves, dont il fit des soldats. Les Athéniens aussi, les ressources de l'État étant épuisées, donnèrent la liberté aux esclaves.

Ne vous imaginez pas, non plus, que dans cette condition les hommes seuls aient fait preuve de vertu ; je vous citerai un fait non moins mémorable accompli par des servantes, et tel que les rangs de la noblesse n'en offrent aucun qui ait été plus utile à l'État. La fête des servantes, aux nones de juillet, est tellement connue, qu'il n'est personne qui en ignore l'origine, non plus que la cause. Ce jour-là, les femmes, libres ou esclaves, sacrifient, sous un figuier sauvage, à Junon Caprotine, en mémoire du dévouement que montrèrent les servantes pour sauver la dignité publique. C'était après la prise de Rome par les Gaulois : les vainqueurs s'étaient retirés, mais la république était aux abois. Les peuples voisins, qui épiaient l'occasion d'anéantir le nom romain, mirent à leur tête Postumius Livius, dictateur des Fidénates, lequel fit déclarer au sénat que s'il tenait à conserver les restes de sa ville, il eût à lui livrer les matrones et les vierges romaines. Les sénateurs ne savaient quel parti prendre, lorsqu'une servante, nommée Tutela ou Philotis, s'offrit, ainsi que ses compagnes, pour être livrées à l'ennemi sous le nom de leurs maîtresses. Vêtues des habits des matrones et des vierges, suivies d'une foule nombreuse qui poussait des sanglots, en signe d'affliction, elles furent remises entre les mains de Livius, qui les distribua par tout le camp. Aussitôt, faisant de ce jour un jour de fête, elles provoquent leurs maris à boire, et, quand ils sont endormis, du haut d'un

derunt; qui quum repentina incursione superassent, memor beneficii senatus omnes ancillas manu jussit emitti, dotemque iis ex publico fecit, et ornatum quo tunc erant usæ gestare concessit; diemque ipsum Nonas Caprotinas nuncupavit, ab illa caprifico ex qua signum victoriæ ceperunt, sacrificiumque statuit annua solemnitate celebrandum, cui lac quod ex caprifico manat, propter memoriam facti præcedentis, adhibetur [105].

Sed nec ad philosophandum ineptum, vel impar, servile ingenium [106] fuit. Phædon, ex cohorte Socratica, Socratique et Platoni perfamiliaris adeo, ut Plato ejus nomini librum illum divinum *de Immortalitate animæ* dicaret, servus fuit forma atque ingenio liberali. Hunc Cebes Socraticus, hortante Socrate, emisse dicitur, habuisseque in philosophiæ disciplinis; atque is postea philosophus illustris emersit, sermonesque ejus de Socrate admodum elegantes leguntur. Alii quoque non pauci servi fuerunt qui post philosophi clari exstiterunt; ex quibus ille Menippus fuit, cujus libros M. Varro in Satyris æmulatus est, quas alii Cynicas, ipse appellat Menippeas [107]. Sed et Philostrati peripatetici servus Pompolus [108], et Zenonis stoici servus, qui Perseus vocatus est, et Epicuri, cui Mys nomen fuit, philosophi non incelebres illa ætate vixerunt. Diogenes etiam cynicus, licet ex libertate in servitutem venum ierat; quem quum emere vellet Xeniades Corinthius, et quid artificii novisset percunctatus esset : « Novi, inquit Diogenes, hominibus liberis imperare. » Tunc Xeniades, responsum ejus demiratus, emisit manu; filiosque suos ei tradens : « Accipe, inquit, liberos

figuier sauvage qui avoisinait le camp, appellent par un signal les Romains ; à qui cette attaque soudaine donna la victoire. Le sénat, en reconnaissance de ce bienfait, affranchit toutes ces servantes, les dota aux frais du trésor, et leur permit de porter le costume dont elles s'étaient parées dans cette occasion. De plus, il voulut que ce jour fût spécifié désormais sous le nom de Nones Caprotines, à cause du figuier sauvage[1] d'où était parti le signal de la victoire, et prescrivit un sacrifice annuel dans lequel on faisait usage du lait que produit cet arbre, en commémoration du fait que je viens de raconter.

Des intelligences d'esclaves se sont élevées jusqu'à la philosophie elle-même. Phédon, disciple et ami de Socrate, que Platon chérit au point de donner son nom au traité divin de l'*Immortalité de l'âme,* était un esclave aussi distingué par son extérieur que par la culture de son esprit. Cébès, autre disciple de Socrate, l'avait acheté, dit-on, d'après le conseil de son maître, et Phédon, reçu au nombre de ses auditeurs, devint par la suite un philosophe célèbre. On a conservé de lui des entretiens sur Socrate d'une élégance exquise. Que de philosophes fameux on pourrait citer encore qui commencèrent par être esclaves ! Ménippe d'abord, dont les écrits servirent de modèle à Varron pour composer ses satires, appelées par lui Ménippées, et Cyniques par les autres. Pompolus, esclave du péripatéticien Philostrate ; Persée, esclave du stoïcien Zénon, et Mys, esclave d'Épicure, eurent de leur temps de la réputation comme philosophes. N'oublions pas Diogène le Cynique, qui, né libre, fut réduit en esclavage. Le Corinthien Xéniade, voulant l'acheter, lui demanda ce qu'il savait faire. « Je sais, répondit Diogène, commander à des hommes libres[2]. » Xéniade, frappé de cette réponse, l'acheta, l'affranchit, et lui donna ses enfants à élever, en lui disant : « Voici mes enfants[3] à qui vous

---

(1) *Caprificus.* — (2) *Liberis.* — (3) *Liberos.*

meos quibus imperes [109].» De Epicteto autem philosopho nobili, quod is quoque servus fuit, recentior est memoria quam ut possit inter obliterata nesciri; cujus etiam de se scripti duo versus feruntur, ex quibus illud latenter intelligas, non omnimodo diis exosos esse qui in hac vita cum ærumnarum varietate luctantur; sed esse arcanas causas ad quas paucorum potuit pervenire curiositas :

Δοῦλος Ἐπίκτητος γενόμην, καὶ σώματι πηρὸς,
Καὶ πενίην Ἶρος, καὶ φίλος ἀθανάτοις.

Habes, ut opinor, assertum non esse fastidio despiciendum servile nomen, quum et Jovem tetigerit cura de servo, et multos ex his fideles, providos, fortes, philosophos etiam exstitisse constiterit.

Nunc de Sigillaribus, ne ridenda me potius æstimes quam sancta dixisse, paucis recensendum est. Epicadus[110] refert Herculem, occiso Geryone, quum victor per Italiam armenta duxisset, ponte qui nunc Sublicius dicitur, ad tempus instructo, hominum simulacra pro numero sociorum quos casu peregrinationis amiserat, in fluvium demisisse : ut aqua secunda in mare devecta, pro corporibus defunctorum veluti patriis sedibus redderentur, et inde usum talia simulacra fingendi inter sacra mansisse. Sed mihi hujus rei illa origo verior æstimatur quam paulo ante memini retulisse. Pelasgos, postquam felicior interpretatio capita non viventium, sed fictilia, et φωτὸς æstimationem non solum hominem, sed etiam lumen significare docuisset, cœpisse Saturno cereos potius accendere, et in sacellum Ditis, aræ Saturni cohærens, oscilla quædam, pro suis capitibus[111], ferre.

commanderez. » Parlerai-je du celèbre philosophe Épictète, qui vécut, lui aussi, dans la servitude? son souvenir est trop récent pour avoir échappé déjà à la mémoire des hommes. On a conservé deux vers qu'il fit sur lui-même, et dont le sens caché est que l'homme qui lutte ici-bas avec la foule des afflictions, n'est pas un objet d'horreur pour les dieux ; mais qu'il y a pour cela des causes secrètes aperçues seulement par un petit nombre d'intelligences :

« Épictète, de condition esclave, corps mutilé, pauvre comme Irus, cher aux Immortels. »

Vous êtes convaincu, j'imagine, que le nom d'esclave ne doit inspirer ni dégoût ni mépris, puisque Jupiter lui-même a étendu sa sollicitude sur un esclave, et qu'il y a eu des hommes de cette classe fidèles, prévoyants, courageux, instruits dans la sagesse.

J'arrive maintenant aux Sigillaires, et j'en dirai quelques mots seulement, de peur que vous ne m'accusiez de traiter un sujet plaisant plutôt que religieux. Épicade rapporte qu'Hercule, vainqueur de Géryon, emmenant ses troupeaux à travers l'Italie, construisit à la hâte le pont appelé aujourd'hui Sublicius, et jeta dans le Tibre autant de petites figures d'hommes que les hasards de la route lui avaient enlevé de ses compagnons, afin que, portées à la mer par le courant, elles rendissent en quelque sorte à la terre natale les corps des défunts. De là cet usage des Sigillaires adopté comme pratique religieuse. Pour moi, je crois plus vraisemblable cette autre origine que je me souviens d'avoir rapportée ci-dessus. Les Pélasges ayant découvert par une heureuse interprétation que le mot *têtes* désignait non des têtes vivantes, mais des têtes d'argile, de même qu'il fallait traduire φωτὸς par *flambeau*, et non par *homme*, brûlèrent des torches de cire en l'honneur de Saturne, et offrirent dans la chapelle

Ex illo traditum ut cerei Saturnalibus missitarentur, et sigilla arte fictili fingerentur, ac venalia pararentur; quæ homines pro se atque suis piaculum pro Dite Saturno facerent. Ideo Saturnalibus talium commerciorum cœpta celebritas septem occupat dies, quos tamen feriatos facit esse, non festos omnes [112]; nam medio, id est tertiodecimo kalendas festum probavimus : et aliis hoc assertionibus ab his probatum est, qui rationem anni mensium dierumque et ordinationem a C. Cæsare digestam plenius retulerunt.

XII. Quomodo annum ordinaverit Romulus.

Quumque hic facere vellet finem loquendi, subjecit Aurelius Symmachus : Pergin, Prætextate, eloquio tam dulci de anno quoque edissertare, antequam experiaris molestiam consulentis, si quis forte de præsentibus ignorat, quo ordine vel apud priscos fuerit, vel certioribus postea regulis innovatus sit? Ad quod discendum ipse mihi videris audientum animos incitasse, de diebus mensi additis disserendo. — Tum ille eodem ductu orandi reliqua contexit : Anni certus modus apud solos semper Ægyptios fuit; aliarum gentium dispari numero pari errore nutabat. Et, ut contentus sim referendo paucarum morem regionum, Arcades annum suum tribus mensibus explicabant, Arcananes sex; Græci reliqui trecentis quinquaginta quatuor diebus annum proprium computabant. Non igitur mirum in hac varietate Romanos quoque olim, auctore Romulo, annum suum decem habuisse mensibus

de Dis, contiguë à celle de Saturne, de petites statuettes à la place de leurs propres têtes. Voilà d'où naquit la coutume de s'envoyer, à l'époque des Saturnales, des chandelles de cire, comme aussi de modeler et de vendre des marmousets en terre cuite, que l'on offrait en sacrifice expiatoire à Dis-Saturne pour soi et les siens. La grande vogue de cette branche de commerce commence aux Saturnales et dure sept jours, qui sont tous fériés, mais non tous fêtés; car il n'y a qu'un seul jour de fête, qui est, comme nous l'avons prouvé, celui du milieu, c'est-à-dire le treize des calendes; assertion confirmée par tous ceux qui ont traité plus au long du partage de l'année, des mois, des jours, et de la division de C. César.

II. Comment Romulus partagea l'année.

Prétextatus terminait ici son discours, lorsqu'Aurelius Symmaque prit la parole : Continuez, lui dit-il, ce charmant entretien, et, pour vous épargner l'ennui d'une demande, dites à ceux de nous qui pourraient l'ignorer, quelle était chez les anciens la division de l'année, et comment ses réformes ultérieures lui donnèrent plus de fixité. Il semble que vous-même ayez provoqué cette digression en parlant des jours ajoutés au calendrier. — Prétextatus reprit alors sur le même ton : Les Égyptiens sont les seuls qui fixèrent l'année d'une manière invariable ; les supputations des autres peuples, bien que différentes, étaient également erronées; et, pour ne citer que quelques contrées, les Arcadiens faisaient leur année de trois mois, les Acarnaniens de six, les autres Grecs de trois cent cinquante-quatre jours. D'après une telle variété de calculs, on ne s'étonnera pas que Romulus ait partagé l'année romaine en dix mois. Elle commençait à mars, et renfermait trois cent quatre jours. Six de ces mois, avril,

ordinatum : qui annus incipiebat a martio, et conficiebatur diebus trecentis quatuor, ut sex quidem menses, id est aprilis, junius, sextilis, september, november, december, tricenum essent dierum; quatuor vero, martius, maius, quintilis, october, tricenis et singulis expedirentur : qui hodieque septimanas habent nonas, ceteri quintanas. Septimanas autem habentibus, ab idibus revertebantur kalendæ a. d. septimumdecimum; verum habentibus quintanas, a. d. octavumdecimum remeabat initium kalendarum.

Hæc fuit Romuli ordinatio; qui primum anni mensem genitori suo Marti dicavit. Quem mensem anni primum fuisse, vel ex hoc maxime probatur, quod ab ipso quintilis quintus est, et deinceps pro numero, nominabantur. Hujus etiam prima die ignem novum Vestæ aris accendebant, ut incipiente anno cura denuo servandi novati ignis inciperet. Eodem quoque ingrediente mense tam in regia[113] curiisque atque flaminum domibus laureæ veteres novis laureis mutabantur. Eodem quoque mense, et publice et privatim ad Annam Perennam[114] sacrificatum itur; ut annare perennareque commode liceat. Hoc mense mercedes exsolvebant magistris, quas completus annus deberi fecit : comitia auspicabantur : vectigalia locabant : et servis cœnas apponebant matronæ, ut domini Saturnalibus; illæ, ut principio anni ad promptum obsequium honore servos invitarent : hi, quia gratiam perfecti operis exsolverent.

Secundum mensem nominavit aprilem, ut quidam putant cum adspiratione, quasi aphrilem; a spuma quam Græci *aphron* vocant, unde orta Venus credi-

juin, sextilis[1], septembre, novembre, décembre, étaient formés de trente jours, et les quatre autres, mars, mai, quintilis[2], octobre, de trente et un. Pour ces derniers, qui ont encore aujourd'hui leurs nones le sept, les calendes tombaient le dix-septième jour après les ides, tandis que les autres, ayant leurs nones le cinq, comptaient dix-huit jours depuis les ides jusqu'aux calendes.

Telle fut la division de Romulus, qui dédia le premier mois de l'année à Mars, son père. On ne saurait mettre en doute que mars n'ait été le premier mois de l'année, puisque en effet le cinquième à partir de celui-là, juillet, est appelé quintilis, et que tous les suivants sont nommés d'après leur nombre ordinal. Le premier jour de ce mois, on renouvelait le feu sur les autels de Vesta, afin qu'avec l'année recommençât le soin de le conserver; on remplaçait les guirlandes de laurier qui décoraient le palais du roi, les temples des curies et les maisons des flamines; on offrait des sacrifices publics et particuliers à Anna Perenna, afin de passer heureusement l'année, et d'en voir plusieurs autres. A cette même époque, on payait aux professeurs leurs honoraires échus à la fin de l'année; on ouvrait les comices, on affermait les revenus publics, et les matrones servaient à table les esclaves, comme faisaient les maîtres aux Saturnales : les matrones, au commencement de l'année, pour stimuler leur zèle par cette marque d'honneur; les maîtres, quand la tâche était accomplie, pour les récompenser.

Romulus nomme le deuxième mois avril, ou, selon d'autres, aphril, avec une aspiration, de l'écume de la mer, en grec *aphron*, où l'on croit que Vénus prit nais-

[1] Août — [2] Juillet.

tur [115]. Et hanc Romuli fuisse asserunt rationem; ut primum quidem mensem a patre suo Marte, secundum ab Æneæ matre Venere nominaret, et hi potissimum anni principia [116] servarent, a quibus esset Romani nominis origo; quum hodieque in sacris Martem Patrem, Venerem Genitricem, vocemus. Alii putant Romulum, vel altiore prudentia, vel certi numinis providentia, ita primos ordinasse menses, ut, quum præcedens Marti esset dicatus deo plerumque hominum necatori, ut Homerus, naturæ conscius, ait :

Ἄρες, Ἄρες βροτολοιγέ, μιαιφόνε, τειχεσιπλῆτα!
(*Iliados* lib. V, v. 31 et 455.)

secundus Veneri dicaretur, quæ vim ejus quasi benefica leniret. Nam et in duodecim zodiaci signis, quorum certa certorum numinum domicilia creduntur, quum primum signum Aries Marti assignatus sit, sequens mox Venerem, id est Taurus, accepit; et rursus e regione Scorpius ita divisus est, ut deo esset utrique communis. Nec æstimatur ratione cœlesti carere ipsa divisio; siquidem aculeo, velut potentissimo telo, pars armata posterior domicilium Martis est; priorem vero partem, cui Ζυγὸς apud Græcos nomen est, nos Libram vocamus, Venus accepit, quæ velut jugo concordi jungit matrimonia amicitiasque componit. Sed Cincius [117] in eo libro quem *de Fastis* reliquit, ait imperite quosdam opinari aprilem mensem antiquos a Venere dixisse; quum nullus dies festus nullumque sacrificium insigne Veneri per hunc mensem a majoribus institutum sit : sed ne in carminibus quidem Saliorum Veneris ulla, ut ceterorum cœlestium, laus celebretur. Cincio etiam Varro consensit, affirmans

sance. Comme il avait donné au premier mois le nom de son père, il voulut que le second dût le sien à Vénus, mère d'Énée, et que les deux auteurs de la race romaine fussent ainsi les premiers à ouvrir l'année. Aujourd'hui encore, dans les sacrifices, nous donnons à Mars le titre de Père, celui de Mère à Vénus. On veut aussi qu'une sagesse plus haute, peut-être même une divinité prévoyante, ait inspiré Romulus, lorsqu'il assigna ces noms aux deux mois qui commencent l'année. Le premier avait été consacré à Mars, ce dieu meurtrier des hommes, comme l'appelle Homère, confident de la nature :

« Mars, Mars, assassin, sanguinaire, destructeur de murailles ! »

il consacra le second à Vénus, dont la douce influence devait tempérer ses fureurs. Ainsi, parmi les douze signes du zodiaque, dont chacun est regardé comme la demeure d'une divinité particulière, le premier de tous, le Bélier, est assigné à Mars, et le Taureau, qui vient immédiatement, est censé la demeure de Vénus. En face d'eux, le Scorpion semble commun à l'un et à l'autre. On dirait même qu'une pensée divine a réglé ce partage : car la partie inférieure du Scorpion, armée d'un dard semblable à un trait redoutable, est une dépendance de Mars ; tandis que la partie antérieure, appelée Ζυγὸς (1) par les Grecs, et que nous nommons la Balance, appartient à Vénus. Vénus dont l'aimable lien assortit les époux et enchaîne les amis. Toutefois Cincius, dans ses *Fastes*, taxe d'ignorance cette opinion qui attribue à Vénus l'origine du mot avril, attendu que dans tout le cours de ce mois, l'on ne trouve aucune fête qui lui ait été anciennement consacrée, aucun sacrifice institué en son honneur, et que même les chants des Saliens, qui célèbrent les autres divinités, se taisent sur Vénus. Var-

(1) Joug.

nomen Veneris ne sub regibus quidem apud Romanos vel Latinum vel Græcum fuisse; et ideo non potuisse mensem a Venere nominari. Sed, quum fere ante æquinoctium vernum triste sit cœlum et nubibus obductum, sed et mare navigantibus clausum, terræ etiam ipsæ aut aqua, aut pruina, aut nivibus contegantur, eaque omnia verno, id est hoc mense, aperiantur, arbores quoque, nec minus cetera quæ continet terra aperire se in germen incipiant : ab his omnibus mensem aprilem dici merito credendum est quasi aperilem, sicut apud Athenienses ἀνθεστηρίων idem mensis vocatur, ab eo quod hoc tempore cuncta florescant. Non tamen negat Verrius Flaccus, hoc die postea constitutum ut matronæ Veneri sacrum facerent; cujus rei causam, quia huic loco non convenit, prætereundum est.

Maium Romulus tertium posuit, de cujus nomine inter auctores lata dissensio est. Nam Fulvius Nobilior[118] in *Fastis* quos in æde Herculis Musarum[119] posuit, Romulum dicit, postquam populum in majores junioresque divisit, ut altera pars consilio, altera armis rempublicam tueretur, in honorem utriusque partis hunc Maium, sequentem junium vocasse. Sunt qui hunc mensem ad nostros fastos a Tusculanis transisse commemorent, apud quos nunc quoque vocatur deus Maius, qui est Jupiter, a magnitudine scilicet ac majestate dictus. Cincius mensem nominatum putat a Maia, quam Vulcani dicit uxorem; argumentoque utitur quod flamen Vulcanalis kalendis maiis huic deæ rem divinam facit. Sed Piso[120] uxorem Vulcani Majestam, non Maiam dicit vocari. Contendunt alii Maiam, Mercurii matrem, mensi

ron, d'accord avec Cincius, soutient que sous les rois il n'existait à Rome aucun nom latin ou grec de Vénus, et que, par conséquent, elle n'avait pu servir à nommer l'un des mois de l'année. Mais comme avant l'équinoxe du printemps, le ciel est triste et nébuleux, la mer fermée aux navigateurs, la terre couverte par les pluies, les frimas ou les neiges, tandis qu'à l'entrée du printemps, c'est-à-dire en avril, tout s'ouvre et se dégage, les arbres et les diverses plantes laissent échapper le germe qu'ils contiennent, Varron en conclut que c'est avec raison qu'on a donné à ce mois le nom d'*aprilis* ou *aperilis* [1]. Les Athéniens l'ont appelé de même ἀνθεστηριών [2], parce que c'est le temps où tout se couvre de fleurs. Il faut dire cependant, et Verrius Flaccus en convient, qu'on arrêta dans la suite que les matrones offriraient, le premier de ce mois, un sacrifice à Vénus; quant au motif de cette institution, comme il n'a pas trait à notre sujet, je le passerai sous silence.

Mai fut le troisième mois de Romulus. Les auteurs ne sont point d'accord sur l'origine de ce nom. D'après les *Fastes* de Fulvius Nobilior, déposés dans le temple d'Hercule Musagète, Romulus, après avoir partagé le peuple en deux classes, les anciens et les jeunes, les premiers qui devaient aider la république de leurs conseils, les seconds la défendre par les armes, aurait, en l'honneur de l'une et de l'autre, appelé mai [3] le troisième mois, et juin [4] le suivant. D'autres prétendent que nous avons pris ce mois aux Tusculans, qui ont encore aujourd'hui un dieu Maïus. C'est Jupiter, à qui sa grandeur et sa majesté ont fait donner ce nom. Cincius fait venir mai de Maïa, femme de Vulcain, s'appuyant sur ce que le flamine de Vulcain sacrifie à cette déesse aux calendes de mai; mais on voit dans Pison que la femme de Vulcain s'appelait Majesta, et non Maïa. Les autres

---

(1) De *aperire*, ouvrir. — (2) Fleuri. — (3) *Major*. — (4) *Junior*.

nomen dedisse; hinc maxime probantes, quod hoc mense mercatores omnes Maiæ pariter Mercurioque sacrificant. Affirmant quidam, quibus Cornelius Labeo [121] consentit, hanc Maiam cui mense maio res divina celebratur Terram esse, hoc adeptam nomen a magnitudine, sicut et Mater Magna in sacris vocatur : assertionemque æstimationis suæ etiam hinc colligunt, quod sus prægnans ei mactatur, quæ hostia propria est terræ ; et Mercurium ideo illi in sacris adjungi ducunt, quia vox nascenti homini terræ contactu datur. Scimus autem Mercurium vocis et sermonis potentem. Auctor est Cornelius Labeo huic Maiæ ædem kalendis maiis dedicatam sub nomine Bonæ Deæ, et eamdem esse Bonam Deam et Terram ex ipso ritu occultiore sacrorum doceri posse confirmat : hanc eamdem Bonam Deam, Faunamque et Opem et Fatuam, pontificum libris indigitari. Bonam, quod omnium nobis ad victum bonorum causa est; Faunam, quod omni usui animantium favet; Opem, quod ipsius auxilio vita constet; Fatuam, a fando; quod, ut supra diximus, infantes partu editi non prius vocem edunt, quam attigerint terram. Sunt qui dicant hanc deam potentiam habere Junonis, ideoque sceptrum regale in sinistra manu ei additum. Eamdem alii Proserpinam credunt, porcaque ei rem divinam fieri, quia segetem quam Ceres mortalibus tribuit porca depasta est ; alii Χθονίαν Ἑκάτην. Bœoti Semelam credunt, nec non eamdem Fauni filiam dicunt; obstitisseque voluntati patris in amorem suum lapsi, ut et virga myrtea ab eo verberaretur, quum desiderio patris nec vino ab eodem pressa cessisset : transfigurasse se tamen in serpentem pater creditur, et coisse cum filia. Horum omnium hæc

se sont prononcés pour Maïa, mère de Mercure, et donnent pour raison qu'à cette époque de l'année les marchands sacrifient à ces deux divinités. Mais certains auteurs, et Cornelius Labéon est du nombre, soutiennent que cette Maïa à laquelle on sacrifie dans le mois de mai, n'est autre que la Terre, ainsi nommée à cause de sa grande étendue, de même qu'on l'appelle dans les cérémonies Mater Magna [1]. Ils se fondent sur l'usage où l'on est de lui immoler une truie pleine, victime consacrée spécialement à la terre; et si, ajoutent-ils, on associe Mercure au culte qu'on lui rend, c'est que la parole est donnée à l'homme à sa naissance, dès qu'il a touché la terre. Or, on sait que Mercure est le dieu de la parole et de l'éloquence. Cornelius Labéon nous apprend qu'aux calendes de mai un temple fut dédié à cette Maïa, sous le nom de la Bonne-Déesse, laquelle n'est autre que la Terre, comme on le voit par les rites mystérieux de son culte. Il ajoute que les livres des pontifes la désignent à la fois sous les noms de Bonne-Déesse, Fauna, Ops, Fatua: Bonne, parce qu'elle produit tous les biens nécessaires à la vie; Fauna [2], parce qu'elle fournit aux besoins de tous les êtres; Ops [3], parce que la vie est impossible sans son assistance; Fatua, de *fari* [4], parce que, ainsi que nous l'avons dit plus haut, l'enfant nouveau-né ne reçoit le don de la voix qu'à l'instant où il a touché la terre. Il en est qui attribuent à cette déesse le pouvoir de Junon, figuré par le sceptre royal qu'elle tient dans sa main gauche. D'autres la confondent avec Proserpine, et prétendent qu'on lui immole une truie, parce que cet animal ravage les moissons, présents de Cérès; d'autres avec, l'Hécate Terrestre. Les Béotiens la prennent pour Sémélé, ou la font fille de Faunus; Faunus s'étant épris d'elle, et n'ayant pu lui faire partager sa flamme, la fustigea avec une bran-

---

[1] La Grande Mère — [2] *Favere*, favoriser. — [3] Assistance. — [4] Parler.

proferuntur indicia, quod virgam myrteam in templo haberi nefas sit [122], quod super caput ejus extendatur vitis, qua maxime eam pater decipere tentavit, quod vinum in templum ejus non suo nomine soleat inferri, sed vas in quo vinum inditum est mellarium nominetur, et vinum lac nuncupetur; serpentesque in templo ejus nec terrentes nec timentes appareant. Quidam Medeam putant; quod in aedem ejus omne genus herbarum sit, ex quibus antistites dant plerumque medicinas: et quod templum ejus virum introire non liceat, propter injuriam quam ab ingrato viro Jasone perpessa est. Haec apud Graecos ἡ θεὸς γυναικεία dicitur; quam Varro Fauni filiam esse tradit adeo pudicam, ut extra γυναικωνῖτιν nunquam sit egressa, nec nomen ejus in publico fuerit auditum, nec virum unquam viderit, nec a viro visa sit: propter quod nec vir templum ejus ingreditur. Unde et mulieres in Italia sacro Herculis non licet interesse; quia Herculi, quum boves Geryonis per agros Italiae duceret, sitienti respondit mulier, aquam se non posse praestare, quod feminarum deae celebraretur dies, nec ex eo apparatu viris gustare fas esset; propter quod Hercules facturus sacrum detestatus est praesentiam feminarum, et Potitio ac Pinario sacrorum custodibus jussit ne mulierem interesse permitterent. Ecce occasio nominis, quo Maiam eamdem esse et Terram et Bonam Deam diximus, coegit nos de Bona Dea quaecumque comperimus protulisse.

Junius maium sequitur, aut ex parte populi, ut supra diximus, nominatus, aut, ut Cincius arbitratur, quod

che de myrte, un jour qu'énivrée par lui elle avait toutefois repoussé ses caresses; à la fin cependant, s'étant changé, dit-on, en serpent, il eut commerce avec celle qui lui devait le jour. On donne comme preuves, à l'appui de cette histoire, d'abord le myrte, proscrit du temple de la déesse; la vigne qui ombrage sa tête; le vin, qui perd son nom pour pénétrer dans le sanctuaire, et reçoit celui de lait, tandis que le vase qui le renferme s'appelle vase à miel; enfin, les serpents qui s'y promènent sans inspirer ni ressentir d'effroi. On veut encore que ce soit Médée, parce qu'on voit dans son temple toutes sortes d'herbes dont ses prêtres composent des médicaments, et parce que l'entrée de ce temple est interdite aux hommes, à cause de l'outrage du perfide Jason. Les Grecs l'appellent la déesse féminine. Selon Varron, elle était fille de Faunus, et si chaste, que jamais elle ne franchit l'enceinte du gynécée, jamais son nom ne fut prononcé hors de sa maison, jamais elle ne vit un homme, ni ne fut vue par un homme. C'est ce qui fait qu'aucun n'entre dans son temple. Réciproquement, les femmes, en Italie, sont exclues des sacrifices d'Hercule. Voici comment : Hercule traversait l'Italie avec les bœufs de Geryon; pressé par la soif, il demanda de l'eau à une femme, qui lui en refusa, disant qu'on célébrait ce jour-là la fête de la déesse féminine, et qu'il n'était pas permis aux hommes de goûter à rien de ce qui servait à la cérémonie. Hercule se souvint de cela; plus tard, quand il institua un sacrifice, il en bannit les femmes, comme chose abominable, et ordonna à Potitius et à Pinarius, gardiens des cérémonies, de n'en laisser pénétrer aucune. Voilà comment le nom de Maïa, que nous avons dit être la même que la Terre et que la Bonne-Déesse, nous a conduit à dire tout ce que nous savions de cette dernière.

Juin, qui suit mai, tire son nom d'une portion du peuple, ainsi que nous l'avons dit plus haut, ou, suivant

junonius apud Latinos ante vocitatus, diuque apud Aricinos Præncstinosque hac appellatione in fastos relatus sit : adeo ut, sicut Nisus [123] in *Commentariis Fastorum* dicit, apud majores quoque nostros hæc appellatio mensis diu manserit : sed post, detritis quibusdam litteris, ex junonio junius dictus sit; nam et ædes Junoni Monetæ [124] kalendis juniis dedicata est. Nonnulli putaverunt junium mensem a Junio Bruto, qui primus Romæ consul factus est, nominatum : quod hoc mense, id est kalendis juniis, pulso Tarquinio, sacrum Carnæ deæ [125] in Cœlio monte voti reus fecerit. Hanc deam vitalibus humanis præesse credunt; ab ea denique petitur ut jecinora et corda, quæque sunt intrinsecus viscera, salva conservet; et quia cordis beneficio, cujus dissimulatione brutus habebatur, idoneus emendationi publici status exstitit, hanc deam quæ vitalibus præest templo sacravit; cui pulte fabacia et larido sacrificatur, quod his maxime rebus vires corporis roborentur. Nam et kalendæ juniæ fabariæ vulgo vocantur, quia hoc mense adultæ fabæ divinis rebus adhibentur.

Sequitur julius, qui quum, secundum Romuli ordinationem martio anni tenente principium, quintilis a numero vocaretur, nihilominus tamen etiam post præpositos a Numa januarium ac februarium, retinuit nomen; quum non videretur jam quintus esse, sed septimus. Sed postea, in honorem Julii Cæsaris dictatoris, legem ferente M. Antonio M. filio consule, julius appellatus est, quod hoc mense a. d. quartum idus quintiles Julius procreatus sit.

Augustus deinde est, qui sextilis ante vocatus est,

l'opinion de Cincius, de l'ancien nom de junonius qu'il avait primitivement chez les Latins, et sous lequel on le trouve désigné pendant longtemps dans le calendrier d'Aricium et de Préneste, et aussi dans le nôtre, à ce que dit Nisus dans ses *Commentaires des Fastes*. Ce ne fut que plus tard que l'on fit de *junonius, junius* [1], en retranchant quelques lettres. En effet, un temple fut dédié à Junon Moneta aux calendes de juin. Quelques-uns ont pensé que ce mois devait son nom à Junius Brutus, premier consul romain, lequel, ayant chassé Tarquin le jour des calendes, sacrifia sur le mont Célius à la déesse Carna, pour s'acquitter d'un vœu qu'il avait fait. Cette déesse préside aux principes vitaux du corps humain, et l'on recommande à ses soins vigilants le foie, le cœur, tous les viscères intérieurs; voilà pourquoi Junius devant à son cœur, qu'il avait tenu caché, d'avoir passé pour brute et d'avoir affranchi son pays, érigea un temple à Carna. Les sacrifices s'y font avec de la purée de fèves mêlée de lard, parce que ces aliments restaurent puissamment les forces de l'homme. Remarquons que les calendes de juin sont appelées communément *fabariæ* [2], parce que les fèves, mûres alors, sont employées dans les sacrifices.

Juillet vient ensuite. D'après la division de Romulus, qui commençait l'année en mars, ce mois était appelé *quintilis* [3], en raison de son ordre numérique. Plus tard, après que Numa l'eût fait précéder de deux nouveaux mois, janvier et février, il n'en conserva pas moins son nom, bien qu'il se trouvât alors occuper le septième au lieu du cinquième rang. Mais, par la suite, sur la proposition du consul M. Antonius, fils de Marcus, il fut appelé *julius* [4], en l'honneur du dictateur Jules César, qui était né le quatre des ides de ce mois.

Août s'appela primitivement *sextilis* [5], jusqu'à ce qu'il

---

(1) Juin. — (2) De fèves. — (3) Cinquième. — (4) Juillet. — (5) Sixième.

donec honori Augusti daretur ex senatusconsulto [126]; cujus verba subjeci :

QVVM. IMPERATOR. CÆSAR. AVGVSTVS. MENSE. SEXTILI. ET. PRIMVM. CONSVLATVM. INIERIT. ET. TRIVMPHOS. TRES. IN. VRBEM. INTVLERIT. ET. EX. IANICVLO. LEGIONES. DEDVCTÆ. SEQVVTÆQVE. SINT. EIVS. AVSPICIA. AC. FIDEM. SED. ET. ÆGYPTVS. HOC. MENSE. IN. POTESTATEM. POPVLI. ROMANI. REDACTA. SIT. FINISQVE. HOC. MENSE. BELLIS. CIVILIBVS. IMPOSITVS. SIT. ATQVE. OB. HAS. CAVSAS. HIC. MENSIS. HVIC. IMPERIO. FELICISSIMVS. SIT. AC. FVERIT. PLACERE. SENATVI. VT. HIC. MENSIS. AVGVSTVS. APPELLETVR.

Item plebiscitum factum ob eamdem rem, Sexto Pacubio tribuno plebem rogante.

Mensis september principalem sui retinet appellationem, quem Germanici appellatione [127], octobrem vero suo nomine Domitianus invaserat; sed ubi infaustum vocabulum ex omni ære vel saxo placuit eradi, menses quoque usurpatione tyrannicæ appellationis exuti sunt; cautio postea principum ceterorum diri ominis infausta [128] vitantium mensibus a septembri usque ad decembrem prisca nomina reservavit.

Hæc fuit a Romulo annua ordinata dimensio, qui, sicut supra jam diximus, annum decem mensium, dierum vero quatuor et trecentorum habendum esse instituit; mensesque ita disposuit, ut quatuor ex his tricenos singulos, sex vero tricenos haberent dies. Sed quum is numerus neque solis cursui, neque lunæ rationibus conveniret, nonnunquam usu veniebat ut frigus anni æstivis mensibus, et contra calor hiemalibus proveniret; quod ubi contigisset, tantum dierum sine ullo mensis nomine

eut été dédié à Auguste, en vertu d'un sénatus-consulte, dont voici la teneur :

« César Auguste, empereur, ayant commencé son premier consulat dans le mois de sextilis, donné à Rome trois triomphes, et descendu le Janicule suivi des légions qui marchaient confiantes sous ses auspices; ayant, de plus, dans le cours du même mois, soumis l'Égypte au pouvoir du peuple romain, et mis fin aux guerres civiles; d'après toutes ces causes qui rendent et ont rendu ce nom très-heureux pour l'empire, le sénat décrète que ce mois prend le nom d'auguste. »

Un plébiscite semblable fut rendu sur la proposition de Sextus Pacubius, tribun du peuple.

Septembre garda son premier nom, quoique Domitien, qui avait donné le sien à octobre, voulût appeler celui-là Germanicus. Mais après que le nom du tyran eut été rayé de toutes les pierres et de tous les bronzes, on poursuivit sa mémoire jusque dans les mois qu'il avait nommés; puis les princes, ses successeurs, se gardant avec soin de tous présages funestes, les autres mois, depuis septembre jusqu'à décembre, retinrent leur ancienne appellation.

Voilà comment Romulus divisa l'année : il la composa, nous le répétons, de dix mois ou de trois cents quatre jours. De ces dix mois, il y en avait quatre de trente et un jours, et six de trente. Mais cette division n'étant calculée ni sur le cours du soleil, ni sur les phases de la lune, il arriva souvent que les mois d'été se trouvèrent l'époque des plus grands froids, et les mois d'hiver celle des plus grandes chaleurs; si bien qu'il fallait alors laisser écouler, sans les compter dans aucun mois, autant de jours qu'il était nécessaire pour arriver

patiebantur absumi, quantum ad id anni tempus adduceret, quo cœli habitus instanti mensi aptus inveniretur.

XIII. De ordinatione anni per Numam, et quæ causa fuerit intercalandi, quoque tempore primum intercalatum sit.

Sed sequutus Numa, quantum sub cœlo rudi et sæculo adhuc impolito, solo ingenio magistro, comprehendere potuit, vel quia Græcorum observatione forsan instructus est, quinquaginta dies addidit; ut in trecentos quinquaginta quatuor dies, quibus duodecim lunæ cursus confici credidit, annus extenderetur : atque his quinquaginta a se additis, adjecit alios sex retractos illis sex mensibus qui triginta habebant dies, id est de singulis singulos, factosque quinquaginta et sex dies, in duos novos menses pari ratione divisit, ac de duobus priorem januarium nuncupavit, primumque anni esse voluit, tanquam bicipitis dei mensem, respicientem ac prospicientem transacti anni finem, futurique principia; secundum dicavit Februo deo qui lustrationum potens creditur. Lustrari autem eo mense civitatem necesse erat; quo statuit ut justa diis Manibus solverentur.

Numæ ordinationem finitimi mox sequuti totidem diebus totidemque mensibus, ut Pompilio placuit, annum suum computare cœperunt; sed hoc solo discrepabant, quod menses undetricenum tricenumque numero alternaverunt. Paulo post Numa, in honorem imparis numeri, secretum hoc et ante Pythagoram parturiente natura, unum adjecit diem [129] quem januario dedit, ut tam in anno, quam in mensibus singulis, præter unum februarium, impar numerus servaretur; nam quia duodecim

à une époque de l'année où l'état du ciel fût en rapport avec le mois où l'on se trouvait.

XIII. Division de l'année par Numa. Cause de l'intercalation ; à quelle époque eut lieu la première.

Numa, successeur de Romulus, homme éclairé autant qu'on peut l'être à une époque et chez un peuple barbares, sans autre maître que son génie (il se peut cependant qu'il ait connu la manière de compter des Grecs), ajouta cinquante jours à l'année, ce qui fit un total de trois cent cinquante-quatre jours, période égale, selon lui, à douze lunaisons. Aux cinquante jours ajoutés, il en joignit six autres, pris sur chacun des six mois de trente jours, puis il divisa ce nombre de cinquante-six jours en deux parties égales dont il forma deux nouveaux mois. Il appela le premier janvier, et voulut qu'il commençât l'année, parce qu'étant le mois d'un dieu à double visage, il avait une face tournée vers l'année qui venait de finir, l'autre vers celle qui allait commencer. Il dédia le second à Februus, dieu qui préside aux lustrations. Tous les ans, à cette époque, on purifiait la ville, et des sacrifices expiatoires étaient offerts aux dieux Mânes.

Les peuples voisins, adoptant la division de Numa, donnèrent à leur année le même nombre de jours et de mois, avec cette différence qu'ils alternèrent les mois de vingt-neuf et ceux de trente jours. Bientôt Numa créa un jour de plus en l'honneur du nombre impair dont la nature, avant Pythagore, avait enfanté le mystère, et l'ajouta au mois de janvier. De cette manière, la somme des jours de l'année, aussi bien que des différents mois, hormis février, était représentée par le nombre impair : car douze mois, pairs et impairs alternativement, donnent bien un nombre de jours pair ; mais s'il n'y a qu'un

menses, si singuli, aut pari, aut impari numero putarentur, consummationem parem facerent; unus pari numero institutus universam putationem imparem fecit. Januarius igitur, aprilis, junius, sextilis, september, november, december, undetricenis censebantur diebus, et quintanas nonas habebant : ac post idus in omnibus a. d. septimum decimum kalendas computabatur. Martius vero, maius, quintilis et october, dies tricenos singulos possidebant. Nonae in his septimanae erant; similiterque post idus, decem et septem dies in singulis usque ad sequentes kalendas putabantur. Sed solus februarius viginti et octo retinuit dies : quasi inferis et deminutio et par numerus conveniret. Quum ergo Romani ex hac distributione Pompilii ad lunae cursum, sicut Graeci, annum proprium computarent, necessario et intercalarem mensem instituerunt more Graecorum; nam et Graeci, quum animadverterent temere se trecentis quinquaginta quatuor diebus ordinasse annum (quoniam appareret de solis cursu, qui trecentis sexaginta quinque diebus et quadrante zodiacum conficit, deesse anno suo undecim dies et quadrantem), intercalares stata ratione commenti sunt; ita ut octavo quoque anno nonaginta dies, ex quibus tres menses tricenum dierum composuerunt, intercalarent. Id Graeci fecerunt, quoniam erat operosum atque difficile omnibus annis undecim dies et quadrantem intercalare; itaque maluerunt hunc numerum octies multiplicare, et nonaginta dies, qui nascuntur si quadrans cum diebus undecim octies componatur, inserere in tres menses, ut diximus, distribuendos. Hos dies ὑπερβαίνοντας, menses vero ἐμβολίμους appellitabant. Hunc ergo ordinem Romanis quo-

seul de ces mois qui soit pair, le total sera nécessairement impair. Ainsi donc, janvier, avril, juin, sextilis, septembre, novembre, décembre, chacun de vingt-neuf jours, avaient leurs nones le cinq, et comptaient dix-sept jours des ides aux calendes suivantes. Mars, mai, quintilis, octobre avaient trente et un jours. Leurs nones tombaient alors le sept, et l'intervalle des ides aux calendes de l'autre mois était également de dix-sept jours. Février seul eut vingt-huit jours : ce double symbole de diminution et de parité convenait au mois des Mânes. Mais, dans le calcul de Numa, l'année romaine était, comme celle des Grecs, basée sur le cours de la lune; il fallut, à leur exemple, établir un mois intercalaire. En effet, les Grecs n'avaient pas tardé à s'apercevoir qu'ils avaient eu tort de ne donner à leur année que trois cent cinquante-quatre jours, tandis que le soleil employait trois cent soixante-cinq jours un quart à parcourir le zodiaque, et ils avaient imaginé, pour remplir cette lacune de onze jours un quart, une intercalation fixe, qui consistait à compter, à la fin de chaque huitième année, quatre-vingt-dix jours, ou trois mois de trente jours chaque. C'est ainsi qu'au lieu d'ajouter tous les ans onze jours un quart, ce qui était embarrassant et difficile, ils aimèrent mieux multiplier ce nombre par huit, et répartir le produit de quatre-vingt-dix jours en trois mois, distribués ainsi que nous l'avons dit. Ils appelaient ces jours ὑπερβαίνοντες [1], et les mois ἐμβόλιμοι [2]. Les Romains, en voulant faire de même, tombèrent dans une erreur. En effet, ils ne tenaient pas compte du jour ajouté en l'honneur du nombre impair aux trois cent cinquante-quatre jours de l'année grecque, en sorte que leur intercalation, au bout de huit années, n'était plus exacte. Toutefois, comme ils ne s'aperçurent pas d'abord

---

[1] Supplémentaires. — [2] Intercalaires.

que imitari placuit ; sed frustra ; quippe fugit eos, unum diem, sicut supra admonuimus, additum esse ad Græcum numerum in honorem imparis numeri. Ea re per octennium convenire numerus atque ordo non poterat; sed nondum hoc errore comperto, per octo annos nonaginta, quasi superfundendos Græcorum exemplo, computabant dies; alternisque annis binos et vicenos, alternis ternos et vicenos intercalares expensabant intercalationibus quatuor. Sed octavo quoque anno intercalantes octo affluebant dies ex singulis; quibus vertentis anni numerum apud Romanos supra Græcum abundasse jam diximus. Hoc quoque errore jam cognito, hæc species emendationis inducta est. Tertio quoque octennio ita intercalandos dispensabant dies, ut non nonaginta, sed sexaginta sex intercalarent, compensatis viginti et quatuor diebus pro illis qui per totidem annos supra Græcorum numerum creverant.

Omni autem intercalationi mensis februarius deputatus est : quoniam is ultimus anni erat, quod etiam ipsum de Græcorum imitatione faciebant. Nam et illi ultimo anni sui mensi superfluos interserebant dies, ut refert Glaucippus [130] qui de sacris Atheniensium scribit; verum una re a Græcis differebant : nam illi, confecto ultimo mense, Romani non confecto februario, sed post vicesimum et tertium diem ejus, intercalabant, Terminalibus scilicet jam peractis, deinde reliquos februarii mensis dies, qui erant quinque, post intercalationem subjungebant : credo vetere religionis suæ more, ut februarium omnimodo martius consequeretur. Sed quum sæpe eveniret ut nundinæ, modo in anni principem diem, modo in nonas caderent (utrumque autem perniciosum reipublicæ

de la fausseté de leur calcul, ils réservèrent, à l'exemple des Grecs, quatre-vingt-dix jours, qu'ils répartirent sur les huit années, au moyen de quatre intercalations de vingt-deux et de vingt-trois jours alternativement, placées à la fin de chaque deuxième année. Mais l'année romaine ayant, comme nous l'avons vu, un jour de plus que l'année grecque, cela faisait, au bout des huit ans, un excédant de huit jours. On reconnut alors l'erreur, et l'on adopta la correction suivante. A chaque période de trois fois huit années, on ajouta seulement soixante-six jours au lieu de quatre-vingt-dix, et ainsi se trouva exactement compensée la différence de vingt-quatre jours qui existait alors entre le calendrier romain et celui des Grecs.

Le mois de février, qui terminait l'année, fut choisi pour recevoir toutes les intercalations. C'était encore une imitation des Grecs, qui inséraient leurs jours supplémentaires dans le dernier mois de leur année, comme le rapporte Glaucippe dans son *Traité des coutumes religieuses des Athéniens*. Il y eut toutefois cette différence, que l'intercalation avait lieu chez les Grecs après le dernier mois expiré, et chez les Romains, dans le courant de février, après la célébration des Terminales, qui étaient le vingt-trois. Quant aux cinq jours restants, ils étaient comptés après. C'était, je crois, par suite d'un ancien préjugé religieux, qui voulait que mars suivît immédiatement février. Mais comme il arrivait souvent que les nundines [1] tombaient le premier jour de l'année ou le jour des nones (double circonstance regardée comme

---

(1) Jours de marché.

putabatur) remedium quo hoc averteretur excogitatum est ; quod aperiemus, si prius ostenderimus cur nundinæ, vel primis kalendis, vel nonis omnibus cavebantur. Nam, quotiens incipiente anno dies cœpit qui addictus est nundinis, omnis ille annus infaustis casibus luctuosus fuit : maximeque Lepidiano tumultu [131] opinio ista firmata est. Nonis autem conventus universæ multitudinis vitandus æstimabatur ; quoniam populus Romanus exactis etiam regibus diem hunc nonarum maxime celebrabant, quem natalem Servii Tullii existimabant ; quia, quum incertum esset quo mense Servius Tullius natus fuisset, nonis tamen natum esse constaret, omnes nonas celebri notitia frequentabant ; veritos ergo qui diebus præerant ne quid nundinis collecta universitas ob regis desiderium novaret, cavisse ut nonæ a nundinis segregarentur. Unde dies ille quo abundare annum diximus, eorum est permissus arbitrio qui fastis præerant, uti quum vellent intercalaretur, dummodo eum in medio Terminaliorum vel mensis intercalaris ita locarent, ut a suspecto die celebritatem averterent nundinarum ; atque hoc est quod quidam veterum retulerunt, non solum mensem apud Romanos, verum etiam diem intercalarem fuisse.

Quando autem primo intercalatum sit, varie refertur : et Macer quidem Licinius ejus rei originem Romulo assignat. Antias, libro secundo, Numam Pompilium sacrorum causa id invenisse contendit. Junius [132] Servium Tullium regem primum intercalasse commemorat ; a quo et nundinas institutas Varroni placet. Tuditanus [133] refert libro tertio *Magistratuum* decemviros, qui decem tabulis duas addiderunt, de intercalando populum ro-

funeste pour l'État), on imagina un moyen de prévenir
cette coïncidence. Ce moyen, je l'indiquerai quand j'aurai
expliqué pourquoi l'on redoutait la rencontre des nundines avec les calendes de janvier, ou avec les nones d'un
mois quelconque. Toutes les fois que les nundines étaient
tombées le premier jour de l'année, cette même année
avait été signalée par des événements déplorables, et la
sédition de Lepidus donna de nouvelles forces à ce préjugé. Pour ce qui est des nones, on voulait éviter ce jour-là
un rassemblement général du peuple romain, qui avait
continué, même après l'expulsion des rois, de célébrer,
à cette époque, l'anniversaire de Servius Tullius ; mais
comme on était sûr seulement qu'il était né le jour des
nones, sans connaître au juste le mois, toutes les nones
réunissaient une affluence considérable. Voilà pourquoi
les pontifes chargés du calendrier, craignant qu'à la faveur
de ces rassemblements il ne se tramât quelque chose en
faveur des rois, évitèrent de faire coïncider les nones
et les nundines. Le jour excédant mentionné ci-dessus fut
donc laissé à leur disposition pour qu'ils l'insérassent à
volonté au milieu des Terminales ou dans le courant du
mois intercalaire, mais toujours de manière à ce que
l'affluence des nundines n'ajoutât pas aux terreurs du
jour suspect. C'est ce qui a fait dire à d'anciens auteurs,
que les Romains avaient non-seulement un mois, mais
encore un jour intercalaire.

Les opinions sont partagées sur l'époque de la première intercalation. Licinius Macer la fait remonter à
Romulus. Antias dit, dans son deuxième livre, que Numa
Pompilius imagina cet expédient à l'occasion de ses rites
religieux. Junius en fait honneur à Servius Tullius, à qui
Varron attribue aussi l'établissement des nundines. Tuditanus rapporte, dans le troisième livre de son traité *des
Charges*, que les décemvirs, qui ajoutèrent deux nouvelles
tables aux dix anciennes, provoquèrent un plébiscite pour

gasse. Cassius [134] eosdem scribit auctores. Fulvius [135] autem id egisse Manium consulem dicit ab Urbe condita anno quingentesimo sexagesimo secundo, inito mox bello Ætolico; sed hunc arguit Varro scribendo, antiquissimam legem fuisse incisam in columna ærea a L. Pinario et Furio [136] consulibus, cui mentio intercalaris adscribitur. Hæc de intercalandi principio satis relata sint.

XIV. Quem in modum primum Julius, deinde Augustus Cæsares annum correxerint.

Verum fuit tempus quum propter superstitionem intercalatio omnis omissa est; nonnunquam vero per gratiam sacerdotum, qui publicanis proferri vel imminui consulto anni dies volebant, modo auctio modo retractio dierum proveniebat, et sub specie observationis emergebat major confusionis occasio. Sed postea C. Cæsar omnem hanc inconstantiam temporum vagam adhuc et incertam in ordinem statæ definitionis coegit [137], adnitente sibi M. Flavio scriba [138]; qui scriptos dies singulos ita ad dictatorem retulit, ut et ordo eorum inveniri facillime posset, et invento certus status perseveraret. Ergo C. Cæsar, exordium novæ ordinationis initurus, dies omnes qui adhuc confusionem poterant facere, consumpsit: eaque re factum est ut annus confusionis ultimus in quadringentos quadraginta tres dies tenderetur. Post hæc imitatus Ægyptios, solos divinarum rerum omnium conscios, ad numerum solis, qui diebus singulis tricenis sexaginta quinque et quadrante cursum conficit, annum dirigere contendit; nam, sicut lunaris annus mensis est, quia luna paulo minus quam mensem in zodiaci cir-

l'intercalation. Cassius nomme également les décemvirs. D'après Fulvius, ce serait le consul Manius, l'an de Rome cinq cent soixante-deux, peu avant la guerre d'Italie; mais cette assertion est démentie par Varron, qui cite un texte de loi très-ancien, gravé sur une colonne d'airain par les consuls L. Pinarius et Furius, où l'intercalation est mentionnée. Mais en voilà assez sur ce sujet.

XIV. Des corrections faites au calendrier, d'abord par Jules César, ensuite par Auguste.

Il y eut un temps où la superstition s'opposa à toute espèce d'intercalation. D'autres fois, grâce aux pontifes, qui, pour favoriser les publicains, allongeaient à dessein ou raccourcissaient l'année, on comptait plus ou moins de jours, et, sous le prétexte de l'ordre, la confusion devenait plus grande. C. César mit, par la suite, un terme à ces fluctuations, et fixa invariablement la mesure du temps, vague et indéterminée jusqu'alors. Il fut aidé dans cette tâche par le scribe M. Flavius, qui apporta au dictateur un tableau où étaient inscrits les jours de l'année dans un ordre facile à saisir et invariable une fois qu'on l'avait saisi. C. César, au moment d'établir une nouvelle division de l'année, compta comme écoulés les jours qui pouvaient encore faire confusion; en sorte que la dernière année de trouble fut composée de quatre cent quarante-trois jours. Puis, à l'imitation des Égyptiens, seuls initiés à toutes les choses célestes, il régla l'année sur le cours du soleil, qui fait sa révolution en trois cent soixante-cinq jours un quart. En effet, si l'on compte l'année lunaire d'un mois, la lune mettant un peu moins que cet espace de temps à parcourir le zodiaque, il est juste de régler l'année solaire d'après le nombre de jours qu'emploie le soleil pour revenir au point d'où il

cumitione consumit, ita solis annus hoc dierum numero colligendus est, quem peragit dum ad id signum se denuo vertit ex quo digressus est. Unde annus vertens vocatur et habetur magnus, quum lunæ annus brevis putetur; horum Virgilius utrumque complexus est :

Interea magnum sol circumvolvitur annum.
(Æn. lib. III, v. 284.)

Hinc Ateius Capito [139] annum a circuitu temporis putat dictum : quia veteres *an* pro *circum* ponere consuerunt, ut Cato in *Originibus*, *an terminum*, id est *circum terminum;* et *ambire* dicitur pro *circumire*. Julius ergo Cæsar decem dies observationi veteri superadjecit, ut annum trecenti sexaginta quinque dies, quibus sol zodiacum lustrat, efficerent : et, ne quadrans deesset, statuit ut quarto quoque anno sacerdotes qui curabant mensibus ac diebus, unum intercalarent diem, eo scilicet mense ac loco quo etiam apud veteres intercalabatur, id est ante quinque ultimos februarii mensis dies; idque bissextum censuit nominandum [140].

Dies autem decem, quos ab eo additos diximus, hac ordinatione distribuit : in januarium et sextilem et decembrem binos dies inseruit; in aprilem autem, junium, septembrem, novembrem, singulos. Sed neque mensi februario addidit diem, ne deum inferum religio immutaretur : et martio, maio, quintili, octobri servavit pristinum statum, quod satis pleno erant numero, id est dierum singulorum tricenorumque; ideo et septimanas habent nonas, sicut Numa constituit : quia nihil in his Julius mutavit. Sed januarius, sextilis, december, quibus Cæsar binos dies addidit, licet tricenos singulos

était parti. Celle-ci est appelée l'année révolue, la grande année, et l'année lunaire la petite année. Virgile les désigne toutes deux :

« Le soleil cependant parcourt le cercle de la grande année. »

Ateius Capiton infère de là que l'année [1] doit son nom au cercle qui mesure le temps, *an* étant pris par les anciens dans le sens de *circum* [2], comme *an terminum* pour *circum terminum* [3], que l'on trouve dans les *Origines* de Caton, et *ambire* pour *circumire* [4]. Jules César ajouta donc dix jours à l'ancienne observation, afin de compléter les trois cent soixante-cinq jours que met le soleil à parcourir le zodiaque. Restait un quart dont il fallait tenir compte; pour cela il décida que les pontifes préposés aux mois et aux jours intercaleraient un jour tous les quatre ans, dans le même mois et à la même place que le faisaient les anciens, c'est-à-dire avant les cinq derniers jours de février : d'où cette année fut appelée bissextile.

Les dix jours ajoutés furent distribués de la manière suivante : janvier, sextilis et décembre en reçurent chacun deux; avril, juin, septembre, novembre, un seul. On n'ajouta rien à février, par respect pour les dieux infernaux. Mars, mai, quintilis et octobre restèrent ce qu'ils étaient, leurs trente et un jours étant un nombre suffisant, et continuèrent à avoir leurs nones le sept, comme du temps de Numa, César n'ayant rien changé à cette disposition. Pour janvier, sextilis et décembre, bien qu'ils se trouvassent avoir désormais trente et un jours, les nones restèrent le cinq : seulement on compta dix-neuf jours des ides aux calendes, César ne voulant pas

(1) *Annus*. — (2) Autour. — (3) Autour de la limite. (4) Aller autour

habere post Cæsarem cœperint, quintanas tamen habent nonas, et ab idibus illis sequentes kalendæ in undevicesimum revertuntur : quia Cæsar quos addidit dies neque ante nonas neque ante idus inserere voluit, ne nonarum aut iduum religionem, quæ stato erant die, novella comperendinatione corrumperet. Sed nec post idus mox voluit inferre, ne feriarum quarumque violaretur indictio ; sed peractis cujusque mensis feriis, locum diebus advenis fecit ; et januario quidem, quos dicimus, quartum et tertium kalendas februarias dedit ; aprili sextum kalendas maias ; junio tertium kalendas julias ; augusto quartum et tertium kalendas septembris ; septembri tertium kalendas octobris ; novembri tertium kalendas decembres ; decembri vero quartum et tertium kalendas januarias.

Ita factum est, ut quum omnes hi menses quibus dies addidit, ante hanc ordinationem habuissent mensis sequentis kalendas a. d. septimumdecimum revertentes, postea ex augmento additorum dierum hi qui duos acceperunt, a. d. nonumdecimum, qui vero unum, a. d. octavumdecimum haberent reditum kalendarum. Feriarum tamen cujusque mensis ordo servatus est : nam si cui fere tertius ab idibus dies festus aut feriatus fuit, et tunc a. d. sextumdecimum dicebatur : etiam post augmentum dierum eadem religio servata est, ut tertio ab idibus die celebraretur ; licet ab incremento non jam a. d. sextumdecimum kalendas, sed a. d. septimumdecimum si unus, a. d. octavumdecimum si duo additi sunt, diceretur. Nam ideo novos dies circa finem cujusque mensis inseruit, ubi finem omnium quæ in mense erant reperit feriarum, adjectosque a se dies fastos notavit, ut

que l'insertion des deux jours eût lieu avant les nones
ni avant les ides, pour que ces temps de fêtes religieuses
demeurassent fixes et invariables. Il ne voulut pas, non
plus, qu'elle suivît immédiatement les ides, dans la crainte
qu'elle ne portât atteinte à la célébration des féries ; de
sorte que les nouveaux venus ne trouvèrent de place
qu'après l'expiration des féries de chaque mois : en janvier, le quatre et le trois des calendes de février ; en
avril, le six des calendes de mai ; en juin, le trois des
calendes de juillet ; en août, le quatre et le trois des calendes de septembre ; en septembre, le trois des calendes
d'octobre ; en novembre, le trois des calendes de décembre ; en décembre, le quatre et le trois des calendes
de janvier.

Il arriva de là que ces mois augmentés par César,
et qui, suivant l'ancienne division, comptaient dix-
sept jours précédant les calendes suivantes, en comp-
tèrent désormais, d'après le nouveau calcul, dix-huit ou
dix-neuf, suivant qu'ils avaient été augmentés d'un ou
de deux jours. Toutefois, l'ordre des féries de chaque
mois resta le même. Jusque-là, lorsqu'une fête ou une
férie était tombée le troisième jour après les ides, on
l'avait datée du seize avant les calendes. La réforme ne
toucha pas à cette coutume, et la fête continua à être
célébrée le trois après les ides, quoique datée, non plus
du seize avant les calendes, mais du dix-sept si l'on
avait ajouté un seul jour, du dix-huit si l'on en avait
ajouté deux. Voilà ce qui détermina César à reléguer les
jours nouveaux à la fin du mois, après la célébration de
toutes les féries. De plus, voulant donner une plus grande
latitude aux actions judiciaires et en même temps réprimer, autant que possible, la brigue des magistratures,

majorem daret actionibus libertatem, et non solum nullum nefastum, sed nec comitialem [141] quemquam de adjectis diebus instituit, ne ambitionem magistratuum augeret adjectio.

Sic annum civilem Cæsar habitis ad lunam dimensionibus constitutum edicto palam posito publicavit. Et error hucusque stare potuisset, ni sacerdotes sibi errorem novum ex ipsa emendatione fecissent : nam quum oporteret diem qui ex quadrantibus confit, quarto quoque anno confecto antequam quintus inciperet, intercalare : illi quarto non peracto, sed incipiente, intercalabant. Hic error sex et triginta annis permansit : quibus annis intercalati sunt dies duodecim, quum debuerint intercalari novem. Sed hunc quoque errorem sero deprehensum correxit Augustus [142], qui annos duodecim sine intercalari die transigi jussit : ut illi tres dies qui per annos triginta et sex, vitio sacerdotalis festinationis, excreverant, sequentibus annis duodecim nullo die intercalato devorarentur. Post hoc, unum diem secundum ordinationem Cæsaris quinto quoque incipiente anno intercalari jussit; et omnem hunc ordinem æreæ tabulæ ad æternam custodiam incisione mandavit.

XV. De kalendis, idibus, ac nonis.

Tunc Horus : Dies quidem hic, inquit, intercalaris, antequam quintus annus incipiat inserendus, cum Ægypti matris artium ratione consentit. Sed nihil in illorum mensibus explicandis videtur operosum; quos tricenum dierum omnes habent, eoque explicitis duodecim mensibus, id est trecentis sexaginta diebus exactis, tunc inter augustum atque septembrem reliquos quinque dies

il ne permit pas qu'un seul de ces jours fût néfaste ni comitial.

Telle fut la réforme de César; l'année civile fut ainsi mise en concordance avec les phases de la lune, et un décret, rendu public, prescrivit l'usage du nouveau calendrier. L'erreur se serait arrêtée là, si les pontifes ne s'étaient encore trompés dans l'application. Au lieu d'intercaler le jour formé de la somme des quatre quarts entre la fin de la quatrième et le commencement de la cinquième année, comme il avait été réglé par César, ils firent l'intercalation au commencement de la quatrième. Au bout de trente-six ans, elle se trouva être de douze jours au lieu de neuf. Pour corriger cette nouvelle erreur, Auguste négligea l'intercalation pendant douze années, ce qui compensa exactement l'excédant de trois jours produit par la trop grande hâte des pontifes. Il ordonna ensuite que le jour intercalaire serait placé, conformément à la prescription de César, à la fin de la quatrième année, et, afin de perpétuer la durée du nouveau calendrier, il le fit graver sur une table d'airain.

XV. Des calendes, des ides et des nones.

Cette insertion, dit alors Horus, de l'année intercalaire avant le commencement de la cinquième année, est conforme aux usages de l'Égypte, mère des arts. Mais rien n'est d'ailleurs plus simple que la marche des mois chez ce peuple. Ils sont tous également de trente jours, en tout trois cent soixante; quand les douze mois sont révolus, on rend à l'année les cinq jours complémentaires, que l'on place entre août et septembre. Tous les quatre ans

anno suo reddunt, adnectentes quarto quoque anno exacto intercalarem, qui ex quadrantibus confit. At hic non a primo in ultimum mensis diem ad incrementum continuum numerus accedit, sed post kalendas dirigitur in nonas : unde ad quasdam idus deflecti audio. Post rursus, ni fallor, imo ut nunc quoque retulisti, in sequentes kalendas. Quæ omnia quid sibi velint scire equidem vellem : nam illud nec consequi posse me spero, ut vocabula comprehendam quæ singulis apud vos diebus adduntur, dum alios fastos variisque alios nominibus nuncupatis. Nundinas quoque vestras nescire me fateor : de quibus observatio tam diligens, tam cauta narratur. Hæc nec mihi erubescendum est ignorare peregrino : a te vero, Prætextate, discere nec civem puderet.

Tunc Prætextatus : Non solum, inquit, tibi, Hore, quum sis Ægypto oriundus, sed ne nobis quidem, quibus origo Romana est, erubescendum puto quærere quod quæsitu dignum omnes veteres putaverunt. Nam de kalendis, nonis, et idibus, deque feriarum variis observationibus innumeros auctores cura quæstionis exercuit : et ideo nos quæ de his ab omnibus dicta sunt, in unum breviter colligemus. Romulus enim, quum, ingenio acri quidem sed agresti, statum proprii ordinaret imperii, initium cujusque mensis ex illo sumebat die quo novam lunam contigisset videri ; quia vero non continuo evenit ut eodem die semper appareat, sed modo tardius, modo celerius, ex certis causis videri solet, contigit ut, quum tardius apparuit, præcedenti mensi plures dies, aut quum celerius, pauciores, darentur, et singulis quibusque mensibus perpetuam numeri legem primus casus addixit. Sic factum est ut alii triginta et unum, alii undetriginta

on ajoute à ces derniers le jour intercalaire, formé des quatre quarts négligés. Ici c'est autre chose : vos jours, au lieu de suivre une marche ascendante du commencement à la fin du mois, vont d'abord des calendes aux nones; puis des nones à une autre époque que vous nommez les ides; enfin, si j'ai bien compris tout à l'heure l'explication de Prétextatus, vous recommencez à compter des ides aux calendes suivantes. A quoi bon tout ceci? Je n'entends pas davantage ces dénominations de fastes, et mille autres noms que vous ajoutez à vos jours. Et qu'est-ce que ces nundines qui provoquèrent des mesures si sages, si scrupuleuses? Étranger, je ne rougis pas d'avouer mon ignorance; Romain même, je recevrais sans honte les leçons de Prétextatus.

Et quelle honte, reprit celui-ci, peut-il y avoir, je ne dis pas seulement pour vous, Horus, qui êtes d'origine égyptienne, mais pour nous-mêmes, Romains, à nous occuper de choses que l'antiquité n'a pas crues indignes de son attention? Je ne sais combien d'auteurs ont traité cette matière, et ont fait sur les calendes, les nones, les ides, enfin sur l'observation des diverses féries, des recherches dont voici le résumé en deux mots. Après que le génie barbare de Romulus eut entrepris d'organiser son empire, le commencement de chaque mois dut coïncider avec l'apparition de la nouvelle lune ; mais, loin d'être régulière, cette apparition avance ou recule suivant certaines lois : de là, selon qu'elle avait lieu plus tôt ou plus tard, nécessité de retrancher ou d'ajouter plusieurs jours au mois précédent; si bien que, le hasard seul réglant la longueur de chaque mois, il y en eut de vingt-neuf, comme il y en eut de trente et un jours. Cependant les ides tombaient invariablement le neuvième jour après les nones, et l'intervalle entre celles-ci et les calendes suivantes avait été fixé à seize jours. Il fallut donc que, dans les mois de trente et

sortirentur dies, omnibus tamen mensibus ex die nonarum idus nono die repræsentari placuit : et inter idus ac sequentes kalendas constitutum est sedecim dies esse numerandos. Ideo mensis uberior duos illos quibus augebatur dies inter kalendas suas et nonas habebat; hinc aliis quintus a kalendis dies aliis septimus nonas facit. Cæsar tamen, ut supra diximus, stata sacra custodiens, nec in illis mensibus quibus binos adjecit dies, ordinem voluit mutare nonarum, quia peractis totius mensis feriis dies suos, rei divinæ cautus, inseruit.

Priscis ergo temporibus, antequam fasti a Cn. Flavio scriba [143], invitis patribus, in omnium notitiam proderentur, pontifici minori hæc provincia delegabatur, ut novæ lunæ primum observaret adspectum, visamque regi sacrificulo nuntiaret; itaque sacrificio a rege et minore pontifice celebrato, idem pontifex calata, id est vocata in Capitolium plebe juxta curiam Calabram, quæ casæ Romuli proxima est, quot numero dies a kalendis ad nonas superessent pronuntiabat : et quintanas quidem dicto quinquies verbo καλῶ, septimanas repetito septies prædicabat; verbum autem καλῶ Græcum est, id est *voco;* et hunc diem qui ex his diebus qui calarentur primus esset, placuit kalendas vocari. Hinc et ipsi curiæ, ad quam vocabantur, Calabræ nomen datum est.

Ideo autem minor pontifex numerum dierum qui ad nonas superessent calando prodebat; quod post novam lunam oportebat nonarum die populares qui in agris essent confluere in urbem, accepturos causas feriarum a rege sacrorum, scripturosque quid esset eo mense faciendum. Unde quidam hinc nonas æstimant dictas, quasi novæ initium observationis; vel quod ab eo semper ad

un jours, les deux jours d'augmentation fussent comptés entre les calendes et les nones ; en sorte que les nones furent, ici le cinquième, là le septième jour après les calendes. Mais nous avons vu que César, respectant les dates des cérémonies sacrées, même dans les mois auxquels il avait ajouté deux jours, maintint les nones à leur rang, et qu'un scrupule religieux lui fit reléguer ces deux jours à la fin du mois, après la célébration de toutes les féries.

Anciennement, et avant que les fastes eussent été rendus publics, contre le gré du sénat, par le scribe Cn. Flavius, le pontife mineur avait la charge d'observer l'apparition de la nouvelle lune, et de la signaler au roi des sacrifices sitôt qu'il l'avait aperçue. Puis, après un sacrifice fait en commun, le même pontife appelait le peuple au Capitole, près de la curie Calabra, située tout proche la cabane de Romulus, et proclamait à haute voix le nombre de jours qui devait s'écouler des calendes aux nones, en répétant cinq fois le mot καλῶ, s'il y en avait cinq, sept fois s'il y en avait sept ; or, καλῶ est un mot grec qui a le sens de *voco*[1]. C'est pourquoi le premier des jours qui devaient être criés ainsi fut nommé calendes, et la curie près de laquelle l'appel avait lieu, Calabra.

Le pontife mineur annonçait à haute voix le nombre de jours à compter jusqu'aux nones, parce que le jour des nones après la nouvelle lune, les habitants de la campagne devaient se rendre à la ville pour apprendre du roi des sacrifices les causes des féries et les devoirs qu'ils auraient à remplir dans le courant du mois. Quant au nom même, il vient, soit de ce que ce jour était le commencement d'une observation nouvelle[2], soit de ce qu'il précède toujours les ides de neuf jours[3]. Chez les Toscans, les nones revenaient plus souvent à cause

[1] J'appelle. — [2] *Nonus*. — [3] *Novem dies*.

idus novem dies putantur : sicut apud Tuscos nonæ plures habebantur, quod hi nono quoque die regem suum salutabant et de propriis negotiis consulebant.

Iduum porro nomen a Tuscis, apud quos is dies *itis* vocatur, sumptum est ; *item* autem illi interpretabantur Jovis fiduciam ; nam quum Jovem accipiamus lucis auctorem, unde et Lucetium [144] Salii in carmine canunt, et Cretenses Δία τὴν ἡμέραν vocant, ipsi quoque Romani Diespitrem appellant, ut diei patrem : jure hic dies Jovis fiducia vocatur, cujus lux non finitur cum solis occasu, sed splendorem diei et noctis continuat illustrante luna : quod semper in plenilunio, id est medio mense, fieri solet. Diem igitur, qui vel nocturnis caret tenebris, Jovis fiduciam Tusco nomine vocaverunt : unde et omnes idus Jovis ferias observandas sanxit antiquitas. Alii putant idus, quod ea die plena luna videatur, a videndo *vidus* appellatas, mox litteram *v*, detractam : sicut contra, quod Græci ἰδεῖν dicunt, nos, *v* littera addita, *videre* dicimus. Nonnullis placet idus dictas vocabulo Græco οἶον ἀπὸ τοῦ εἴδους, quod eo die plenam speciem luna demonstret. Sunt qui æstiment idus ab ove *iduli* dictas [145], quam hoc nomine vocant Tusci ; et omnibus idibus Jovi immolatur a flamine. Nobis illa ratio nominis vero proprior æstimatur, ut idus vocemus diem qui dividit mensem ; *iduare* enim Etrusca lingua *dividere* est ; inde *vidua* quasi *valde idua*, id est *valde divisa* : aut *vidua*, id est *a viro divisa*.

Ut autem idus omnes Jovi, ita omnes kalendas Junoni tributas et Varronis et pontificalis affirmat auctoritas : quod etiam Laurentes patriis religionibus servant, qui

de la coutume qu'avaient ces peuples de saluer leur roi tous les neuf jours, et délibérer sur leurs propres affaires.

Les ides tirent leur nom des Toscans, qui appellent ce jour *itis;* or, chez eux, *itis* signifie *gage de Jupiter.* En effet, nous regardons Jupiter comme l'auteur de la lumière, d'où vient que les chants des Saliens le célèbrent sous le nom de *Lucetius* [1], et que les Crétois l'appellent le jour [2]. Tel est encore aujourd'hui le sens du mot *Diespiter,* c'est-à-dire *diei pater* [3], sous lequel nous l'invoquons. On conçoit à présent cette dénomination de *gage de Jupiter,* donnée au jour du mois où la lumière, au lieu de disparaître quand le soleil se couche, conserve à la nuit l'aspect brillant du jour : ce qui arrive à l'époque de la pleine lune, vers le milieu du mois. Les Toscans avaient donc appelé ce jour *gage de Jupiter,* et par suite l'antiquité consacra toutes les ides par des féries en l'honneur de ce dieu. D'autres pensent que les ides, étant le jour de la pleine lune, furent nommées d'abord *vidus,* de *videre* [4], d'où l'on forma *idus* par la suppression du *v;* comme au contraire, par l'addition de la même lettre, du verbe grec ἰδεῖν [4], nous avons fait *videre.* Suivant une autre opinion, *ides* viendrait d'un autre mot grec εἶδος [5], parce que la lune découvre alors sa face entière. On le fait encore dériver de la brebis, nommée par les Toscans *idulis,* et qu'ils offrent à Jupiter, aux ides du mois, par le ministère du flamine. Une étymologie, suivant nous, plus vraisemblable, c'est *iduare,* qui, en langue étrusque, signifie *dividere* [6], parce qu'en effet les ides divisent le mois. De même *vidua* [7] est la même chose que *valde idua,* c'est-à-dire *valde divisa* [8], ou bien encore *a viro divisa* [9].

Comme les ides étaient consacrées à Jupiter, les ca-

---

[1] Flambeau. — [2] Ἡμέρα. — [3] Père du jour. — [4] Voir. — [5] Visage. — [6] Diviser. — [7] Veuve. — [8] Fortement séparée. — [9] Séparée de son mari.

et cognomen deæ ex cærimoniis addiderunt, Kalendarem Junonem vocantes. Sed et omnibus kalendis a mense martio ad decembrem huic deæ kalendarum die supplicant. Romæ quoque kalendis omnibus, præter quod pontifex minor in curia Calabra rem divinam Junoni facit, etiam regina sacrorum, porcam vel agnam in regia Junoni immolat : a qua etiam Janum Junonium vocatum esse diximus [146], quod illi deo omnis ingressus, huic deæ cuncti kalendarum dies videntur adscripti. Quum enim initia mensium majores nostri ab exortu lunæ servaverint, jure Junoni addixerunt kalendas, lunam ac Junonem eamdem putantes; vel quia luna per aerem meat (unde et Græci lunam ἄρτεμιν nuncuparunt, id est ἀεροτόμην, quod aera secat), Juno autem aeris arbitra est, merito initia mensium, id est kalendas, huic deæ consecraverunt.

Nec hoc prætermiserim quod nuptiis copulandis kalendas, nonas, et idus religiosas [147], id est devitandas, censuerunt. Hi enim dies præter nonas feriati sunt. Feriis autem vim cuiquam fieri piaculare est; ideo tunc vitantur nuptiæ, in quibus vis fieri virginibus videtur. Sed Verrium Flaccum, juris pontificii peritissimum, dicere solitum refert Varro, quia feriis tergere veteres fossas liceret, novas facere jus non esset : ideo magis viduis, quam virginibus, idoneas esse ferias ad nubendum. Subjiciet aliquis : cur ergo nonis, si feriatus dies non est, prohibetur celebritas nuptiarum ? Hujus quoque rei in aperto causa est : nam quia primus nuptiarum dies verecundiæ datur, postridie autem nuptam in domo viri dominium

lendes l'étaient à Junon : le témoignage de Varron et celui des pontifes ne laissent aucun doute à ce sujet. Les rites particuliers des Laurentins, et le surnom de Calendaire qu'ils donnent à la déesse, en sont une nouvelle preuve. Tous les mois, depuis mars jusqu'en décembre, ils lui adressent des supplications le jour des calendes. A Rome pareillement, à la même époque, outre le sacrifice offert par le pontife mineur dans la curie Calabra, la reine des sacrifices immole à Junon, dans sa demeure royale, une truie ou une brebis. Nous avons dit plus haut que Janus lui devait même son surnom de Junonius, étant préposé à toutes les entrées, comme elle à toutes les calendes. Maintenant, si l'on se souvient que les anciens commençaient le mois à la nouvelle lune, on verra qu'ils ont eu raison de consacrer les calendes à Junon, qu'ils prenaient pour la lune. Peut-être aussi, comme la lune semble nager dans l'air (d'où vient que les Grecs l'ont appelée ἄρτεμις, c'est-à-dire ἀεροτόμος(1)), et que l'air fait partie de l'empire de Junon, on lui consacra pour cette raison le commencement de chaque mois.

N'oublions pas non plus que, relativement à la consommation des mariages, les calendes, les nones et les ides sont des époques religieuses, c'est-à-dire qu'on doit éviter. Tous ces jours, en effet, à l'exception des nones, sont fériés ; or, faire violence à quelqu'un un jour de férie, est un cas expiatoire, et, dans le mariage, la jeune épouse souffrant une sorte de violence, on ne pouvait se marier ces jours-là. Varron rapporte une autre raison alléguée par Verrius Flaccus, qui connaissait à fond le droit pontifical, c'est que, comme il était permis, pendant les féries, de nettoyer les anciens fossés, mais non d'en creuser de nouveaux, elles convenaient mieux au mariage des veuves qu'à celui des vierges. Mais, dira-t-on, pourquoi, les nones n'étant pas fériées, ne se mariait-on pas ce jour-

(1) Qui fend l'air.

incipere oportet adipisci, et rem facere divinam, omnes autem postriduani dies, seu post kalendas, sive post nonas idusve, ex æquo atri sunt : ideo et nonas inhabiles nuptiis esse dixerunt, ne nupta aut postero die libertatem auspicaretur uxoriam, aut atro immolaret, quo nefas est sacra celebrari.

XVI. Quæ discrimina diversitatesque fuerint dierum apud Romanos.

Sed quia nos ad commemorationem dierum ordo deduxit, de hoc quoque, quod Hori nostri consultatio continet, pauca dicenda sunt. Numa ut in menses annum, ita in dies mensem quemque distribuit; diesque omnes aut festos, aut profestos, aut intercisos vocavit. Festi diis dicati sunt : profesti hominibus ob administrandam rem privatam publicamque concessi : intercisi deorum hominumque communes sunt. Festis insunt sacrificia, epulæ, ludi, feriæ; profestis, fasti, comitiales, comperendini, stati, prœliales; intercisi in se, non in alia, dividuntur. Illorum enim dierum quibusdam horis fas est, quibusdam fas non est jus dicere; nam, quum hostia cæditur, fari nefas est : inter cæsa et porrecta fari licet : rursus, quum adoletur, non licet [148].

Ergo de divisione festorum et profestorum dierum latius disserendum est. Sacra celebritas est vel quum sacrificia diis offeruntur, vel quum dies divinis epulatio-

là? La raison en est évidente : le premier jour des noces est donné à la pudeur; le lendemain, la femme doit prendre possession de son autorité dans la maison de son mari et offrir un sacrifice; mais les lendemains des calendes, des ides et des nones sont regardés comme des jours funestes, d'où ces dernières furent déclarées impropres aux mariages, dans la crainte que l'installation de la nouvelle épouse n'eût lieu sous de mauvais auspices, et que le sacrifice ne fût offert un jour funeste, où il est défendu d'accomplir aucune cérémonie religieuse.

XVI. Distinction des jours chez les Romains, et leurs diverses dénominations.

Puisque nous sommes arrivés à parler des jours, je répondrai en quelques mots à cette partie de la demande de notre cher Horus. Comme il avait divisé l'année en mois, Numa divisa les mois en jours, qu'il appela jours de fêtes, jours ouvrables, jours mixtes : les premiers consacrés aux dieux; les seconds laissés aux hommes pour être employés, soit à leurs affaires, soit à celles de l'État; les autres communs aux hommes et aux dieux. Aux jours de fête appartiennent les sacrifices, les banquets sacrés, les jeux et les féries; aux jours ouvrables, les jours fastes, comitiaux, de compérendination, préfix, *prœliales*[1]; quant aux jours mixtes, la division s'opérait sur le jour lui-même; car l'on appela ainsi des jours où il est permis de rendre la justice à certaines heures, et défendu à certaines autres. Ainsi l'on ne peut prononcer la formule[2] pendant l'immolation de la victime; on le peut entre l'immolation et l'offrande, on ne le peut plus quand on la brûle.

Mais la division des jours de fête et des jours de travail exige de plus amples développements. C'est une so-

(1) Où la religion permettait de combattre. — (2) *Fari.*

nibus celebratur, vel quum ludi in honorem aguntur deorum, vel quum feriae observantur. Feriarum autem publicarum genera sunt quatuor : aut enim stativae sunt, aut conceptivae, aut imperativae, aut nundinae. Et sunt stativae universi populi communes certis et constitutis diebus ac mensibus, et in fastis statis observationibus annotatae : in quibus praecipue servantur Agonalia [149], Carmentalia [150], Lupercalia [151]. Conceptivae sunt, quae quotannis a magistratibus vel a sacerdotibus concipiuntur in dies certos, vel etiam incertos : ut sunt Latinae [152], Sementivae [153], Paganalia [154], Compitalia [155]. Imperativae sunt, quas consules vel praetores pro arbitrio potestatis indicunt. Nundinae sunt paganorum itemque rusticorum, quibus conveniunt negotiis propriis vel mercibus provisuri. Sunt praeterea feriae propriae familiarum; ut familiae Claudiae vel Aemiliae, seu Juliae sive Corneliae : et si quas ferias proprias quaeque familia ex usu domesticae celebritatis observat. Sunt singulorum, ut natalium fulgurumque susceptiones, item funerum atque expiationum : apud veteres quoque qui nominasset Salutem [156], Semoniam, Sejam, Segetiam, Tutilinam [157], ferias observabat. Item flaminica [158], quotiens tonitrua audisset, feriata erat, donec placasset deos. Affirmabant autem sacerdotes pollui ferias, si indictis conceptisque opus aliquod fieret. Praeterea regem sacrorum flaminesque non licebat videre feriis opus fieri : et ideo per praeconem denuntiabatur [159] ne quid tale ageretur, et praecepti negligens multabatur; praeter multam vero affirmabatur eum qui talibus diebus imprudens aliquid egisset, porco piaculum dare debere : prudentem expiare non posse, Scaevola pontifex affirmabat. Sed Umbro [160] ne-

lennité religieuse toutes les fois que l'on sacrifie aux dieux, qu'on leur offre des banquets, qu'on célèbre des jeux en leur honneur, toutes les fois qu'on observe les féries. Il y a quatre sortes de féries publiques : les féries stationnaires, les féries mobiles, les féries de commande et les nundines. Les premières, communes à tout le peuple, ont un mois et un jour déterminés, et sont mentionnées sur le calendrier à une date fixe; telles sont les Agonales, les Carmentales, les Lupercales. Les féries mobiles sont annoncées chaque année par les magistrats et les pontifes, qui fixent ou qui ne fixent pas l'époque précise de leur célébration : les plus célèbres sont les féries Latines, les Sémentives, les Paganales, les Compitales. Les féries de commande sont décrétées par le préteur ou par le consul, en vertu du pouvoir dont il est revêtu. Les nundines sont spéciales aux habitants de la campagne, qui se rendent alors à la ville pour affaires particulières ou commerciales. Il y a aussi les féries de famille, comme celles des maisons Claudia, Émilia, Julia, Cornelia; chaque maison, d'ailleurs, pouvant avoir les siennes, qu'elle observe d'après ses usages domestiques. Enfin les féries individuelles, comme l'anniversaire de la naissance, la chute de la foudre, les funérailles, les expiations. Chez nos ancêtres même, il suffisait de prononcer le nom des déesses Hygie, Semonia, Seja, Segetia, Tutilina, pour entrer aussitôt en férie. Toutes les fois que l'épouse du flamine entendait le tonnerre, elle observait la férie jusqu'à ce qu'elle eût apaisé les dieux. Or, les prêtres défendaient, sous peine de profanation, qu'on se livrât à aucun travail, une fois les féries proclamées et prescrites. Il y a plus, la vue seule d'une occupation quelconque était alors interdite au roi des sacrifices et aux flamines : en conséquence, un crieur public les précédait pour avertir les citoyens de s'abstenir de tout travail, et toute contravention était punie de

gat eum pollui, qui opus vel ad deos pertinens, sacrorumve causa fecisset, vel aliquid ad urgentem vitæ utilitatem respiciens actitasset. Scævola denique consultus quid feriis agi liceret, respondit, « quod prætermissum noceret. » Si bos in specum decidisset, eumque paterfamilias adhibitis operis liberasset, non est visus ferias polluisse : nec ille qui trabem tecti fractam fulciendo ab imminenti vindicavit ruina. Unde et Maro, omnium disciplinarum peritus, sciens lavari ovem, aut lanæ purgandæ, aut scabiei curandæ gratia, pronuntiavit tunc ovem per ferias licere mersari, si hoc remedii causa fieret :

Balantumque gregem fluvio mersare salubri [161] ;
(Georg. lib. 1, v. 268.)

adjiciendo enim *salubri*, ostendit, avertendi morbi gratia tantummodo, non etiam ob lucrum purgandæ lanæ causa fieri concessum.

Hæc de festis et qui inde nascuntur, qui etiam nefasti vocantur. Nunc de profestis, et qui ex his procedunt, loquemur, id est fastis, comitialibus, comperendinis, statis, prœlialibus. Fasti sunt, quibus licet fari prætori tria verba solemnia : *Do, dico, addico*.[162] His contrarii sunt nefasti. Comitiales sunt, quibus cum populo agi [163] licet. Et fastis quidem lege agi potest, cum populo non potest; comitialibus utrumque potest [164]. Comperendini, quibus vadimonium [165] licet dicere. Stati, qui judicii causa cum peregrino instituuntur; ut Plautus in *Curculione* : « Si status condictus cum hoste [166] intercessit

l'amende. Outre l'amende, le coupable, s'il avait agi par ignorance, devait immoler un porc en expiation; mais s'il avait manqué sciemment, point d'expiation possible, au dire du pontife Scévola. Cependant, si l'œuvre est faite en vue des dieux ou du culte, ou afin de pourvoir aux nécessités de la vie, Umbro nie qu'il y ait souillure. Enfin Scévola lui-même, consulté sur les occupations qui pouvaient être permises pendant les féries, répondit : « Celles dont l'omission porterait préjudice. » Ainsi le père de famille qui retire à force de bras son bœuf tombé dans une fosse, celui qui étaye la poutre rompue de son toit pour en prévenir la chute, ne profanent point les féries. Et Virgile, à qui ses connaissances sur toutes choses ne laissaient pas ignorer l'usage où l'on est de baigner les brebis, soit pour laver la laine, soit pour les guérir de la clavelée, assure qu'on peut le faire pendant les féries, et, pour cause de santé,

« Plonger la troupe bêlante dans une onde salutaire. »

Salutaire : ce mot dit assez qu'il est permis de les baigner dans le seul but de prévenir la maladie, mais non pour tirer un gain du lavage de la laine.

Voilà pour les jours de fête et pour ceux qui en découlent, appelés aussi néfastes. Nous parlerons maintenant des jours ouvrables, lesquels se subdivisent en jours fastes, jours comitiaux, jours de compérendination, jours préfix, jours dits *prœliales*. On appelle jours fastes ceux où le préteur prononce [1] les trois mots sacramentels : *Do, dico, addico* [2]; les jours néfastes étaient les opposés de ceux-là; les comitiaux, ceux où l'on peut proposer des lois. Il y a cette différence entre les jours fastes et les jours comitiaux, que, pendant les premiers, il est permis de plaider, mais non de proposer des lois; tandis que, durant les seconds, on peut faire l'un et l'autre. Les jours de compérendina-

---

[1] *Fatur*. — [2] Je donne, je prononce, j'adjuge.

dies. » *Hostem* nunc more vetere significat peregrinum. Prœliales ab justis [167] non segregaverim, siquidem justi sunt continui triginta dies, quibus exercitui imperato vexillum russi coloris in arce positum est [168]; prœliales autem omnes, quibus fas est res repetere, vel hostem lacessere. Nam quum Latiar, hoc est Latinarum solemne, concipitur, item diebus Saturnaliorum, sed et quum mundus patet [169], nefas est prœlium sumere : quia nec Latinarum tempore, quo publice quondam induciæ inter populum Romanum Latinosque firmatæ sunt, inchoari bellum decebat, nec Saturni festo, qui sine ullo tumultu bellico creditur imperasse, nec patente mundo, quod sacrum Diti patri et Proserpinæ dicatum est : meliusque occlusa Plutonis fauce eundum ad prœlium putaverunt. Unde et Varro ita scribit : « Mundus quum patet, deorum tristium atque inferum quasi janua patet : propterea non modo prœlium committi, verumetiam delectum rei militaris causa habere, ac militem proficisci, navim solvere, uxorem liberum quærendorum causa ducere religiosum est. » Vitabant veteres ad viros vocandos etiam dies qui essent notati rebus adversis; vitabant etiam feriis, sicut Varro in *Augurum* libris scribit in hæc verba : « Viros vocare feriis non oportet : si vocavit, piaculum esto. » Sciendum est tamen, eligendi ad pugnandum diem Romanis tunc fuisse licentiam, si ipsi inferrent bellum : at quum exciperent, nullum obstitisse diem, quo minus vel salutem suam, vel publicam defenderent dignitatem. Quis enim observationi locus, quum eligendi facultas non supersit? dies autem postridianos ad omnia majores nostri cavendos putarunt; quos etiam atros [170], velut infausta appella-

tion sont ceux où l'on peut décerner le *vadimonium*[1] ; les jours préfix, ceux institués pour régler les différends avec l'étranger, comme on le voit par ce passage du *Charançon* de Plaute : « Quand même ce serait le jour fixé pour plaider avec l'étranger.[2] » *Hostis* est pris ici, suivant l'ancien usage, dans le sens de *peregrinus*. Je ne saurais séparer les jours *prœliales* des jours appelés *justi*, puisque durant ces derniers, qui sont au nombre de trente et se suivent sans interruption, l'armée s'organise, et un étendard de couleur rouge flotte au haut de la citadelle ; d'autre part, on a nommé *prœliales* les jours où l'on peut réclamer son bien et attaquer l'ennemi. Mais après la proclamation du Latiar ou solennité des féries latines, pendant la durée des Saturnales, ou lorsque le *mundus*[3] est ouvert, il n'est pas permis de combattre ; convenait-il, en effet, qu'on en vînt aux mains dans le temps où l'on célébrait l'anniversaire de la trêve conclue autrefois avec les Latins, ou pendant les fêtes de Saturne, dont le règne, dit-on, ne fut jamais troublé par le bruit des armes, ni durant l'ouverture d'un temple consacré à Pluton et à Proserpine ? On préférait attendre, pour marcher au combat, que la bouche des enfers fût fermée. « Le *mundus* ouvert, dit à ce sujet Varron, ouvre en quelque sorte la porte aux tristes divinités des enfers. C'est pourquoi l'on doit se faire scrupule non-seulement de livrer bataille, mais même de lever des soldats, de mettre l'armée en campagne, de lancer un vaisseau à la mer, d'épouser une femme pour avoir des enfants. » Jamais les anciens ne faisaient de levées d'hommes les jours signalés par des malheurs, non plus que les jours de férie. « On ne peut, dit le même Varron dans son livre des *Augures*, enrôler de soldats pendant les féries : le faire, est un cas expiatoire. » Remarquons toutefois que

---

[1] Ajourner la comparution en justice. — [2] *Cum hoste*. — [3] Petit temple dédié aux dieux infernaux, et monde souterrain, les enfers.

tione, damnarunt. Eosdem tamen nonnulli communes, velut ad emendationem nominis, vocitaverunt. Horum causam Gellius *Annalium* libro quintodecimo, et Cassius Hemina *Historiarum* libro secundo referunt. Anno ab Urbe condita trecentesimo sexagesimo tertio, a tribunis militum Virgilio Mallio, Æmilio Postumio[171], collegisque eorum in senatu tractatum, quid esset, propter quod toties intra paucos annos male esset afflicta respublica; et ex præcepto patrum L. Aquinium haruspicem in senatum venire jussum, religionum requirendarum gratia, dixisse Q. Sulpicium, tribunum militum, ad Aliam adversum Gallos pugnaturum, rem divinam dimicandi gratia fecisse postridie idus quintiles; item apud Cremeram, multisque aliis temporibus et locis, post sacrificium die postero celebratum male cessisse conflictum : tunc patres jussisse ut ad collegium pontificum de his religionibus referretur, pontificesque statuisse, postridie omnes kalendas, nonas, idus, atros dies habendos; ut hi dies neque prœliales, neque puri[172], neque comitiales essent. Sed et Fabius Maximus Servilianus pontifex[173], in libro duodecimo, negat oportere atro die parentare : quia tunc quoque Janum Jovemque præfari necesse est, quos nominari atro die non oportet. Ante diem quoque quartum kalendas, vel nonas, vel idus, tanquam inominalem diem, plerique vitant. Ejus observationis an religio ulla sit tradita, quæri solet. Sed nos nihil super ea re scriptum invenimus : nisi quod Q. Claudius *Annalium* quinto cladem illam vastissimam pugnæ Cannensis factam refert ante diem quartum nonas sextiles. Ad rem

les Romains choisissaient ainsi le jour du combat dans le cas seulement où ils étaient assaillants ; dans le cas contraire, tous les jours leur étaient bons pour défendre leur propre vie ou l'honneur de la république. Et le moyen de suivre une telle pratique lorsqu'on n'avait plus la liberté du choix ? Quant aux lendemains des féries, les ancêtres voulurent qu'on s'en gardât en toute occasion, et même, par une sorte de dénomination funeste, ils les appelèrent jours noirs [1]. Néanmoins quelques écrivains amendèrent ce nom en lui substituant celui de jours communs [2]. Voici, du reste, l'origine de ces faits, telle que l'a rapportée Aulu-Gelle au quinzième livre de ses *Annales,* et Cassius Hémina au deuxième livre de ses *Histoires.* L'an de Rome trois cent soixante-trois, les tribuns militaires Virgilius Mallus, Émilius Postumius, et leurs collègues, ayant soulevé dans le sénat la question de savoir comment il se faisait que tant de désastres eussent affligé la république en si peu d'années, les pères conscrits mandèrent dans l'assemblée l'aruspice L. Aquinius ; interrogé sur ces cas de religion, celui-ci dit alors que le tribun des soldats Q. Sulpicius, sur le point de combattre les Gaulois près de l'Allia, avait offert un sacrifice le premier jour après les ides de juillet, pour obtenir des dieux la victoire ; que de même, à Crémère, et en mainte autre occasion, toutes les fois que le sacrifice avait eu lieu un lendemain de féries, le combat avait été malheureux. En conséquence, les pères conscrits ordonnèrent qu'il en serait référé au collège des pontifes, lesquels déclarèrent que tous les lendemains des calendes, des nones et des ides seraient regardés comme jours noirs, c'est-à-dire qu'ils ne seraient ni comitiaux, ni purs, ni *prœliales*. Le grand pontife Fabius Maximus Servilianus, dans son douzième livre, va jusqu'à défendre les sacrifices funéraires les jours noirs, parce qu'il faut invoquer en commençant Jupiter

(1) *Atri.* — (2) *Communes.*

sane militarem nihil attinere, notat Varro utrum fastus vel nefastus dies sit; sed ad solas hoc actiones respicere privatas.

Quod autem nundinas ferias dixi, potest argui : quia Titius [174], de feriis scribens, nundinarum dies non inter ferias retulit, sed tantum solemnes vocavit : et quod Julius Modestus affirmat, Messala augure consulente pontifices, an nundinarum Romanarum nonarumque dies feriis tenerentur, respondisse eos nundinas sibi ferias non videri : et quod Trebatius [175], in libro primo *Religionum*, ait nundinis magistratum posse manumittere judiciaque addicere. Sed contra Julius Cæsar, sextodecimo *Auspiciorum* libro, negat nundinis concionem advocari posse, id est cum populo agi : ideoque nundinis Romanorum haberi comitia non posse. Cornelius etiam Labeo, primo *Fastorum* libro, nundinis ferias esse pronuntiat. Causam vero hujus varietatis apud Granium Licinianum [176] libro secundo diligens lector inveniet. Ait enim nundinas Jovis ferias esse; siquidem flaminica omnibus nundinis in regia Jovi arietem soleat immolare; sed lege Hortensia effectum ut fastæ essent; uti rustici qui nundinandi causa in urbem veniebant, lites componerent. Nefasto enim die prætori fari non licebat. Ergo

et Junon, dont on ne peut prononcer les noms un pareil jour. Quelques personnes redoutent aussi comme funeste le quatrième jour avant les calendes, les nones ou les ides; d'où vient cela? Est-ce la suite de quelque tradition religieuse? Les écrits des anciens ne m'ont rien appris à ce sujet, si ce n'est un passage de Q. Claudius, au cinquième livre de ses *Annales*, où l'on voit que l'affreux désastre de Cannes arriva le quatrième jour avant les nones d'août. Varron remarque que la distinction de jours fastes et néfastes regarde seulement les poursuites privées, et que son effet est nul dans les choses purement militaires.

J'ai compté les nundines parmi les féries; on m'objectera peut-être que Titius, qui a fait un traité sur les féries, les range, non parmi ces dernières, mais parmi les solennités; que, suivant Julius Modestus, l'augure Messala ayant consulté les pontifes pour savoir si les nundines et les nones seraient tenues pour fériées, ceux-ci répondirent négativement à l'égard des premières; enfin que Trebatius, au premier livre de ses *Observances religieuses*, dit positivement que le magistrat est libre de procéder pendant les nundines aux affranchissements et aux adjudications. Mais j'ai pour moi Jules César, qui nie, dans le seizième livre de ses *Auspices*, que l'on puisse ce jour-là convoquer l'assemblée du peuple, c'est-à-dire porter des lois devant lui, et partant réunir les comices. Cornelius Labéon prononce également, au premier livre de ses *Fastes*, que les nundines sont des féries. Quant à la cause de cette diversité d'opinions, le lecteur curieux la trouvera dans le deuxième livre de Granius Licinianus, où il est dit que les féries des nundines sont consacrées à Jupiter, attendu que ce jour-là l'épouse du flamine lui sacrifie un bélier dans sa demeure royale; mais que, cependant, elles furent déclarées fastes par la loi Hortensia, afin de donner la faculté aux habitants de la campagne,

qui ferias dicunt, a mendacio vindicantur patrocinio vetustatis : qui contra sentiunt, æstimatu ætatis quæ legem sequuta est vera depromunt.

Harum originem quidam Romulo assignant, quem communicato regno cum T. Tatio, sacrificiis et sodalitatibus institutis, nundinas quoque adjecisse commemorant, sicut Tuditanus affirmat. Sed Cassius Servium Tullium fecisse nundinas dicit, ut in urbem ex agris convenirent, urbanas rusticasque res ordinaturi. Geminus ait [177] diem nundinarum, exactis jam regibus, cœpisse celebrari; quia plerique de plebe, repetita Servii Tullii memoria, parentarent ei in nundinis; cui rei etiam Varro consentit. Rutilius scribit [178] Romanos instituisse nundinas, ut octo quidem diebus in agris rustici opus facerent, nono autem die, intermisso rure, ad mercatum legesque accipiendas Romam venirent : et ut scita atque consulta frequentiore populo referrentur, quæ trinundino die proposita [179], a singulis atque universis facile noscebantur. Unde etiam mos tractus, ut leges trinundino die promulgarentur. Ea re etiam candidatis usus fuit in comitium nundinis venire, et in colle consistere, unde coram possent ab universis videri. Sed hæc omnia negligentius haberi cœpta, et post abolita, postquam in ternundino etiam ob multitudinem plebis frequentes adesse cœperunt.

Est etiam Nundina Romanorum dea, a nono die nascentium nuncupata, qui lustricus dicitur. Est autem dies

qui venaient à la ville pour les marchés, de régler leurs différends, le préteur ne pouvant rendre la justice les jours néfastes. Ainsi ceux qui disent que les nundines sont des féries, ne mentent point, et l'antiquité milite en leur faveur; ceux qui prétendent le contraire sont dans le vrai, si l'on s'en tient au temps qui s'est écoulé depuis la loi.

Quelques auteurs font remonter l'origine des nundines à Romulus, qui, lors du partage du royaume avec T. Tatius, aurait ajouté cette institution aux sacrifices et aux rites communs aux deux peuples : telle est, du moins, l'opinion de Tuditanus. Mais Cassius prétend qu'elles furent établies par Servius Tullius, afin que les habitants de la campagne pussent venir à Rome mettre ordre à leurs affaires tant de la ville que des champs. Selon Geminus, elles prirent naissance après l'expulsion des rois, dans l'usage où était le peuple de rappeler ce jour-là la mémoire de Servius Tullius, et de sacrifier à ses mânes; c'est aussi le sentiment de Varron. Rutilius rapporte qu'elles furent instituées pour donner le loisir aux habitants de la campagne, occupés pendant huit jours aux travaux des champs, de venir à Rome le neuvième commercer et prendre connaissance des lois; et aussi pour que les décrets émanés du peuple et du sénat, rendus en présence d'une assemblée plus nombreuse et affichés pendant trois nundines consécutives, arrivassent plus aisément à la connaissance du public, et de chaque citoyen en particulier. De là l'usage de promulguer les lois pendant trois nundines de suite. Les candidats choisissaient aussi ce jour pour se rendre aux comices, et monter sur une colline d'où ils étaient vus de l'assemblée entière. Mais peu à peu ces usages tombèrent en oubli, puis ils se perdirent entièrement lorsque l'accroissement de la population eut rendu l'affluence assez considérable, même les jours ordinaires.

Nundina est aussi une déesse des Romains, ainsi nommée du neuvième jour après la naissance des enfants,

lustricus, quo infantes lustrantur et nomen accipiunt [180]. Sed is maribus nonus, octavus est feminis.

Plene, ut arbitror, anni ac mensium constitutione digesta, habet Horus noster quod de dierum vocabulis et observatione consuluit. Et scire equidem velim, numquid sit, quod argutus Niligena et gentis accola numerorum potentis, ex hoc ordine Romanæ dispensationis irrideat : an Tuscum quoque Tiberim aliquid ex disciplinis suis hausisse consentiat. — Subjecit Eustathius : Non solum Horus noster, gravis vir et ornatus, sed nec quisquam alius, ut æstimo, tam futilis posset esse judicii, qui Romani anni sic ad unguem, ut aiunt, emendatum ordinem non probaret; cui majorem gratiam et tenax memoria et luculenta oratio referentis adjecit. Nec mirum si hæc digeries morsum reprehensionis evasit, cui arcessita est ab Ægypto postremæ correctionis auctoritas. Nam Julius Cæsar ut siderum motus, de quibus non indoctos libros reliquit, ab Ægyptiis disciplinis hausit; ita hoc quoque ex eadem institutione mutuatus est, ut ad solis cursum finiendi anni tempus extenderet. Latii vero veteres incolæ, quia nihil jam tum discere ab Ægypto licebat, ad quam nullus illis commeatus patebat, morem Græciæ in numerandis mensium diebus sequuti sunt; ut retroversum cedente numero, ab augmento in diminutionem computatio resoluta desineret : ita enim nos decimum diem, deinde nonum, et postea octavum dicimus, ut Athenienses δεκάτην καὶ ἐνάτην φθίνοντος soliti sunt dicere. Homerus quoque quum ait :

Τοῦ μὲν φθίνοντος μηνὸς, τοῦ δ' ἱσταμένοιο,
(Odyss. lib. XIV, v. 162.)

quid aliud nisi illum φθίνοντα dicit, cujus paulatim deficientis supputatio in nomen desinit sequuturi ; et ἱστά-

ou jour lustrique. On appelle ainsi le jour où les enfants sont purifiés[1] et reçoivent un nom ; il est le neuvième pour les garçons, et le huitième pour les filles.

J'ai parlé assez au long de la constitution de l'année et des mois, et j'imagine que notre ami Horus est instruit présentement de tout ce qu'il voulait savoir touchant les dénominations de nos jours et leurs observances. Et qu'en pense l'ingénieux habitant des bords du Nil ? Voisin d'une contrée versée dans la science des nombres, trouve-t-il quelque chose à redire à la numération romaine, ou demeure-t-il d'accord que le Tibre étrurien a transplanté sur sa rive quelques-unes des institutions de son pays ? — Sans parler d'Horus, dont l'esprit est si grave et si cultivé, quel homme, reprit Eustathe, de si mince jugement soit-il, ne trouverait cette organisation de l'année romaine faite au tour, comme on dit, surtout quand l'étonnante mémoire et la parole éloquente du narrateur lui prête une nouvelle grâce? Il n'est pas surprenant, d'ailleurs, qu'elle échappe aux morsures de la critique, puisqu'elle a tiré de l'Égypte sa dernière réforme. En effet, Jules César, à qui les Égyptiens avaient révélé les mouvements des astres, et qui composa sur cette matière un traité estimé, apprit d'eux aussi à régler l'année sur le cours du soleil. Mais les anciens habitants du Latium, hors d'état de rien emprunter à une contrée vers laquelle ils n'avaient nul accès, suivirent dans la computation des jours de chaque mois la marche rétrograde des Grecs, et partirent du nombre le plus élevé pour redescendre à l'unité. Nous disons, en effet, le dixième jour, le neuvième, le huitième, comme les Athéniens disent δεκάτου καὶ ἐνάτου φθίνοντος [2].

« Le mois étant sur son déclin, et l'autre immobile,

dit Homère. Qu'entend-il donc par ce mot φθίνοντος [3], sinon le mois qui, par une lente dégradation, va se perdre

---

(1) *Lustrantur.* — (2) Le dixième, le neuvième avant la fin du mois. — (3) Sur son déclin.

μενον illum, qui præcedit numerum successurus priori in defectum meanti? quod et Homerus vester Mantuanus intelligens, illud stare dici ad quod acceditur, ait:

> Stat sua cuique dies;
> (Æn. lib. X, v. 467.)

extremum diem stare dicens, quasi ad quem per omnes statur. Idem poeta, doctrina ac verecundia juxta nobilis, sciens Romanos veteres ad lunæ cursum, et sequentes ad solis anni tempora digessisse, utriusque sæculi opinioni reverentiam servans, inquit :

> Vos quoque, labentem cœlo quæ ducitis annum,
> Liber et alma Ceres;
> (Georg. lib. I, v. 5.)

tam lunam quam solem, duces anni [181] hac invocatione designans.

XVII. Omnes deos referri ad solem. Et quod ex variis Apollinis ostendatur nominibus, ipsum eumdem esse deum, quem Solem dicimus.

Hic Avienus : Hoc equidem mecum multum ac frequenter agitavi, quid sit quod solem modo Apollinem, modo Liberum, modo sub aliarum appellationum varietate veneremur. Et quia sacrorum omnium præsulem esse te, Vetti Prætextate, divina voluerunt : perge, quæso, rationem mihi tantæ sub uno nomine in omnibus diversitatis aperire.

Tum Vettius : Cave æstimes, mi Aviene, poetarum gregem, quum de diis fabulantur, non ab adytis plerumque philosophiæ semina mutari. Nam quod omnes pæne

dans le mois suivant, de même que ἱστάμενος⁽¹⁾ désigne une nouvelle numération succédant à celle qui s'éteint? Ainsi l'Homère de Mantoue n'ignorait pas, non plus, qu'on regardait comme fixe le terme d'où l'on approche, lorsqu'il dit :

« Chacun a son jour fixe, »

il voulait marquer par là l'immobilité du dernier jour, vers lequel les jours de notre vie sont comme autant de stations. Le même poëte, modèle à la fois de science et de réserve, savait aussi que les premiers Romains règlèrent l'année sur le cours de la lune, et leurs descendants sur celui du soleil ; témoin cette invocation où il rend hommage à la croyance des deux époques :

« Vous qui entraînez l'année glissant dans le ciel, Bacchus, et vous, bienfaisante Cérès. »

N'est-ce pas désigner le soleil et la lune comme les régulateurs de l'année?

XVII. Que tous les dieux se rapportent au soleil. Comment des différents noms d'Apollon on tire la preuve qu'il est le même que le dieu appelé Soleil.

Je me suis souvent et longuement demandé, dit alors Avienus, d'où vient que nous adorons le soleil tantôt sous le nom d'Apollon, tantôt sous celui de Bacchus, et sous mille autres dénominations. Vous donc que la volonté des dieux a initié à tous les secrets de leur culte, Prétextatus, continuez, je vous prie, à nous découvrir la cause de cette multitude de noms donnés à une même divinité.

Alors Prétextatus : Gardez-vous de croire, mon cher Avienus, que les poëtes, lorsqu'ils parlent des dieux, puisent l'origine de leurs fables ailleurs que dans les

(1) Immobile.

deos duntaxat qui sub coelo sunt, ad solem referunt, non vana superstitio, sed ratio divina commendat. Si enim sol, ut veteribus placuit, dux et moderator est luminum reliquorum, et solus stellis errantibus praestat; ipsarum vero stellarum cursus ordinem rerum humanarum, ut quibusdam videtur, pro potestate disponunt, vel, ut Plotino constat placuisse, significant: necesse est, ut solem qui moderatur nostra moderantes, omnium quae circa nos geruntur, fateamur auctorem. Et sicut Maro, quum de una Junone diceret, *quo numine laeso*, ostendit unius dei effectus varios pro variis censendos esse numinibus : ita diversae virtutes solis nomina diis dederunt : unde ἓν τὸ πᾶν sapientum principes prodiderunt. Virtutem igitur solis, quae divinationi curationique praeest, Apollinem vocaverunt. Quae sermonis auctor est, Mercurii nomen accepit : nam quia sermo interpretatur cogitationes latentes, Ἑρμῆς ἀπὸ τοῦ ἑρμηνεύειν propria appellatione vocitatus est. Virtus solis est, quae fructibus, effectus ejusdem est qui frugibus praeest, et hinc natae sunt appellationes deorum, sicut ceterorum, qui ad solem certa et arcana ratione referuntur; et, ne tanto secreto nuda praestetur assertio, auctoritates veterum de singulis consulamus.

Apollinis nomen multiplici interpretatione ad solem refertur. Cujus rei ordinem pergam pandere. Plato solem Ἀπόλλωνα cognominatum scribit, ἀπὸ τοῦ ἀεὶ πάλλειν τὰς ἀκτῖνας, id est a jactu radiorum : Chrysippus[182] Apollinem ἐς οὐχὶ τῶν πολλῶν καὶ φαύλων οὐσιῶν τοῦ

sanctuaires de la philosophie. Quand ils rapportent au soleil presque toutes les divinités qui sont sous le ciel, ce n'est point une vaine superstition qui les guide, c'est la divine sagesse qui les éclaire. Si, en effet, le soleil est, comme le veulent les anciens, le chef et le régulateur des autres corps lumineux, s'il dirige seul la marche errante des planètes, et si, suivant l'opinion de plusieurs personnes, le cours de ces mêmes planètes régit les choses de ce monde, ou même, comme il est certain que Plotin le croyait, les pronostique ; il faut bien que nous reconnaissions pour l'auteur de tout ce que nous voyons, ce soleil qui gouverne à son gré les astres qui nous gouvernent. Et comme Virgile, en se servant de l'expression *quo numine læso*[1] lorsqu'il ne parle que d'une seule divinité, de Junon, montre par là que les attributs différents d'une même divinité peuvent être pris pour autant de dieux, la même chose est arrivée pour les propriétés diverses du soleil. C'est ce que les premiers d'entre les sages ont appelé ἓν τὸ πᾶν [2]. Par exemple ils nommèrent Apollon celle qui préside à la divination et à la médecine ; Mercure ou Hermès, du mot grec ἑρμηνεύειν [3], celle d'où découle la parole, parce qu'en effet la parole interprète les plus secrètes pensées. Les influences directes du soleil sur les fruits et les divers végétaux donnèrent naissance à une foule de dieux, différant de lui en apparence, mais s'y rattachant tous par une relation certaine et mystérieuse. Cependant, une pareille révélation exigeant plus qu'une simple assertion, j'invoquerai successivement, touchant chacun d'eux, le témoignage des anciens.

Je commence par Apollon, dont le nom désigne évidemment le soleil, suivant toutes les interprétations qu'on en a données, et que je vais exposer par ordre. Platon

[1] Quelle divinité fut en elle offensée (*Én*, liv. I, v. 12.) — [2] Le Tout-puissant. — [3] Interpréter.

πυρὸς ὄντα : prima enim nominis littera retinet significationem negandi, ἢ ὅτι μόνος ἐστι καὶ οὐχὶ πολλοί; nam et Latinitas eum, quia tantam claritudinem solis obtinuit, solem vocavit. Speusippus, quod ex multis ignibus constet vis ejus, ὡς ἀπὸ πολλῶν οὐσιῶν πυρὸς αὐτοῦ συνεστῶτος· Cleanthes, ὡς ἀπ᾽ ἄλλων καὶ ἄλλων τὰς ἀνατολὰς ποιουμένου, quod ab aliis atque aliis locorum declinationibus faciat ortus. Cornificius arbitratur Apollinem nominatum ἀπὸ τοῦ ἀναπολεῖν, id est quia intra circuitum mundi, quem Græci πόλον appellant, impetu latus ad ortus refertur. Alii cognominatum Apollinem putant ὡς ἀπολλύντα τὰ ζῶα. Exanimat enim et perimit animantes, quum pestem intemperie caloris immittit; ut Euripides in *Phaethonte* [183] :

Ὦ χρυσοφεγγὲς ἥλι᾽, ὥς μ᾽ ἀπώλεσας,
Ὅθεν σ᾽ Ἀπόλλων ἐμφανῶς κλήσει βροτός.

Item Archilochus [184] :

Ἄναξ Ἄπολλον, καὶ σύ, τοὺς μὲν αἰτίους
Πήμαινε, καὶ σφὰς ὄλλυ ὥσπερ ὀλλύεις.

Denique inustos morbo ἀπολλωνοβλήτους καὶ ἡλιοβλήτους appellant. Et quia similes sunt solis effectus lunæ in juvando nocendoque, ideo feminas certis afflictas morbis σεληνοβλήτους καὶ ἀρτεμιδοβλήτους vocant. Hinc est quod arcu et sagittis Apollinis simulacra decorantur: ut per sagittas intelligatur vis emissa radiorum; unde Homerus :

Αὐτὰρ ἔπειτ᾽ αὐτοῖσι βέλος ἐχεπευκὲς ἐφιείς,
Βάλλ᾽.

(*Iliados* lib. 1, v. 51)

le dérive de l'expression grecque τὸ ἀεὶ πάλλειν τὰς ἀκτῖνας (1). Chrysippe pense qu'il fut ainsi nommé ὡς οὐχὶ τῶν πολλῶν καὶ φαύλων οὐσιῶν τοῦ πυρὸς ὄντα (2) : en effet, la première lettre de son nom est une particule négative indiquant ἢ ὅτι μόνος ἐστὶ καὶ οὐχὶ πολλοί (3) ; et c'est ainsi que les Latins, à cause de la vive lumière dont il brille seul, l'ont appelé *sol* (4). Speusippe, parce qu'il est un composé de plusieurs feux, ὡς ἀπὸ πολλῶν οὐσιῶν πυρὸς αὐτοῦ συνεστῶτος ; Cléanthe, ὡς ἀπ' ἄλλων καὶ ἄλλων τὰς ἀνατολὰς ποιουμένου, parce qu'il se lève tantôt sur un point, tantôt sur un autre. Cornificius fait venir le nom d'Apollon de ἀναπολεῖν (5), parce qu'entraîné par un mouvement rapide entre les bornes du monde, que les Grecs ont nommées pôles, il revient à son point de départ. On le nomme Apollon, disent les autres, du verbe ἀπόλλυμι (6), parce qu'il fait périr et détruit les êtres vivants lorsque, par l'excès de la chaleur, il produit la peste. Témoin Euripide dans *Phaéthon* :

« O soleil, à l'éclat d'or, toi qui causes ma perte, ce n'est pas à tort que les mortels te nomment Apollon. »

Et Archiloque :

« Puissant Apollon, frappe aussi les coupables ; extermine-les, comme tu en as le pouvoir. »

Enfin on donne aux aliénés le nom de ἀπολλωνόβλητοι (7) et de ἡλιόβλητοι (8) ; et comme le soleil et la lune ont les mêmes propriétés bienfaisantes et funestes, on appelle les femmes en raison des indispositions périodiques dont elles sont atteintes, σεληνόβλητοι (9) ou ἀρτεμιδόβλητοι (10). C'est pourquoi on représente Apollon avec un arc et des flèches, les flèches étant l'emblème des rayons qu'il projette. Homère a dit :

« Bientôt, décochant un trait mortel, il les frappe. »

(1) Lancer continuellement des rayons.—(2) Parce qu'il n'a pas les propriétés nuisibles du feu en général. — (3) Qu'il est seul, et non plusieurs. — (4) De *solus*, seul.—(5) Retourner.—(6) Perdre, détruire. — (7) Frappés par Apollon. — (8) Frappés par le soleil. — (9) Frappées par la lune. — (10) Frappées par Diane.

Idem auctor est et publicæ sospitatis, quam creditur sol animantibus præstare temperie; sed quia perpetuam præstat salubritatem, et pestilens ab ipso casus rarior est, ideo Apollinis simulacra manu dextra Gratias gestant, arcum cum sagittis sinistra : quod ad noxam sit pigrior, et salutem manus promptior largiatur. Hinc est quod eidem attribuitur medendi potestas : quia temperatus solis calor morborum omnium fuga est. Nam ὡς ἀπελαύνοντα τὰς νόσους Ἀπόλλωνα, tanquam Ἀπέλλωνα, cognominatum putant Quæ sententia Latinæ quoque nominis enuntiationi congruens fecit, ne hujus dei nomen verteremus; ut Apollinem apellentem mala intelligas, quem Athenienses ἀλεξίκακον appellant. Et Lindii colunt Apollinem Λοίμιον, hoc cognomine finita pestilentia nuncupatum. Eadem opinio sospitalis et medici dei in nostris quoque sacris fovetur. Namque virgines vestales ita indigitant : « Apollo medice, Apollo Pæan. »

Quum ergo sint hujusce sideris, id est solis, duo maximi effectus : alter, quo calore temperato juvat mortalium vitam, alter, quo jactu radiorum nonnunquam pestiferum virus immittit : duo eademque cognomina circa singulos effectus propriis enuntiationibus signant, appellantes deum Ἰήιον atque Παιᾶνα, quæ cognomina utrique effectui apta sunt : ut sit Ἰήιος ἀπὸ τοῦ ἰᾶσθαι, a sanando, et Παιάν, ἀπὸ τοῦ παίειν τὰς ἀνίας ; et rursus Ἰήιος ἀπὸ τοῦ ἱέναι, ab immittendo, βέλος ἐχεπευκὲς ἐφιείς et Παιὰν ἀπὸ τοῦ παίειν, a feriendo. Obtinuit tamen, ut quum sanitatem dari sibi precantur, Ἰὴ Παιὰν per η litteram enuntient, id est Medere Pæan ; quum autem Ἰε Παιὰν per ε litteram dicunt cum adspiratione prioris litteræ, significant hoc dici in aliquem

Apollon est regardé aussi comme le conservateur de la vie, que le soleil entretient, à ce que l'on croit, chez les êtres animés, au moyen de sa douce chaleur ; et comme il est constamment le principe de la santé et qu'il ne produit que rarement la peste, on le représente portant les Grâces dans sa main droite, dans sa gauche un arc avec des flèches, pour montrer qu'il est lent à punir, prompt à sauver. C'est pour cette raison encore qu'on lui a attribué le pouvoir de guérir, la chaleur tempérée du soleil préservant de toutes les maladies ; tel est le sens du mot Apollon, mis pour Ἀπέλλων, comme qui dirait ἀπελαύνοντα τὰς νόσους (1) ; signification, au reste, conforme à celle du nom latin, et qui nous a dispensés de le traduire dans notre langue. En effet, notre mot *Apollo* veut dire *apellens mala* (2), ce que les Grecs expriment par ἀλεξίκακος. Les Lindiens l'honorent sous le nom de Λοίμιος, parce qu'il fit cesser la peste. Cette même idée d'un dieu conservateur et médecin se retrouve dans quelques-uns de nos rites sacrés, où les Vestales l'invoquent en ces termes : « Apollon médecin, Apollon Péan. »

Le soleil ayant donc deux effets principaux, une chaleur tempérée propice à la vie des mortels, et un virus pestilentiel qu'engendrent parfois ses rayons, on donne à Apollon deux surnoms, dont chacun exprime cette propriété : Ἴηιος, qui dérive de ἰᾶσθαι, guérir, et Παιάν, de παύειν τὰς ἀνίας (3) ; ou bien Ἴηιος, de ἱέναι, lancer, βέλος ἐχεπευκὲς ἐφιείς (4) ; et Παιάν, de παίειν, frapper. Cependant l'usage a prévalu de dire avec un *êta* Ἰὴ Παιάν (5), quand on demande la santé, et Ἴε Παιάν, avec un *epsilon* et l'aspiration de la première lettre, lorsqu'on fait des imprécations contre quelqu'un ; c'est comme si l'on disait Βάλε Παιάν (6). Telle est, à ce qu'on rapporte, l'expression dont se servit Latone lorsqu'elle exhortait Apollon à tuer

---

(1) Détournant les maladies. — (2) Chassant les maux. — (3) Faire cesser les chagrins. — (4) Ayant lancé un trait mortel. — (5) Guéris, Péan. — (6) Lance en frappant.

adversa precatione, Βάλλε Παιάν, id est Immitte feriendo. Qua voce ferunt Latonam usam, quum Apollinem hortaretur impetum Pythonis incessere sagittis; cujus rei naturalem rationem suo loco reddam. Hanc vocem, id est Ἲε Παιάν, confirmasse fertur oraculum Delphicum Atheniensibus petentibus opem dei adversus Amazonas, Theseo regnante; namque inituros bellum jussit his ipsis verbis semetipsum auxiliatorem invocare, hortarique. Apollodorus [185] in libro quartodecimo περὶ Θεῶν, Ἰήιον solem scribit ita appellari Apollinem ἀπὸ τοῦ κατὰ τὸν κόσμον ἴεσθαι καὶ ἰέναι, quod sol per orbem impetu fertur. Sed Timotheus [186] ita: Σύ τ᾽, ὦ τὸν ἀεὶ πόλον οὐράνιον λαμπραῖς ἀκτίσιν Ἥλιε βάλλων πέμψον ἑκαβόλον ἐχθροῖς βέλος σᾶς ἀπὸ νευρᾶς Παιάν. Eumdem deum præstantem salubribus causis Οὔλιον appellant, id est sanitatis auctorem, ut ait Homerus:

Οὐλέ τε καὶ μάλα χαῖρε.
(Odyss. lib. XXIV, v. 402.)

Meandrius [187] scribit Milesios Ἀπόλλωνι Οὐλίῳ pro salute sua immolare. Pherecydes [188] refert Thesea, quum in Cretam ad Minotaurum duceretur, vovisse pro salute atque reditu suo Ἀπόλλωνι Οὐλίῳ καὶ Ἀρτέμιδι Οὐλίᾳ.

Nec mirum, si gemini effectus variis nominibus celebrantur: quum alios quoque deos ex contrario in eadem re duplici censeri et potestate accipiamus, et nomine; ut Neptunum, quem alias Ἐνοσίχθονα, id est terram moventem, alias Ἀσφαλίωνα, id est stabilientem, vocant. Item Mercurius hominum mentes vel oculos et excitat et sopit, ut ait poeta:

Εἵλετο δὲ ῥάβδον τῇ τ᾽ ἀνδρῶν ὄμματα θέλγει [189].
(Odyss. lib. V, v. 117.)

à coups de flèches le serpent Python, circonstance dont je donnerai en temps et lieu l'explication naturelle. Quant à la formule Ἰε Παιάν, elle paraît avoir été consacrée par l'oracle de Delphes lui-même, lorsque, sous le règne de Thésée, les Athéniens implorant l'assistance du dieu dans une guerre contre les Amazones, il leur fut enjoint par celui-ci de prononcer ces mêmes paroles au moment du combat, pour l'appeler à leur secours. Apollodore, dans le quatorzième livre de son traité περὶ Θεῶν⁽¹⁾, dit qu'Apollon, ou le soleil, est appelé Ἰήϊος, parce qu'il est emporté rapidement à travers le monde, ἀπὸ τοῦ κατὰ τὸν κόσμον ἴεσθαι καὶ ἰέναι. Timothée l'invoque en ces termes : « Toi qui toujours dardes contre les pôles du ciel tes rayons brillants, ô Soleil, lance contre tes ennemis une flèche de ton arc qui frappe au loin, Péan. » Comme dieu conservateur, il reçoit encore le nom de Οὔλιος, qui donne la santé.

« Bonne santé et grande joie, »

dit Homère. Méandre écrit que les Milésiens sacrifiaient, pour avoir la santé, à Apollon Οὔλιος ; et, selon Phérécyde, lorsque Thésée allait en Crète chercher le Minotaure, il fit des vœux pour sa conservation et pour son retour à Apollon Οὔλιος et à Diane Οὐλία.

Quant à voir deux effets divers spécifiés sous des noms différents, on ne doit pas s'en étonner, quand on trouve, au contraire, chez d'autres divinités, un même effet désigné sous un double nom et sous un double symbole. Ainsi Neptune, appelé tantôt Ἐνοσίχθων⁽²⁾, tantôt Ἀσφάλιων⁽³⁾ ; Mercure, qui éveille ou qui engourdit les esprits et les yeux des mortels, comme dit le poëte :

« Il prit sa baguette, avec laquelle il assoupit les yeux des hommes. »

(1) Touchant les dieux. — (2) Qui ébranle la terre. — (3) Qui raffermit la terre.

Unde et Apollinem, id est solem, modo sospitatem, modo pestem significantibus cognominibus adoramus : quum tamen pestis, quæ ab eo noxiis immittitur, aperte hunc deum bonis propugnare significet. Hinc est, quod apud Pachynum, Siciliæ promontorium, Apollo Libystinus eximia religione celebratur; nam quum Libyci invasuri Siciliam classem appulissent ad id promontorium, Apollo, qui ibi colitur, invocatus ab incolis, immissa hostibus peste, et pæne cunctis subita morte interceptis, Libystinus cognominatus est. Nostris quoque continetur annalibus similis ejusdem dei præsentiæ majestas; nam quum ludi Romæ Apollini celebrarentur [19], ex vaticinio Marcii vatis, carmineque Sibyllino, repentino hostis adventu plebs ad arma excitata occurrit hosti ; eoque tempore nubes sagittarum in adversos visa ferri et hostem fugavit, et victores Romanos ad spectacula dei sospitalis reduxit. Hinc intelligitur, prœlii causa, non pestilentiæ, sicut quidam æstimant, ludos institutos. Hæc est autem hujus æstimationis ratio : quod tunc sol super ipsum nostræ habitationis verticem fulget; nam Cancer in æstivo tropico est, in quo meante sole, radii temperatam nostram non eminus, sed superne demissi rectis fulgoribus lustrant. Unde æstimatum est a nonnullis, ad propitiandum tunc maxime deum caloris Apollinaribus litari. Sed invenio in litteris, hos ludos victoriæ, non valetudinis causa, ut quidam annalium scriptores memorant, institutos ; bello enim Punico hi ludi ex libris Sibyllinis primum sunt instituti, suadente Cornelio Rufo decemviro, qui propterea Sibylla cognominatus est; et postea corrupto nomine primus Sylla cœpit vocitari. Fertur autem in carminibus Marcii vatis, cujus duo vo-

C'est ainsi que les noms sous lesquels nous adorons
Apollon ou le soleil, expriment indifféremment la santé
ou la peste, bien qu'à vrai dire les fléaux qu'il envoie
aux méchants prouvent clairement qu'il protége les bons.
De là le culte fameux rendu à Apollon Libystinus près
du promontoire de Pachynum, en Sicile. Les Libyens
avaient abordé près de ce promontoire, et déjà ils menaçaient de s'emparer de la Sicile, lorsque, à la prière des
habitants du pays, Apollon, qui y est honoré, envoya
une peste aux ennemis ; presque tous périrent subitement,
et le surnom de Libystinus fut sa récompense. Nos annales
offrent un trait semblable de la puissante intervention
de ce dieu. Comme on célébrait à Rome les jeux Apollinaires, conformément aux avis prophétiques du devin
Marcius et des livres Sibyllins, le peuple, surpris par
une attaque soudaine, courut aux armes et marcha au-devant de l'ennemi ; au même instant, on vit une nuée
de flèches qui, frappant en face les assaillants, les mirent
promptement en déroute, et ramenèrent les Romains
victorieux à la fête du dieu libérateur. On voit par là
que ces jeux furent institués à l'occasion d'une victoire,
et non d'une épidémie, comme l'ont cru quelques-uns.
Voici, du reste, ce qui donne lieu à cette dernière opinion. A cette époque, le soleil est vertical au-dessus de
notre tête ; car il entre alors dans le tropique du Cancer,
et tant qu'il y séjourne, il darde ses rayons d'aplomb
sur notre hémisphère, au lieu de les diriger obliquement.
Quelques-uns ont inféré de là que les jeux Apollinaires,
qui se célébraient à cette époque, avaient pour but d'apaiser le dieu de la chaleur. Mais je trouve que ces jeux
furent institués à la suite d'une victoire, et non pas,
comme l'ont rapporté certains annalistes, pour des causes
sanitaires. En effet, ils furent célébrés pour la première
fois lors de la guerre punique, d'après les livres Sibyllins,
et sur l'avis du décemvir Cornelius Rufus, qui prit de

lumina illata sunt in senatum, inventum esse ita scriptum :

Hostem. Romani. si. ex. agro. expellere. vvltis. vomicam. qve. qvæ. gentivm. venit. longe. Apollini. censeo. vovendos. lvdos. qvi. qvot. annis. commvniter. fiant. his. lvdis. faciendis. præsit. is. prætor. qvi. ivs. popvlo. plebi. qve. dabit. svmmvm. decemviri. græco. ritv. hostiis. sacra. faciant. hoc. si. recte. facietis. gavdebitis. semper. fiet. qve. res. pvblica. melior. nam. is. divos. exstingvet. perdvelles. vestros. qvi. vestros. campos. pascvnt. placide.

Ex hoc carmine quum procurandi gratia dies unus rebus divinis impensus esset, postea senatusconsultum factum uti decemviri, quo magis instruerentur de ludis Apollini agundis reque divina recte facienda, libros Sibyllinos adirent; in quibus quum eadem reperta nuntiatum esset, censuerunt patres Apollini ludos vovendos faciendosque, inque eam rem duodecim millia æris prætori et duas hostias majores dari : decemvirisque præceptum est, ut Græco ritu hisce hostiis sacrum facerent, Apollini bove aurato et capris duabus albis auratis, Latonæ bove femina aurata [191]. Ludos in Circo populus coronatus spectare jussus. Hæc præcipue traditur origo ludorum Apollinarium.

Nunc ex aliis quoque hujus dei nominibus, eumdem esse Apollinem et solem, probemus. Loxias cognominatur, ut ait OEnopides [192], ὅτι ἐκπορεύεται τὸν λοξὸν κύκλον ἀπὸ δυσμῶν εἰς ἀνατολὰς κινούμενος, id est quod obliquum circulum ab occasu ad orientem pergit; aut, ut

là le surnom de Sibylla, d'où l'on fit Sylla par corruption. Voici comment. On trouva dans les poésies du devin Marcius, dont on apporta deux volumes dans le sénat, une prédiction ainsi conçue :

« Romains, si vous voulez chasser l'ennemi de votre territoire et ce débordement des nations étrangères, je vous conseille de vouer en l'honneur d'Apollon des jeux que vous célèbrerez en commun tous les ans. Qu'à ces jeux préside le préteur alors chargé de rendre la justice au peuple et à la plèbe ; que les décemvirs offrent des victimes selon le rit grec. Si vous faites cela exactement, vous vous en réjouirez, et la république s'accroîtra sans cesse ; car le dieu anéantira vos ennemis, qui dévorent tranquillement vos campagnes. »

En conséquence de cette prédiction, les sénateurs passèrent un jour entier en cérémonies à l'effet d'apaiser les dieux ; puis un sénatus-consulte enjoignit aux décemvirs de consulter les livres Sibyllins touchant les jeux et les sacrifices réguliers à célébrer en l'honneur d'Apollon ; et sur leur rapport, qu'on avait trouvé dans ces livres une prédiction conforme, le sénat décréta qu'il serait voté et célébré des jeux en l'honneur d'Apollon ; que le préteur recevrait à cet effet douze mille livres de cuivre et deux victimes majeures ; que les décemvirs sacrifieraient suivant le rit grec, et immoleraient à Apollon un bœuf et deux chèvres blanches dont les cornes seraient dorées, et à Latone une génisse aux cornes également dorées. Le peuple fut tenu d'assister aux jeux dans le Cirque, la tête couronnée de laurier. Telle est l'origine la plus accréditée des jeux Apollinaires.

Cherchons maintenant dans les autres noms donnés à Apollon la preuve de son identité avec le soleil. Il est appelé Loxias, au rapport d'Œnopide, ὅτι ἐκπορεύεται τὸν λοξὸν κύκλον ἀπὸ δυσμῶν εἰς ἀνατολὰς κινούμενος, c'est-à-dire parce qu'il décrit un cercle oblique d'occident en orient ;

Cleanthes scribit, ἐπειδὴ καθ' ἕλικας κινεῖτιαι· λοξαι γάρ εἰσιν καὶ αὗται, quod flexuosum pergit iter; ἢ ὅτι τὰς λοξὰς ἀκτῖνας ἵησιν ἐφ' ἡμᾶς βορείους ὄντας νότιος ὤν, vel quod transversos in nos a meridie immittit radios, quum simus ad ipsum septentrionales. Delius cognominatur ἀπὸ τοῦ δῆλα καὶ φανερὰ πάντα ποιεῖν τῷ φωτί, quod illuminando omnia clara demonstret. Φοῖβος appellatur, ut ait Cornificius, ἀπὸ τοῦ φοιτᾶν βίᾳ, quod vi fertur. Plerique autem a specie et nitore Phœbum, id est καθαρὸν καὶ λαμπρὸν, dictum putant. Item Phaneta appellant ἀπὸ τοῦ φαίνειν: et Φαναῖον, ἐπειδὴ φαίνεται νέος, quia sol quotidie renovat sese. Unde Virgilius: *Mane novum*. Camerienses, qui sacram Soli incolunt insulam, Ἀειγενέτῃ Apollini immolant, τῷ τὸν ἀεὶ γίγνεσθαι καὶ ἀεὶ ἥλιον γεννᾶν, id est quod semper exoriens gignitur, quodque ipse generat universa inseminando, fovendo, producendo, alendo, augendoque. Apollinis Lycii plures accipimus cognominis causas. Antipater Stoicus [193] Lycium Apollinem nuncupatum scribit, ἀπὸ τοῦ λευκαίνεσθαι πάντα φωτίζοντος ἡλίου. Cleanthes Lycium Apollinem appellatum notat, quia, veluti lupi pecora rapiunt, ita ipse quoque humorem eripit radiis. Prisci Græcorum primam lucem quæ præcedit solis exortus, λύκην appellaverunt, ἀπὸ τοῦ λευκοῦ, id est temporis: hodieque lycophos cognominant. De quo tempore ita poeta scribit:

Ἦμος δ' οὔτ' ἄρ πω ἠώς, ἔτι δ' ἀμφιλύκη νύξ.
(*Iliados* lib. VII, v. 433.)

Idem Homerus:

Εὔχες δ' Ἀπόλλωνι Λυκηγενεῖ, κλυτοτόξῳ·
Iliados lib. IV. v. 101. 119.)

ou bien, comme le veut Cléanthe, ἐπειδὴ καθ' ἕλικας κινεῖται· λοξαὶ γάρ εἰσιν καὶ αὗται, parce qu'il se meut en spirales; ἢ ὅτι τὰς λοξὰς ἀκτῖνας ἵησιν ἐφ' ἡμᾶς βορείους ὄντας νότιος ὤν, ou bien encore, parce que placés au nord relativement à lui, il nous envoie obliquement ses rayons du midi. Il est surnommé Délius, ἀπὸ τοῦ δῆλα καὶ φανερὰ πάντα ποιεῖν τῷ φωτί, parce qu'il éclaire et rend visibles toutes choses. On l'appelle Φοῖβος, selon Cornificius, ἀπὸ τοῦ φοιτᾶν βίᾳ, à cause de la rapidité de son mouvement. Toutefois, suivant l'opinion la plus répandue, c'est à cause de son aspect, de son éclat, qu'il a été nommé Phébus, c'est-à-dire καθαρὸς καὶ λαμπρός[1]. On l'appelle encore dans le même sens Phanès, de φαίνειν[2], et Φαναῖος[3], ἐπειδὴ φαίνεται νέος, parce que le soleil luit et se renouvelle chaque jour : d'où l'expression *mane novum*[4], qu'on trouve dans Virgile. Les Camériens, dont l'île est consacrée au Soleil, sacrifient à Apollon Ἀειγενέτης[5] τῷ τὸν ἀεὶ γίγνεσθαι καὶ ἥλιον ἀεὶ γεννᾶν, c'est-à-dire parce que, engendré chaque jour à son lever, il engendre tous les êtres à son tour : car c'est par lui que la semence s'échauffe, voit la lumière, grandit et se développe. Son surnom de Lycius a plusieurs origines. Antipater le Stoïcien prétend qu'il fut nommé ainsi ἀπὸ τοῦ λευκαίνεσθαι πάντα φωτίζοντος ἡλίου[6]. Cléanthe, parce que de même que les loups[7] ravissent les brebis, ainsi ses rayons enlèvent l'humidité de la terre. Les anciens Grecs appelèrent cette première lueur qui précède le lever du soleil, λύκη, de λευκὸς, le temps qui blanchit. Ils la nomment aujourd'hui lycophos. Homère parle ainsi de cet instant du jour :

« Lorsque l'aurore ne paraissait pas encore, et que la nuit commençait à blanchir. »

Le même poëte dit encore :

« Vouez à Apollon, auteur de la lumière, à l'arc brillant. »

---

(1) Pur et Brillant. — (2) Briller. — (3) Brillant. — (4) Nouveau matin. — (5) Éternel. — (6) Parce que la lumière du soleil blanchit tous les objets. — (7) Λύκοι.

quod significat, τῷ γεννῶντι τὴν λύκην, id est qui generat exortu suo lucem. Radiorum enim splendor propinquantem solem longe lateque praecedens, atque caliginem paulatim extenuans tenebrarum, parit lucem. Neque minus Romani, ut pleraque alia ex Graeco, ita lucem videntur a lyce figurasse. Annum quoque vetustissimi Graecorum λυκάβαντα appellant[194], τὸν ἀπὸ τοῦ λύκου, id est sole, βαινόμενον καὶ μετρούμενον. Λύκον autem solem vocari etiam Lycopolitana Thebaidos civitas testimonio est: quae pari religione. Apollinem, itemque lupum, hoc est λύκον, colit, in utroque solem venerans; quod hoc animal rapit et consumit omnia in modum solis, ac plurimum oculorum acie cernens tenebras noctis evincit. Ipsos quoque λύκους, ἀπὸ τῆς λύκης, id est a prima luce appellatos quidam putant: quia hae ferae maxime id tempus aptum rapiendo pecori observant, quod antelucanum post nocturnam famem ad pastum stabulis expellitur.

Apollinem Πατρῷον cognominaverunt, non propria gentis unius aut civitatis religione, sed ut auctorem progenerandarum omnium rerum, quod, sol humoribus exsiccatis, ad progenerandum omnibus praebuit causam, ut ait Orpheus[195]:

Πατρὸς ἔχοντα νόον καὶ ἐπίφρονα βουλήν.

Unde nos quoque Janum Patrem vocamus, solem sub hac appellatione venerantes.

Νόμιον Ἀπόλλωνα cognominaverunt, non ex officio pastorali et fabula, per quam fingitur Admeti regis pecora pavisse; sed quia sol pascit omnia quae terra progenerat: unde non unius generis, sed omnium pe-

Λυκηγενέï, c'est-à-dire τῷ γεννῶντι τὴν λύκην, dont le lever engendre la lumière. En effet, par l'éclat des rayons épars en tous sens qui précèdent son arrivée, il dissipe peu à peu l'épaisseur des ténèbres et produit la lumière. D'ailleurs, entre autres emprunts que les Romains ont faits aux Grecs, ils semblent avoir formé *lux* [1] de λύκη. L'année même chez les premiers habitants de la Grèce se nommait λυκάϐας, de λύκος [2] et de βαινόμενος καὶ μετρούμενος [3]. Quant au nom de Λύκος donné au soleil, on n'en saurait douter d'après la coutume des habitants de Lycopolis, en Thébaïde, qui rendent un même culte à Apollon et au loup [4], les prenant tous deux pour l'emblème du soleil. Effectivement le loup, de même que cet astre, ravit et dévore toutes choses, et son regard perçant triomphe des ténèbres de la nuit. Le nom même de cet animal vient, dit-on, de λύκη, parce qu'il choisit pour enlever les troupeaux cet instant du crépuscule où, après le jeûne de la nuit, on les chasse des étables vers les pâturages.

Apollon doit son surnom de Πατρῷος [5], non au culte spécial de telle ville ou de telle nation, mais à l'idée qu'il est l'auteur de toute génération, parce que le soleil, en desséchant le limon de la terre, fut la cause première de l'enfantement des êtres, comme dit Orphée :

« Ayant l'esprit et la sage pensée d'un père. »

De même, quand nous donnons à Janus le nom de Père, c'est le soleil que nous adorons en lui.

Quant à son surnom de Νόμιος [6], il n'est emprunté ni à la vie pastorale, ni à la fable qui nous le montre gardant les troupeaux du roi Admète, mais à ce fait, que

---

(1) Lumière. — (2) Loup. — (3) Qui gravit et mesure. — (4) Λύκος. — (5) Paternel. — (6) Pasteur.

corum pastor canitur. Ut apud Homerum, Neptuno dicente :

Φοῖβε, σὺ δ' εἰλίποδας ἕλικας βοῦς βουκολέεσκες.
(Iliados lib. XXI, v. 448.)

Atque idem apud eumdem poetam equarum pastor significatur, ut ait :

Τὰς ἐν Πιερίῃ θρέψ' ἀργυρότοξος Ἀπόλλων,
Ἄμφω θηλείας, φόβον ἄρηος φορεούσας.
(Iliados lib. II, v. 766, 767.)

Præterea ædes, ut ovium pastoris, sunt apud Camirenses, Ἐπιμηλίου : apud Naxios Ποιμνίου : itemque deus Ἀρνοκόμης colitur, et apud Lesbios Ναπαῖος. Et multa sunt cognomina per diversas civitates ad dei pastoris officium tendentia; quapropter universi pecoris antistes, et vere pastor agnoscitur.

Apollo Ἐλελεὺς appellatur, ἀπὸ τοῦ ἐλίττεσθαι περὶ τὴν γῆν, quod æterno circa terram meatu veluti volvi videtur, ut ait Euripides :

Ἥλιε θοαῖς ἵπποισιν ἑλίσσων φλόγα·
(Phœniss., v. 3.)

ἢ ὅτι συναλισθέντος πολλοῦ πυρὸς περιπολεῖ ut ait Empedocles [196] :

Οὕνεκ' ἀναλισθεὶς μέγαν οὐρανὸν ἀμφιπολεύει,

ὑπό τ' ἄλλων ἀπὸ τοῦ συναλίσκειν καὶ συναθροίζειν τοὺς ἀνθρώπους, ὅταν ἀνατείλῃ, quod exoriens homines conducit in cœtum. Apollo Chrysocomes cognominatur, a fulgore radiorum, quas vocant comas aureas solis; unde et Ἀκερσε-

le soleil nourrit tous les êtres que produit la terre. D'où vient qu'on le célèbre comme le pasteur non d'une seule espèce de troupeaux, mais de tous les troupeaux en général. Neptune, dans Homère, lui adresse ainsi la parole :

« Phébus, tu faisais paître les bœufs à la marche lente et tortueuse. »

Le même poëte nous le montre pasteur de cavales, quand il dit :

« Ces deux cavales, portant la terreur de Mars, que nourrit sur le mont Piérius Apollon à l'arc d'argent. »

Apollon berger a encore un temple chez les Camiriens, sous le nom de Ἐπιμήλιος(1); chez les Naxiens, sous le nom de Ποίμνιος(2), et de Ἀρνοκόμης(3); chez les Lesbiens, sous le nom de Ναπαῖος(4). Une foule d'autres noms qu'il reçoit chez différents peuples se rapportent à cette fonction ; et de là vient qu'il est reconnu pour le gardien de toute espèce d'animaux et le pasteur par excellence.

On le nomme encore Ἐλελεὺς(5), ἀπὸ τοῦ ἐλίττεσθαι περὶ τὴν γῆν, à cause du cercle continuel qu'il trace dans sa marche autour de la terre.

« Soleil, dont les coursiers rapides tracent un orbe enflammé, »

dit Euripide ; ἢ ὅτι συναλισθέντος πολλοῦ πυρὸς περιπολεῖ, ou parce que, formé d'une masse ignée, il se meut dans une orbite, comme s'exprime Empédocle :

« Formé de ces substances réunies, il parcourt la sphère immense du ciel ; »

et selon d'autres ἀπὸ τοῦ συναλίσκειν καὶ συναθροίζειν τοὺς ἀνθρώπους, ὅταν ἀνατείλῃ, parce que les hommes se rassemblent quand il se lève. Il est surnommé Chrysoco-

---

(1) Gardeur de brebis. — (2) Pasteur. — (3) A la chevelure d'agneau. — (4) Dieu des pâturages. — (5) Tournoyant.

κόμης, quod nunquam radii possunt a fonte lucis avelli. Item Argyrotoxus, quod enascens per summum orbis ambitum velut arcus quidam figuratur alba et argentea specie, ex quo arcu radii in modum emicant sagittarum. Smyntheus cognominatur, ὅτι ζέων θεῖ, quia fervens currit; Καρνεῖος, ὅτι καιόμενος ὁρᾶται νέος, vel quod, quum omnia ardentia consumantur, hic suo calore candens semper novus constat. Item, Ἀπόλλων Σκιάλλιος, ὅτι τὰς κινήσεις ἀλλοίας ποιεῖ, semper nobis ab austro currens; Θυμβραῖος Ἀπόλλων, ὁ τοὺς ὄμβρους θείς, quod est deus imbricitor; Ἀπόλλων Φιλήσιος, quod lumen ejus exoriens amabile amicissima veneratione consalutamus; Ἀπόλλων Πύθιος οὐκ ἀπὸ τῆς πεύσεως, id est non a consultatione oraculorum, dictus a physicis æstimatur; sed ἀπὸ τοῦ πύθειν, id est σήπειν, quod nunquam sine vi caloris efficitur. Hinc ergo Πύθιον dictum æstimant : licet hoc nomen ex nece draconis inditum deo Græci fabulentur. Quæ tamen fabula non abhorret ab intellectu naturalis arcani : quod apparebit si percurratur ordo qui de Apolline nascente narratur, sicut paulo superius enarraturum me esse promisi.

Latonæ Apollinem Dianamque parituræ Juno dicitur obstitisse, sed, ubi quandoque partus effusus est, draconem ferunt, qui Πύθων vocitabatur, invasisse cunas deorum, Apollinemque in prima infantia sagittis belluam confecisse. Quod ita intelligendum naturalis ratio demonstrat. Namque post chaos ubi primum cœpit confusa deformitas in rerum formas et in elementa nitescere, terraque adhuc humida substantia molli atque instabili

mès⁽¹⁾, à cause de l'éclat de ses rayons appelés les cheveux d'or du soleil; Ἀκερσεκόμης⁽²⁾, parce que ses rayons ne peuvent être séparés du foyer de lumière d'où ils émanent; Argyrotoxus⁽³⁾, parce que, lors de son lever, il paraît à l'extrémité de l'horizon, sous la forme d'un arc d'un blanc mat, d'où partent ses rayons comme autant de flèches; Smyntheus ὅτι ζέων θεῖ, parce qu'il court enflammé; Καρνεῖος⁽⁴⁾, ὅτι καιόμενος ὁρᾶται νέος, parce que, au lieu de se consumer comme toutes les substances enflammées, il puise dans son incandescence même une éternelle jeunesse; Σκιάλλιος⁽⁵⁾, ὅτι τὰς κινήσεις ἀλλοίας ποιεῖ, parce qu'il se meut dans des sens divers, sa lumière nous arrivant toujours du midi; Θυμβραῖος⁽⁶⁾, ὁ τοὺς ὄμβρους θείς, parce qu'il amène la pluie, et Φιλήσιος⁽⁷⁾, parce que nous saluons sa clarté chérie avec une tendre vénération. Quant au surnom de Πύθιος⁽⁸⁾, il ne vient pas, suivant les physiciens, ἀπὸ τῆς πεύσεως, de la consultation des oracles, mais de πύθειν ou σήπειν⁽⁹⁾, parce que l'excès de la chaleur détermine seul la putréfaction. Telle est l'origine de ce surnom, que les fables des Grecs ont prétendu trouver dans la mort du serpent Python. Toutefois cette fiction s'accorde assez avec les procédés secrets de la nature, et l'on en sera convaincu quand j'aurai, suivant la promesse que j'ai faite plus haut, parcouru la série des faits concernant la naissance d'Apollon.

On raconte que Junon voulut s'opposer à l'accouchement de Latone, prête à mettre au monde Apollon et Diane; et l'on ajoute qu'à peine l'enfantement eût eu lieu qu'un serpent nommé Python se glissa dans le berceau des petits dieux, et qu'Apollon, qui ne faisait que de naître, tua le monstre à coups de flèches. Telle est la tradition; voici maintenant le sens naturel de cette allé-

(1) Aux cheveux d'or. — (2) Non tondu. — (3) A l'arc d'argent — (4) Carnéen. — (5) Changeant d'ombre. — (6) Pluvial — (7) Aimable. — (8) Pythien. — (9) Putréfier.

sede nutaret, convalescente paulatim ætherio calore, atque inde seminibus in eam igneis defluentibus, hæc sidera edita esse creduntur : et solem quidem maxima vi caloris in superna raptum; lunam vero humidiore et velut femineo sexu naturali quodam pressam tepore inferiora tenuisse; tanquam ille magis substantia patris constet, hæc matris. Siquidem Latonam physici volunt terram videri, cui diu intervenit Juno, ne numina, quæ diximus, ederentur, hoc est aer, qui tunc humidus adhuc gravisque obstabat ætheri, ne fulgor luminum per humosi aeris densitatem, tanquam e cujusdam partus progressione, fulgeret. Sed divinæ providentiæ vicit instantia, quæ creditur juvisse partum. Ideo in insula Delo, ad confirmandam fidem fabulæ, ædes providentiæ, quam ναὸν Προνοίας Ἀθηνᾶς appellant, apta religione celebratur. Propterea in insula dicuntur nati, quod ex mari nobis oriri videntur. Hæc insula ideo Delos vocatur, quia ortus et quasi partus luminum omnia facit δῆλα, id est aperta clarescere.

Hæc est autem de nece draconis ratio naturalis, ut scribit Antipater Stoicus. Nam terræ adhuc humidæ exhalatio meando in supera volubili impetu, atque inde sese, postquam calefacta est, instar serpentis mortiferi in infera revolvendo, corrumpebat omnia vi putredinis, quæ non nisi ex calore et humore generatur; ipsumque solem densitate caliginis obtegendo, videbatur quodammodo lumen ejus eximere; sed divino fervore radiorum

gorie. Après que de la confusion informe du chaos se furent dégagés les éléments et les formes de la matière, la terre, humide encore, vacillait sur sa base molle et sans consistance ; cependant la chaleur de l'éther acquérait progressivement des forces, et c'est alors que des semences embrasées qu'il envoyait à la terre furent engendrés, à ce qu'on croit, le soleil et la lune. Le soleil, qui avait reçu une masse considérable de chaleur, s'éleva dans les hautes régions, tandis que la lune chargée de cette tiédeur humide qui semble être l'attribut du sexe féminin, se tint dans la région inférieure. C'est ainsi qu'ils participèrent davantage l'un de la substance du père, l'autre de celle de la mère. Or, pour les physiciens, Latone n'est autre que la terre, et par Junon, qui s'opposa longtemps à ce qu'elle mît au monde les deux divinités dont nous venons de parler, ils entendent l'air, qui alors, lourd et humide, interceptait par son épaisseur les rayons de ces astres produits par une sorte d'enfantement. Enfin les décrets de la providence divine triomphèrent, et l'on dit qu'elle favorisa l'accouchement. Le temple qui lui fut élevé dans l'île de Délos, sous le nom de Πρόνοια Ἀθηνᾶ[1], et le culte spécial qu'on rend à la déesse, confirment cette interprétation. La tradition les fait naître dans une île, parce qu'ils nous paraissent sortir du sein de la mer. Cette île s'appela Délos, parce que le lever, ou, si l'on veut, la naissance de ces astres, rend tous les objets clairs[2] et visibles.

Pour ce qui est de la mort du dragon, voici l'explication naturelle qu'en donne Antipater le Stoïcien. Les exhalaisons de la terre encore humide s'élevaient dans l'air en ondes sinueuses ; puis elles s'embrasaient et redescendaient vers les basses régions, en se déroulant comme un serpent venimeux, et répandaient partout la putréfaction qu'engendre toujours la chaleur jointe à l'humidité ; elles formaient autour du soleil lui-même des vapeurs épaisses

---

(1) Minerve prévoyante. — (2) Δῆλα.

tandem velut sagittis incidentibus extenuata, exsiccata, enecta, interempti draconis ab Apolline fabulam fecit. Est et alia ratio draconis perempti. Nam solis meatus, licet ab ecliptica linea nunquam recedat, sursum tamen ac deorsum ventorum vices certa deflexione variando, iter suum velut flexum draconis involvit. Unde Euripides[197]:

Πυριγενὴς δὲ δράκων ὅλον ἡγεῖται (ταῖς) τετραμόρφοις
Ὥραις ζευγνὺς ἁρμονίᾳ πολύκαρπον ὄχημα.

Sub hac ergo appellatione coelestis itineris sol quum confecisset suum cursum, draconem confecisse dicebatur. Inde fabula exorta est de serpentis nece. Sagittarum autem nomine non nisi radiorum jactus ostenditur; qui tunc longissimi intelliguntur, quo tempore altissimus sol diebus longissimis solstitio aestivo conficit annuum cursum. Inde Ἑκηβόλος et Ἑκατηβόλος dictus, ἕκαθεν τὰς ἀκτῖνας βάλλων, e longissimo altissimoque radios in terram usque demittens. De Pythii cognomine sufficere ista possent, ni haec quoque se ratio ejusdem appellationis ingereret. Quum enim sol in signo Cancri aestivum solstitium facit, in quo est longissimi diei terminus, et inde retrogressum agit ad diminutionem dierum, Pythius eo tempore appellatur, ὡς πύματον θέων, ὅ ἐστι τὸν τελευταῖον δρόμον τρέχων. Idem ei nomen convenit, et quum Capricornum rursus ingrediens, ultimum brevissimi diei cursum intelligitur peregisse, et ideo in alterutro signorum peracto annuo spatio draconem Apollo, id est flexuosum iter suum, ibi confecisse memoratur. Hanc

qui voilaient en quelque sorte son éclat ; jusqu'à ce qu'enfin, diminuées, desséchées, absorbées par l'ardeur de ses rayons divins, semblables à des flèches, elles donnèrent lieu à la fable du dragon tué par Apollon. Cette mort du dragon s'explique encore d'une autre manière. Le soleil, quoique ne s'écartant pas de la ligne de l'écliptique, imprime des variations aux vents qu'il pousse tantôt vers le haut, tantôt vers le bas, et décrit lui-même une courbe tortueuse comme le serpent ; ce qui fait dire à Euripide :

« Le dragon enflammé traîne après lui les quatre saisons, et son char fécond roule avec harmonie. »

On appelait donc dragon cette carrière céleste, et lorsque le soleil l'avait fournie en entier, on disait qu'il avait achevé le dragon. De là la fable du serpent tué par Apollon. Par ses flèches il faut entendre les rayons qu'il darde et qui paraissent très-allongés à l'époque où le soleil, au point le plus élevé de sa course, vers le solstice d'été, produit les jours les plus longs de l'année. C'est pourquoi il fut appelé Ἐκηϐόλος et Ἑκατηϐόλος, c'est-à-dire ἕκαθεν τὰς ἀκτῖνας βάλλων, lançant ses rayons sur la terre de très-haut et de très-loin. Cette explication suffirait, si l'on ne pouvait assigner encore une autre raison à ce surnom de Pythien. En effet, lorsque le soleil, entrant dans le signe du Cancer, amène le solstice d'été, c'est-à-dire l'époque des plus longs jours, lesquels, à partir de là, diminuent graduellement, on l'appelle Pythius, ὡς πύματον θέων, pour exprimer qu'il est parvenu à l'extrémité de sa carrière. Ce nom lui convient encore au moment où, revenu au signe du Capricorne, il donne le plus petit jour de l'année ; et comme alors, dans chacun de ces signes, il a parcouru sa carrière annuelle, on dit qu'Apollon a tué le dragon, c'est-à-dire a achevé sa course oblique. Cornificius rapporte cette opinion dans ses *Étymologies*. Quant

opinionem Cornificius in *Etymis* retulit. Ideo autem his duobus signis, quæ portæ solis vocantur, Cancro et Capricorno, hæc omnia contigerunt, quod cancer animal retro atque oblique cedit, eademque ratione sol in eo signo obliquum, ut solet, incipit agere retrogressum; capræ vero consuetudo hæc in pastu videtur, ut semper altum pascendo petat. Sed et sol in Capricorno incipit ab imis in alta remeare.

Ἀπόλλωνα Διδυμαῖον vocant, quod geminam speciem sui numinis præfert ipse illuminando formandoque lunam. Etenim ex uno fonte lucis gemino sidere spatia diei et noctis illustrat; unde et Romani solem sub nomine et specie Jani, Didymæi Apollinis appellatione venerantur. Ἀπόλλωνα Δέλφιον vocant, quod quæ obscura sunt claritudine lucis ostendit, ἀπὸ τοῦ δηλοῦν ἀφανῆ· aut, ut Numenio placet [98], quasi unum et solum; ait enim prisca Græcorum lingua δέλφον unum vocari. « Unde et frater, inquit, ἀδελφὸς dicitur, quasi jam non unus. » Hierapolitani præterea, qui sunt gentis Assyriorum, omnes solis effectus atque virtutes ad unius simulacri barbati speciem redigunt, eumdemque Apollinem appellant. Hujus facies prolixa in acutum barba figurata est, eminente super caput calatho. Simulacrum thorace munitum est. Dextera erectam tenet hastam, superstante Victoriæ parvulo signo: sinistra floris porrigit speciem: summisque ab humeris Gorgoneum velamentum redimitum anguibus tegit scapulas. Aquilæ propter exprimunt instar volatus: ante pedes imago feminea est, cujus dextera lævaque sunt signa feminarum. Ea cingit flexuoso volumine draco. Radios in terram superne jaci barba demissa significat; calathus

aux raisons qui ont fait donner à ces deux signes, appelés les portes du soleil, les noms de Cancer et de Capricorne, les voici : le cancer marche obliquement et à reculons ; de même le soleil, à partir de ce signe, rétrograde en suivant, comme toujours, une ligne oblique. D'autre part, on remarque que la chèvre, lorsqu'elle broute, tend sans cesse à monter ; de même le soleil, une fois entré dans le Capricorne, commence à gravir du point le plus bas au sommet le plus élevé.

On appelle Apollon Διδυμαῖος[1], parce que la lune qu'il éclaire et rend visible est comme un second modèle de sa divinité. En effet, ces deux astres dont la lumière émane de la même source éclairant les espaces de la nuit et du jour, Apollon Didyméen n'est autre que le soleil, que les Romains honorent sous le nom et la figure de Janus. On appelle encore Apollon Δέλφιος[2], ἀπὸ τοῦ δηλοῦν ἀφανῆ, parce que sa lumière dissipe l'obscurité ; ou bien, comme le veut Numenius, parce qu'il est seul et unique dans le monde : car, suivant lui, δέλφος, dans l'ancienne langue des Grecs, a le sens de *unus*[3] ; « d'où vient, dit-il, que frère se dit ἀδελφὸς, c'est-à-dire qui n'est plus unique. » Enfin les Hiérapolitains, nation assyrienne, ont réuni tous les attributs et toutes les propriétés du soleil dans une statue barbue qu'ils nomment Apollon. Le dieu est représenté avec une barbe longue et terminée en pointe ; sa tête est surmontée d'une corbeille, sa poitrine armée d'une cuirasse ; de sa main droite il élève une pique au-dessus de laquelle on voit une petite statue de la Victoire ; dans sa gauche on a figuré une fleur. Un voile comme celui des Gorgones, et bordé de serpents, descend de ses épaules à ses pieds. Près de lui des aigles semblent prêts à voler ; à ses pieds une image de femme, et à droite et à gauche de celle-ci deux autres figures de femme, qu'un dragon entoure de ses replis tortueux. Or, la barbe pointue désigne

(1) Jumeau. — (2) Delphien. — (3) Unique.

aureus surgens in altum monstrat ætheris summam, unde solis creditur esse substantia. Hastæ atque loricæ argumento imago adjungitur Martis, quem eumdem ac solem esse procedens sermo patefaciet. Victoria testatur cuncta summitti hujus sideris potestati. Floris species florem rerum protestatur, quas hic deus inseminat, progenerat, fovet, nutrit, maturatque. Species feminea terræ imago est, quam sol desuper illustrat. Signa duo æque feminea quibus ambitur, hylen naturamque significant confamulantes : et draconis effigies flexuosum iter sideris monstrat. Aquilæ propter altissimam velocitatem volatus, altitudinem solis ostendunt. Addita est Gorgonea vestis, quod Minerva, quam hujus præsidem accipimus, solis virtus sit : sicut et Porphyrius testatur Minervam esse virtutem solis, quæ humanis mentibus prudentiam subministrat. Nam ideo hæc dea Jovis capite prognata memoratur, id est de summa ætheris parte edita, unde origo solis est.

XVIII. Liberum quoque patrem, eum ipsum esse deum quem solem.

Hæc, quæ de Apolline diximus, possunt etiam de Libero patre dicta æstimari. Nam Aristoteles, qui *Theologumena* [199] scripsit, Apollinem et Liberum patrem unum eumdemque deum esse, quum multis argumentis asserat, etiam apud Ligyreos ait in Thracia esse adytum Libero consecratum, ex quo redduntur oracula. Sed in hoc adyto vaticinaturi plurimo mero sumpto, uti apud Clarium aqua potata, effantur oracula. Apud Lacedæmonios etiam in sacris, quæ Apollini celebrant, Hyacinthia vocantes, hedera coronantur Bacchico ritu. Item Bœotii Parnassum montem Apollini sacratum esse memorantes, simul tamen

que le soleil darde d'en haut ses rayons sur la terre; la corbeille d'or qui s'élève au-dessus de la tête, indique la masse de l'éther, où l'on croit qu'il puisa sa substance. La lance et la cuirasse sont les attributs de Mars, que nous prouverons bientôt être le même que le soleil. La victoire indique que tout est soumis à la puissance de cet astre. La fleur figure les fleurs des diverses plantes qu'il sème, fait germer, échauffe, nourrit, mûrit. La figure de femme est l'emblème de la terre, que le soleil éclaire d'en haut; les deux autres figures de femme entourant celle-ci, représentent la matière et la nature qui lui sont soumises. Le dragon rappelle la marche tortueuse de l'astre; les aigles, par leur vol rapide, marquent sa hauteur. Quant au vêtement de Gorgone, il signifie que Minerve, dont il est l'attribut, est elle-même une vertu du soleil. Porphyre dit, en effet, que Minerve est cette vertu du soleil qui met la prudence dans les esprits des hommes, et que c'est pour cela qu'on la fait sortir du cerveau de Jupiter, ou, en d'autres termes, des hautes régions de l'éther, où le soleil a pris naissance.

XVIII. Que Bacchus est aussi le même dieu que le soleil.

Ce que nous avons dit d'Apollon peut être aussi rapporté à Bacchus. En effet, Aristote, dans ses *Théologumènes*, dit positivement qu'Apollon et Bacchus sont une même divinité; et, entre autres arguments, il cite les Ligyréens, peuple de Thrace, qui avaient un temple consacré à Bacchus, où l'on rendait des oracles, avec cette différence que là les devins, avant de prononcer leurs prophéties, s'abreuvaient de vin, et non d'eau, comme le faisaient ceux de Claros. D'autre part, les Lacédémoniens, dans les fêtes nommées Hyacinthies, qu'ils célèbrent en l'honneur d'Apollon, se couronnent de lierre, comme aux fêtes de Bacchus. De même les Béotiens, tout en recon-

in eodem et oraculum Delphicum et speluncas Bacchicas uni deo consecratas colunt; unde et Apollini et Libero patri in eodem monte res divina celebratur. Quod quum et Varro et Granius Flaccus [200] affirment, etiam Euripides his docet :

Διόνυσος ἐς θύρσοισι καὶ νεβρῶν δοραῖς
Καθαπτὸς, ἐν πεύκαισι Πάρνασσον καταπηδᾷ χορεύων [201].
(*Ranæ*, v. 1242.)

In hoc monte Parnasso Bacchanalia alternis annis aguntur : ubi et Satyrorum, ut affirmant, frequens cernitur cœtus, plerumque voces propriæ eorum exaudiuntur : itemque cymbalorum crepitus ad aures hominum sæpe perveniunt. Et, ne quis opinetur diversis diis Parnassum montem dicatum, idem Euripides in *Lycimnio* [202] Apollinem Liberumque unum eumdemque deum esse significans, scribit :

Δέσποτα φιλόδαφνε, Βάκχε, Παιὰν, Ἄπολλον, εὔλυρε.

Ad eamdem sententiam Æschylus :

Ὁ κισσεὺς Ἀπόλλων, ὁ βακχαῖος, ὁ μάντις.
(*Protyl.*, fragm. 411.)

Sed licet illo prius asserto, eumdem esse Apollinem ac solem, edoctoque postea ipsum esse Liberum patrem, qui Apollo est, nulla ex his dubitatio sit solem ac Liberum patrem ejusdem numinis habendum : absolute tamen hoc argumentis liquidioribus adstruetur. In sacris enim hæc religiosi arcani observatio tenetur, ut sol, quum in supero, id est in diurno hemisphærio est, Apollo vocitetur : quum in infero, id est nocturno, Dionysus, qui est Liber pater, habeatur. Item Liberi

naissant que le mont Parnasse est consacré à Apollon, y révèrent à la fois, comme placés sous l'invocation du même dieu, l'oracle de Delphes et les grottes de Bacchus ; de sorte que le culte de Bacchus et celui d'Apollon se trouvent réunis sur la même montagne. Outre Varron et Granius Flaccus, qui ne laissent aucun doute à ce sujet, on peut citer Euripide :

« Bacchus qui, muni de thyrses et de peaux de faon, court en dansant sur le Parnasse, parmi les pins. »

C'est sur cette montagne du Parnasse, qu'une fois tous les deux ans se célèbrent les Bacchanales. On dit que les Satyres s'y rassemblent en troupes, et qu'on y entend quelquefois le son particulier de leurs voix. Souvent aussi un bruit de cymbales parvient jusqu'aux oreilles des hommes. Et qu'on ne croie pas que ce sont des dieux différents qui règnent sur le Parnasse ; car le même Euripide nous apprend dans son *Licymnius*, qu'Apollon et Bacchus sont une seule et même divinité :

« Maître, amant du laurier, Bacchus, Péan, Apollon, habile à jouer de la flûte. »

Eschyle a dit dans le même sens :

« Le dieu du lierre, Apollon, le cábæos (1), le devin. »

Puis donc qu'il a été prouvé précédemment qu'Apollon et le soleil ne font qu'un, et que nous apprenons à présent que Bacchus est le même qu'Apollon, il en résulte évidemment que Bacchus et le soleil sont une même divinité : toutefois, nous le démontrerons plus rigoureusement et plus clairement encore. Il est d'usage dans la célébration des mystères du culte, que le soleil, alors qu'il parcourt l'hémisphère supérieur ou diurne, soit invoqué sous le nom d'Apollon, et sous le nom de Dionysus, qui est le même que Bacchus, lorsqu'il parcourt l'hémi-

(1) C'est-à-dire « insatiable de nourriture ; » de κάβος, mesure de froment.

patris simulacra partim puerili aetate, partim juvenili fingunt : praeterea barbata specie, senili quoque, uti Graeci ejus, quem Bassarea, item quem Brisea appellant, et ut in Campania Neapolitani celebrant, Hebona cognominantes. Hae autem aetatum diversitates ad solem referuntur, ut parvulus videatur hiemali solstitio, qualem Ægyptii proferunt ex adyto die certa, quod tunc brevissimo die veluti parvus et infans videatur : exinde autem procedentibus augmentis aequinoctio vernali similiter atque adolescentis adipiscitur vires, figuraque juvenis ornatur : postea statuitur aetas plenissima effigie barbae solstitio aestivo ; quo tempore summum sui consequitur augmentum : exinde per diminutiones dierum veluti senescenti quarta forma deus figuratur. Item in Thracia eumdem haberi solem atque Liberum accipimus; quem illi Sebadium nuncupantes, magnifica religione celebrant, ut Alexander scribit[203] : eique deo in colle Zilmisso aedes dicata est specie rotunda, cujus medium interpatet tectum. Rotunditas aedis monstrat hujusce sideris speciem : summoque tecto lumen admittitur, ut appareat solem cuncta vertice summo lustrare lucis immissu, et quia oriente eo universa patefiunt. Orpheus quoque, solem volens intelligi, ait inter cetera :

Τήκων αἰθέρα δῖον, ἀκίνητον πρὶν ἐόντα,
Ἐξανέφηνε θεοῖς ὥραν κάλλιστον ἰδέσθαι,
Ὃν δὴ νῦν καλέουσι φάνητά τε καὶ Διόνυσον,
Εὐβουλῆά τ' ἄνακτα, καὶ ἀνταύγην ἀρίδηλον.
Ἄλλοι δ' ἄλλο καλοῦσιν ἐπιχθονίων ἀνθρώπων·
Πρῶτος δ' ἐς φάος ἦλθε, Διόνυσος δ' ἐπεκλήθη,
Οὕνεκα δινεῖται κατ' ἀπείρονα μακρὸν Ὄλυμπον·
Ἀλλαχθεὶς δ' ὄνομ' ἔσχε, προσωνυμίας πρὸς ἕκαστον
Παντοδαπὰς κατὰ καιρὸν, ἀμειβομένοιο χρόνοιο.

(*Orphica*, fragm., p. 139.)

sphère inférieur ou nocturne. De plus, les statues de ce dieu le représentent tantôt sous les traits d'un enfant ou d'un adolescent, tantôt avec un visage barbu, ou même avec la figure d'un vieillard, tels, par exemple, que le Bassareus, ou le Briseus des Grecs, ou l'Hébon des Napolitains, en Campanie. Or, ces diversités d'âges se rapportent toutes au soleil, qui, vers le solstice d'hiver, les jours étant les plus petits de l'année, ressemble à un enfant en bas âge, et rappelle le petit dieu que les Égyptiens portaient à cette époque hors de son temple. Bientôt, lorsqu'arrive l'équinoxe du printemps et que les jours augmentent, ses forces se développent comme celles d'un adolescent, et on le représente sous la figure d'un jeune homme. Ensuite, au solstice d'été, il entre dans la plénitude de l'âge, représentée par la barbe; c'est l'époque de son plus grand accroissement. Enfin, la diminution des jours amenant pour lui une quatrième phase, on lui donne les traits d'un vieillard. Les Thraces, non plus, ne font aucune différence entre le soleil et Bacchus, qu'ils honorent avec une grande pompe, au dire d'Alexander, sous le nom de Sebadius. Le temple qu'on lui a consacré sur la colline Zilmissus est de forme ronde, ouvert par le milieu du toit. La rondeur de l'édifice exprime la forme de l'astre; le jour arrivant par le sommet de la voûte, montre que le soleil distribue d'en haut ses rayons par tout l'univers, et que tout s'éclaire quand il se lève. Orphée, voulant désigner le soleil, dit, entre autres choses :

« Liquéfiant le divin éther, qui était auparavant solide, il rendit visible aux dieux la beauté la plus belle à contempler. On le nomme à présent Phanès et Dionysos, monarque aux sages conseils, brillant réflecteur de la lumière ; sans compter une foule d'autres noms que lui donnent les hommes, habitants de la terre. Le premier il apparut avec la lumière, et fut appelé Dionysos, parce qu'il tourne autour du haut Olympe immense, qui n'a point de bornes. Puis à chacun de ces noms s'ajoutèrent divers surnoms, suivant les circonstances et le changement des temps. »

Phaneta dixit solem ἀπὸ τοῦ φωτὸς καὶ φανεροῦ, id est a lumine atque illuminatione, quia cunctis visitur cuncta conspiciens. Dionysos, ut ipse vates ait, ἀπὸ τοῦ δινεῖσθαι καὶ περιφέρεσθαι, id est quod circumferatur in ambitum; unde Cleanthes ita cognominatum scribit ἀπὸ τοῦ διανύσαι, quia quotidiano impetu ab oriente ad occasum diem noctemque faciendo, coeli conficit cursum. Physici Διόνυσον, Διὸς νοῦν, quia solem, mundi mentem esse dixerunt. Mundus autem vocatur coelum, quod appellant Jovem; unde Aratus [204] de coelo dicturus ait :

Ἐκ Διὸς ἀρχώμεσθα.

Liber a Romanis appellatur, quod liber et vagus est, ut ait Naevius :

Hac qua sol vagus igneas habenas
Immittit propius, jugatque terrae.

Idem versus Orphici, Εὐβουλῆα vocantes, boni consilii hunc deum praestitem monstrant; nam, si conceptu mentis consilia nascuntur, mundi autem mentem solem esse opinantur auctores, a quo in homines manat intelligendi principium, merito boni consilii solem antistitem crediderunt. Solem Liberum esse manifeste pronuntiat Orpheus hoc versu :

Ἥλιος ὃν Διόνυσον ἐπίκλησιν καλέουσιν.
(Orphica, fragm., p. 135.)

Et is quidem versus absolutior; ille vero ejusdem vatis operosior:

Εἷς Ζεὺς, εἷς Ἅδης, εἷς Ἥλιος, εἷς Διόνυσος.
(Orphica, fragm., p. 136.)

Hujus versus auctoritas fundatur oraculo Apollinis Clarii,

Il appelle le soleil Phanès, de φῶς et de φανερός, c'est-à-dire lumière et flambeau, parce qu'en effet, voyant tout, il est vu partout. Dionysos, comme dit le poëte lui-même, de δινεῖσθαι καὶ περιφέρεσθαι, à cause de sa marche circulaire. Cléanthe veut que ce surnom vienne de διανύσαι, parce que, emporté par sa révolution diurne d'orient en occident, ce qui détermine la nuit et le jour, il parcourt le ciel dans cet espace de temps. Les physiciens, regardant le soleil comme l'âme du monde, expliquent ce mot par Διὸς νοῦς [1], Jupiter, ou le ciel, étant pris pour le monde. Ainsi Aratus, au début de son poëme sur les phénomènes célestes, s'écrie :

« Commençons par Jupiter. »

Les Romains appellent le soleil Liber, parce qu'il est libre et vagabond, comme dit Névius :

« Lorsque le soleil vagabond retirant à soi ses rênes de feu, incline son char vers la terre. »

L'épithète Εὐβουλῆα, qui se trouve dans les vers d'Orphée que nous venons de citer, prouve que le soleil préside aux bons conseils. En effet, si les conseils naissent des conceptions de l'âme, si, d'un autre côté, l'âme du monde, source première de l'âme humaine, n'est autre, comme on le croit, que le soleil, on a eu raison de penser que le soleil préside aux bons conseils. Cet autre vers d'Orphée atteste évidemment que le soleil est le même que Bacchus :

« Le soleil, qu'on appelle du nom de Dionysos. »

Ici le sens est positif ; mais voici un autre vers plus obscur du même poëte :

« Un Zeus, un Adès, un Soleil, un Dionysos. »

L'autorité de ce vers est fondée sur l'oracle d'Apollon de

[1] Âme de Jupiter.

in quo aliud quoque nomen soli adjicitur, qui in iisdem sacris versibus inter cetera vocatur Ἰάω; nam consultus Apollo Clarius, quis deorum habendus sit qui vocatur Ἰάω, ita effatus est :

Ὄργια μὲν δεδαῶτας ἐχρῆν νηπευθέα κεύθειν.
Ἐν δ' ἀπάτῃ παύρη σύνεσις καὶ νοῦς ἀλαπαδνός.
Φράζεο τὸν πάντων ὕπατον θεὸν ἔμμεν Ἰάω,
Χείματι μέν τ' Ἀίδην, Διὰ δ' εἴαρος ἀρχομένοιο,
Ἥλιον δὲ θέρευς, μετοπώρου δ' ἁβρὸν Ἰάω.

Hujus oraculi vim, numinis nominisque interpretationem, qua Liber pater et sol Ἰάω significatur, exsequutus est Cornelius Labeo in libro cui titulus est, *de Oraculo Apollinis Clarii*. Item Orpheus, Liberum atque solem unum esse deum eumdemque demonstrans, de ornatu vestituque ejus in sacris Liberalibus ita scribit :

Ταῦτά γε πάντα τελεῖν ἱερᾷ σκευῇ πυκάσαντα,
Σῶμα θεοῦ πλάττειν ἐριαυγοῦς ἠελίοιο.
Πρῶτα μὲν ἀργυφέαις ἐναλίγκιον ἀκτίνεσσιν
Πέπλον φοινίκεον πυρὶ εἴκελον ἀμφιβαλέσθαι·
Αὐτὰρ ὕπερθε νεβροῖο παναιόλου εὐρὺ καθάψαι
Δέρμα πολύστικτον θηρὸς κατὰ δεξιὸν ὦμον,
Ἄστρων δαιδαλέων μίμημ' ἱεροῦ τε πόλοιο.
Εἶτα δ' ὕπερθε νεβρῆς χρύσεον ζωστῆρα βαλέσθαι,
Παμφανόωντα, πέριξ στέρνων φορέειν, μέγα σῆμα.
Εὐθὺς ὅτ' ἐκ περάτων γαίης φαέθων ἀνορούσων
Χρυσείαις ἀκτῖσι βάλῃ ῥόον ὠκεανοῖο,
Αὐγὴ δ' ἄσπετος ᾖ, ἀνὰ δὲ δρόσῳ ἀμφιμιγεῖσα
Μαρμαίρῃ δίνῃσιν ἑλισσομένη κατὰ κύκλον,
Πρόσθε θεοῦ, ζώνη δ' ἄρ' ὑπὸ στέρνων ἀμετρήτων
Φαίνετ' ἄρ' ὠκεανοῦ κύκλος, μέγα θαῦμ' ἐσιδέσθαι.

Hinc et Virgilius, sciens Liberum patrem solem esse, et Cererem lunam, qui pariter fertilitatibus glebæ et maturandis frugibus vel nocturno temperamento, vel diurno calore moderantur,

Claros, qui, dans ses prophéties sacrées, donne encore au soleil, entre autres noms, celui de Ἰάω. En effet, Apollon de Claros, consulté pour savoir quel était ce dieu appelé Ἰάω, répondit ainsi :

« Il faut, après avoir été initié dans les mystères, les tenir secrets; mais, dans l'erreur, l'esprit se rétrécit et l'intelligence s'égare. Sache donc que le premier de tous les dieux est Iaô, qui s'appelle Adès pendant l'hiver, Zeus au printemps, le Soleil l'été, et Iaô à l'automne. »

Cornelius Labéon développant le sens de cet oracle dans son livre intitulé *de l'Oracle d'Apollon de Claros*, cherche à interpréter et le nom et la divinité, et trouve que ce nom Ἰάω était commun à Bacchus et au soleil. Orphée, de son côté, démontre qu'ils sont une seule et même divinité, lorsqu'il décrit ainsi les ornements et le costume du premier pendant les Libérales :

« Tel est, dans tous ses détails, le costume sacré dont on doit revêtir la statue resplendissante du soleil. D'abord, semblable à des rayons d'un blanc éclatant, un péplus couleur de pourpre et de feu; puis, nouée sur son épaule droite, la peau tachetée d'un faon aux diverses couleurs, emblème des astres magnifiques et du sacré firmament; enfin, par-dessus la peau du faon, une ceinture d'or étincelant, passée autour de sa poitrine, symbole éclatant du soleil, qui, lorsqu'il va s'élancer des extrémités de la terre, frappe de ses rayons d'or les vagues de l'océan; c'est alors que sa splendeur infinie, se mêlant avec la brillante rosée, roule devant lui la poussière en tourbillons, et que la circonférence entière de la mer semble, merveilleux spectacle, une ceinture placée sous son immense poitrine. »

Voilà pourquoi Virgile entendant par Bacchus le soleil, et par Cérès la lune, lesquels influent également sur la fertilité des champs et la maturation des fruits, l'une par la tiédeur des nuits, l'autre par la chaleur du jour, a dit :

Vestro, *ait*, si munere tellus
Chaoniam pingui glandem mutavit arista.
(*Georg.* lib. I, v. 7.)

Solem vero terrenæ esse fecunditatis auctorem, idem poeta profano mox docuit exemplo, quum ait :

Sæpe etiam steriles incendere profuit agros;
(*Georg.* lib. I, v. 84.)

et reliqua. Si enim hominum commento ignis adhibitus multiplex præstat auxilium, quid adscribendum est ætherio solis calori?

XIX. Ne Martis quidem aut Mercurii aliud esse numen quam solem.

Quæ de Libero patre dicta sunt, hæc Martem eumdem ac solem esse demonstrant : siquidem plerique Liberum cum Marte conjungunt, unum deum esse monstrantes; unde Bacchus Ἐνυάλιος cognominatur, quod est inter propria Martis nomina. Colitur etiam apud Lacedæmonios simulacrum Liberi patris hasta insigne, non thyrso; sed et quum thyrsum tenet, quid aliud, quam latens telum gerit, cujus mucro hedera lambente protegitur? quod ostendit vinculo quodam patientiæ obligandos impetus belli. Habet enim hedera vinciendi obligandique naturam; necnon et calor vini, cujus Liber pater auctor est, sæpe homines ad furorem bellicum usque propellit. Igitur propter cognatum utriusque effectus calorem, Martem ac Liberum unum eumdemque deum esse voluerunt. Certe Romani utrumque patris appellatione venerantur, alterum Liberum patrem, alterum Marspitrem[205], id est Martem patrem cognominantes. Hinc etiam Liber pater bellorum potens probatur, quod cum primum ediderunt auctorem trium-

« Si la terre, grâce à vous, échange contre de fertiles épis les glands de Chaonie. »

Plus loin, le même poëte enseigne, par un exemple pris hors de la religion, que c'est le soleil qui féconde la terre :

« Souvent même il est utile d'incendier les champs stériles ; »

etc. Si, en effet, le feu que découvrit le génie de l'homme est un auxiliaire si puissant, que sera-ce de la chaleur éthérée du soleil?

XIX. Que Mars lui-même, ou Mercure, n'est autre que le soleil.

De ce que nous venons de dire touchant Bacchus, on peut conclure que Mars est le même que le soleil, Bacchus et Mars étant considérés généralement comme une seule divinité. C'est ainsi que nous voyons attribuer au premier le surnom de Ἐνυάλιος(1), lequel appartient en propre à Mars. On peut citer encore les Lacédémoniens, qui révèrent une statue de Bacchus décorée d'une lance au lieu de thyrse. Mais le thyrse lui-même, qu'est-ce autre chose qu'un javelot déguisé, dont la pointe est cachée sous le lierre qui l'entoure? et cela pour montrer que la patience doit enchaîner en quelque sorte l'ardeur impétueuse des combats. En effet, le lierre ayant la propriété de lier et d'étreindre, de même que la chaleur du vin, dont Bacchus est regardé comme le père, pousse souvent les hommes à la fureur des combats, le rapport qui existe entre ces deux effets a fait prendre Mars et Bacchus pour une seule et même divinité. Les Romains donnent à tous les deux le titre de père, appelant l'un Liber Pater, et l'autre Marspiter, qui est la même chose que Mars Pater. Une preuve encore que Bacchus préside aux guerres, c'est qu'on le considère comme le premier auteur de la cérémonie du triomphe. Or, s'il est vrai que

(1) Meurtrier.

phi. Quum igitur Liber pater idem ac sol sit, Mars vero idem ac Liber pater, Martem solem esse quis dubitet? Accitani etiam Hispana gens, simulacrum Martis radiis ornatum maxima religione celebrant, Neton vocantes. Et certe ratio naturalis exigit, ut dii caloris coelestis parentes magis nominibus, quam re substantiaque, divisi sint. Fervorem autem, quo animus excandescit, excitaturque alias ad iram, alias ad virtutes, nonnunquam ad temporalis furoris excessum, per quas res etiam bella nascuntur, Martem cognominaverunt; cujus vim poeta exprimendo et similitudini ignis applicando, ait :

Μαίνετο δ' ὡς ὅτ' Ἄρης ἐγχέσπαλος ἢ ὀλοὸν πῦρ.
(*Iliados* lib. XV, v. 605.)

In summa pronuntiandum est effectum solis, de quo fervor animorum, de quo calor sanguinis excitatur, Martem vocari.

Ut vero Mercurius sol probetur, superius edocta suffragio sunt. Eumdem enim esse Apollinem atque Mercurium, vel hinc apparet, quod apud multas gentes stella Mercurii ad Apollinis nomen refertur; et quod Apollo Musis praesidet, Mercurius sermonem, quod est Musarum munus, impertit. Praeter hoc quoque Mercurium pro sole censeri, multa documenta sunt. Primum, quod simulacra Mercurii pinnatis alis adornantur, quae res monstrat solis velocitatem; nam quia mentis potentem Mercurium credimus, appellatumque ita intelligimus ἀπὸ τοῦ ἑρμηνεύειν, et sol mundi mens est, summa autem est velocitas mentis, ut ait Homerus :

. . . . Ὡσεὶ πτερὸν ἠὲ νόημα·
(*Odyss.* lib. VII, v. 36.)

Bacchus est le même que le soleil, et Mars, de son côté, le même que Bacchus, comment douter que Mars ne fasse qu'un avec le soleil? Les Accitaniens, peuplade espagnole, ont la plus grande vénération pour une statue de Mars qu'ils appellent Néton, et dont la tête est ornée de rayons. D'ailleurs la raison exige que les dieux, pères de la chaleur céleste, divisés, si l'on veut, de nom, ne soient qu'un seul être, une seule substance. Voilà pourquoi cette ardeur qui embrase les âmes et allume en elles la colère, l'enthousiasme, l'excès d'une fureur momentanée, toutes choses qui font naître les guerres, fut désignée sous le surnom de Mars. C'est elle que veut peindre le poëte lorsqu'il la compare au feu :

« Semblable dans sa furie à Mars qui fait vibrer sa lance, ou au feu qui dévore. »

Concluons de ce qui précède, que Mars n'est autre que le soleil échauffant les esprits de l'homme, et allumant l'ardeur du sang.

Quant à Mercure, son identité avec le soleil est démontrée par ce que nous avons dit plus haut. En effet, il est le même qu'Apollon, et la preuve s'en tire soit de ce que, chez beaucoup de peuples, l'étoile de Mercure porte le nom d'Apollon, soit de ce qu'Apollon est le chef des Muses, et Mercure le dieu de l'éloquence, qui est un des attributs des Muses. On pourrait citer encore beaucoup d'autres arguments. D'abord les ailes qu'on voit aux statues de Mercure et qui font allusion à la vélocité du soleil. En effet, nous croyons que Mercure préside à la pensée, et c'est pour cela que nous faisons dériver son nom de ἑρμηνεύειν [1]. D'autre part, le soleil est la pensée ou l'âme du monde, et comme rien n'égale la rapidité de la pensée :

« *Rapide*, comme l'aile [de l'oiseau] ou comme la pensée, »

[1] Interpréter.

ideo pinnis Mercurius quasi ipsa natura solis ornatur. Hoc argumentum Ægyptii lucidius absolvunt, ipsius solis simulacra pinnata fingentes, quibus color apud illos non unus est: alterum enim cærula specie, alterum clara fingunt, ex his clarum superum, et cæruleum inferum vocant. Inferi autem nomen soli datur, quum in inferiore hemisphærio, id est hiemalibus signis cursum suum peragit : superi, quum partem zodiaci ambit æstivam. Eadem circa Mercurium sub alia fabula fictio est, quum inter superos et inferos deos administer ac nuntius æstimatur.

Argiphontes præterea cognominatur, non quod Argum peremerit, quem ferunt per ambitum capitis multorum oculorum luminibus ornatum, custodisse Junonis imperio Inachi filiam Io, ejus deæ pellicem, conversam in bovis formam : sed sub hujuscemodi fabula Argus est cœlum stellarum luce distinctum, quibus inesse quædam species cœlestium videtur oculorum. Cœlum autem Argum vocitari placuit a candore et velocitate, παρὰ τὸ λευκὸν καὶ ταχύ. Et videtur terram desuper observare, quam Ægyptii, hieroglyphicis litteris quum signare volunt, ponunt bovis figuram ; is ergo ambitus cœli, stellarum luminibus ornatus, tunc æstimatur enectus a Mercurio, quum sol diurno tempore obscurando sidera velut enecat, vi luminis sui conspectum eorum auferendo mortalibus. Pleraque etiam simulacra Mercurii quadrato statu figurantur, solo capite insignita et virilibus erectis. Quæ figura significat solem mundi esse caput, et rerum satorem, omnemque vim ejus non in quodam divisorum ministerio membrorum, sed in sola mente consistere, cujus sedes in capite est. Quatuor latera eadem

dit Homère, on donne à Mercure des ailes, attribut essentiel du soleil. Les Égyptiens ne laissent aucun doute à ce sujet, eux qui donnent des ailes aux statues du soleil. Ces statues ne sont pas toutes de même couleur : les unes sont bleues, les autres d'un ton clair : celles-ci sont appelées supérieures, celles-là inférieures. Par soleil inférieur, on entend le soleil parcourant l'hémisphère inférieur, c'est-à-dire les signes de l'hiver ; par soleil supérieur, le soleil parcourant dans le zodiaque les signes de l'été. N'est-ce pas, sous une forme différente, l'allégorie de Mercure ministre et messager des dieux, et courant sans cesse des cieux aux enfers?

Ensuite il ne faut pas croire que le surnom d'Argiphontès donné à Mercure lui vienne d'avoir tué Argus, lequel, ayant, dit-on, la tête couverte d'yeux, avait été chargé par Junon de garder Io, fille d'Inachus, et rivale de la déesse qui l'avait changée en vache. Sous cette allégorie, il est aisé de reconnaître dans Argus le ciel, parsemé d'étoiles, qui sont comme les yeux du firmament. On appela le ciel Argus, à cause de sa transparence et de sa rapidité, παρὰ τὸ λευκὸν καὶ ταχύ. Des hauteurs où il domine, il semble épier la terre, que les Égyptiens, dans leurs hiéroglyphes, ont figurée par une vache : si bien qu'Argus, tué par Mercure, n'est autre que la voûte céleste, dont les étoiles pâlissent et meurent le matin, à l'aspect de la lumière du soleil, qui les dérobe aux yeux des mortels. Ajoutez que la plupart des simulacres de Mercure consistent en un bloc carré, n'ayant de modelé que la tête, et le membre viril en érection, pour signifier que le soleil est la tête du monde et le procréateur des êtres, et que sa force réside non dans les fonctions isolées des divers membres, mais dans l'intelligence seule, dont la tête est le siége. Les quatre côtés sont là par la même raison qui a fait du tétrachorde un attribut de Mercure, le nombre quatre faisant allusion soit à un

ratione finguntur, qua et tetrachordum Mercurio creditur attributum : quippe significat hic numerus vel totidem plagas mundi, vel quatuor vices temporum, quibus annus includitur, vel quod duobus æquinoctiis duobusque solstitiis zodiaci ratio distincta est; ut lyra Apollinis chordarum septem tot cœlestium sphærarum motus præstat intelligi, quibus solem moderatorem natura constituit.

In Mercurio solem coli etiam ex caduceo claret, quod Ægyptii in specie draconum maris et feminæ conjunctorum figuraverunt Mercurio consecrandum. Hi dracones parte media voluminis sui invicem, nodo, quem vocant Herculis, obligantur; primæque partes eorum reflexæ in circulum pressis osculis ambitum circuli jungunt : et post nodum caudæ revocantur ad capulum caducei, ornanturque alis ex eadem capuli parte nascentibus. Argumentum caducei ad genituram quoque hominum, quæ genesis appellatur, Ægyptii protendunt, deos præstites homini nascenti quatuor adesse memorantes, δαίμονα, τύχην, ἔρωτα, ἀνάγκην : et duo priores solem ac lunam intelligi volunt, quod sol auctor spiritus caloris ac luminis, humanæ vitæ genitor et custos, est; et ideo nascentis dæmon, id est deus creditur : luna τύχη, quia corporum præsul est, quæ fortuitorum varietate jactantur : amor osculo significatur; necessitas nodo; cur pinnæ adjiciantur, jam superius absolutum est. Ad hujusmodi argumenta draconum præcipue volumen electum est, propter iter utriusque sideris flexuosum.

nombre pareil des parties du monde, soit aux quatre saisons de l'année, soit à la division du zodiaque en deux équinoxes et en deux solstices; de même que les sept cordes de la lyre d'Apollon expriment le mouvement des sept sphères célestes, dont le soleil est le régulateur.

Une preuve encore que c'est le soleil qu'on honore sous le nom de Mercure, c'est le caducée que les Égyptiens ont consacré à ce dieu, sous la figure de deux serpents mâle et femelle, entrelacés, attachés ensemble par le milieu du corps, au moyen d'un nœud, appelé nœud d'Hercule. Leurs extrémités supérieures se recourbent et forment un cercle en se baisant, tandis que, au delà du nœud, leurs queues viennent aboutir à la poignée du caducée, et sont surmontées d'ailes qui sortent de cette partie de la baguette. Les Égyptiens rapportent ce caducée à la génération [1] des hommes, disant que quatre divinités président à la naissance de chaque mortel, le génie, démon familier [2], la fortune [3], l'amour [4], le destin [5]. Par les deux premiers, ils entendent le soleil et la lune : le soleil, principe de la chaleur et de la lumière, parce qu'il est l'auteur et le conservateur de la vie, ce qui l'a fait regarder comme le génie, ou dieu protecteur de l'homme, à sa naissance; la lune [6], parce qu'elle préside aux corps, jouets des caprices du hasard. L'amour est représenté par le baiser; le destin, par le nœud. Quant aux ailes, nous avons dit plus haut pourquoi elles ont été ajoutées. Mais nous ferons remarquer ici que les courbes onduleuses des serpents ont été choisies exprès pour figurer le cours sinueux des deux astres.

(1) Γένεσις.—(2) Δαίμων.—(3) Τύχη.—(4) Ἔρος.—(5) Ἀνάγκη.—(6) Τύχη.

XX. Quin Æsculapium quoque, et Salutem, et Herculem, et cum Iside ipsum etiam Sarapin, alios quam solem deos non esse.

Hinc est quod simulacris Æsculapii et Salutis draco subjungitur, quod hi ad solis naturam lunæque referuntur. Et est Æsculapius vis salubris de substantia solis subveniens animis corporibusque mortalium : Salus autem naturæ lunaris effectus est, quo corpora animantium juvantur salutifero firmata temperamento. Ideo ergo simulacris eorum junguntur figuræ draconum, quia præstant, ut humana corpora, velut infirmitatis pelle deposita, ad pristinum revirescant virorem, ut virescunt dracones per annos singulos, pelle senectutis exuta. Propterea et ad ipsum solem species draconis refertur, quia sol semper, velut a quadam imæ depressionis senecta, in altitudinem suam, ut in robur revertitur juventutis. Esse autem draconem inter præcipua solis argumenta, etiam nominis fictione monstratur, quod sit nuncupatus ἀπὸ τοῦ δέρκειν, id est videre [206]. Nam ferunt hunc serpentem acie acutissima et pervigili naturam sideris hujus imitari; atque ideo ædium, adytorum, oraculorum, thesaurorum custodiam draconibus assignari.

Æsculapium vero eumdem esse atque Apollinem non solum hinc probatur, quod ex illo natus creditur, sed quod ei et jus divinationis adjungitur. Nam Apollodorus in libris, quibus titulus est περὶ Θεῶν, scribit quod Æsculapius divinationibus et auguriis præsit. Nec mirum : siquidem medicinæ atque divinationum consociatæ sunt disciplinæ. Nam medicus vel commoda, vel incommoda in corpore futura prænoscit; sicut ait Hippocrates opor-

XX. Qu'Esculape aussi, Hygie, Hercule, Sarapis avec Isis, ne sont d'autres dieux que le soleil.

On donne pour attribut aux simulacres d'Esculape et d'Hygie un dragon, parce que ces divinités se rapportent à l'essence du soleil et de la lune : Esculape étant cette vigueur active qui se dégage de la substance du soleil pour pénétrer les corps et les âmes des mortels; Hygie, un effet propre à la lune, qui, maintenant les corps animés dans un équilibre salutaire, contribue à leur conservation. Le dragon donc signifie que, grâce à ces deux divinités, nos corps, déposant, en quelque sorte, la peau de la maladie, recouvrent leur vigueur primitive, de même que les serpents rajeunissent chaque année, lorsqu'ils ont dépouillé la peau de la vieillesse. De plus, il se rapporte au soleil lui-même ; car ne semble-t-il pas que cet astre, ramené sans cesse du point de sa plus grande inclinaison à celui de sa plus grande hauteur, passe ainsi de la vieillesse à la jeunesse? D'ailleurs le dragon est un des principaux attributs du soleil; son nom même le prouve, venant de δέρκειν, voir. On dit, en effet, que l'œil perçant et toujours ouvert de cet animal participe de la nature du soleil, et c'est pour cela que les édifices, les sanctuaires, les oracles, les trésors sont confiés à sa garde.

D'autre part, on acquiert la certitude qu'Esculape est le même qu'Apollon, non-seulement parce qu'il passe pour son fils, mais encore parce qu'on lui attribue, comme à lui, le don de la divination. Apollodore, dans ses livres qu'il a intitulés *des Dieux*, déclare qu'Esculape préside aux divinations et aux augures : chose toute naturelle, si l'on fait attention que l'art de la médecine et celui de la divination sont liés étroitement. Le médecin prévoit les biens et les maux qui doivent survenir aux corps, et, suivant la parole d'Hippocrate, il doit

tere medicum dicere de ægro, τά τε παρεόντα, καὶ τὰ προγεγονότα, καὶ τὰ μέλλοντα ἔσεσθαι, id est

Quæ sint, quæ fuerint, quæ mox ventura sequentur;
(Georg. lib.IV, v. 393.)

quod congruit divinationibus, quæ sciunt

Τά τε ὄντα, τά τ' ἐσσόμενα, πρό τ' ἐόντα.
(Iliados lib. I, v. 70.)

Sed nec Hercules a substantia solis alienus est; quippe Hercules ea est solis potestas, quæ humano generi virtutem ad similitudinem præstat deorum. Nec æstimes Alcmena apud Thebas Bœotias natum solum, vel primum Herculem nuncupatum; immo post multos atque postremus ille hac appellatione dignatus est, honoratusque hoc nomine, quia nimia fortitudine meruit nomen dei virtutem regentis. Ceterum deus Hercules religiose quidem et apud Tyron [207] colitur : verum sacratissima et augustissima Ægyptii eum religione venerantur, ultraque memoriam, quæ apud illos retro longissima est, ut carentem initio colunt. Ipse creditur et gigantas interemisse, quum cœlo propugnaret, quasi virtus deorum. Gigantas autem quid aliud fuisse credendum est, quam hominum quamdam impiam gentem, deos negantem; et ideo æstimatam deos pellere de cœlesti sede voluisse? Horum pedes in draconum volumina desinebant, quod significat, nihil eos rectum, nihil superum cogitasse, totius vitæ eorum gressu atque processu in inferna mergente. Ab hac gente sol pœnas debitas vi pestiferi caloris exegit. Et revera Herculem solem esse vel ex nomine claret. Ἡρακλῆς enim quid aliud est, nisi ἥρας, id est aeris, κλέος : quæ porro alia aeris gloria est, nisi solis illuminatio, cujus recessu profunditate occulitur tenebrarum? Præterea sa-

pouvoir dire du malade τά τε παρέοντα, καὶ τὰ προγεγονότα, καὶ τὰ μέλλοντα ἔσεσθαι, c'est-à-dire

« Ce qui est, ce qui a été, ce qui sera bientôt; »

de même que l'art des divinations embrasse à la fois

« Le présent, le passé, l'avenir. »

Hercule rentre également dans la substance du soleil; il est cette propriété de l'astre du jour d'où l'espèce humaine tire la vertu qui l'élève à la ressemblance des dieux. Ne croyez pas que le fils d'Alcmène, né à Thèbes, en Béotie, ait été le premier ou le seul du nom d'Hercule; beaucoup, au contraire, l'avaient précédé, et il fut le dernier qu'on désigna et qu'on honora sous ce nom, son courage invincible lui ayant fait donner pour patron le dieu même qui préside au courage. Au reste, le dieu Hercule est en grand honneur chez les Tyriens; les Égyptiens lui rendent un culte des plus augustes et des plus solennels, et bien au delà de leurs traditions, lesquelles remontent fort loin cependant, ils l'honorent comme n'ayant pas eu de commencement. Emblème de la valeur des dieux, il passe pour avoir tué les géants, en combattant pour le ciel. Mais que doit-on entendre par ces géants, sinon une race impie de mortels qui niaient les dieux, et que l'on dit, pour cela, avoir voulu les chasser de la demeure céleste? Leurs pieds se terminaient en replis de dragons, pour montrer qu'il n'y avait dans leur pensée ni droiture, ni élévation, les pas et la démarche de toute leur vie plongeant dans les abîmes. Telle fut cette race que le soleil châtia justement par l'effet d'une chaleur pestilentielle. D'ailleurs le nom même d'Hercule ne laisse aucun doute sur son identité avec le soleil. Ἡρακλῆς est-ce autre chose que ἥρας κλέος (1)? Or, qu'est-ce que la gloire de l'air, sinon la lumière du soleil, dont

(1) Gloire de l'air.

crorum administrationes apud Ægyptios multiplici actu multiplicem dei asserunt potestatem, significantes Herculem hunc esse τὸν ἐν πᾶσι καὶ διὰ πάντων ἥλιον. Ex re quoque alibi terrarum gesta argumentum non vile colligitur. Nam Theron, rex Hispaniæ citerioris, quum ad expugnandum Herculis templum ageretur furore, instructus exercitu navium, Gaditani ex adverso venerunt provecti navibus longis, commissoque prœlio, adhuc æquo Marte exsistente pugna, subito in fugam versæ sunt regiæ naves, simulque improviso igne correptæ conflagraverunt; paucissimi, qui superfuerant, hostium capti indicaverunt apparuisse sibi leones proris Gaditanæ classis superstantes, ac subito suas naves immissis radiis, quales in solis capite pinguntur, exustas.

Eidem Ægypto adjacens civitas, quæ conditorem Alexandrum Macedonem gloriatur, Sarapin atque Isin cultu pæne attonitæ venerationis observat; omnem tamen illam venerationem soli se sub illius nomine testatur impendere, vel dum calathum capiti ejus infigunt, vel dum simulacro signum tricipitis animantis adjungunt, quod exprimit medio eodemque maximo capite leonis effigiem. Dextera parte caput canis exoritur, mansueta specie blandientis; pars vero læva cervicis rapacis lupi capite finitur; easque formas animalium draco connectit volumine suo, capite redeunte ad dei dexteram, qua compescitur monstrum. Ergo leonis capite monstratur præsens tempus : quia conditio ejus inter præteritum futurumque actu præsenti valida fervensque est. Sed et

la disparition le plonge dans la profondeur des ténèbres? En outre, les cérémonies du culte chez les Égyptiens, exprimant par la multiplicité de leurs formes la puissance multiple du dieu, prouvent qu'Hercule n'est autre que ce soleil qui est en tout et circule partout, τὸν ἐν πᾶσι καὶ διὰ πάντων ἥλιον. Voici maintenant un fait particulier à une autre contrée et qui renferme une preuve assez forte. Théron, roi de l'Espagne citérieure, poussé par le désir insensé de s'emparer du temple d'Hercule, ayant équipé une flotte, les Gaditains, montés sur des vaisseaux longs, vinrent à sa rencontre ; le combat s'engagea, et les chances étaient encore égales, quand la flotte royale fut tout à coup dispersée, et en même temps consumée par un incendie imprévu. Quelques soldats, échappés au massacre et tombés au pouvoir des ennemis, racontèrent que des lions leur étaient apparus sur la proue des vaisseaux gaditains, et qu'au même moment des rayons semblables à ceux dont on orne la tête du soleil, avaient embrasé leur flotte.

Une cité voisine de l'Égypte, et qui se glorifie d'avoir Alexandre de Macédoine pour son fondateur, a voué à Isis et à Sarapis un culte presque merveilleux; mais tous ces hommages s'adressent en réalité au soleil : on le reconnaît d'abord à la corbeille qui couvre la tête du dieu, puis à l'animal à trois têtes dont l'image est placée à côté de la statue. La tête du milieu, qui est en même temps la plus grosse, est une tête de lion ; la tête de gauche, celle d'un chien à l'aspect doux et caressant ; la tête de droite, celle d'un loup vorace. Un dragon les enveloppe toutes trois de ses replis tortueux, et la tête du monstre s'incline avec soumission sous la main droite du dieu. Eh bien, le lion désigne le temps présent, qui, placé entre le passé et l'avenir, puise sa force et sa puissance dans son activité même ; le loup, le passé, dont la mémoire est ravie et emportée loin de nous ; le chien

præteritum tempus lupi capite signatur, quod memoria rerum transactarum rapitur et aufertur. Item canis blandientis effigies futuri temporis designat eventum, de quo nobis spes, licet incerta, blanditur. Tempora autem cui, nisi proprio famularentur auctori? cujus vertex insignitus calatho et altitudinem sideris monstrat, et potentiam capacitatis ostentat : quia in eum omnia terrena redeunt, dum immisso calore rapiuntur.

Accipe nunc quid de sole vel Sarapi pronuntietur oraculo; nam Sarapis, quem Ægyptii deum maximum prodiderunt, oratus a Nicocreonte, Cypriorum rege, quis deorum haberetur, his versibus sollicitam religionem regis instruxit :

> Εἰμὶ θεὸς τοιοσδε μαθεῖν, οἷον κἀγὼ εἴπω.
> Οὐράνιος κόσμος κεφαλή, γαστὴρ δὲ θάλασσα,
> Γαῖα δέ μοι πόδες εἰσί, τὰ δ' οὔατ' ἐν αἰθέρι κεῖται.
> Ὄμμα τε τηλαυγές, λαμπρὸν φάος ἠελίοιο.

Ex his apparet, Sarapis et solis unam et individuam esse naturam. Isis juncta religione celebratur, quæ est vel terra, vel natura rerum subjacens soli. Hinc est quod continuatis uberibus corpus deæ omne densetur, quia terræ vel rerum naturæ altu nutritur universitas.

XXI. Adonin, Attinem, Osirin, et Horum, aliud non esse quam solem. Præterea et duodecim signa zodiaci ad naturam solis referri.

Adonin quoque solem esse non dubitabitur, inspecta religione Assyriorum, apud quos Veneris Architidis et Adonis maxima olim veneratio viguit, quam nunc Phœnices tenent. Nam physici terræ superius hemisphærium, cujus partem incolimus, Veneris appellatione coluerunt; inferius vero hemisphærium terræ Proserpinam vocave-

caressant, les événements futurs dont nous aimons à caresser l'espérance incertaine. Or maintenant, à qui les les temps obéiraient-ils, si ce n'est à leur auteur, c'est-à-dire au soleil? Ainsi la corbeille placée sur la tête du dieu, figure la hauteur de l'astre, et cette puissance de capacité qui fait que tous les corps terrestres, attirés par ses rayons, retournent dans son sein.

Écoutez à présent les paroles de l'oracle touchant Sarapis ou le soleil. Sarapis, que les Égyptiens regardent comme le plus grand des dieux, interrogé par Nicocréon, roi de Chypre, sur le rang qu'il occupait parmi les Immortels, éclaira la religieuse sollicitude du monarque par les vers suivants :

« Je suis le dieu que je vais te dire. La splendeur des cieux est ma tête; la mer, mon ventre; la terre, mes pieds; l'air, mes oreilles; mes yeux sont la lumière resplendissante du soleil. »

Il suit de là que Sarapis et le soleil sont une substance une et indivisible. Isis, associée à son culte, représente la terre ou la nature des choses, laquelle est placée sous le soleil. Les épaisses mamelles qui couvrent en entier le corps de la déesse, montrent que la terre ou la nature est la nourrice de tous les êtres.

XXI. Qu'Adonis, Attis, Osiris et Horus, ne sont pas autre chose que le soleil. Que les douze signes du zodiaque eux-mêmes se rapportent à la nature du soleil.

Adonis est aussi le même que le soleil; il suffira, pour s'en convaincre, d'examiner la religion des Assyriens, chez lesquels florissait jadis le culte de Vénus Architis et d'Adonis, adopté aujourd'hui par les Phéniciens. En effet, Vénus était le nom donné par les physiciens à l'hémisphère supérieur du globe, dont nous occupons une partie; tandis qu'ils appelaient Proserpine l'hémisphère

runt. Ergo apud Assyrios, sive Phœnicas, lugens inducitur dea : quod sol annuo gressu per duodecim signorum ordinem pergens, partem quoque hemisphærii inferioris ingreditur; quia de duodecim signis zodiaci sex superiora, sex inferiora censentur : et quum est in inferioribus, et ideo dies breviores facit, lugere creditur dea, tanquam sole raptu mortis temporalis amisso a Proserpina retento; quam numen terræ inferioris circuli et antipodum diximus; rursumque Adonin redditum Veneri credi volunt, quum sol evictis sex signis inferioris ordinis, incipit nostri circuli lustrare hemisphærium cum incremento luminis et dierum. Ab apro autem tradunt interemptum Adonin, hiemis imaginem in hoc animali fingentes; quod aper hispidus et asper gaudet locis humidis et lutosis, pruinaque contectis, proprieque hiemali fructu pascitur glande. Ergo hiems veluti vulnus est solis, quæ et lucem ejus nobis minuit et calorem : quod utrumque animantibus accidit morte. Simulacrum hujus deæ in monte Libano fingitur capite obnupto, specie tristi, faciem manu læva intra amictum sustinens, lacrymæ visione conspicientium manare creduntur. Quæ imago præter quod lugentis est, ut diximus, deæ, terræ quoque hiemalis est; quo tempore obnupta nubibus, sole viduata stupet, fontesque veluti terræ oculi uberius manant, agrique interim suo cultu vidui mœstam faciem sui monstrant. Sed quum sol emersit ab inferioribus partibus terræ, vernalisque æquinoctii transgreditur fines augendo diem : tunc est et Venus læta, et pulchra virent

inférieur. De là, chez l'un ou l'autre de ces peuples, les pleurs qui baignent le visage de la déesse. Ils croient qu'à l'époque où le soleil, dans sa course annuelle à travers les douze signes du zodiaque (on sait que six de ces signes sont dits supérieurs, et six inférieurs), entre dans l'hémisphère austral et ramène les plus petits jours, Vénus, désolée, pleure la disparition et la mort momentanée de son amant, enlevé et retenu par Proserpine, qui est, nous l'avons dit, la divinité de l'hémisphère inférieur, ou de nos antipodes; jusqu'à ce qu'enfin le soleil ayant abandonné de nouveau cet hémisphère pour le nôtre, et nous apportant une lumière plus vive et des jours plus longs, Adonis est rendu à Vénus. Le sanglier qui, suivant la tradition, causa la mort d'Adonis, est l'emblème de l'hiver : car, d'une part, cet animal, au poil rude et hérissé, se plaît dans les lieux humides, boueux, couverts de frimas, et se nourrit de gland, fruit particulier à l'hiver; et, d'un autre côté, l'on peut dire que l'hiver est comme une blessure pour le soleil, dont il diminue pour nous la lumière et la chaleur : double effet que produit la mort chez les êtres animés. Vénus est représentée sur le mont Liban, la tête voilée, dans l'attitude de la douleur, soutenant de sa main gauche son visage caché sous les plis de son manteau, tandis que ses larmes semblent couler à la vue des assistants. Cette image de la désolation de la déesse est en même temps le symbole de la terre pendant l'hiver, alors que, voilée par les nuages et veuve du soleil, elle demeure engourdie, alors que les fontaines, qui sont comme les yeux de la terre, coulent abondamment, et que les champs, sans culture, offrent partout un aspect triste et morne. Mais lorsque le soleil reparaît soudainement aux bords de notre hémisphère, et, franchissant l'équinoxe du printemps, rend les jours plus longs, Vénus recouvre la joie et la beauté, les blés verdissent dans les champs, l'herbe dans les prairies, les

arva segetibus, prata herbis, arbores foliis. Ideo majores nostri aprilem mensem Veneri dicaverunt.

Similiter Phryges fabulis et sacrorum administrationibus immutatis, circa matrem deum et Attinem eadem intelligi præstant. Quis enim ambigat matrem deum terram haberi? Hæc dea leonibus vehitur, validis impetu atque fervore animalibus; quæ natura cœli est, cujus ambitu aer continetur qui vehit terram. Solem vero sub nomine Attinis ornant fistula et virga : fistula ordinem spiritus inæqualis ostendit, quia venti, in quibus nulla æqualitas est, propriam sumunt de sole substantiam; virga potestatem solis asserit, qui cuncta moderatur. Præcipuam autem solis in his cæremoniis verti rationem, hinc etiam potest colligi, quod ritu eorum catabasi finita, simulationeque luctus peracta, celebratur lætitiæ exordium a. d. octavum kalendas aprilis, quem diem Hilaria appellant, quo primum tempore sol diem longiorem nocte protendit. Idem sub diversis nominibus religionis effectus est apud Ægyptios, quum Isis Osirin luget. Nec in occulto est, neque aliud esse Osirin, quam solem, nec Isin aliud esse, quam terram, ut diximus, naturamve rerum ; eademque ratio quæ circa Adonin et Attinem vertitur, in Ægyptia quoque religione luctum et lætitiam vicibus annuæ administrationis alternat : hinc Osirin Ægyptii, ut solem esse asserant, quoties hieroglyphicis litteris suis exprimere volunt, insculpunt sceptrum, inque eo speciem oculi exprimunt, et hoc signo Osirin monstrant, significantes hunc deum solem esse, regalique potestate sublimem cuncta despicere : quia solem Jovis oculum appellat antiquitas.

Apud eosdem Apollo, qui est sol, Horus vocatur, ex

feuilles sur les arbres. De là vient que nos ancêtres consacrèrent le mois d'avril à Vénus.

Chez les Phrygiens, où les traditions et les cérémonies religieuses diffèrent, le même symbole se retrouve dans la mère des dieux et dans Attis. Qui doute, en effet, que cette mère des dieux ne soit la terre? Elle est traînée par des lions, animaux pleins de force et d'ardeur comme le ciel, qui enferme sous sa voûte l'air qui porte la terre. Le soleil, sous le nom d'Attis, a pour attributs une verge et une flûte : la flûte, par la série des souffles inégaux qu'elle comporte, désigne le changement continuel des vents, qui sont des portions de la substance solaire; la verge est l'emblème de la domination qu'il exerce sur toutes choses. Ce qui prouve qu'au fond de toutes leurs cérémonies se retrouve le culte du soleil, c'est que, suivant les rites de ces peuples, dès que cet astre recommence son mouvement d'ascension, le deuil simulé cesse, et l'on célèbre le retour de l'allégresse par la fête des Hilaries, laquelle a lieu le huit des calendes d'avril, précisément à l'époque où les jours deviennent plus longs que les nuits. Les Égyptiens ont consacré ce mythe sous des noms différents : chez eux, c'est Isis qui pleure Orisis. Or, il n'est douteux pour personne que par Osiris il ne faille entendre le soleil, et par Isis la terre, comme nous l'avons dit, ou la nature; et le même motif que nous avons signalé touchant Adonis et Attis, détermina dans les cérémonies sacrées de ce peuple, les mêmes alternatives de tristesse et de joie. Afin de montrer qu'Osiris pour eux n'est autre que le soleil, ils le représentent dans leurs hiéroglyphes sous la forme d'un sceptre surmonté d'un œil. Cet emblème d'Osiris n'est-il pas celui du soleil, roi du monde, qui de son trône élevé voit l'univers au-dessous de lui? Car l'antiquité appelle le soleil l'œil de Jupiter.

Chez ce même peuple, Apollon, c'est-à-dire le soleil,

quo et horæ vigintiquatuor, quibus dies noxque conficitur, nomen acceperunt : et quatuor tempora, quibus annuus orbis impletur, horæ vocantur. Idem Ægyptii, volentes ipsius solis nomine dicare simulacrum, figuravere raso capite, sed dextra parte crine remanente. Servatus crinis docet, solem naturæ rerum nunquam esse in operto; dempti autem capilli residente radice monstrant, hoc sidus etiam tempore, quo non visitur a nobis, rursum emergendi, uti capillos, habere substantiam. Eodem argumento significatur et tempus quo angusta lux est, quum velut abrasis incrementis, angustaque manente exstantia, ad minimum diei sol pervenit spatium; quod veteres appellavere brumale solstitium, brumam a brevitate dierum cognominantes, id est $\beta\rho\alpha\chi\grave{\upsilon}\ \tilde{\eta}\mu\alpha\rho$. Ex quibus latebris vel angustiis rursus emergens, ad æstivum hemisphærium, tanquam enascens, in augmenta porrigitur; et tunc ad regnum suum pervenisse jam creditur. Propterea Ægyptii animal in zodiaco consecravere ea cœli parte, qua maxime annuo cursu sol valido effervet calore, Leonisque inibi signum domicilium solis appellant : quia id animal videtur ex natura solis substantiam ducere, primumque impetu et calore præstat animalia, uti præstat sol sidera; validusque est leo pectore et priore corporis parte, ac degenerat posterioribus membris; æque solis vis prima parte diei ad meridiem increscit, vel prima parte anni a vere in æstatem, mox elanguescens deducitur vel ad occasum, qui diei, vel ad hiemem, quæ anni pars videtur esse posterior. Idemque oculis patentibus atque igneis cernitur semper, ut sol

est appelé Horus, d'où tirèrent leur nom les vingt-quatre heures, qui composent la nuit et le jour, ainsi que les quatre saisons, ou heures, formant le cercle de l'année. Ce sont encore les Égyptiens qui voulant consacrer une statue au soleil sous son propre nom, l'ont représenté la tête rasée, à l'exception d'une mèche de cheveux sur le côté droit, pour montrer que le soleil ne se dérobe jamais aux yeux de la nature, et que dans le temps même où il cesse d'être visible pour nous, il conserve, comme les cheveux, la faculté de revenir : ce qu'ils expriment par les cheveux coupés, mais dont la racine subsiste encore. Cette allégorie marque aussi le temps où la lumière se montre à peine, c'est-à-dire le temps où, dépouillé de tous les accroissements qu'il a reçus, sans toutefois disparaître entièrement, le soleil est arrivé au terme le plus étroit de sa carrière diurne. Les anciens l'appelèrent le solstice brumal, de *bruma*(1), formé lui-même de $\beta\rho\alpha\chi\grave{u}$ $\tilde{\eta}\mu\alpha\rho$(2), jusqu'au moment où, sortant tout à coup de sa prison étroite et profonde, il s'accroît de jour en jour, et s'avance vers le solstice d'été, comme un roi qui reprend possession de son empire. Voilà pourquoi les Égyptiens représentèrent par un animal le signe du zodiaque, où le soleil, durant sa course annuelle, brûle de ses feux les plus ardents; et ils appelèrent cette demeure du soleil le signe du Lion, parce que la substance du lion semble émaner de celle du soleil, et qu'il surpasse tous les animaux par son impétuosité et son ardeur, comme celui-ci tous les astres. En outre, la force du lion resídant presque tout entière dans sa poitrine et dans la partie antérieure de son corps, est beaucoup moindre dans la partie postérieure : de même l'énergie du soleil croît du matin jusqu'à midi, ou du printemps, par où l'année commence, jusqu'à l'été, puis va s'affaiblissant jusqu'au soir, ou jusqu'à l'hiver, qui marquent, l'un la fin du jour,

---

(1) Hiver. — (2) Jour court.

patenti igneoque oculo terram conspectu perpetuo atque infatigabili cernit.

Nec solus Leo, sed signa quoque universa zodiaci, ad naturam solis jure referuntur ; et, ut ab Ariete incipiam, magna illi concordia est. Nam is per menses sex hibernales sinistro incubat lateri, ab æquinoctio verno supra dexterum latus : sicut et sol ab eodem tempore dexterum hemisphærium, reliquo ambit sinistrum. Ideo et Hammonem, quem deum solem occidentem Libyes existimant, arietinis cornibus fingunt, quibus maxime id animal valet, sicut sol radiis. Nam et apud Græcos ἀπὸ τοῦ κέρως κριός appellatur. Taurum vero ad solem referri, multiplici ratione Ægyptius cultus ostendit : vel quia apud Heliopolim taurum soli consecratum, quem Neton cognominant, maxime colunt; vel quia bos Apis in civitate Memphi solis instar excipitur ; vel quia in oppido Hermunthi magnifico Apollinis templo consecratum soli colunt taurum, Pacin cognominantes, insignem miraculis convenientibus naturæ solis : nam et per singulas horas mutare colores affirmatur, et hirsutus setis dicitur in adversum nascentibus, contra naturam omnium animalium. Unde habetur veluti imago solis in diversam mundi partem nitentis. Gemini autem, qui alternis mortibus vivere creduntur, quid aliud nisi solem, unum eumdemque significant, modo descendentem in ima mundi, modo mundi in summam altitudinem resurgentem? Cancer obliquo gressu quid aliud nisi iter solis os-

l'autre celle de l'année. Enfin, l'œil du lion est toujours ouvert et étincelant, de même que l'œil du soleil, toujours étincelant et toujours ouvert, embrasse éternellement la terre de son regard infatigable.

Non-seulement le Lion, mais encore tous les autres signes du zodiaque, se rapportent à bon droit à la nature du soleil; et, pour commencer par le Bélier, la relation est évidente. En effet, cet animal reste, durant les six mois d'hiver, couché sur le côté gauche, et, à partir de l'équinoxe du printemps, sur le côté droit; ainsi, à la même époque, le soleil fait le tour de l'hémisphère de droite, et, le reste de l'année, parcourt l'hémisphère de gauche. Voilà pourquoi le dieu Hammon, que les Libyens adorent comme le soleil couchant, est représenté avec des cornes de bélier, la puissance de cet animal étant toute dans ses cornes, comme celle du soleil dans ses rayons : témoin le nom même que lui donnent les Grecs, κριός, lequel a pour racine κέρας (1). Quant au Taureau, les rites égyptiens nous offrent plusieurs preuves de son rapport avec le soleil : d'abord le taureau consacré à ce dieu, dans la ville d'Héliopolis, sous le nom de Nétos, et qui y est en grande vénération; le bœuf Apis, qui reçoit à Memphis les mêmes honneurs que le soleil; enfin, à Hermunthis, dans le temple magnifique d'Apollon, le culte du taureau Pacis, lequel est également consacré au soleil, et dont les propriétés merveilleuses conviennent à la nature de cet astre. Par exemple, l'on assure qu'il change de couleur toutes les heures, et que son poil hérissé pousse en sens divers, contrairement à tous les autres animaux; image du soleil, qui dirige ses rayons vers tous les points du globe. Les Gémeaux, qui puisent la vie tour à tour dans la mort l'un de l'autre, que désignent-ils, si ce n'est le soleil, qui, seul et le même toujours, tour à tour descend au point le plus bas du monde,

---

(1) Corne.

tendit, qui viam nunquam rectam, sed per illam semper meare sortitus est,

> Obliquus qua se signorum verteret ordo?
> *(Georg. lib. I, v. 239.)*

maximeque in illo signo sol a cursu supero incipit obliquus inferiora jam petere. De Leone supra jam dictum est. Virgo autem, quæ manu aristam refert, quid aliud quam δύναμις ἡλιακὴ quæ fructibus curat? et ideo justitia creditur, quæ sola facit nascentes fructus ad hominum usus pervenire. Scorpius totus, in quo Libra est, naturam solis imaginatur, qui hieme torpescit, et transacta hac, aculeum rursus erigit vi sua, nullum naturæ damnum ex hiberno torpore perpessa. Sagittarius, qui omnium zodiaci domiciliorum imus atque postremus est, ideo ex homine in feram per membra posteriora degenerat, quasi postremis partibus suis a superis in inferna detrusus; sagittam tamen jacit, quod indicat, tunc quoque universorum constare vitam radio solis vel ab ima parte venientis. Capricornus, ab infernis partibus ad supera solem reducens, capræ naturam videtur imitari : quæ, dum pascitur, ab imis partibus prominentium semper scopulorum alta deposcit. Aquarius nonne ipsam vim solis ostendit? unde enim imber caderet in terras, nisi solis calor ad supera traheret humorem, cujus refusio pluvialis est copia? In ultimo ordine zodiaci Pisces locati sunt : quos consecravit soli non aliqua naturæ suæ imitatio, ut cetera, sed ostentatio potentiæ sideris, a quo vita non solum aereis terrenisque animalibus datur, sed illis quoque, quorum conversatio aquis mersa velut a

et remonte au sommet le plus élevé? Et la marche oblique du Cancer, n'est-elle pas l'emblème de la route même du soleil, qui ne décrit jamais une ligne droite, mais celle

« Suivant laquelle se déploient obliquement les signes du zodiaque?»

et c'est principalement dans ce signe que, de la partie supérieure de son cours, il commence à obliquer vers la partie inférieure. Nous avons déjà parlé du Lion. La Vierge, dont la main tient un épi, qu'est-ce encore que la puissance du soleil, δύναμις ἡλιακὴ, qui préside aux biens de la terre? On en a fait aussi le symbole de la justice, parce que la justice seule assure aux hommes la jouissance de ces mêmes biens. Le Scorpion, dans lequel est contenue la Balance, est un nouvel emblème du soleil, engourdi pendant l'hiver, et, l'hiver passé, dardant de nouveau son aiguillon, par le seul effet de sa puissance, qui n'a point souffert de cette torpeur passagère. Le Sagittaire, la dernière et la plus basse de toutes les demeures du soleil, a la moitié du corps de l'homme, et l'autre moitié de l'animal, comme si la première partie de lui-même refoulait la seconde vers les régions inférieures. Cependant il lance une flèche, pour montrer que les rayons du soleil sont le principe de la vie de tous les êtres, alors même qu'ils viennent d'en bas. Le Capricorne, qui ramène le soleil de l'hémisphère inférieur vers les signes supérieurs, semble tenir de la nature de la chèvre, laquelle, en paissant, tend toujours à monter du creux des vallons à la cime des plus hauts rochers. Le Verseau ne désigne-t-il pas la propriété essentielle du soleil? Et d'où la pluie tomberait-elle sur la terre, si le soleil, par sa chaleur, n'attirait les vapeurs humides, qu'il nous rend ensuite en eaux pluviales. Quant aux Poissons, placés à l'extrémité du zodiaque, ils furent consa-

conspectu solis exsulat : tanta est vis solis, ut abstrusa quoque penetrando vivificet.

XXII. Quod Nemesis, Pan (quem vocant Inuum) et Saturnus, aliud non sint, quam sol.

Et, ut ad solis multiplicem potestatem revolvatur oratio, Nemesis, quæ contra superbiam colitur, quid aliud est, quam solis potestas? cujus ista natura est, ut fulgentia obscuret et conspectui auferat, quæque sunt in obscuro illuminet offeratque conspectui. Pan ipse, quem vocant Inuum, sub hoc habitu quo cernitur, solem se esse prudentioribus permittit intelligi. Hunc deum Arcades colunt; appellantes τὸν τῆς ὕλης κύριον : non silvarum dominum, sed universæ substantiæ materialis dominatorem significari volentes. Cujus materiæ vis universorum corporum, seu illa divina, seu terrena sint, componit essentiam. Ergo Inui cornua barbæque prolixa demissio naturam lucis ostendunt, qua sol et ambitum cœli superioris illuminat, et inferiora collustrat; unde Homerus de eo ait:

Ὤρνυθ', ἵν' ἀθανάτοισι φόως φέροι ἠδὲ βροτοῖσιν.
(*Iliados* lib. XI, v. 2.)

Quid fistula vel virga significent, superius in habitu Attinis expressimus. Quod in capræ pedes desinit, hæc argumenti ratio est, quia materia, quæ in omnem substantiam sole dispensante porrigitur, divinis de se corporibus effectis, in terræ finitur elementum. Ad hujus

crés au soleil, non par suite d'une relation quelconque avec cet astre, mais en témoignage de sa puissance, qui donne la vie non-seulement aux animaux peuplant la terre et les airs, mais à ceux même qui, vivant sous les eaux, semblent exilés de sa vue; puissance si grande qu'elle pénètre et vivifie les êtres même cachés à ses regards.

XXII. Que Némésis, Pan (appelé aussi Inuus) et Saturne, ne sont autres que le soleil.

Et pour revenir aux effets multiples de la puissance du soleil, Némésis, que l'on invoque contre l'orgueil, est-elle autre chose que l'un de ces effets? N'est-il pas dans la nature même du soleil d'obscurcir et de laisser dans l'ombre ce qui brille, d'éclairer et de rendre visible ce qui est obscur? Les attributs de Pan lui-même, que l'on nomme Inuus, permettent aisément aux habiles de reconnaître le soleil. Les Arcadiens, en lui rendant hommage, l'appellent τὸν τῆς ὕλης κύριον; ce qui ne veut pas dire souverain des forêts, mais dieu de la matière universelle. C'est cette matière dont les propriétés forment l'essence de tous les corps, soit divins, soit terrestres. Ainsi, les cornes données à Inuus, sa barbe longue et pendante, désignent la lumière du soleil qui éclaire la voûte élevée des cieux et répand sa splendeur sur la terre; ce qui fait dire à Homère, en parlant de cet astre:

« Il se levait pour éclairer à la fois les dieux et les mortels. »

Quant à la flûte et à la baguette, nous avons dit ce qu'elles signifient en parlant des attributs d'Attis. Les pieds de chèvre avec lesquels on le représente signifient que la matière dont le soleil forma toutes les substances, après avoir engendré les corps divins, finit par créer l'élément de la terre. On choisit pour exprimer cette der-

igitur extremitatis signum pedes hujus animalis electi sunt, quod et terrenum esset, et tamen semper peteret alta pascendo; sicut sol, vel quum radios superne demittit in terras, vel quum se recolligit, in montibus visitur. Hujus Inui amor et deliciæ ἠχῶ creditur, nullius oculis obnoxia : quod significat harmoniam cœli, quæ soli amica est, quasi sphærarum omnium, de quibus nascitur, moderatori; nec tamen potest nostris unquam sensibus deprehendi.

Saturnus ipse, qui auctor est temporum, et ideo a Græcis immutata littera Κρόνος, quasi χρόνος, vocatur, quid aliud nisi sol intelligendus est? quum tradatur ordo elementorum, temporum numerositate distinctus, luce patefactus, nexus æternitate conductus, visione discretus : quæ omnia actum solis ostendunt.

XXIII. Jovem quoque, et Assyriorum Adad, eumdem esse, quem solem. Tum et theologorum, et Orphei autoritate ostendi posse, omnes deos referri ad solem.

Nec ipse Jupiter, rex deorum, solis naturam videtur excedere : sed eumdem esse Jovem ac solem, claris docetur indiciis. Nam quum ait Homerus :

> Ζεὺς γὰρ ἐς ὠκεανὸν μετ' ἀμύμονας Αἰθιοπῆας
> Χθιζὸς ἔβη κατὰ δαῖτα, θεοὶ ἅμα πάντες ἕποντο·
> Δωδεκάτῃ δέ τοι αὖθις ἐλεύσεται οὐλυμπόνδε.
> (*Iliados* lib. I, v. 423 sqq.)

Jovis appellatione solem intelligi Cornificius scribit, cui unda oceani velut dapes ministrat. Ideo enim, sicut et Possidonius[208] et Cleanthes affirmant, solis meatus a plaga, quæ usta dicitur, non recedit, quia sub ipsa currit oceanus, qui terram et ambit et dividit; omnium autem

nière destination de la matière des pieds de chèvre, parce que cet animal, qui appartient à la terre, monte sans cesse lorsqu'il paît, de même que le soleil, soit qu'il darde perpendiculairement ses rayons sur la terre, soit qu'il s'incline à l'horizon, s'aperçoit sur les montagnes. Ἠχῶ, l'invisible écho, est, dit-on, l'amour et les délices d'Inuus; écho, c'est-à-dire l'harmonie des cieux, chère au soleil, comme au premier régulateur des sphères auxquelles elle doit sa naissance, bien qu'elle ne puisse être perçue par nos sens.

Saturne lui-même, auteur du temps, et que pour cette raison les Grecs ont appelé, par un simple changement de lettre, Κρόνος [1], au lieu de χρόνος [2], est-il autre que le soleil? N'est-ce pas la série des temps qui, séparant les éléments, les enchaîna par un nœud éternel, y sema la lumière, les rendit visibles aux yeux? et, dans ces divers phénomènes, ne retrouve-t-on pas l'action du soleil?

XXIII. Que Jupiter aussi, et l'Adad des Assyriens, ne font qu'un avec le soleil; que le culte de tous les dieux, comme on le démontre par l'autorité des théologiens et celle d'Orphée, se rapporte au culte du soleil.

Jupiter lui-même, le roi des dieux, ne semble point un être supérieur au soleil; mais il résulte d'indices évidents qu'il se confond avec lui. Par exemple, au sujet de ces vers d'Homère :

« Hier, Jupiter est allé dans l'océan souper chez les vaillants Éthiopiens, suivi de tous les autres dieux; puis à la douzième heure, il remontera dans l'olympe. »

Cornificius prétend que sous ce nom de Jupiter, il faut entendre le soleil, qui se nourrit en quelque sorte des eaux de l'océan. Voilà pourquoi le soleil, ainsi que l'affirment Possidonius et Cléanthe, ne s'écarte jamais de la

---

[1] Saturne. — [2] Temps.

physicorum assertione constat calorem humore nutriri. Nam quod ait :

Θεοὶ δ' ἅμα πάντες ἕποντο,

sidera intelliguntur; quæ cum eo ad occasus ortusque quotidiano impetu cœli feruntur, eodemque aluntur humore. Θεοὺς enim dicunt sidera et stellas, ἀπὸ τοῦ θέειν, id est τρέχειν, quod semper in cursu sunt; ἢ ἀπὸ τοῦ θεωρεῖσθαι. Addit poeta :

Δωδεκάτη δέ τοι αὖθις,

non dierum, sed horarum significans numerum, quibus referuntur ad hemisphærii superioris exortum. Intellectum nostrum ducunt in eamdem sententiam etiam de *Timæo* Platonis [209] hæc verba : Ὁ μὲν δὴ μέγας ἡγεμὼν ἐν οὐρανῷ Ζεὺς, ἐλαύνων πτηνὸν ἅρμα, πρῶτος πορεύεται διακοσμῶν πάντα, κἀπιμελούμενος. Τῷ δὲ ἕπεται στρατιὰ θεῶν καὶ δαιμόνων κατὰ ἕνδεκα μέρη κεκοσμημένη, μένει δὲ ἑστία ἐν θεῶν οἴκῳ μόνη. His enim verbis magnum in cœlo ducem solem vult sub appellatione Jovis intelligi, alato curru velocitatem sideris monstrans; nam, quia in quocumque signo fuerit, præstat omnia signa et sidera, signorumque præstites deos, videtur cunctos deos ducatu præire, ornando cuncta ordinandoque; atque ideo velut exercitum ejus ceteros deos haberi per duodecim signorum partes distributos; quia ipse duodecimi signi, in quocumque signo fuerit, locum occupat. Nomen autem dæmonum cum deorum appellatione conjungit, aut quia dii sunt δαήμονες, id est scientes futuri, aut, ut Possi-

zone appelée torride, le lit de l'océan, qui embrasse et divise la terre, étant placé sous cette zone. Or, c'est un fait admis par tous les physiciens, que l'humidité alimente la chaleur. Par ces mots,

« Suivi de tous les autres dieux, »

Homère veut parler des astres qui sont emportés avec le soleil d'orient en occident, par la rotation diurne du ciel, et se nourrissent des mêmes vapeurs. En effet, on appelle θεοί les astres et les étoiles, du verbe θέειν, qui a le même sens que τρέχειν [1], parce qu'ils sont toujours en mouvement, ou bien de θεωρεῖσθαι [2]. Le poëte ajoute :

« Puis à la douzième heure; »

en effet, il ne s'agit pas ici de jours, mais du nombre d'heures qu'il faut aux astres pour revenir à la surface de l'hémisphère supérieur. Ce sens est confirmé par un passage du *Timée* de Platon : « Le grand monarque des cieux, Jupiter, s'avance le premier sur son char ailé, embellissant et surveillant toutes choses; à sa suite marche l'armée des dieux et des génies, rangés sur onze lignes; la seule Vesta ne quitte point le palais des dieux. » Ce Jupiter, grand monarque des cieux, dont parle Platon, n'est autre évidemment que le soleil; le char ailé marque la vélocité de l'astre. En effet, comme le soleil, dans quelque signe qu'il se trouve, éclipse tous les signes, et tous les astres, et tous les dieux préposés à ces signes, il semble marcher à leur tête et conduire le cortége, répandant partout la grâce et l'harmonie; et parce que, quel que soit le signe qu'il parcourt, il occupe toujours le douzième rang, on dit que le reste des dieux, distribués dans tous les autres, forment son armée. Platon joint ici les dieux aux génies, soit parce que les premiers sont également δαήμονες, c'est-à-dire con-

[1] Courir. [2] Contempler.

donius scribit in libris, quibus titulus est περὶ Ἡρώων καὶ Δαιμόνων, quia ex aetherea substantia parta atque divisa qualitas illis est; sive ἀπὸ τοῦ δεομένου, id est καιομένου; seu ἀπὸ τοῦ δαιομένου, hoc est μεριζομένου. Quod autem addit μένει δ' ἑστία ἐν θεῶν οἴκῳ μόνη, significat, quia haec sola, quam terram esse accipimus, manet immobilis intra domum deorum, id est intra mundum, ut ait Euripides [210]:

Καὶ γαῖα μῆτερ, ἑστίαν δέ σ' οἱ σοφοὶ
Βροτῶν καλοῦσιν, ἡμένην ἐν αἰθέρι.

Hinc quoque ostenditur quid de sole et Jove sit sentiendum, quum alibi dicatur:

Πάντα ἰδὼν Διὸς ὀφθαλμός, καὶ πάντα νοήσας·
(HESIOD., *Opera et Dies*, v. 265.)

et alibi [211]:

Ἠέλιός θ', ὃς πάντ' ἐφορᾷς, καὶ πάντ' ἐπακούεις·
(*Iliados* lib. III, v. 277.)

unde utrumque constat una potestate censendum.

Assyrii quoque solem sub nomine Jovis, quem Dia Heliopoliten cognominant, maximis caeremoniis celebrant in civitate quae Heliopolis nuncupatur. Ejus dei simulacrum sumptum est de oppido Aegypti, quod et ipsum Heliopolis appellatur, regnante apud Aegyptios Senemure, seu idem Senepos nomine fuit : perlatumque est primum in eam per Opiam legatum Deleboris regis Assyriorum, sacerdotesque Aegyptios, quorum princeps fuit Partemetis; diuque habitum apud Assyrios postea Heliopolim commigravit. Cur ita factum, quaque ratione Aegypto profectum, in haec loca ubi nunc est, postea venerit, rituque Assyrio magis, quam Aegyptio colatur, dicere supersedi, quia ad praesentem non attinet causam. Hunc

naissant l'avenir, soit, comme le prétend Possidonius dans son traité *des Héros et des Génies*, parce qu'ils sont formés d'une portion de la substance éthérée : auquel cas le nom dériverait de δεόμενος, ou καιομενος[1], ou bien de δαιομενος, ou μεριζομενος[2]. Quant à ces mots qu'il ajoute : « La seule Vesta ne quitte pas le palais des dieux, » il entend par là la terre, qui reste immobile au milieu des demeures célestes, c'est-à-dire du monde.

« Et toi, terre, notre mère, les sages des mortels t'appellent Vesta, toi qui es balancée dans l'éther, »

dit Euripide. Le vers suivant nous montre encore ce qu'il faut penser de Jupiter et du soleil :

« L'œil de Jupiter, à qui nulle action, nulle pensée n'est cachée[3] ; »

aussi bien que celui-ci :

« Soleil qui vois et entends toutes choses. »

Donc ils sont tous deux une même puissance.

Les Assyriens aussi rendent au soleil, dans la ville d'Héliopolis, un culte solennel, sous le nom de Jupiter, appelé par eux Zeus Héliopolitès. La statue de ce dieu fut tirée d'une ville d'Égypte nommée elle-même Héliopolis, Sénémure (c'est peut-être le même que Sénépos) étant roi de ce pays. Elle y avait été apportée primitivement par Opias, envoyé de Délébore, roi des Assyriens, et par des prêtres égyptiens dont le chef se nommait Partémétis; et, après un assez long séjour chez les Assyriens, elle fut de nouveau transférée à Héliopolis. Comment tout cela se fit, comment d'Égypte elle vint plus tard aux lieux où nous la voyons aujourd'hui, comment elle y est honorée bien plus suivant le rit assyrien que suivant le rit égyptien, c'est ce

---

[1] Enflammé. — [2] Divisé. — [3] Traduction de J. Chenu ; Paris, Panckoucke, 1844.

vero eumdem Jovem solemque esse, quum ex ipso sacrorum ritu, tum ex habitu dinoscitur. Simulacrum enim aureum specie imberbi instat, dextra elevata cum flagro in aurigæ modum ; læva tenet fulmen et spicas, quæ cuncta Jovis solisque consociatam potentiam monstrant. Hujus templi religio etiam divinatione præpollet, quæ ad Apollinis potestatem refertur, qui idem atque sol est. Vehitur enim simulacrum dei Heliopolitani ferculo, uti vehuntur in pompa ludorum Circensium [212] deorum simulacra : et subeunt plerumque provinciæ proceres, raso capite, longi temporis castimonia puri : ferunturque divino spiritu, non suo arbitrio, sed quo deus propellit vehentes, ut videmus apud Antium promoveri simulacra Fortunarum [213] ad danda responsa. Consulunt hunc deum et absentes, missis diplomatibus consignatis : rescribitque ordine ad ea, quæ consultatione addita continentur. Sic et imperator Trajanus initurus ex ea provincia Parthiam cum exercitu, constantissimæ religionis hortantibus amicis, qui maxima hujusce numinis ceperant experimenta, ut de eventu consuleret rei cœptæ, egit romano consilio, prius explorando fidem religionis, ne forte fraus subesset humana : et primum misit signatos codicillos, ad quos sibi rescribi vellet. Deus jussit afferri chartam, eamque signari puram, et mitti, stupentibus sacerdotibus ad ejusmodi factum; ignorabant quippe conditionem codicillorum. Hos cum maxima admiratione Trajanus excepit, quod ipse quoque puris tabulis cum deo egisset. Tunc aliis codicillis conscriptis signatisque consuluit, an Romam perpetrato bello redi-

que je dirai par la suite, cette discussion étant étrangère à notre sujet actuel. Mais aux formes du rit, à la statue elle-même, il est aisé de reconnaître que le dieu qu'elle représente n'est autre que Jupiter et le soleil. La statue est d'or, le visage imberbe, la main droite levée et armée d'un fouet, dans l'attitude d'un cocher, tandis qu'on voit dans sa gauche la foudre et des épis, toutes choses qui expriment la puissance unie de Jupiter et du soleil. De plus, ce temple est aussi fameux par ses oracles; or, les oracles rentrent dans les attributions d'Apollon, que nous savons être le même que le soleil. La statue du dieu d'Héliopolis est promenée sur un brancard, de la même manière que les simulacres de nos dieux dans la pompe des jeux du Cirque; les grands de la province, la tête rasée, et purifiés par une longue continence, portent le brancard sur leurs épaules; et c'est alors que, mus par le souffle divin, ils suivent non la direction qui leur plaît, mais celle que le dieu leur imprime, comme nous voyons à Antium les statuettes représentant les sorts se mouvoir d'elles-mêmes pour rendre leurs oracles. Les absents consultent le dieu par des écrits cachetés, auxquels il répond suivant l'ordre des demandes qui y sont consignées. C'est ainsi que l'empereur Trajan devant passer de cette contrée dans le pays des Parthes, avec son armée, ses amis, gens d'une piété solide, et qui avaient eu de grandes preuves de la puissance du dieu d'Héliopolis, l'exhortèrent à le consulter sur l'issue de son entreprise; mais Trajan voulut auparavant, en Romain avisé, éprouver l'oracle et se mettre en garde contre toute supercherie humaine. Pour cela, il envoya des tablettes cachetées, auxquelles il demandait qu'on fît réponse. Le dieu fit apporter un parchemin, ordonna qu'on le scellât sans y rien écrire, et l'envoya dans cet état, au grand étonnement des prêtres, qui ignoraient le contenu des lettres de l'empereur. Pour ce dernier, qui

turus esset. Vitem centurialem [214] deus ex muneribus in aede dedicatis deferri jussit, divisamque in partes sudario condi ac proinde ferri. Exitus rei obitu Trajani apparuit [215], ossibus Romam relatis. Nam fragmentis species reliquiarum, vitis argumento casus futuri tempus ostensum est.

Et, ne sermo per singulorum nomina deorum vagetur, accipe quid Assyrii de solis potentia opinentur. Deo enim, quem summum maximumque venerantur, Adad nomen dederunt; ejus nominis interpretatio significat, *unus*. Hunc ergo ut potentissimum adorant deum, sed subjungunt eidem deam, nomine Adargatin; omnemque potestatem cunctarum rerum his duobus attribuunt, solem terramque intelligentes, nec multitudine nominum enuntiantes divisam eorum per omnes species potestatem, sed argumentis, quibus ornantur, significantes multiplicem praestantiam duplicis numinis. Ipsa autem argumenta solis rationem loquuntur; namque simulacrum Adad insigne cernitur radiis inclinatis, quibus monstratur, vim coeli in radiis esse solis, qui demittuntur in terram. Adargatis simulacrum sursum versum reclinatis radiis insigne est, monstrando, radiorum vi superne missorum enasci, quaecumque terra progenerat. Sub eodem simulacro species leonum sunt, eadem ratione terram esse monstrantes, qua Phryges finxere matrem deum, id est terram, leonibus vehi.

Postremo potentiam solis ad omnium potestatem summitatemque referri indicant theologi; qui in sacris hoc

avait envoyé au dieu des tablettes vides, il fut étrangement surpris à la vue de ce parchemin ; or, il se mit sur-le-champ à écrire et à sceller de nouvelles lettres, par lesquelles il demandait si, la guerre achevée, il retournerait à Rome. Le dieu alors fit prendre parmi les offrandes consacrées dans le temple, un sarment de centurion, et l'envoya pour toute réponse, coupé en morceaux et enfermé dans un suaire. La mort de Trajan, et ses ossements qu'on transporta à Rome, expliquèrent plus tard cette prophétie ; le sarment de vigne marquait l'époque de sa mort, les morceaux coupés les restes de son corps.

Maintenant, sans parcourir les noms de chaque dieu en particulier, je vais dire quelle idée se font les Assyriens de la puissance du soleil. Ils ont donné à leur dieu suprême le nom de Adad ; ce qui signifie en langue latine *unus* [1]. Au-dessous de ce dieu, qu'ils vénèrent comme le plus puissant de tous, ils placent la déesse Adargatis, qui règne avec lui sur l'universalité des êtres. Sous ces deux noms ils entendent le soleil et la terre ; et au lieu de désigner par un terme spécial les diverses manifestations de leur puissance, ils expriment leur prééminence par les attributs dont ils les décorent. Or, tous ces attributs se rapportent au soleil : la statue d'Adad est entourée de rayons inclinés, pour montrer que la force du ciel réside dans les rayons que le soleil dirige vers la terre ; et les rayons de la statue d'Adargatis, dirigés obliquement de bas en haut, font voir que tous les fruits de la terre sont le produit des rayons envoyés d'en haut. Les lions qu'on voit au bas de la statue, comme ceux que les Phrygiens attellent au char de la mère des dieux, font reconnaître la terre.

Enfin les théologiens enseignent que la puissance du soleil résume toutes les autres puissances, et ils citent

[1] Unique.

brevissima precatione demonstrant, dicentes : ἥλε παντοκράτορ, κόσμου πνεῦμα, κόσμου δύναμις, κόσμου φῶς.

Solem esse omnia et Orpheus testatur his versibus :

Κέκλυθι τηλεπόρου δίνης ἑλικαύγεα κύκλον
Οὐρανίαις στροφάλιγξι περίδρομον αἰὲν ἑλίσσων,
Ἄγλαε Ζεῦ Διόνυσε, πάτερ πόντου, πάτερ αἴης,
Ἥλιε παγγενέτορ, παναίολε, χρυσεοφεγγές.

(*Orphica*, fragm., p. 160.)

XXIV. De laudibus variaque eruditione Virgilii. Tum de iis quæ sequentibus libris per ordinem sunt explicanda.

Hic, quum Prætextatus fecisset finem loquendi, omnes in eum affixis vultibus admirationem stupore prodebant : dein laudare hic memoriam, ille doctrinam, cuncti religionem; affirmantes hunc esse unum arcanæ deorum naturæ conscium, qui solus divina et assequi animo et eloqui posset ingenio. Inter hæc Evangelus : Equidem, inquit, miror potuisse tantorum potestatem numinum comprehendi; verum, quod Mantuanum nostrum ad singula, quum de divinis sermo est, testem citatis, gratiosius est, quam ut judicio fieri putetur. An ego credam, quod ille, quum diceret :

Liber et alma Ceres,
(*Georg.* lib. 1, v. 7.)

pro sole et luna, non hoc in alterius poetæ imitationem posuerit, ita dici audiens, cur tamen diceretur ignorans? nisi forte, ut Græci omnia sua in immensum tollunt, nos quoque etiam poetas nostros volumus philosophari : quum ipse Tullius, qui non minus professus est philoso-

comme preuve cette courte invocation en usage dans les sacrifices : « Soleil tout-puissant, souffle du monde, puissance du monde, lumière du monde. »

Un autre témoignage se tire des vers suivants d'Orphée :

« Écoute-moi, toi qui de la courbe immense et éternelle que tu décris autour des sphères célestes, lances obliquement tes rayons, brillant Jupiter, Dionysos, père de la mer, père de la terre, soleil auteur du monde, tout aux mille couleurs, astre à la lumière dorée. »

XXIV. Éloge de Virgile. Étendue et variété de ses connaissances. Des sujets qui seront successivement traités dans les livres suivants.

Prétextatus finit ici de parler, tandis que tous les assistants, les yeux fixés sur lui, trahissaient leur admiration par leur stupeur; bientôt on se mit à louer qui sa mémoire, qui son érudition, tous sa science religieuse, affirmant qu'il était l'unique dépositaire des secrets des dieux, et que seul il avait l'intelligence pour pénétrer les choses divines et le génie pour en parler. Cependant Evangelus prit la parole : J'admire certainement, dit-il, qu'on puisse embrasser ainsi les attributs divers de si grandes divinités; mais quand je vous vois invoquer à tout propos le témoignage du poëte de Mantoue touchant des matières religieuses, il y a là, je pense, plus de courtoisie que de raison. Croirai-je, en effet, que Virgile, quand il dit,

« Bacchus, et toi, bienfaisante Cérès, »

pour le soleil et la lune, n'ait pas suivi en cela quelque autre poëte, sachant bien, sans doute, qu'on leur donnait ces noms, mais ignorant pourquoi? Voulons-nous donc, à l'exemple des Grecs, qui exagèrent tout ce qui leur appartient, eriger nos poëtes en philosophes? Cependant Tullius, qui faisait profession de philosophie

phandi studium, quam loquendi, quoties aut de natura deorum, aut de fato, aut de divinatione disputat, gloriam, quam oratione conflavit, incondita rerum relatione minuat.

Tum Symmachus : De Cicerone, Evangele, qui convitiis impenetrabilis est, post videbimus. Nunc, quia cum Marone nobis negotium est, respondeas volo, utrum poetæ hujus opera instituendis tantum pueris idonea judices, an alia illis altiora inesse fatearis. Videris enim mihi ita adhuc Virgilianos habere versus, qualiter eos pueri magistris prælegentibus canebamus. — Immo pueri quum essemus, Symmache, inquit Evangelus, sine judicio mirabamur : inspicere autem vitia, nec per magistros, nec per ætatem licebat; quæ tamen non pudenter quisquam negabit, quum ipse confessus sit. Qui enim moriens poema suum legavit igni[216], quid nisi famæ suæ vulnera posteritati subtrahenda curavit? nec immerito : erubuit quippe de se futura judicia, si legeretur petitio deæ precantis filio arma a marito[217], cui soli nupserat, nec ex eo prolem suscepisse se noverat; vel si mille alia multum pudenda, seu in verbis modo Græcis, modo barbaris, seu in ipsa dispositione operis deprehenderentur. — Quumque adhuc dicentem omnes exhorruissent, subtexuit Symmachus : Hæc est equidem, Evangele, Maronis gloria, ut nullius laudibus crescat, nullius vituperatione minuatur; verum ista, quæ proscindis, defendere quilibet potest ex plebeia grammaticorum cohorte; ne Servio nostro, qui priscos, ut mea fert opinio, præceptores doctrina præstat, in excusandis talibus quæratur injuria. Sed quæro utrum, quum poetica tibi in tanto poeta displicuerit, nervi tamen oratorii, qui in eodem validissimi sunt, placere vi-

autant que d'éloquence, chaque fois qu'il traite de la nature des dieux, du destin ou de la divination, compromet par des assertions irréfléchies la gloire qu'il s'est acquise comme orateur.

Evangelus, dit alors Symmaque, pour ce qui est de Cicéron, que l'injure ne peut atteindre, nous verrons plus tard. Maintenant, puisque nous avons affaire à Virgile, daignez répondre à cette question : Croyez-vous que les ouvrages de ce poëte ne soient bons qu'à instruire les enfants, ou y reconnaissez-vous quelque chose de plus élevé? car vous me semblez ne voir encore à présent dans les vers de Virgile que ce que nous y voyions lorsque, enfants, nous les récitions devant nos maîtres. — Ajoutez, Symmaque, reprit Evangelus, qu'enfants, nous les admirions sans discernement; notre âge, non plus que nos maîtres, ne nous permettait pas d'apercevoir leurs défauts. Qui oserait cependant nier ces défauts, lorsque le poëte lui-même les a reconnus? Aurait-il, en mourant, légué son poëme aux flammes, s'il n'eût été soigneux de dérober à la postérité les plaies de sa renommée? Et certes il eut raison de craindre le jugement de l'avenir, si l'on venait à lire le passage où la déesse demande à son époux des armes pour son fils, quand elle sait bien n'avoir pas d'enfants de cet époux; sans parler de mille autres fautes grossières, soit dans le choix des expressions tantôt grecques et tantôt barbares, soit dans le plan même de l'ouvrage. — Tous, à ces mots, se récriaient avec horreur, quand Symmaque reprit : La renommée de Virgile est telle, que nul éloge ne peut l'accroître, nulle critique l'affaiblir. Quant à nos assertions tranchantes, le moindre de nos grammairiens est en état d'y répondre, sans qu'il soit besoin de charger de la défense notre ami Servius, lequel, à mon avis, surpasse en savoir tous les maîtres anciens. Nous ne lui ferons pas cette injure. Je vous de-

deantur. — Hæc verba primum Evangeli risus excepit; deinde subjecit: Id hercule restat denique, ut et oratorem Virgilium renuntietis. Nec mirum, quum et ad philosophos eum ambitus vester paulo ante provexerit. — Si in hac opinione es, inquit Symmachus, ut Maro tibi nihil nisi poeticum sensisse æstimetur, licet hoc quoque eidem nomen invideris: audi quid de operis sui multiplici doctrina ipse pronuntiet. Ipsius enim Maronis epistola, qua compellat Augustum, ita incipit: « Ego vero frequentes a te litteras accipio; » et infra: « De Ænea quidem meo, si mehercule jam dignum auribus haberem tuis, libenter mitterem; sed tanta inchoata res est, ut pæne vitio mentis tantum opus ingressus mihi videar: quum præsertim, ut scis, alia quoque studia ad id opus multoque potiora impertiar. » Nec his Virgilii verbis copia rerum dissonat, quam plerique omnes litteratores pedibus illotis prætereunt, tanquam nihil ultra verborum explanationem liceat nosse grammatico. Ita sibi belli isti homines certos scientiæ fines, et velut quædam pomœria et effata posuerunt; ultra quæ si quis egredi audeat, introspexisse in ædem deæ a qua mares absterrentur, existimandus sit. Sed nos, quos crassa Minerva dedecet, non patiamur abstrusa esse adyta sacri poematis; sed arcanorum sensuum investigato aditu, doctorum cultu celebranda præbeamus reclusa penetralia. Et ne videar velle omnia unus amplecti, spondeo violentissima inventa, vel sensa rhetoricæ in Virgiliano me opere demonstraturum. Eusebio autem, oratorum eloquentissimo, non præripio de oratoria apud Maronem arte tractatum; quem et doctrina, et docendi usu, melius exsequetur. Re-

manderai cependant, puisque les vers d'un si grand poëte vous déplaisent, si vous goûtez davantage cette vigueur oratoire si remarquable en lui. — Un sourire d'Evangelus accueillit ces paroles; puis il ajouta : Il ne vous reste plus qu'à faire de Virgile un orateur; mais pourquoi s'en étonner, après que votre ambition l'a placé tout à l'heure au rang des philosophes? — Si vous pensez, dit Symmaque, que Virgile est resté toujours dans le domaine de la poésie (ce que néanmoins vous lui contestez encore), écoutez ce qu'il dit lui-même de la masse de connaissances qu'exigeait son ouvrage. C'est une lettre adressée par lui à Auguste, et commençant ainsi : « Je reçois souvent des lettres de vous. » Plus bas on lit : « Quant à mon Énée, si je le croyais dès à présent digne de vos oreilles, je ne manquerais pas de vous l'envoyer; mais la tâche est si considérable, que, par suite de mon incapacité, un si grand travail me paraît à peine commencé, surtout depuis que j'y consacre, comme vous le savez, d'autres études qui me plaisent bien davantage. » La richesse des matières répond, en effet, à ces paroles de l'auteur; mais tous les littérateurs passent à pied sec sur toutes ces choses, comme si la tâche du grammairien se réduisait à épiloguer sur des mots. C'est ainsi que ces aimables diseurs tracent autour de la science des limites fixes, une sorte d'enceinte sacrée, qu'on ne peut franchir sans être accusé d'avoir plongé l'œil dans le temple de la déesse, dont les mâles sont repoussés. Mais nous à qui cette doctrine grossière ne saurait convenir, au lieu de voiler à tous les yeux les profondeurs du poëme sacré, nous éclairerons les abords de ses sens mystérieux, et nous entr'ouvrirons le sanctuaire pour l'offrir à la vénération des savants. Et pour ne point paraître vouloir seul tout embrasser, je m'engage à faire voir dans l'ouvrage de Virgile, les conceptions, les procédés les plus hardis de la rhétorique. Je

liquos omnes, qui adestis, impense precatus sim, ut quid vestrum quisque præcipuum sibi annotaverit de Maronis ingenio, velut ex symbolo conferamus.

Mirum in modum alacritatem omnibus, qui aderant, hæc verba pepererunt. Et assurgens quisque in desiderium alios audiendi, non vidit et se in idem munus vocandum : itaque hortatu mutuo concitati, in assensum facile ac libenter animati sunt, intuentesque omnes Prætextatum orabant, ut judicium suum primus aperiret, ceteris per ordinem, quem casus sedendi fecerat, sequuturis.

Et Vettius : Equidem inter omnia, quibus eminet laus Maronis, hoc assiduus lector admiror, quia doctissime jus pontificium, tanquam hoc professus, in multa et varia operis sui arte servavit. Et, si tantæ dissertationis sermo non cesserit, promitto fore ut Virgilius noster pontifex maximus asseratur.

Post hunc Flavianus : Apud poetam nostrum, inquit, tantam scientiam juris auguralis invenio, ut, si aliarum disciplinarum doctrina destitueretur, hæc illum vel sola professio sublimaret.

Eustathius deinde : Maxime, inquit, prædicarem quanta de Græcis cautus et tanquam aliud agens, modo artificii dissimulatione, modo professa imitatione transtulerit, ni me major admiratio de astrologia totaque philosophia teneret, quam parcus et sobrius operi suo nusquam reprehendendus aspersit.

Furius Albinus alterum fovens Prætextati latus, juxtaque eum Cæcina Albinus, ambo vetustatis affectatio-

laisse à Eusèbe, le plus éloquent de nos orateurs, le soin de le considérer sous le rapport de l'art oratoire, son savoir, son habitude d'enseigner, le rendant plus propre à cette tâche. Enfin je prie instamment tous ceux qui sont ici présents, que nous mettions en commun, chacun pour sa part, nos observations particulières sur le génie de Virgile.

Cette proposition fut accueillie avec une joie unanime, et chacun, impatient d'entendre son voisin, ne songea pas que lui-même devait avoir son tour. On s'exhortait mutuellement, et l'accord ne tarda pas à régner : si bien que l'assemblée entière, les yeux fixés sur Prétextatus, le priait de commencer, le reste des convives s'engageant à prendre la parole à leur tour, dans l'ordre où le hasard les avait fait asseoir.

Alors Vettius : Parmi tant de qualités qui rehaussent la gloire de Virgile, j'admire surtout, lecteur assidu, l'art scrupuleux avec lequel, dans maint et maint endroit de son ouvrage, il observe les règles du droit pontifical, comme s'il en eût fait lui-même profession. Et si l'entretien vient à rouler sur un sujet aussi important, je m'engage à faire voir dans notre Virgile le plus grand de nos pontifes.

Moi, dit Flavien, je découvre en lui une connaissance si approfondie du droit augural, qu'ignorât-il toutes les autres sciences, celle-là suffirait pour le placer au rang le plus élevé.

Et moi, continua Eustathe, je vanterais singulièrement la manière habile et heureuse dont il a su profiter des ouvrages des Grecs, tantôt par des emprunts voilés, tantôt par une franche imitation, si je n'admirais plus encore l'astrologie et la philosophie en général qu'il a semées dans son ouvrage avec une mesure, une sobriété qui ne laisse aucune prise au blâme.

Furius Albinus, assis de l'autre côté de Prétextatus, et Cécina Albinus, son voisin, se récrièrent sur ce goût

nem in Virgilio prædicabant, alter in versibus, alter in verbis.

Avienus : Non assumam mihi, ait, ut unam aliquam de Virgilianis virtutibus audeam prædicare; sed, audiendo quæcumque dicetis, si quid vel de his mihi videbitur, vel jamdudum legenti adnotandum visum est, opportunius proferam : modo memineritis a Servio nostro exigendum, ut quidquid obscurum videbitur, quasi litteratorum omnium longe maximus palam faciat.

His dictis, et universo cœtui complacitis, Prætextatus, quum in se conversa omnium ora vidisset : Philosophia, inquit, quod unicum est munus deorum et disciplina disciplinarum, honoranda est anteloquio. Unde meminerit Eustathius, primum sibi locum ad disserendum, omni alia professione cedente, concessum. Huic tu, mi Flaviane, succedes; ut et auditu vestro recreer, et aliquanto silentio instaurem vires loquendi.

Inter hæc servilis moderator obsequii, cui cura vel adolendi penates, vel struendi penum, et domesticorum actuum ministros regendi, admonet dominum familiam pro solemnitate annui moris epulatam : hoc enim festo, religiosæ domus prius famulos instructis tanquam ad usum domini dapibus honorant : et ita demum patribus familias mensæ apparatus novatur. Insinuat igitur præsul famulicii cœnæ tempus, et dominos jam vocare.

Tum Prætextatus : Reservandus igitur est Virgilius noster ad meliorem partem diei, ut mane novum inspiciendo per ordinem carmini destinemus; nunc hora nos

de l'antiquité qu'ils avaient remarqué, l'un dans les vers de Virgile, l'autre dans ses expressions.

Pour ce qui me concerne, dit Avienus, je n'oserais prendre sur moi de faire l'éloge de quelqu'une des qualités de Virgile : c'est pourquoi je me bornerai au rôle d'auditeur, me réservant de placer dans l'occasion telle ou telle remarque que pourraient me suggérer vos discours ou mes propres lectures; mais s'il se rencontre quelque obscurité, souvenez-vous que c'est à notre ami Servius, en sa qualité de prince des grammairiens, qu'il appartient de l'éclaircir.

Ces discours ayant obtenu l'assentiment général, Prétextatus, qui voyait tous les regards se porter sur lui, dit : La philosophie, ce don par excellence qui nous vient des dieux, cette règle des règles, demande à être traitée la première. Ainsi Eustathe voudra bien se rappeler que c'est à lui de se faire entendre d'abord, tout autre emploi devant céder au sien. Vous lui succèderez, mon cher Flavien, afin que j'aie le plaisir de vous entendre tous deux, et que je puise, dans un court silence, des forces pour parler.

Sur ces entrefaites, le chef des esclaves chargé de brûler de l'encens aux pénates, de garnir l'office, de surveiller les détails de l'intérieur, vint avertir son maître que le repas d'usage donné annuellement aux serviteurs était terminé : ce jour-là, en effet, les maisons pieuses honorent les esclaves en les faisant asseoir les premiers à des tables préparées comme pour les maîtres; après quoi, le service ayant été renouvelé, ceux-ci y prennent place à leur tour. Celui qui avait présidé à ce repas des esclaves venait donc annoncer que l'heure du repas des maîtres était arrivée.

Réservons, dit alors Prétextatus, notre Virgile pour un moment plus favorable de la journée, et consacrons-lui une matinée pour examiner son poëme en détail;

admonet, ut honore vestro hæc mensa dignetur. Sed et Eustathius, et post hunc Nicomachus[218] meminerint, crastina dissertatione servari sibi anteloquii functionem.

Et Flavianus : Ex placita jam vos lege convenio, ut sequenti die penates mei beari se tanti cœtus hospitio glorientur.

His quum omnes assensi essent, ad cœnam alio aliud de his, quæ inter se contulerant, reminiscente approbanteque, cum magna alacritate animi concesserunt.

maintenant l'heure est venue d'honorer cette table par votre présence. Qu'Eustathe cependant, et après lui Niconaque, n'oublient pas que c'est à eux d'ouvrir l'entretien de demain.

D'après l'accord réglé entre nous, dit alors Flavien, je réclame pour mes pénates le bonheur de posséder après-demain l'illustre compagnie ici présente.

Tout le monde y consentit, et, chacun se rappelant avec satisfaction quelques particularités du précédent entretien, on passa gaîment dans la salle du festin.

SATURNALIORUM

LIBER SECUNDUS.

I. Qua occasione de jocis ac dicteriis veterum, sermo ortus fuerit inter convivas.

Hic ubi modestus edendi modus cessare fecit castimoniam ferculorum, et convivalis lætitia minusculis poculis oriebatur, Avienus ait : Bene ac sapienter Maro noster tumultuosum ac sobrium uno eodemque versu descripsit sub paucorum verborum immutatione convivium. Nam ubi sub apparatu regio procedere solet luxus ad strepitum,

Postquam prima, *inquit*, quies epulis.
(*Æn.* lib. V, v. 723.)

At, quum heroes castigatis dapibus assidunt, non reducit quietem, quia nec præcessit tumultus ; sed inquit :

Postquam exempta fames epulis.
(*Æn.* lib. I, v. 216.)

Nostrum hoc convivium, quod et heroici sæculi pudicitiam, et nostri conduxit elegantiam, in quo splendor sobrius et diligens parcimonia, Agathonis convivio, vel post magniloquentiam Platonis, non componere tantum, sed nec præferre dubitaverim. Nam ipse rex mensæ nec in moribus Socrate minor, et in republica philosopho efficacior. Ceteri, qui adestis, eminentiores estis ad studia

LES SATURNALES.

LIVRE SECOND.

I. Comment les convives vinrent à parler de diverses plaisanteries et bons mots des anciens.

Vers la fin du repas, quand les plats servis avec une honnête abondance furent enlevés, et que la gaîté commença à naître avec les petites coupes, Avienus prit la parole : Je sais, dit-il, un vers de Virgile, où ce poëte, au moyen d'un léger changement, décrit tour à tour, avec autant de goût que de justesse, un repas bruyant et un repas sobre. En effet, pour peindre le fracas et la magnificence d'un royal festin, il dit :

« Après qu'un premier calme eut succédé aux mets. »

Mais lorsqu'il représente les héros assis à une table frugale, il ne parle pas du retour du calme, parce qu'il n'y a pas eu de tumulte, et il se contente de dire :

« Après que les mets eurent apaisé leur faim. »

Quant à ce banquet qui nous rassemble, où la simplicité des âges héroïques s'allie à l'élégance de notre siècle, où règnent à la fois une recherche suffisante et une économie libérale, je n'hésiterai pas, même après le récit pompeux de Platon, non-seulement à le comparer, mais à le préférer même au banquet d'Agathon. D'abord nous avons un roi du festin qui ne le cède pas à Socrate en sagesse, et bien supérieur à ce philosophe par le rôle qu'il

virtutum, quam ut poetis comicis, et Alcibiadi, qui tantum fuit fortis ad crimina, aliisque, quibus frequens illud convivium fuit, vos quisquam æstimet comparandos.

Bona verba quæso, Prætextatus ait, circa reverentiam tantum Socraticæ majestatis; nam reliquis, qui in illo fuere symposio, hæc lumina quis non præponenda consentiat? Sed quorsum tibi, Aviene, hoc tendit exemplum?

Quia sub illorum, inquit, supercilio non defuit, qui psaltriam intromitti peteret, ut puella ex industria supra naturam mollior, canora dulcedine et saltationis lubrico exerceret illecebris philosophantes. Illic hoc fieri tentatum est, ut Agathonis victoria celebraretur. Nos honorem dei cujus hoc festum est, nullo admixtu voluptatis augemus. Neque ego sum nescius, vos nec tristitiam, nec nubilum vultum in bonis ducere; nec Crassum illum, quem Cicero[1], auctore Lucilio, semel in vita risisse scribit, magnopere mirari.

Ad hæc Prætextatus quum diceret, ludicras voluptates nec suis penatibus assuetas, nec ante cœtum tam serium producendas, excepit Symmachus : Quia

Saturnalibus optimo dierum,
(CATULL., XV, ad Calv. Licinium.)

ut ait Veronensis poeta, nec voluptas nobis, ut stoicis, tanquam hostis repudianda est, nec, ut epicureis, summum bonum in voluptate ponendum, excogitemus alacritatem lascivia carentem. Et, ni fallor, inveni, ut jocos veterum ac nobilium virorum edecumatos ex multijugis

joue dans l'État. Pour ce qui est des personnages illustres ici présents, les hautes vertus qui les distinguent les mettent à l'abri de toute comparaison avec des poëtes comiques, un Alcibiade qui n'eut de force que pour le crime, et les autres convives qui prirent part à ce banquet.

Je vous demande grâce, répliqua Prétextatus, pour le respect dû au grand nom de Socrate ; pour les autres, qui doute qu'on ne doive leur préférer ces flambeaux de science et de vertu ? Mais où tend cette comparaison, mon cher Avienus ?

Je veux dire seulement, reprit Avienus, que malgré la gravité des convives d'Agathon, l'un d'eux proposa d'introduire une joueuse d'instruments, afin que cette jeune fille, formée artificiellement à une souplesse de corps extraordinaire, exerçât par la mélodie de ses chants et la volupté de sa danse, la sagesse des docteurs. Tout cela pour célébrer la victoire d'Agathon. Nous, au contraire, nous offrons au dieu dont c'est actuellement la fête, un hommage où la volupté n'a point de part. Et cependant je sais que vous ne comptez pas au nombre des vertus un visage sombre et chargé de nuages, et que de ce Crassus qui, à ce que rapporte Cicéron d'après Lucilius, ne rit qu'une seule fois en sa vie, vous faites assez peu de cas.

Là-dessus, Prétextatus fit observer que de tels amusements étaient inconnus à ses dieux pénates, et indignes d'ailleurs d'une aussi grave réunion ; et alors Symmaque : Puisque

« Pendant les Saturnales, le jour par excellence, »

comme dit le poëte de Vérone, nous ne pouvons ni bannir entièrement la volupté comme un ennemi, à l'exemple des stoïciens, ni placer en elle le souverain bien, à l'exemple d'Épicure, imaginons des récréations d'où l'indécence soit bannie ; et, tenez, qui nous empêche de nous raconter

libris relatione mutua proferamus. Hæc nobis sit litterata lætitia et docta cavillatio, vicem planipedis[2] et sabulonis[3] impudica et prætextata verba[4] jacientis, ad pudorem ac modestiam versus imitata. Hæc res et cura, et studio digna veteribus visa est. Et jam primum animadverto duos, quos eloquentissimos antiqua ætas tulit, comicum Plautum et oratorem Tullium, eos ambos etiam ad jocorum venustatem ceteris præstitisse. Plautus quidem ea re clarus fuit, ut post mortem ejus comœdiæ, quæ incertæ ferebantur, Plautinæ tamen esse de jocorum copia noscerentur. Cicero autem quantum in ea re valuerit quis ignorat, qui vel liberti ejus libros, quos is de jocis patroni composuit[5], quos quidam ipsius putant esse, legere curavit? Quis item nescit, consularem eum scurram ab inimicis appellari solitum? quod in oratione etiam sua Vatinius posuit. Atque ego, ni longum esset, referrem, in quibus causis, quum nocentissimos reos tueretur, victoriam jocis adeptus sit. Ut ecce, pro L. Flacco, quem repetundarum reum joci opportunitate de manifestissimis criminibus exemit. Is jocus in oratione non exstat : mihi ex libro Fusii Bibaculi[6] notus est, et inter alia ejus dicteria[7] celebratur. Sed in hoc verbum non casu incidi : volens feci. Jocos enim hoc genus veteres nostri dicteria dicebant : testis idem Cicero, qui in libro *Epistolarum ad Cornelium Nepotem* secundo sic ait : « Itaque nostri, quum omnia, quæ dixissemus, dicta essent, quæ facete et breviter et acute loquuti essemus, ea proprio nomine appellari dicteria voluerunt. » Hæc Cicero. Nonius vero Pomponiusque jocos non raro dicteria nominant. Marcus etiam Cato ille Censorius argute jocari solitus est. Horum nos ab invidia muniret auctori-

mutuellement les plaisanteries des hommes illustres de l'antiquité recueillies dans divers volumes ? ce docte amusement, cette récréation littéraire, sans blesser la pudeur ni la modestie, remplacera pour nous les équivoques grossières des bateleurs et des planipèdes. Nos pères recherchaient volontiers cette sorte de délassement. Je puis citer tout d'abord deux hommes, les plus éloquents de toute l'antiquité, Plaute, le poëte comique, et l'orateur Tullius, qui sont restés les maîtres de la fine plaisanterie. La renommée de Plaute était si bien établie, qu'après sa mort plusieurs comédies sans nom d'auteur lui furent attribuées, à cause des traits plaisants dont elles étaient semées. Pour Cicéron, son habileté en ce genre ne saurait être mise en doute, quand on a lu le recueil que son affranchi a fait de ses bons mots, recueil que quelques-uns attribuent à Cicéron lui-même. Tout le monde sait que ses ennemis le surnommaient le bouffon consulaire; ce dont fait foi l'oraison de Vatinius. Si je ne craignais d'être trop long, je citerais nombre de causes dans lesquelles, en défendant les accusés les plus incriminés, il dut la victoire à ses bons mots : par exemple, l'affaire de L. Flaccus, accusé de concussion, où il le fit déclarer innocent, malgré l'évidence, par un à-propos heureux. Ce mot ne se trouve pas dans l'oraison de Cicéron; je l'ai lu dans l'ouvrage de Fusius Bibaculus, où il est cité entre tous les autres bons mots [1] de notre auteur. Mais ce n'est pas sans intention que j'emploie l'expression *dicteria*, car c'est elle dont se servaient les anciens pour désigner un certain genre de plaisanteries : témoin ce même Cicéron, qui, dans le second livre de ses *Épîtres à Cornelius Nepos*, s'exprime ainsi : « C'est pourquoi nos ancêtres ayant appelé *dicta* tous les mots en général, appelèrent *dicteria*, par une désignation spéciale, les mots concis, enjoués et piquants. » Voilà ce que dit

---

[1] *Dicteria.*

tas, etiam si nostris cavillaremur. At, quum veteribus dicta referamus, ipsa utique auctorum dignitate defendimur. Si ergo probatis inventum, agite, quod cuique de dictis talibus in mentem veniet, vicissim memoriam nostram excitando, referamus.

Placuit universis lætitiæ excogitata sobrietas : et, ut Prætextatus incipiendo auctoritatem de exemplo præberet, hortati sunt.

II. De diversorum jocis atque dicteriis.

Tum ille : Dictum volo hostis referre, sed victi, et cujus memoria instaurat Romanorum triumphos. Annibal Carthaginiensis, apud regem Antiochum profugus, facetissime cavillatus est. Ea cavillatio hujuscemodi fuit. Ostendebat Antiochus in campo copias ingentes, quas bellum populo Romano facturus comparaverat : convertebatque exercitum insignibus argenteis et aureis florentem; inducebat etiam currus cum falcibus, et elephantos cum turribus, equitatumque frenis et ephippiis, monilibus ac phaleris præfulgentem. Atque ibi rex contemplatione tanti et tam ornati exercitus gloriabundus Annibalem aspicit, et : « Putasne, inquit, satis esse Romanis hæc omnia? » Tunc Pœnus, eludens ignaviam imbelliamque militum ejus pretiose armatorum : « Plane, inquit, satis esse credo Romanis hæc, etsi avarissimi sunt. » Nihil prorsus neque tam lepide neque tam acerbe dici

Cicéron ; Nonius et Pomponius se servent aussi du mot *dicteria* pour désigner les plaisanteries[1], telles qu'il en échappait souvent à Caton le Censeur lui-même. De telles autorités nous mettraient à l'abri de tout reproche malveillant, lors même qu'il s'agirait de nos propres bons mots ; mais comme nous ne ferons que rapporter ceux des anciens, la gravité de leurs auteurs nous sert encore de défense. Si donc cette idée vous agrée, allons, que chacun de nous tâche à se rappeler et cite à son tour les traits de ce genre qui lui viendront dans la pensée.

L'honnêteté de cet amusement le fit approuver de tout le monde, et Prétextatus fut prié de commencer, pour encourager les autres par l'autorité de son exemple.

II. Plaisanteries et bons mots de divers personnages.

Alors Prétextatus : Je veux rapporter le mot d'un ennemi, mais d'un ennemi vaincu, et dont le nom rappelle les triomphes des Romains. Le Carthaginois Annibal, retiré à la cour du roi Antiochus, le railla de la manière la plus plaisante : voici à quelle occasion. Antiochus lui montrait dans une plaine les troupes innombrables qu'il avait rassemblées pour faire la guerre aux Romains ; il faisait défiler devant lui cette armée avec ses enseignes étincelantes d'or et d'argent, les chars avec leurs faux, les éléphants avec leurs tours, la cavalerie avec ses harnais éclatants, ses mors, ses colliers et ses caparaçons ; puis, ébloui lui-même à la vue d'une armée si nombreuse et si magnifique, il se tourne vers Annibal : « Pensez-vous, lui dit-il, que cela soit assez pour les Romains ? — Sans doute, répondit le rusé Carthaginois, se raillant de la faiblesse et de la lâcheté de ces soldats sous leurs riches armures ; je crois que c'est assez pour les Romains, quelque avares qu'ils soient. » On ne saurait rien trouver de plus spirituel et

[1] *Joci.*

potest. Rex de numero exercitus sui, ac de æstimanda æquiperatione quæsiverat : respondit Annibal de præda [8].

Flavianus subjecit : Sacrificium apud veteres fuit quod vocabatur propter viam [9]. In eo mos erat ut si quid ex epulis superfuisset, igne consumeretur; hinc Catonis jocus est. Nam Q. Albidium quemdam, qui sua bona comedisset, et novissime domum, quæ ei reliqua erat, incendio perdidisset, propter viam fecisse dicebat : quod comesse non potuerit, id combussisse.

Symmachus deinde : Mater M. Bruti Servilia [10], quum pretiosum ære parvo fundum abstulisset a Cæsare, subjiciente hastæ bona civium, non effugit dictum tale Ciceronis : « Equidem quo melius emptum sciatis, comparavit Servilia hunc fundum Tertia deducta [11]. » Filia autem Serviliæ erat Junia Tertia, eademque C. Cassii uxor, lasciviente dictatore tam in matrem, quam in puellam; tunc luxuriam senis adulteri [12] civitas subinde rumoribus jocisque carpebat, ut mala non tantum seria forent.

Post hunc Cæcina Albinus : Plancus in judicio forte amici quum molestum testem destruere vellet, interrogavit, quia sutorem sciebat, quo artificio se tueretur : ille urbane respondit : « Gallam subigo [13]. » Sutorium hoc habetur instrumentum; quod non inficete in adulterii exprobrationem ambiguitate convertit : nam Plancus in Mævia Galla nupta male audiebat.

Sequutus est Furius Albinum : Post Mutinensem fugam [14] quærentibus quid ageret Antonius, respondisse familiaris ejus ferebatur : « Quod canis in Ægypto : bibit

de plus malin que cette repartie. La demande du roi portait sur la multitude et la tenue de ses troupes, comparées à celles des Romains; Annibal, dans sa réponse, faisait allusion au butin qu'elles leur promettaient.

Flavien prit ensuite la parole : Nos ancêtres, dit-il, avaient une sorte de sacrifice qu'ils appelaient *propter viam*[1], lequel consistait à brûler après le repas les mets qu'on n'avait pu manger. Cette coutume fournit une plaisanterie à Caton. Il disait d'un certain Q. Albidius, qui, après avoir mangé son bien, venait de perdre dans un incendie une maison qui lui restait, qu'il avait offert un sacrifice *propter viam*; que ce qu'il n'avait pu manger, il l'avait brûlé.

Ensuite Symmaque : Servilia, mère de M. Brutus, ayant obtenu de César, lorsqu'il faisait vendre aux enchères les biens des citoyens, une fort belle terre à vil prix, ne put éviter l'épigramme suivante de Cicéron : « Sachez que Servilia a acheté cette terre d'autant meilleur marché, qu'on en a déduit *Tertia*. » En effet, Servilia avait pour fille Junia Tertia, mariée à C. Cassius, et l'on disait que le dictateur était à la fois l'amant de la fille et celui de la mère. Rome en ce temps-là poursuivait de ses propos et de ses railleries les débauches du vieil adultère, comme pour égayer les malheurs publics.

Après lui Cécina Albinus : Plancus, dans le jugement d'un de ses amis, voulant se débarrasser d'un témoin fâcheux (c'était un cordonnier, et il le savait), lui demanda quelle était sa profession : « Je frotte *Galla*, » répondit l'autre. *Galla* est, comme on sait, un instrument de cordonnier; mais en même temps l'ambiguïté de l'expression renfermait un trait mordant pour Plancus, qu'on accusait d'avoir des liaisons avec Mévia Galla, femme mariée.

Furius Albinus vint ensuite : Après la déroute de Modène, on demandait ce que faisait Antoine : « Il fait

---

[1] A cause de la route.

et fugit [15]. » Quando in illis regionibus constat canes raptu crocodilorum exterritos currere et bibere.

Eustathius deinde : Publius Mucium inprimis malivolum quum vidisset solito tristiorem : « Aut Mucio, inquit, nescio quid incommodi accessit, aut nescio cui aliquid boni. »

Inde Avienus : Faustus Sullæ filius [16], quum soror ejus eodem tempore duos mœchos haberet, Fulvium fullonis filium, et Pompeium Maculam : « Miror, inquit, sororem meam habere maculam, quum fullonem habeat. »

Hic Evangelus : Apud L. Mallium, qui optimus pictor Romæ habebatur, Servilius Geminus forte cœnabat : quumque filios ejus deformes vidisset : « Non similiter, inquit, Malli, fingis et pingis. » Et Mallius : « In tenebris enim fingo, inquit : luce pingo. »

Eusebius deinde : Demosthenes, inquit, excitatus ad Laidis famam, cujus formam tunc Græcia mirabatur, accessit ut et ipse famoso amore potiretur. Qui, ubi dimidium talentum unius pretium noctis audivit, discessit hoc dicto : Οὐκ ἀγοράζω τοσούτου μετανοῆσαι [17].

Inter hæc, quum Servius ordine se vocante, per verecundiam sileret : Omnes nos, inquit Evangelus, impudentes grammatice pronuntias, si tacere talia vis videri tuitionem pudoris. Unde neque tuum, nec Disarii, aut Hori supercilium liberum erit a superbiæ nota, ni Prætextatum et nos velitis imitari.

Tunc Servius, postquam magis silentium erubescendum vidit, ad libertatem se similis relationis animavit. Marcus, inquit, Otacilius Pitholaus, quum Caninius Re-

comme les chiens d'Égypte, dit un de ses amis; il boit en fuyant. » Il est notoire, en effet, que, dans ce pays, les chiens, craignant d'être enlevés par les crocodiles, boivent en courant.

Eustathe continua : Publius, voyant Mucius, homme envieux et méchant s'il en fut, plus triste qu'à l'ordinaire, s'écria : « Il faut qu'il soit arrivé quelque malheur à Mucius, ou quelque bonheur à un autre. »

C'était le tour d'Avienus : Faustus, fils de Sylla, dit-il, avait une sœur qui avait en même temps deux amants, Fulvius, dont le père était foulon, et Pompeius, surnommé *Macula*(¹), et il disait à ce propos : « Je m'étonne que ma sœur ait une tache, ayant un foulon. »

Alors Evangelus : Servilius Geminus soupant un jour chez L. Mallius, un des meilleurs peintres de son temps, et lui voyant des enfants mal bâtis : « Mallius, dit-il, vous ne sculptez pas comme vous peignez. — C'est, répliqua Mallius, que je sculpte dans les ténèbres, et que je peins à la lumière. »

Eusèbe lui succéda : Démosthène, attiré par la renommée de Laïs, dont les charmes faisaient bruit dans toute la Grèce, voulut jouir, comme tant d'autres, de cette beauté si vantée; mais, apprenant qu'il en coûtait un demi-talent pour une nuit, il quitta la partie, en disant : « Je n'achète pas si cher un repentir. »

Quand vint le tour de Servius, il garda le silence par modestie : Prenez garde, lui dit Evangelus, c'est nous accuser tous littéralement d'impudeur, que de vous taire ici pour mettre votre pudeur à couvert. C'est pourquoi ni vous, ni Horus, ni Disare, vous n'échapperez au reproche d'orgueil, si vous refusez d'imiter Prétextatus et nous tous!

Alors Servius, voyant qu'il lui en coûterait davantage de se taire, raconta le trait suivant : Le consulat de

(1) Tache.

vilius uno tantum die consul fuisset, dixit : « Ante flamines, nunc consules diales fiunt [18]. »

Nec Disarius ultra exprobrationem taciturnitatis exspectans, ait : . . . .

Post hunc Horus quoque : Affero ad vos, inquit, δίστιχον Platonis [19], quo ille adolescens luserit, quum tragœdiis quoque eadem ætate præluderet :

Τὴν ψυχὴν, Ἀγάθωνα φιλῶν, ἐπὶ χείλεσιν ἔσχον.
Ἦλθε γὰρ ἡ τλήμων, ὡς διαβησομένη.

Orta ex his lætitia, et omnibus in censorium risum remissis, ac retractantibus quæ a singulis antiquæ festivitatis sapore prolata sunt, Symmachus ait : Hos Platonis versiculos, quorum magis venustatem an brevitatem mireris, incertum est, legisse me memini in Latinum tanto latius versos, quanto solet nostra, quam Græcorum, lingua brevior et angustior æstimari : et, ut opinor, hæc verba sunt :

Dum semihiulco savio
Meum puellum savior,
Dulcemque florem spiritus
Duco ex aperto tramite :
Anima ægra amore et saucia
Cucurrit ad labias mihi,
Rictumque in oris pervium,
Et labra pueri mollia
Rimata itiner transitus
Ut transiliret nititur.
Tum si moræ quid plusculæ
Fuisset in cœtu osculi,
Amoris igni percita
Transisset, et me linqueret :
Et mira prorsus res fieret,
Ut ad me fierem mortuus,
Ad puerum ut intus viverem.

Caninius Revilius n'ayant duré qu'un jour, M. Otacilius Pitholaüs disait à ce propos : « On créait autrefois des flamines *diales*; maintenant ce sont des consuls. »

Disare, sans attendre qu'on lui reprochât son silence, dit : . . . .

Horus dit à son tour : Je vous apporte un distique de Platon, qu'il s'amusa à composer dans sa jeunesse, alors qu'il s'occupait aussi de tragédies :

« Mon âme, quand je baisais Agathon, accourait sur mes lèvres. Hélas! on eût dit qu'elle allait s'envoler. »

Ces propos égayèrent les convives, et un sourire fin animait leurs lèvres, tandis qu'ils revenaient successivement sur ces traits assaisonnés de sel antique. — Ce distique charmant de Platon, fit observer Symmaque (et je ne sais ce qu'on doit y admirer le plus de la grâce ou de la concision), je me souviens de l'avoir vu traduit en latin, avec cette prolixité naturelle à notre idiome pauvre et borné, comparativement à celui des Grecs. Voici cette imitation :

« Tandis que d'un baiser de ma bouche demi-close je baise mon doux ami, et respire la douce fleur de son haleine s'exhalant du sentier ouvert de sa bouche, mon âme malade d'amour et blessée accourt sur le bord de mes lèvres : entre l'ouverture de ma bouche et les plis voluptueux de ses lèvres entr'ouvertes, elle cherche à se glisser afin de passer en lui. Alors, si un peu plus longtemps mes lèvres demeuraient attachées sur les siennes, mon âme, embrasée de la flamme de l'amour, m'abandonnerait pour passer en lui; et ce serait une chose merveilleuse, que moi cessant de vivre en moi-même, pour vivre dans mon doux ami. »

III. De jocis M. Tullii Ciceronis.

Sed miror, omnes vos joca tacuisse Ciceronis, in quibus facundissimus, ut in omnibus, fuit. Et, si videtur, ut ædituus responsa numinis sui prædicat, ita ego, quæ memoria suggesserit, refero dicta Ciceronis. Tum omnibus ad audiendum erectis ille sic incipit :

M. Cicero, quum apud Damasippum cœnaret, et ille, mediocri vino posito, diceret : « Bibite Falernum hoc, annorum quadraginta est. — Bene, inquit, ætatem fert. »

Idem quum Lentulum generum suum exiguæ staturæ hominem, longo gladio accinctum, vidisset : « Quis, inquit, generum meum ad gladium alligavit ? »

Nec Q. Ciceroni fratri circa similem mordacitatem pepercit ; nam quum in ea provincia, quam ille rexerat, vidisset clypeatam imaginem ejus, ingentibus lineamentis usque ad pectus ex more pictam (erat autem Quintus ipse staturæ parvæ), ait : « Frater meus dimidius major est, quam totus. »

In consulatu Vatinii, quem paucis diebus gessit, notabilis Ciceronis urbanitas circumferebatur : « Magnum ostentum, inquit, anno Vatinii factum est ; quod illo consule nec burma, nec ver, nec æstas, nec autumnus fuit. » Querenti deinde Vatinio quod gravatus esset domum ad se infirmatum venire, respondit : « Volui in consulatu tuo venire, sed nox me comprehendit. » Ulcisci autem se Cicero videbatur, ut qui respondisse sibi Vatinium meminerat, quum humeris se reipublicæ de

III. Bons mots de M. Tullius Cicéron.

Je m'étonne cependant que vous ayez tous passé sous silence les plaisanteries de Cicéron, qui excella dans ce genre comme dans tous les autres. C'est pourquoi, si vous le trouvez bon, comme le gardien d'un temple répète les oracles de sa divinité, je rapporterai les mots du grand orateur, selon qu'ils me reviendront dans la mémoire. Alors tout le monde se tournant vers lui pour écouter, Symmaque commença ainsi :

Un jour que M. Cicéron soupait chez Damasippe, celui-ci lui dit, en lui servant du vin médiocre : « Buvez de ce falerne; il a quarante ans. — Ma foi, repartit Cicéron, il porte bien son âge. »

Une autre fois, voyant la petite taille de son gendre Lentulus affublée d'une longue épée, il s'écria : « Qui a attaché mon gendre à cette épée ? »

Il n'épargna pas non plus à son frère Quintus une épigramme du même genre. On montrait à Cicéron, dans la province où son frère avait été gouverneur, un buste de celui-ci, orné d'un bouclier, et modelé, selon l'usage, dans de grandes proportions. Or, Quintus était très-petit, ce qui arracha à Cicéron cette exclamation : « La moitié de mon frère est plus grande que son tout. »

A l'occasion du consulat de Vatinius, dont la durée fut de quelques jours seulement, on citait un mot de Cicéron d'une finesse exquise : « Un grand prodige, avait-il dit, a eu lieu l'année de Vatinius : il n'y a eu, durant son consulat, ni hiver, ni printemps, ni été, ni automne. » Plus tard Vatinius lui faisant des reproches de ce qu'il n'était pas venu le voir pendant sa maladie : « J'ai voulu venir durant votre consulat, répondit Cicéron; mais la nuit m'a surpris en chemin. » Du reste, c'était une vengeance qu'il exerçait contre Vatinius, dont il n'avait pas oublié certaine repartie, un jour que

exsilio reportatum gloriaretur : « Unde ergo tibi varices? »

Caninius quoque Revilius, qui uno die, ut jam Servius retulit, consul fuit, rostra quum adscendisset, pariter honorem iniit consulatus et ejeravit : quod Cicero omni gaudens occasione urbanitatis increpuit : « Λογοθεώρητος est Caninius consul. » Et deinde : « Hoc consequutus est Revilius, ut quaereretur, quibus consulibus consul fuerit. » Dicere praeterea non destitit : « Vigilantem habemus consulem Caninium, qui in consulatu suo somnum non vidit. »

Pompeius Ciceronis facetiarum impatiens fuit : cujus haec de eo dicta ferebantur : « Ego vero quem fugiam habeo, quem sequar non habeo. » Sed et quum ad Pompeium venisset, dicentibus eum sero venisse, respondit : « Minime sero veni [29] : nam nihil hic paratum video. » Deinde interroganti Pompeio, ubi gener ejus Dolabella esset, respondit : « Cum socero tuo. » Et quum donasset Pompeius transfugam civitate Romana : « Hominem bellum! inquit; Gallis civitatem promittit alienam, qui nobis nostram non potest reddere. » Propter quae merito videbatur dixisse Pompeius : « Cupio ad hostes Cicero transeat, ut nos timeat. »

In Caesarem quoque mordacitas Ciceronis dentes suos strinxit; nam primum post victoriam Caesaris interrogatus, cur in electione partis errasset, respondit : « Praecinctura me decepit; » jocatus in Caesarem, qui ita toga praecingebatur, ut trahendo laciniam velut mollis incederet; adeo ut Sulla tanquam providus dixerit Pompeio : « Cave tibi illum puerum male praecinctum. » Deinde

lui, Cicéron, se vantait d'être revenu d'exil porté sur les épaules de l'Italie : « D'où sont donc venues vos varices? » avait dit Vatinius.

Caninius Revilius, qui ne fut consul qu'un seul jour, comme l'a déjà rapporté Servius, étant monté à la tribune, prit possession de sa dignité et la déposa au même moment; et Cicéron, qui saisissait avec joie l'occasion de placer un bon mot, dit à ce propos : « Caninius est un consul de raison [1]. » Il disait une autre fois : « Revilius a si bien fait, qu'on se demande sous quels consuls il a été consul. » A quoi il ajouta en outre : « Nous avons un consul vigilant dans la personne de Caninius, qui n'a pas fermé l'œil de tout son consulat. »

Les sarcasmes de Cicéron donnaient de l'humeur à Pompée. On cite de celui-là les plaisanteries suivantes : « J'ai bien qui fuir, mais je n'ai pas qui suivre. » Il rejoignit enfin Pompée, et comme on lui reprochait d'être venu tard : « Il n'est pas trop tard, répondit-il, puisque je ne vois ici rien de prêt. » Pompée lui demandait où était son gendre Dolabella : « Avec votre beau-père, » répliqua-t-il. Le même Pompée avait accordé à un transfuge le droit de bourgeoisie romaine : « Le plaisant homme! dit Cicéron, qui promet aux Gaulois une nouvelle cité, et qui ne peut nous rendre la nôtre. » On comprend à présent qu'un jour Pompée se soit écrié : « Je souhaite que Cicéron passe à nos ennemis, pour qu'il nous craigne. »

La dent mordante de Cicéron s'exerçait sur César lui-même. On lui demandait, quelque temps après Pharsale, comment il avait pu se tromper dans le choix d'un parti : « Je me suis laissé prendre à la ceinture, » répondit-il, en faisant allusion à la ceinture lâche du dictateur et à sa robe traînante, qui lui donnait l'apparence d'un homme efféminé. C'était si vrai que Sylla, par une sorte de pré-

[1] Λογcθεάρητος.

quum Laberius in fine ludorum annulo honoratus[21] a Cæsare, e vestigio in quatuordecim[22] ad spectandum transiit, violato ordine, et quum detrectatus est eques Romanus, et quum mimus remissus, ait Cicero prætereunti Laberio et sedile quærenti : « Recepissem te, nisi anguste sederem; » simul et illum respuens, et in novum senatum jocatus, cujus numerum Cæsar supra fas auxerat. Nec impune. Respondit enim Laberius : « Mirum si anguste sedes, qui soles duabus sellis sedere; » exprobrata levitate Ciceronis, qua immerito optimus civis male audiebat.

Idem Cicero alias facilitatem Cæsaris in allegendo senatu[23] irrisit palam. Nam, quum ab hospite suo P. Mallio rogaretur, ut decurionatum[24] privigno ejus expediret, assistente frequentia, dixit : « Romæ si vis, habebit : Pompeis difficile est. »

Nec intra hæc ejus mordacitas stetit. Quippe ab Androne quodam Laodiceno salutatus, quum causam adventus requisisset, comperissetque (nam ille se legatum de libertate patriæ ad Cæsarem venisse respondit) ita expressit publicam servitutem : Ἐὰν ἐπιτύχῃς, καὶ περὶ ἡμῶν πρέσβευσον.

Vigebat in eo excedens jocos et seria mordacitas, ut hoc est ex epistola ad C. Cassium dictatoris violatorem[25] : « Vellem idibus Martiis me ad cœnam invitasses; profecto reliquiarum nihil fuisset; nunc me reliquiæ vestræ exercent. »

vision, avait dit à Pompée : « Méfiez-vous de ce jeune homme à la ceinture lâche. » Plus tard, à la suite des jeux, Laberius ayant reçu de César l'anneau d'or, alla aussitôt pour s'asseoir parmi les spectateurs, sur les quatorze gradins, au grand scandale des chevaliers, à qui l'on rendait un mime au lieu d'un chevalier romain banni de leur ordre. Cicéron lui dit, comme il passait devant lui pour chercher un siége : « Je vous ferais place, si j'étais assis moins à l'étroit. » Le trait était piquant, en ce qu'il atteignait à la fois Laberius et le grand nombre d'intrus que César avait admis dans le sénat ; mais il ne demeura pas impuni, car Laberius répondit : « Je m'étonne que vous soyez assis à l'étroit, vous qui avez coutume de vous asseoir sur deux siéges. » Il reprochait à Cicéron cette versatilité dont on accusait à tort cet excellent citoyen.

Une autre fois Cicéron se moqua publiquement de la facilité de César à créer de nouveaux sénateurs. P. Mallius, son hôte, le priant de faire obtenir à son beau-fils la dignité de décurion, il répondit devant de nombreux témoins : « Si c'est à Rome, il l'aura ; à Pompéies, c'est difficile. »

Il ne s'en tint pas à ces épigrammes : car un certain Andron, de Laodicée, l'étant venu saluer, après lui avoir demandé et avoir appris de lui l'objet de son voyage (ses concitoyens l'avaient député vers César pour solliciter l'affranchissement de leur ville), Cicéron fit cette allusion à la servitude de Rome : « Si vous réussissez, demandez aussi pour nous. »

Il y avait en lui une raillerie sérieuse qui n'était plus de la plaisanterie, témoin cette phrase d'une lettre qu'il écrivait à Cassius, un des meurtriers du dictateur : « Je voudrais que vous m'eussiez invité à souper aux ides de mars ; il n'y aurait pas eu de restes, et ce sont ces restes qui me fatiguent. »

Idem Cicero de Pisone genero et M. Lepido lepidissime cavillatus est.

Dicente adhuc Symmacho, et, ut videbatur, plura dicturo, intercedens Avienus, ut fieri in sermonibus convivalibus solet : Nec Augustus, inquit, Caesar in hujusmodi dicacitate quoquam minor, et fortasse nec Tullio : et, si volentibus vobis erit, aliqua ejus, quae memoria suggesserit, relaturus sum.

Et Horus : Permitte, Aviene, Symmachus explicet de his, quos jam nominaverat, dicta Ciceronis : et opportunius quae de Augusto vis referre, succedent.

Reticente Avieno, Symmachus : Cicero, inquam, quum Piso gener ejus [26] mollius incederet, filia autem concitatius, ait genero : « Ambula tanquam femina ; » ait filiae : « Ambula tanquam vir. » Et quum M. Lepidus in senatu dixisset patribus conscriptis : « Ego non tanti fecissem simile factum ; » Tullius ait : « Ego non tanti fecissem ὁμοιόπτωτον [27]. » Sed perge, Aviene ; ne ultra te dicturientem retardem.

IV. De jocis Augusti in alios, et aliorum rursus in ipsum.

Et ille : Augustus, inquam, Caesar affectavit jocos, salvo tamen majestatis pudorisque respectu ; nec ut caderet in scurram. *Ajacem* tragoediam [28] scripserat, eamdemque, quod sibi displicuisset, deleverat. Postea Lucius [29] gravis tragoediarum scriptor interrogabat eum, quid ageret *Ajax* suus ; et ille : « In spongiam [30], inquit, incubuit. »

Il fit encore d'excellentes plaisanteries sur Pison, son gendre, et sur M. Lepidus.

Symmaque racontait toujours, et, à ce qu'il semblait, n'était pas au bout, lorsqu'Avienus l'interrompit, comme cela arrive dans les propos de table : César Auguste, dit-il, ne le cède à personne dans ce genre d'esprit, pas même peut-être à Cicéron ; et, si vous y consentez, je vous citerai quelques traits de lui que ma mémoire me fournira.

Souffrez auparavant, dit Horus, que Symmaque termine, avec les deux personnes qu'il vient de nommer, la liste des bons mots de Cicéron : ceux d'Auguste viendront naturellement à la suite.

Alors, Avienus gardant le silence, Symmaque reprit : Je disais que Cicéron, voyant sa fille Tullia marcher avec trop de vitesse, et Pison, son gendre, avec trop de lenteur, dit à ce dernier : « Marchez comme votre femme, » et à sa fille : « Marchez comme votre mari. » — « Pour moi, disait en plein sénat M. Lepidus, devant les pères assemblés, je n'aurais pas *fait* tant de bruit d'un pareil *fait*. — Et moi, repartit Cicéron, je n'aurais pas fait tant de bruit d'une homœoptote. » Mais continuez, Avienus ; que je ne vous retarde pas davantage.

IV. Bons mots d'Auguste sur quelques particuliers, et de quelques particuliers sur Auguste.

Auguste, dit alors Avienus, aimait à plaisanter, mais sans blesser ni son rang, ni la bienséance, et sans descendre au rôle de bouffon. Il avait composé une tragédie d'*Ajax;* puis, mécontent de son œuvre, il y avait passé l'éponge. Quelque temps après, Lucius, poëte tragique considérable, lui demandant ce qu'était devenu son *Ajax:* « Il s'est, dit-il, percé de son éponge. »

Idem Augustus, quum ei quidam libellum trepidus offerret, et modo proferret manum, modo retraheret : « Putas, inquit, te assem elephanto dare [31]? »

Idem quum ab eo Pacuvius Taurus [32] congiarium peteret, diceretque, jam hoc homines vulgo loqui non parvam sibi ab illo pecuniam datam : « Sed tu, inquit, noli credere. »

Alium præfectura equitum summotum et insuper salarium postulantem, dicentemque : « Non lucri causa dari hoc mihi rogo, sed ut judicio tuo munus videar impetrasse, et ita officium deposuisse ; » hoc dicto repercussit : « Tu te accepisse apud omnes affirma ; et ego dedisse me non negabo. »

Urbanitas ejusdem innotuit circa Herennium deditum vitiis juvenem : quem quum castris excedere jussisset, et ille supplex hac deprecatione uteretur : « Quo modo ad patrias sedes revertar ? quid patri meo dicam ? » respondit : « Dic, me tibi displicuisse. »

Saxo in expeditione percussum, ac notabili cicatrice in fronte deformem, nimium tamen sua opera jactantem, sic leniter castigavit : « At tu quum fugies, inquit, nunquam post te respexeris. »

Galbæ, cujus informe gibbo erat corpus, agenti apud se causam et frequenter dicenti, « Corrige, in me si quid reprehendis ; » respondit : « Ego te monere possum, corrigere non possum. »

Quum multi Severo Cassio accusante absolverentur, et architectus fori Augusti, exspectationem operis diu traheret, ita jocatus est : « Vellem Cassius et meum forum accuset [33]. »

Vettius quum monumentum patris exarasset, ait

Un particulier lui présentait une requête en tremblant, et tantôt avançait la main, tantôt la retirait : « Pensez-vous, lui dit-il, tendre une pièce de monnaie à un éléphant ? »

Pacuvius Taurus, sollicitant une largesse[1] de l'empereur, lui disait : « Il n'est bruit partout que d'une somme considérable dont vous m'avez fait présent. — N'en croyez rien, » dit Auguste.

Un officier de cavalerie qui venait d'être destitué lui demandait une gratification, « non par intérêt, lui disait-il, mais afin que le public crût qu'il l'avait obtenue de l'empereur, en échange de l'emploi dont il s'était démis. » « Dites que vous l'avez reçue, répondit Auguste; je ne vous démentirai pas. »

On connaît sa repartie charmante à Herennius, jeune débauché qu'il avait chassé de son camp, et qui le suppliait instamment de lui pardonner : « Comment puis-je, disait-il, retourner à la maison paternelle, et que dire à mon père ? — Dites-lui que vous étiez mécontent de moi. »

Il rappela doucement à l'ordre un soldat qui, frappé au front d'un coup de pierre dont la cicatrice le défigurait, vantait un peu trop sa vaillance : « Quand tu fuiras, lui dit-il, ne regarde plus derrière toi. »

L'orateur Galba, qui était bossu, plaidait un jour devant lui, et répétait sans cesse : « Redressez-moi, si vous trouvez en moi quelque chose à reprendre. — Eh ! s'écria le prince, je puis bien vous avertir, et non vous redresser. »

Presque tous les gens accusés par Severus Cassius étaient absous[2], et à ce sujet, Auguste, fatigué des lenteurs de l'architecte chargé de la construction du *forum Augusti*, fit la plaisanterie suivante : « Plut au ciel que Cassius accusât aussi mon forum ! »

Vettius, ayant labouré le terrain où son père était en-

---

[1] *Congiarium.* — [2] *Absolvere,* absoudre, terminer.

Augustus : « Hoc est vere monumentum patris colere [34]. »

Quum audisset, inter pueros quos in Syria Herodes, rex Judæorum, intra bimatum [35] jussit interfici, filium quoque ejus occisum, ait : « Melius est Herodis porcum esse, quam filium [36]. »

Idem Augustus, quia Mæcenatem suum noverat esse stylo remisso, molli, et dissoluto, talem se in epistolis quas ad eum scribebat, sæpius exhibebat, et contra castigationem loquendi, quam alias ille scribendo servabat, in epistola ad Mæcenatem familiari plura in jocos effusa subtexuit : « Vale, mel gentium, melcule, ebur ex Etruria [37], laser Aretinum, adamas supernas, Tiberinum margaritum, Cilniorum smaragde, jaspi figulorum, berylle Porsennæ : carbunculum habeas, ἵνα συντέμω, πάντα μάλαγμα mœcharum. »

Exceptus est a quodam cœna satis parca, et quasi quotidiana; nam pæne nulli se invitanti negabat : post epulum igitur inops ac sine ullo apparatu discedens, vale dicenti hoc tantum insusurravit : « Non putabam me tibi tam familiarem. »

Quum de Tyriæ purpuræ, quam emi jusserat, obscuritate quereretur, dicente venditore : « Erige altius, et suspice, » his usus est salibus : « Quid! ego ut me populus Romanus dicat bene cultum, in solario ambulaturus sum? »

Nomenclatori [38] suo, de cujus oblivione querebatur, dicenti : « Numquid ad forum mandas? — Accipe, inquit, commendatitias, quia illic neminem nosti. »

Vatinio in prima sua ætate eleganter insultavit. Confusus ille podagra, volebat tamen videri discussisse jam

seveli, Auguste dit à ce propos : « Voilà ce qui peut s'appeler *cultiver* le tombeau de son père. »

Ayant appris que parmi les enfants au-dessous de deux ans dont Hérode, roi des Juifs, avait ordonné le massacre en Syrie, se trouvait le propre fils de ce prince, il dit : « Il vaut mieux être le porc d'Hérode, que son fils. »

Souvent, pour se moquer du style mou, lâche et diffus de son favori Mécène, il affectait de lui écrire dans le même goût, renonçant alors à cette pureté d'expression dont il ne se départait jamais d'habitude. Voici une lettre de ce genre, remplie de traits plaisants : « Adieu, miel du genre humain, petit miel, ivoire d'Étrurie, laser d'Arezzo, diamant de l'Adriatique, perle du Tibre, émeraude des Ciliniens, jaspe des potiers, béryl de Porsenna ; puisses-tu avoir un escarboucle, et, en résumé, tous les émollients des courtisanes. »

Engagé à souper chez un particulier (il était rare qu'il refusât une invitation), la chère fut assez maigre et des plus ordinaires. Après le repas, comme il se retirait l'estomac vide, et sans appareil, il murmura ces simples mots à l'oreille de son hôte, qui lui disait adieu : « Je ne croyais pas être si fort votre ami. »

Il avait fait acheter de la pourpre de Tyr, et se plaignait au vendeur de son peu d'éclat : « Levez l'étoffe, dit le marchand, et regardez-la d'en bas. — Eh quoi, répliqua-t-il, faudra-t-il pour montrer aux Romains la richesse de mon costume que je me promène sur ma terrasse ? »

Son nomenclateur, dont la mémoire était souvent en défaut, lui disait : « Quels sont vos ordres pour le forum ? — Tiens, lui répondit-il, comme tu n'y connais personne, voici des lettres de recommandation. »

Étant fort jeune, il plaisanta d'une manière fort agréable Vatinius. Le pauvre homme, tourmenté par la goutte,

vitium, et mille passus ambulare se gloriabatur; cui Cæsar : « Non miror, inquit, dies aliquanto sunt longiores. »

Relata ad se magnitudine æris alieni, quam quidam eques Romanus dum vixit excedentem ducenties celaverat, culcitam emi cubicularem in ejus auctione sibi jussit; et præceptum mirantibus hanc rationem reddidit : « Habenda est ad somnum culcita in qua ille, quum tantum deberet, dormire potuit. »

Non est intermittendus sermo ejus, quem Catonis honori dedit. Venit forte in domum, in qua Cato habitaverat : dein Strabone in adulationem Cæsaris male existimante de pervicacia Catonis, ait : « Quisquis præsentem statum civitatis commutari non volet, et civis et vir bonus est; » satis serio et Catonem laudavit, et sibi, ne quis affectaret res novare, consuluit[39].

Soleo in Augusto magis mirari quos pertulit jocos, quam ipse quos protulit, quia major est patientiæ quam facundiæ laus; maxime, quum æquanimiter aliqua etiam jocis mordaciora pertulerit. Cujusdam provincialis jocus asper innotuit. Intraverat Romam simillimus Cæsari, et in se omnium ora converterat. Augustus perduci ad se hominem jussit; visumque hoc modo interrogavit : « Dic mihi, adolescens, fuit aliquando mater tua Romæ? » negavit ille; nec contentus adjecit : « Sed pater meus sæpe. »

Temporibus triumviralibus Pollio, quum fescenninos[40] in eum Augustus scripsisset, ait : « At ego taceo; non est enim facile in eum scribere, qui potest proscribere. »

Curtius eques Romanus deliciis diffluens, quum macrum

voulait néanmoins qu'on crût à sa guérison, et se vantait de faire un mille en se promenant : « Je le crois, dit le prince, les jours sont un peu plus longs. »

On lui parla une fois de dettes énormes (plus de vingt millions de sesterces) qu'avait laissées à sa mort un chevalier romain. Aussitôt il fit acheter à l'encan l'oreiller de son lit, donnant pour raison à ceux qui s'étonnaient d'un pareil ordre, « Que l'on devait bien dormir sur l'oreiller où un homme qui laissait tant de dettes avait pu trouver le sommeil. »

On ne doit point passer sous silence un mot qu'il dit en l'honneur de Caton. Un jour que le hasard l'avait conduit dans la maison jadis habitée par ce grand homme, Strabon, pour flatter le prince, blâmait l'entêtement de Caton. « Il est d'un bon citoyen et d'un honnête homme de ne vouloir rien changer à l'état actuel du gouvernement. » Le mot ne manquait pas de portée ; Auguste, en louant Caton, se servait lui-même, et prévenait les novateurs.

J'admire encore plus Auguste souffrant la raillerie, qu'Auguste raillant les autres, parce que l'égalité d'âme est préférable à l'esprit, surtout lorsqu'elle reçoit sans être troublée des traits qui passent la plaisanterie. Le bon mot de ce provincial qui, arrivé à Rome, attirait l'admiration de tous par sa ressemblance avec l'empereur, est assez connu. Auguste l'ayant mandé près de lui, lui dit, après l'avoir considéré : « Dites-moi, jeune homme, votre mère est venue quelquefois à Rome? — Non, » répondit l'autre ; puis il ajouta avec dépit : « Mais mon père y est venu souvent. »

A l'époque du triumvirat, Auguste avait fait contre Pollion des vers fescennins : « Pour moi, dit Pollion, je garde le silence ; car il n'est pas facile d'écrire contre celui qui peut proscrire. »

Le chevalier romain Curtius, beau fils s'il en fut, se

turdum sumpsisset in convivio Cæsaris, interrogavit an mittere liceret; responderat princeps : « Quid ni liceat? » ille per fenestram statim misit.

Æs alienum Augustus cujusdam senatoris cari sibi non rogatus exsolverat numerato quadragies. At ille pro gratiarum actione hoc solum ei scribit : « Mihi nihil[41]. »

Solebat Licinius libertus ejus inchoanti opera patrono magnas pecunias conferre : quem morem sequutus, centum promisit per libellum, in quo virgulæ superductæ pars ultra pecuniæ defectionem protendebatur, vacante infra loco. Cæsar, occasione usus, priori alterum centies sua manu junxit, spatio diligenter expleto, et affectata litteræ similitudine : geminatamque accepit summam, dissimulante liberto. Qui postea cœpto alio opere leniter factum suum Cæsari objecit, libello tali dato : « Confero tibi, domine, ad novi operis impensam quod videbitur. »

Mira etiam censoris Augusti et laudata patientia. Corripiebatur eques Romanus a principe, tanquam minuisset facultates suas. At ille se multiplicasse coram probavit. Mox idem subjecit quod ad contrahendum matrimonium legibus non paruisset[42]. Ille uxorem sibi et tres esse liberos dixit. Tunc adjecit : « Posthac, Cæsar, quum de honestis hominibus inquiris, honestis mandato. »

Etiam militis non libertatem tantum, sed et temeritatem tulit. In quadam villa inquietas noctes agebat, rumpente somnum ejus crebro noctuæ cantu. Prendendam curavit noctuam. Miles aucupii peritus, et spe ingentis

trouvait un jour à la table de l'empereur; comme on lui passait une grive maigre, il demanda s'il lui serait permis de la renvoyer[1]. « Pourquoi non ? » dit Auguste; et aussitôt Curtius l'envoya par la fenêtre.

Auguste avait, sans en être prié, payé les dettes d'un sénateur qu'il aimait beaucoup, lesquelles se montaient à quatre millions de sesterces. Celui-ci lui écrivit pour tout remercîment : « Et à moi rien. »

Son affranchi Licinius, chaque fois qu'il faisait bâtir, lui prêtait des sommes considérables. Or, Licinius, un jour, lui ayant apporté un bon de dix millions de sesterces, dans lequel la barre placée au-dessus de la somme inscrite dépassait les chiffres, laissant au-dessous un espace vide, Auguste profita de l'occasion; il remplit soigneusement le vide, et ajouta dix nouveaux millions aux premiers, s'appliquant à reproduire exactement l'écriture. Licinius paya le double de la somme sans faire paraître qu'il s'en aperçût; seulement, à quelque temps de là, l'empereur faisant de nouveau bâtir, il lui fit sentir doucement qu'il n'était pas sa dupe, en lui présentant un bon ainsi conçu : « Je vous envoie, seigneur, pour votre nouvelle entreprise, tout l'argent que vous jugerez nécessaire. »

Même étant censeur, il fit preuve d'une douceur admirable et qui lui attira mille éloges. Un chevalier romain qu'il réprimandait pour avoir dissipé son héritage, lui prouva clairement qu'il l'avait augmenté. Quelque temps après, Auguste lui reprochant de s'être soustrait aux lois sur le mariage, le chevalier répondit qu'il avait une femme et trois enfants; et de plus il ajouta : « Désormais, César, quand vous prendrez des informations sur d'honnêtes gens, adressez-vous à d'honnêtes gens. »

Une autre fois ce fut, non la brusquerie, mais la brutalité d'un simple soldat qui trouva grâce devant lui. Il était à la campagne, où les cris continus d'un hibou pen-

---

[1] *Mittere*, envoyer, renvoyer, jeter, etc.

præmii, pertulit. Laudato imperator mille nummos dari jussit. Ille ausus est dicere, « Malo vivat; » avemque dimisit. Quis non miratus est non offenso Cæsare abiisse militem contumacem?

Veteranus, quum die sibi dicto periclitaretur, accessit in publico ad Cæsarem, rogavitque ut sibi adesset.[43] Ille advocatum, quem ex comitatu suo elegerat, sine mora dedit; commendavitque ei litigatorem. Exclamavit ingenti voce veteranus: « At non ego, Cæsar, periclitante te Actiaco bello, vicarium quæsivi: sed pro te ipse pugnavi; » detexitque impressas cicatrices. Erubuit Cæsar venitque in advocationem, ut qui vereretur non superbus tantum, sed etiam ingratus videri.

Delectatus inter cœnam erat symphoniacis Toronii Flacci mangonis, atque eos frumento donaverat; quum in alia acroamata fuisset nummis liberalis: eosdemque postea Toronius æque inter cœnam quærenti Cæsari sic excusavit: « Ad molas sunt. »

Sublimis Actiaca victoria revertebatur. Occurrit ei inter gratulantes corvum tenens, quem instituerat hæc dicere: « Ave, Cæsar, victor, imperator. » Miratus Cæsar officiosam avem, viginti millibus nummorum emit. Socius opificis, ad quem nihil ex illa liberalitate pervenerat, affirmavit Cæsari, habere illum et alium corvum; quem ut afferre cogeretur rogavit. Allatus, verba quæ didicerat expressit: « Ave, victor, imperator, Antoni. »

dant la nuit troublaient son sommeil et l'empêchaient de goûter un instant de repos. Il donna ordre qu'on tâchât de saisir l'oiseau, et un soldat, habile oiseleur, séduit par l'espoir d'une récompense considérable, le porta à l'empereur, qui le complimenta d'abord, puis lui fit compter mille petits sesterces. « J'aime mieux qu'il vive, » dit effrontément le soldat, et il lâcha l'oiseau. Qui croirait cependant qu'Auguste, sans paraître offensé de la hardiesse de cet homme, le laissa partir tranquillement?

Un vétéran, assigné pour une affaire qu'il était en danger de perdre, s'approcha en public de César, et le pria de se charger de sa cause. Celui-ci lui donna sur l'heure pour avocat une personne de sa suite, à qui il recommanda le plaideur : « Mais moi, César, s'écria à haute voix le vétéran, quand vous étiez en danger à Actium, je n'ai pas cherché de remplaçant, et j'ai combattu pour vous en personne. » En disant cela, il découvrait ses cicatrices. César rougit, et plaida lui-même, ne voulant pas qu'on pût le taxer d'ingratitude ou d'orgueil.

Ravi d'un concert que lui avaient donné pendant son souper les musiciens de Toronius Flaccus, le marchand d'esclaves, il leur fit distribuer du blé, au lieu d'argent, dont il s'était montré libéral en de pareilles occasions. Or, à quelque temps de là, étant à table, il se plaignait de l'absence des musiciens : « Ils sont au moulin, » dit Toronius en s'excusant.

Il revenait triomphant à Rome, après la victoire d'Actium; parmi les complimenteurs il aperçut un homme tenant dans sa main un corbeau qu'il avait instruit à dire : « Salut, César, vainqueur, empereur. » César, émerveillé, acheta l'oiseau courtisan vingt mille petits sesterces. Un camarade de cet artisan, qui n'avait eu aucune part dans la libéralité, dit au prince que son compagnon avait encore un autre corbeau pareil, et demanda qu'on l'obligeât à le montrer. On apporta l'oi-

Nihil exasperatus, satis duxit, jubere illum dividere donativum cum contubernali. Salutatus similiter a psittaco, emi eum jussit. Idem miratus in pica, hanc quoque redemit. Exemplum sutorem pauperem sollicitavit, ut corvum institueret ad parem salutationem; qui impendio exhaustus, saepe ad avem non respondentem dicere solebat : « Opera et impensa periit. » Aliquando tamen corvus coepit dicere dictatam salutationem. Hac audita dum transit Augustus, respondit : « Satis domi salutatorum talium habeo. » Superfuit corvo memoria, ut et illa quibus dominum querentem solebat audire, subtexeret : « Opera et impensa periit. » Ad quod Caesar risit; emique avem jussit quanti nullam adhuc emerat.

Solebat descendenti a palatio Caesari honorificum aliquod epigramma porrigere Graeculus [44]. Id quum frustra saepe fecisset, rursumque eum idem facturum vidisset Augustus, brevi sua manu in charta exaravit Graecum epigramma; pergenti deinde ad se obviam misit. Ille legendo laudare; mirari tam voce, quam vultu. Quumque accessisset ad sellam, demissa in pauperem fundam manu, paucos denarios protulit quos principi daret. Adjectus hic sermo : Νὴ τὴν σὴν τύχην, σεβαστὲ, εἰ πλέον εἶχον, πλέον ἐδίδουν; sequuto omnium risu, dispensatorem Caesar vocavit, et sestertia centum millia numerare Graeculo jussit.

seau, qui aussitôt, répétant sa leçon, se mit à crier :
« Salut, Antoine vainqueur, empereur. » Auguste ne fut
aucunement fâché, et, pour toute punition, enjoignit
au coupable de partager la somme avec son camarade.
Salué de même par un perroquet, il l'acheta. Le phénomène se reproduisit dans une pie, et il l'acheta de même.
Ces exemples donnèrent l'idée à un pauvre cordonnier
d'entreprendre, à son tour, l'éducation d'un corbeau;
mais souvent, mal payé de ses soins, il lui échappait de
dire à l'oiseau muet : « J'ai perdu ma peine et mon argent. » A la fin cependant l'oiseau sut par cœur son
compliment, et le récita à Auguste, comme il passait dans
la rue; à quoi Auguste répondit : « J'ai assez chez moi
de complimenteurs de cette espèce. » Aussitôt le corbeau, en veine de mémoire, se mit à répéter la plainte
habituelle de son maître : « J'ai perdu ma peine et mon
argent. » César partit d'un éclat de rire, et acheta l'oiseau plus cher qu'il n'avait payé tous les autres.

Auguste ne pouvait sortir de son palais qu'aussitôt un
certain Grec ne lui offrît une épigramme à sa louange.
Il avait souvent répété ce manége, et l'empereur voyant
qu'il ne s'en lassait point, écrivit rapidement de sa
main sur un petit papier une épigramme grecque, et la
lui envoya à son tour, comme l'autre s'approchait de
lui. Notre homme de s'extasier à la lecture. Il applaudit
de la voix et du visage, puis il s'approcha de la litière
impériale, et plongeant la main au fond d'une maigre
bourse, il en tira quelques deniers qu'il offrit au prince,
en disant : « C'est peu pour vous, seigneur; mais si
j'avais plus, je donnerais davantage. » Chacun se prit
à rire, et Auguste, ayant appelé son dispensateur[1], lui
ordonna de compter cent mille sesterces au pauvre Grec.

(1) Trésorier.

V. Super jocis ac moribus Juliæ, Augusti filiæ.

Vultis aliqua et filiæ ejus Juliæ dicta referamus? sed si garrulus non putabor, volo de moribus feminæ pauca præmittere, ni quisquam vestrum habeat seria et discenda, quæ proferat. — Hortantibusque omnibus, ut cœpto insisteret, ita de Julia orsus est. Annum agebat tricesimum octavum, et tempus ætatis, si mens sana superesset, vergentis in senium : sed indulgentia tam fortunæ, quam patris abutebatur; quum alioquin litterarum amor, multaque eruditio, quod in illa domo facile erat, præterea mitis humanitas, minimeque sævus animus, ingentem feminæ gratiam conciliarent, mirantibus, qui vitia noscebant, tantam pariter diversitatem. Non semel præceperat ei pater, temperato tamen inter indulgentiam gravitatemque sermone, moderaretur profusos cultus perspicuosque comitatus. Idem quum ad nepotum turbam similitudinemque respexerat, qua repræsentabatur Agrippa, dubitare de pudicitia filiæ erubescebat. Inde blandiebatur sibi Augustus lætum in filia animum usque ad speciem procacitatis, sed reatu liberum ; et talem fuisse apud majores Claudiam [45] credere audebat. Itaque inter amicos dixit, duas se habere filias delicatas, quas necesse haberet ferre, rempublicam et Juliam.

Venerat ad eum licentiore habitu, et oculos offenderat patris tacentis. Mutavit cultus sui postera die morem, et lætum patrem, affectata severitate, complexa est. At ille, qui pridie dolorem suum continuerat, gaudium continere non potuit : et, « Quantum hic, ait, in filia Augusti probabilior est cultus! » non defuit patrocinio suo

V. Bons mots et mœurs de Julie, fille d'Auguste.

Voulez-vous que nous rapportions aussi quelques bons mots de Julie, fille d'Auguste ? Mais auparavant, si j'étais sûr qu'on ne m'accusât point de bavardage, je dirais quelque chose des mœurs de cette femme, à condition toutefois que personne ici n'aurait à traiter de matière plus grave et plus intéressante. — Tout le monde l'ayant engagé à suivre son projet, il commença ainsi : Julie était arrivée à trente-huit ans, c'est-à-dire à cette époque de la vie voisine de la vieillesse, si son âme se fût conservée sage ; mais la fortune, autant que son père, l'avait gâtée. Cependant son amour pour les lettres, la multitude de connaissances qu'il lui avait été facile d'acquérir dans sa maison, la douceur et l'extrême facilité de son caractère, lui avaient attiré la faveur générale, et formaient un contraste étrange pour quiconque connaissait ses vices. Plusieurs fois son père, mêlant dans ses remontrances la douceur à la sévérité, l'avait engagée à modérer le luxe de sa toilette et l'éclat de son entourage ; et cependant toutes les fois qu'il jetait les yeux sur ses petits-enfants, frappé de leur ressemblance avec Agrippa, leur père, il rougissait de conserver des doutes sur la sagesse de sa fille ; il se flattait de l'idée que celle-ci, libre jusqu'à l'apparence de libertinage, était irréprochable en effet. Il la comparait à la Claudia des anciens, et disait à ses amis qu'il avait deux filles délicates qu'il lui fallait ménager, la république et Julie.

Un jour elle s'était présentée devant son père dans une parure peu décente ; Auguste en fut choqué, sans lui rien dire toutefois. Le lendemain, quand elle vint l'embrasser, il se trouva qu'elle avait changé de costume, et l'austérité la plus rigoureuse avait présidé à sa toilette. A cette vue, l'heureux père ne put commander à sa joie, lui qui la veille avait su commander à sa tris-

Julia his verbis : « Hodie enim me patris oculis ornavi, heri viri. »

Notum et illud. Converterant in se populum in spectaculo gladiatorum Livia et Julia, comitatus dissimilitudine. Quippe, cingentibus Liviam gravibus viris, hæc juventutis et quidem luxuriosæ grege circumsidebatur. Admonuit pater scripto, Videret quantum inter duas principes feminas interesset. Eleganter illa rescripsit : « Et hi mecum senes fient. »

Eadem Julia mature habere cœperat canos, quos legere secrete solebat. Subitus interventus patris aliquando oppressit ornatrices. Dissimulavit Augustus deprehensis super vestem ejus canis; et aliis sermonibus tempore extracto, induxit ætatis mentionem; interrogavitque filiam, utrum post aliquot annos cana esse mallet, an calva : et quum illa respondisset : « Ego, pater, cana esse malo; » sic illi mendacium objecit : « Quid ergo istæ te calvam tam cito faciunt ? »

Item quum gravem amicum audisset Julia suadentem, melius facturam, si se composuisset ad exemplar paternæ frugalitatis, ait : « Ille obliviscitur Cæsarem se esse : ego memini me Cæsaris filiam. »

Quumque conscii flagitiorum mirarentur, quo modo similes Agrippæ filios pareret, quæ tam vulgo potestatem sui corporis faceret, ait : « Nunquam enim nisi navi plena tollo vectorem. »

Simile dictum Populiæ Marci filiæ. Quæ miranti cuidam, quid esset, quapropter aliæ bestiæ nunquam marem

tesse : « Que cette simplicité sied bien mieux à la fille d'Auguste! » dit-il. Julie se disculpa par un seul mot : « Je me suis habillée aujourd'hui pour mon père; hier c'était pour mon époux. »

Il y a un autre mot d'elle bien connu. Livie et Julie, à un combat de gladiateurs, attiraient les regards de tout le peuple par la différence de leur cortége : Livie était entourée de personnages graves ; Julie, au contraire, d'une jeunesse folle et étourdie. Son père lui ayant écrit pour lui faire remarquer cette différence entre les deux premières femmes de l'empire, elle répondit avec esprit : « Eux aussi vieilliront avec moi. »

Elle avait eu de bonne heure des cheveux blancs, qu'elle se faisait arracher en secret. Un jour ses femmes furent surprises par l'arrivée soudaine d'Auguste, qui remarqua même quelques-uns de ces cheveux sur la robe de sa fille. Cependant il ne fit semblant de rien, et après avoir causé quelque temps de choses et d'autres, il tourna la conversation sur l'âge, et demanda à sa fille si elle aimerait mieux dans quelques années être chauve qu'avoir les cheveux blancs. « J'aimerais mieux, mon père, répondit alors Julie, avoir les cheveux blancs. — Eh bien, pourquoi vos femmes mettent-elles tant d'empressement à vous rendre chauve? »

Un autre jour, un des amis de Julie, personnage respectable, lui donnait le conseil de se régler sur la modeste simplicité de son père : « S'il oublie qu'il est César, dit-elle, je me souviens que je suis fille de César. »

Les personnes instruites de ses débauches s'étonnaient que, malgré ses nombreux amants, elle donnât à Agrippa des enfants si semblables à leur père : « C'est, répondit-elle, que je ne prends de passagers que quand le navire est chargé. »

Il y a un mot semblable de Popilia, fille de Marcus. Quelqu'un remarquait que les autres bêtes ne désiraient

desiderarent nisi quum prægnantes vellent fieri, respondit : « Bestiæ enim sunt [46]. »

VI. Rursus de virorum jocis, argutisque responsis.

Sed ut a feminis ad viros, et a lascivis jocis ad honestos revertar, Cascellius jurisconsultus [47] urbanitatis miræ libertatisque habebatur ; præcipue tamen is jocus ejus innotuit. Lapidatus a populo Vatinius, quum gladiatorium munus ederet, obtinuerat ut ædiles edicerent, ne quis in arenam nisi pomum misisse vellet. Forte his diebus Cascellius, consultus a quodam, an nux pinea pomum esset, respondit : « Si in Vatinium missurus es, pomum est. »

Mercatori deinde, quemadmodum cum socio navim divideret, interroganti, respondisse traditur : « Navim si dividis, nec tu, nec socius habebitis. »

In Galbam, eloquentia clarum, sed quem habitus, ut suprà dixi, corporis destruebat, M. Lollii vox circumferebatur : « Ingenium Galbæ male habitat. »

In eumdem Galbam Orbilius grammaticus acerbius irrisit. Prodierat Orbilius in reum testis : quem Galba ut confunderet, dissimulata professione ejus, interrogavit : « Quod artificium facis ? » respondit : « In sole gibbos soleo fricare. »

L. Cæcilius, quum C. Cæsar aliis, qui secum pila lusitabant, centena sestertia, illi uni quinquaginta dari jussisset : « Quid! ego, inquit, una manu ludo, et non duabus, ut plus habere possim? »

l'approche du mâle que lorsqu'elles voulaient concevoir ; elle répondit : « Mais ce sont des bêtes. »

VI. Autres bons mots et reparties fines de quelques Romains.

Mais des femmes revenons aux hommes, et des propos un peu lestes à des plaisanteries honnêtes. Le jurisconsulte Cascellius était célèbre par la vivacité et la grâce exquise de ses reparties. Je citerai celle-ci entre toutes. Vatinius, donnant un spectacle de gladiateurs, avait été assailli par le peuple à coups de pierres, et il avait obtenu des édiles une ordonnance qui défendait de jeter dans l'arène autre chose que des pommes. Vers le même temps, un particulier vint consulter Cascellius pour savoir si le fruit du pin était une pomme. « Oui, répondit-il, si vous la lancez contre Vatinius. »

Un marchand lui demandait comment il pourrait partager son navire entre lui et son associé : « Mais si vous partagez le navire, répliqua-t-il, où sera votre part et la sienne? »

A propos de ce même Galba dont nous avons parlé, orateur illustre, mais affecté de difformité corporelle, on citait ce mot de M. Lollius : « L'esprit de Galba est bien mal logé. »

Galba donna lieu à une autre repartie, mais plus piquante, du grammairien Orbilius. Orbilius était cité comme témoin à charge; Galba, pour l'embarrasser, feignit de ne pas le connaître, et lui demanda : « Quelle est votre profession ? — Je frotte les bossus au soleil, » répondit Orbilius.

C. César avait fait donner cent mille sesterces à chacun de ceux qui venaient de jouer à la paume avec lui, et cinquante mille seulement à L. Cécilius : « Quoi ! dit celui-ci, je ne joue donc que d'une seule main, et non des deux, que je ne reçois qu'une partie de la somme? »

Quum iratus esse P. Clodius D. Laberio diceretur, quod ei mimum petenti non dedisset : « Quid amplius, inquit, mihi facturus es, nisi ut Dyrrachium eam et redeam ? » alludens ad Ciceronis exsilium.

VII. De sententiis ac dictis Laberii et Publii, mimographorum ; deque Pylade ac Hyla, histrionibus.

Sed quia et paulo ante Aurelius Symmachus, et ego nunc Laberii fecimus mentionem, si aliqua hujus atque Publii dicta referemus, videbimur et adhibendi convivio mimos vitasse lasciviam, et tamen celebritatem, quam quum adsunt illi excitare pollicentur, imitari. Laberium asperæ libertatis equitem Romanum Cæsar quingentis millibus invitavit, ut prodiret in scenam, et ipse ageret mimos, quos scriptitabat. Sed potestas non solum, si invitet, sed etsi supplicet, cogit. Unde se et Laberius[48] a Cæsare coactum in prologo testatur his versibus :

> Necessitas, cujus cursus transversi impetum
> Voluerunt multi effugere, pauci potuerunt,
> Quo me detrusit pæne extremis sensibus ?
> Quem nulla ambitio, nulla unquam largitio,
> Nullus timor, vis nulla, nulla auctoritas
> Movere potuit in juventa de statu ;
> Ecce in senecta ut facile labefecit loco
> Viri excellentis mente clemente edita
> Submissa placide blandiloquens oratio !
> Etenim ipsi di negare cui nihil potuerunt,
> Hominem me denegare quis posset pati ?
> Ergo bis tricenis annis actis sine nota,
> Eques Romanus Lare egressus meo,
> Domum revertar mimus. Nimirum hoc die
> Uno plus vixi, mihi quam vivendum fuit.
> Fortuna, immoderata in bono æque atque in malo,

P. Clodius témoignait à D. Laberius son mécontentement de ce que celui-ci lui avait refusé un de ses mimes : « Eh bien, dit Laberius, faisant allusion à l'exil de Cicéron, j'en serai quitte pour aller à Dyrrachium et pour en revenir. »

VII. Sentences et bons mots des faiseurs de mimes Laberius et Publius. De Pylade et d'Hylas, histrions.

A propos de Laberius dont je vous parle en ce moment et dont Symmaque vous entretenait tout à l'heure, j'ai envie de citer quelques mots de lui et de Publius. Nous jouirons ainsi, sans blesser la bienséance qui ne permet pas d'avoir des mimes à table, de l'entrain que leur présence apporte dans un repas. Laberius, chevalier romain, connu par sa rude franchise, avait été invité par César, qui lui offrit cinq cent mille sesterces, à monter sur la scène et à jouer lui-même les mimes qu'il avait composés. Émanée du pouvoir, une invitation, une prière même est un ordre ; aussi Laberius, dans son prologue, protesta-t-il ainsi contre la violence dont il était l'objet :

« Nécessité, au cours oblique, dont beaucoup ont voulu, et dont peu ont pu éviter le choc, où m'as-tu réduit presqu'à l'extrémité de ma carrière ? Moi que ni l'ambition, ni la faveur, ni la crainte, ni la puissance n'ébranlèrent jamais au temps de ma jeunesse, voilà que, sur mon déclin, je me laisse dévier de ma route, à la voix du grand homme que la clémence de son âme porte à descendre à la prière ! Eh ! pouvais-je, simple mortel, refuser quelque chose à celui à qui les dieux eux-mêmes ne purent refuser rien ? Ainsi donc, après soixante années d'une vie sans tache, moi sorti de mes pénates chevalier romain, je rentrerai mime dans ma maison ! Ah ! j'ai vécu trop d'un jour. Fortune, qui ne sais t'arrêter ni dans le bien ni dans le mal, puisqu'il te plaisait de faire servir la gloire des lettres à briser le faîte de ma renommée, pourquoi, lorsque mes membres avaient toute la vigueur de la jeunesse, lorsque j'étais en état

Si tibi erat libitum litterarum laudibus
Floris cacumen nostræ famæ frangere,
Cur quum vigebam membris præviridantibus,
Satisfacere populo et tali quum poteram viro,
Non flexibilem me concurvasti, ut carperes?
Nunc me quo dejicis? quid ad scenam affero?
Decorem formæ, an dignitatem corporis,
Animi virtutem, an vocis jocundæ sonum?
Ut hedera serpens vires arboreas necat,
Ita me vetustas amplexu annorum enecat;
Sepulcri similis, nihil nisi nomen retineo.

In ipsa quoque actione subinde se, qua poterat, ulciscebatur, inducto habitu Syri, qui velut flagris cæsus, præripientique se similis, exclamabat:

Porro, Quirites! libertatem perdimus.

Et paulo post adjecit:

Necesse est multos timeat, quem multi timent.

Quo dicto universitas populi ad solum Cæsarem oculos et ora convertit, notantes impotentiam ejus hac dicacitate lapidatam.

Ob hæc in Publium vertit favorem. Is Publius natione Syrus[49], quum puer ad patronum domini esset adductus, promeruit eum non minus salibus et ingenio, quam forma. Nam forte quum ille servum suum hydropicum jacentem in area vidisset, increpuissetque quid in sole faceret; respondit: « Aquam calefacit. » Joculari deinde super cœna exorta quæstione, quodnam esset molestum otium, aliud alio opinante, ille « Podagrici pedes » dixit. Ob hæc et alia manumissus, et majore cura eruditus, quum mimos componeret, ingentique assensu in Italiæ oppidis agere cœpisset, productus Romæ per Cæsaris ludos, omnes, qui tunc scripta et operas suas in scenam

de complaire au peuple romain et à un si grand homme, pourquoi n'as-tu pas ployé sous ton étreinte mon corps alors flexible ? Maintenant où me précipites-tu ? et qu'apporté-je sur la scène ? Est-ce la beauté du visage, ou la dignité du maintien, ou l'énergie de l'âme, ou le son d'une voix agréable ? De même que le lierre étouffe l'arbre qu'il embrasse, de même l'âge m'épuise sous l'étreinte des années; semblable à un sépulcre, je ne garde rien qu'un nom. »

Dans la pièce même il se vengeait de César, comme il le pouvait, sous le costume d'un esclave syrien, qui, tout meurtri de coups, et cherchant à fuir, s'écriait :

« O Romains ! nous avons perdu la liberté. »

Un peu après, il ajoutait :

« Il doit craindre tout le monde, celui que tout le monde craint. »

A ce vers, le peuple se tournant en masse du côté de César, montra qu'il avait compris le soufflet que cette allusion mordante donnait à sa tyrannie.

Depuis lors, la faveur du dictateur s'attacha à Publius. C'était un esclave, Syrien de nation, qui, présenté au patron de son maître, se concilia ses bonnes grâces autant par son esprit et la finesse de ses reparties que par sa beauté. En effet, un jour que ce seigneur, voyant un de ses esclaves qui était hydropique, couché sur le sable, lui demandait en colère ce qu'il faisait au soleil : « Il chauffe son eau, » dit Publius. A souper, on demandait en plaisantant ce que c'était qu'un repos désagréable, et chacun disait son mot, lorsque Publius assura que c'était « des pieds goutteux. » Ces reparties et plusieurs autres lui ayant valu l'affranchissement et une instruction plus soignée, il se mit à composer des mimes qu'il jouait avec un grand succès dans

locaverant, provocavit, ut singuli secum, posita invicem materia, pro tempore contenderent. Nec ullo recusante, superavit omnes; in queis et Laberium. Unde Caesar arridens hoc modo pronuntiavit :

Favente tibi me victus es, Laberi, a Syro.

Statimque Publio palmam et Laberio annulum aureum cum quingentis sestertiis dedit. Tunc Publius ad Laberium recedentem ait :

Quicum contendisti scriptor, hunc spectator subleva.

Sed et Laberius sequenti statim commissione, mimo novo interjecit hos versus :

Non possunt primi esse omnes in tempore.
Summum ad gradum quum claritatis veneris,
Consistes aegre; et quam descendas, decides.
Cecidi ego; cadet qui sequitur. Laus est publica.

Publii autem sententiae feruntur lepidae et ad communem usum accommodatissimae. Ex quibus has fere memini singulis versibus circumscriptas :

Malum consilium est, quod mutari non potest.
Beneficium dando accepit, qui digno dedit.
Feras, non culpes, quod mutari non potest.
Cui plus licet quam par est, plus vult quam licet.
Comes facundus in via pro vehiculo est.
Frugalitas inserta est rumoris boni.
Heredis fletus sub persona risus est.
Furor fit laesa saepius patientia.
Improbe Neptunum accusat qui iterum naufragium facit.
Nimium altercando veritas amittitur.
Pars beneficii est, quod petitur, si cito neges.

les villes d'Italie. Produit à Rome, lors des jeux que César y donna, il provoqua tous ceux qui, à cette époque, écrivaient des mimes pour la scène, à un concours, où chacun devait traiter une matière commune dans un temps déterminé. Personne ne refusa, et il vainquit tout le monde, même Laberius : ce qui fit dire ironiquement à César :

« Malgré ma protection, Laberius, Syrus t'a vaincu. »

Et sur-le-champ il donna la palme à Publius, et à Laberius l'anneau d'or avec cinq cent mille sesterces. Comme celui-ci se retirait, Publius lui dit :

« A celui que vous avez combattu comme écrivain, soyez favorable comme spectateur. »

A la première représentation théâtrale qui suivit, Laberius fit entrer les vers qui suivent dans un mime nouveau :

« Tous ne peuvent pas être les premiers en tout temps. Une fois arrivé au faîte de la renommée, on s'y maintient avec peine ; et descendre, c'est tomber. Je suis tombé, moi ; celui qui me suit tombera. La gloire est du domaine public. »

On a conservé de Publius des sentences ingénieuses et d'une application usuelle. Je me rappelle celles-ci qui sont renfermées chacune dans un seul vers :

« Un plan est mauvais, quand on ne peut y apporter des changements.
« Celui-là reçoit en donnant, qui donne à qui le mérite.
« Supporte sans te plaindre ce qui ne peut être changé.
« Celui à qui il est permis plus qu'il n'est raisonnable, veut plus qu'il n'est permis.
« Un compagnon qui cause bien est une diligence en voyage.
« La frugalité est la broderie d'une bonne renommée.
« Les pleurs d'un héritier sont un rire sous le masque.
« La colère s'attire plus de mal que la patience.
« Il accuse Neptune à tort, celui qui fait un second naufrage.
« Dans une dispute trop prolongée, la vérité se perd.
« C'est obliger à moitié, que de refuser sur l'heure ce qu'on vous demande.

Ita amicum habeas, posse ut fieri inimicum putes.
Veterem ferendo injuriam, invitas novam.
Nunquam periclum sine periclo vincitur [50].

Sed quia semel ingressus sum scenam loquendo, nec Pylades histrio nobis omittendus est, qui clarus in opere suo fuit temporibus Augusti, et Hylam discipulum usque ad æqualitatis contentionem eruditione provexit. Populus deinde inter utriusque suffragia divisus est; et quum canticum quoddam saltaret [51] Hylas, cujus clausula erat: .

Τὸν μέγαν Ἀγαμέμνονα,

sublimem ingentemque Hylas velut metiebatur; non tulit Pylades, et exclamavit e cavea :

Σὺ μακρὸν, οὐ μέγαν ποιεῖς.

Tunc populus eum coegit idem saltare canticum; quumque ad locum venisset quem reprehenderat, expressit cogitantem; nihil magis ratus magno duci convenire, quam pro omnibus cogitare. Saltabat Hylas Œdipodem [52] : et Pylades hac voce securitatem saltantis castigavit: Σὺ βλέπεις. Quum in Herculem furentem prodiisset, et nonnullis incessum histrioni convenientem non servare videretur, deposita persona ridentes increpuit:

Μωροὶ, μαινόμενον ὀρχοῦμαι.

Hac fabula et sagittas jecit in populum. Eamdem personam quum jussu Augusti in triclinio ageret, et intendit arcum, et spicula misit. Nec indignatus est Cæsar eodem se loco Pyladi, quo populum Romanum fuisse. Hic, quia

« Soyez avec votre ami, comme s'il devait être un jour votre ennemi.

« Supporter une vieille injure, c'est en provoquer une nouvelle.

« On ne triomphe jamais d'un danger sans danger. »

Mais puisqu'en causant me voilà sur la scène, je ne puis m'empêcher de parler de l'histrion Pylade, qui s'illustra dans son art vers le temps d'Auguste, et qui mit, par ses leçons, son disciple Hylas à même de lui disputer le premier rang. Le peuple, par la suite, partagea entre eux deux ses suffrages. Hylas un jour exécutait une pantomime dont la finale était :

« Le Grand Agamemnon, »

et à ce moment il se redressait comme pour dessiner une haute stature. Pylade ne put supporter cela, et il lui cria de sa loge :

« Tu le fais long, et non pas grand. »

Alors le peuple l'ayant obligé à jouer lui-même, quand il fut arrivé à l'endroit qu'il avait relevé, il prit l'air d'un homme qui refléchit, persuadé que rien ne convient mieux à un grand général que de penser pour tout le monde. Hylas jouait OEdipe ; l'assurance qu'il montrait lui attira ce reproche de la part de Pylade : « Tu vois clair. » Lui-même représentait Hercule furieux, et certains spectateurs trouvant que son jeu s'éloignait de la convenance théâtrale, il ôta son masque et apostropha ainsi les rieurs :

« Insensés, je représente un furieux. »

C'est dans cette même pièce qu'il lança ses flèches jusque sur le peuple. Un jour qu'il jouait ce rôle par ordre d'Auguste dans une salle du palais, il banda son arc et lança ses flèches comme d'habitude ; et l'empereur ne trouva pas mauvais que Pylade le traitât comme il traitait le peuple

ferebatur mutasse rudis illius saltationis ritum, qui apud majores viguit, et venustam induxisse novitatem, interrogatus ab Augusto, quæ saltationi contulisset, respondit : Αὐλῶν συρίγγων τ' ἐνοπὴν, ὁμαδόν τ' ἀνθρώπων. Idem quum propter populi seditionem pro contentione inter se Hylamque habita concitatam indignationem excepisset Augusti, respondit : Καὶ ἀχαριστεῖς, βασιλεῦ · ἔασον αὐτοὺς περὶ ἡμᾶς ἀσχολεῖσθαι.

VIII. Quomodo Plato vino indulgendum esse præceperit ; et quam periculosum turpeque sit, tactus ac gustus voluptatibus esse obnoxium.

His dictis, et excitata lætitia, quum in Avieno memoria florida et amœnitas laudaretur ingenii, mensas secundas[53] minister admovit. — Et Flavianus : Multi, ut æstimo, in hoc a Varrone dissentiunt, qui in illa lepidissima satira Menippea, quæ inscribitur *Nescis quid vesper vehat*, de secunda mensa placentas removit[54]. Sed, quæso, dicas, Cæcina, verba ipsa Varronis, si tibi beneficio memoriæ tenacioris hæserunt. — Et Albinus : Locus, inquit, Varronis quem referri a me imperas, in his fere verbis est : « Bellaria ea maxime sunt mellita, quæ mellita non sunt[55] ; dulcibus enim cum pepsi societas infida. Significant autem bellaria omne mensæ secundæ genus. Nam quæ πέμματα Græci, vel τραγήματα dixerunt, ea veteres nostri appellavere bellaria. Vina quoque dulciora est invenire in comœdiis antiquioribus hoc vocabulo, dictaque ea Liberi bellaria. »

Et Evangelus : Agite, antequam surgendum nobis sit, vino indulgeamus : quod decreti Platonici auctoritate faciemus, qui æstimavit fomitem esse quemdam et igni-

romain. Il passait pour avoir substitué au jeu grossier des anciens une nouvelle pantomime plus gracieuse, et comme l'empereur lui demandait quelles améliorations il avait introduites : « L'accord, répondit-il, de la flûte, de la syrinx et des chanteurs. » C'est encore lui qui répondit à Auguste, indigné de ce que sa rivalité avec Hylas excitait une sédition parmi le peuple : « Vous êtes ingrat, prince ; laissez-les s'occuper de nous. »

VIII. Des préceptes de Platon touchant l'usage du vin. Qu'il est dangereux et honteux d'être esclave des plaisirs du tact et du goût.

Avienus avait fini de parler, et les convives charmés se récriaient à l'envi sur les charmes de sa mémoire et l'agrément de son esprit, quand l'esclave apporta le second service. — Beaucoup de personnes, dit alors Flavien, ne sont pas, je pense, du même avis que Varron, qui dans sa spirituelle satire Ménippée, intitulée *Vous ne savez pas ce que le soir vous prépare*, exclut les gâteaux du second service. Mais faites-nous la grâce, Cécina, de nous rapporter les propres paroles de Varron ; votre mémoire plus fidèle les aura retenues sans doute. — Le passage de Varron que vous me demandez, répondit Avienus, est conçu à peu près en ces termes : « Parmi les friandises[1], les plus miellées sont celles qui ne sont pas miellées : car les saveurs douces s'allient mal avec la cuisson. Au reste, *bellaria* se dit de toutes les choses qui composent le second service : ce sont les πέμματα et les τραγήματα des Grecs, que nos ancêtres ont rendus par ce mot de *bellaria*. On le trouve même employé dans les vieilles comédies, pour désigner les vins liquoreux appelés *friandises de Bacchus*[2].

Eh bien alors, dit Evangelus, avant de nous lever de table, fêtons Bacchus ; ainsi l'a voulu Platon, qui pen-

[1] *Bellaria*. — [2] *Liberi bellaria.*

tabulum ingenii virtutisque, si mens et corpus hominis vino flagret. — Tunc Eustathius : Quid agis, inquit, Evangele? an Platonem æstimas haurienda passim vina suasisse; et non magis inter minuta pocula jucundiorem liberalioremque invitationem, quæ fieret sub quibusdam quasi arbitris et magistris conviviorum sobriis, non improbasse? et hoc est, quod in primo et secundo *de Legibus*, non inutile viris esse, decernit. Nam et modicis honestisque inter bibendum remissionibus refici integrarique animos ad instauranda sobrietatis officia existimavit; redditosque sensim lætiores ad intentiones rursus capessendas fieri habiliores; et simul, si qui penitus in his affectionum cupiditatumque errores inessent, quos celaret alioquin pudor reverens, ea omnia sine gravi periculo libertate per vinum data detegi, et ad corrigendum medendumque fieri opportuniora. Atque hoc etiam Plato ibidem dicit, non diffugiendas esse hujuscemodi exercitationes adversum propulsandam vini violentiam; neque ullum unquam continentem prorsum aut temperantem satis fideliter visum esse cui vita non inter ipsa errorum pericula, et in mediis voluptatum illecebris explorata sit. Nam cui Libentiæ Gratiæque omnes conviviorum incognitæ sint, quique illarum omnino expers sit, si eum forte ad participandas hujusmodi voluptates aut voluntas tulerit, aut casus induxerit, aut necessitas impulerit, mox deliniri, et capi; neque mentem ejus animumque subsistere. Congrediendum igitur, et tanquam in acie quadam cum voluptariis rebus, cumque ista vini licentia cominus decernendum, ut adversus eas non fuga, nec absentia, simus tuti, sed vigore animi, et constanti præsentia, moderatoque usu temperantiam conti-

sait que l'âme et le corps, échauffés par le vin, puisent dans ses vapeurs brûlantes une vigueur et une élasticité nouvelles.—Que dites-vous, Evangelus? reprit Eustathe. Croyez-vous que Platon ait conseillé l'abus du vin, tandis qu'il se borne seulement à ne point désapprouver l'usage modéré des coupes, et ces invitations à boire aimables et discrètes, réglées par de sages convives qui sont comme les maîtres et les arbitres des festins? Voilà ce qu'il recommande, dans le premier et le second livre *des Lois*, comme une pratique salutaire. Il pensait, en effet, que de courts et honnêtes intervalles dans le boire reposent l'âme, la mettent en état d'observer les lois de la sobriété, et que l'allégresse qui se répand peu à peu en elle la rend plus propre à s'appliquer ensuite à l'étude. En même temps les erreurs des affections et des passions qui couvaient sourdement en elle, et qu'une délicate pudeur y tenait enfouies, se dévoilent sans grand danger, grâce à la liberté que donne le vin, et semblent aller d'elles-mêmes au-devant du remède et de la guérison. Platon ajoute même qu'on ne doit pas éviter ces sortes d'exercices où l'on apprend à dompter la puissance du vin, et qu'il n'y a pas d'homme si ferme dans la sagesse et dans la tempérance, dont l'âme ne s'aguerrisse parmi les dangers des passions et les séductions des plaisirs. En effet, supposez un homme à qui les Plaisirs et les Grâces, divinités des festins, sont inconnues. Étranger jusque-là à ces plaisirs, il lui arrive un jour d'y prendre part, poussé par sa fantaisie, amené par le hasard ou contraint par la nécessité ; il faiblit presque aussitôt, il est vaincu ; son âme et sa raison ne résistent pas. C'est pourquoi il faut livrer bataille, et, pour ainsi dire, en venir aux mains avec les voluptés, et combattre de près la fougue impétueuse du vin, afin que ce ne soit pas la fuite ou l'absence qui nous rende forts contre elles. La vigueur de l'âme, l'usage constant de la raison,

nentiamque tueamur, et calefacto simul refotoque animo, si quid in eo vel frigidæ tristitiæ, vel torpentis verecundiæ fuerit, diluamus.

Sed, quoniam voluptatum fecimus mentionem, docet Aristoteles, a quibus voluptatibus sit cavendum. Quinque etenim sunt hominum sensus[56], quos Græci αἰσθήσεις appellant, per quos voluptas animo, aut corpori quæri videtur : tactus, gustus, odoratus, visus, auditus. Ex his omnibus voluptas quæ immodice capitur, ea turpis atque improba est. Sed enim quæ nimia ex gustu atque tactu est, ea igitur gemina voluptas, sicut sapientes viri censuerunt, omnium rerum fœdissima est; eosque maxime qui sese duabus istis voluptatibus dediderunt, gravissimi vitii vocabulis Græci appellaverunt, vel ἀκρατεῖς, vel ἀκολάστους : nos eos vel incontinentes dicimus, vel intemperantes. Istas autem voluptates duas, gustus atque tactus, id est cibi et Veneris, solas hominibus communes videmus esse cum belluis; et idcirco in pecudum ferorumque animalium numero habetur, quisquis est his ferarum voluptatibus occupatus. Ceteræ ex tribus aliis sensibus proficiscentes, hominum tantum propriæ sunt; verba super hac re Aristotelis philosophi[57] in medium proferam, ut, quid de his infamibus voluptatibus tam clarus atque inclytus vir sentiat, publicetur :

Διατί οἱ κατὰ τὴν τῆς ἁφῆς ἢ γεύσεως ἡδονὴν γιγνόμενοι, ἂν ὑπερβάλλωσιν, ἀκρατεῖς λέγονται· οἵτε γὰρ περὶ τὰ ἀφροδίσια ἀκόλαστοι, οἵτε περὶ τὰς τῆς τροφῆς ἀπολαύσεις. Τῶν δὲ κατὰ τὴν τροφὴν, ἀπ' ἐνίων μὲν ἐν τῇ γλώττῃ τὸ ἡδὺ, ἀπ' ἐνίων δὲ ἐν τῷ λάρυγγι. Διὸ καὶ Φιλόξενος[58] γεράνου λάρυγγα εὔχετο ἔχειν. Ἡ δὲ κατὰ τὴν ὄψιν καὶ τὴν ἀκοὴν οὐκέτι, ἢ διὰ τὸ τὰς ἀπὸ τούτων γινομένας ἡδονὰς κοινὰς

la modération, voilà l'égide dont nous devons couvrir notre sagesse, et ne pas craindre de ranimer et de réchauffer notre cœur, pour en bannir ou le froid de la tristesse, ou l'engourdissement d'une mauvaise honte.

Nous avons parlé des voluptés : Aristote nous enseigne quelles sont celles qu'il convient de fuir. L'homme a cinq sens, appelés par les Grecs αἰσθήσεις, et qui paraissent être pour l'âme et pour le corps les sources du plaisir : le tact, le goût, l'odorat, la vue, l'ouïe. L'abus des jouissances qu'ils procurent est honteux et coupable; mais l'excès dans les jouissances qui naissent du tact et du goût, est, au dire des sages, la plus infâme de toutes les choses; et les hommes adonnés sans mesure à ces deux penchants sont appelés chez les Grecs ἀκρατεῖς ou ἀκόλαστοι, des noms du vice le plus honteux. Nous les appelons, nous, incontinents ou intempérants. Or, nous voyons que ces deux voluptés du goût et du tact, c'est-à-dire la chère et Vénus, sont les seules qui nous soient communes avec les bêtes; et voilà pourquoi l'on met au rang des animaux et des bêtes quiconque est livré à ces plaisirs de la brute. Les jouissances provenant des trois autres sens sont le propre de l'homme; et, à ce propos, je vais transcrire ici un passage d'Aristote, pour montrer quelle était sur ces plaisirs honteux l'opinion de ce grand homme et de ce philosophe illustre :

« C'est pourquoi ceux qui s'abandonnent avec excès aux plaisirs du tact et du goût sont appelés intempérants[1], parce qu'ils ne mettent aucun frein[2], les uns aux jouissances de l'amour, les autres aux voluptés de la table. Or, pour ce qui est des choses de la table, telles flattent agréablement la langue, telles le gosier. Voilà pourquoi Philoxène désirait avoir le gosier d'une grue. Il

---

(1) Ἀκρατεῖς. — (2) Ἀκόλαστοι.

εἶναι ἡμῖν καὶ τοῖς ἄλλοις ζώοις. Ἅτε οὖν οὖσαι κοιναὶ ἀτιμόταται εἰσί· διὸ καὶ μάλιστα μόναι ἐπονείδιστοι, ὥστε τὸν ὑπὸ τούτων ἡττώμενον λέγομεν, καὶ ἀκρατῆ καὶ ἀκόλαστον λέγομεν, διὰ τὸ ὑπὸ τῶν χειριστῶν ἡδονῶν ἡττᾶσθαι. Οὐσῶν δὲ τῶν αἰσθήσεων πέντε, τὰ ἄλλα ζῷα ἀπὸ δύω μόνων τᾶν προειρημένων ἥδεται, κατὰ δὲ τὰς ἄλλας, ἢ ὅλως οὐχ ἥδεται ἢ κατὰ συμβεβηκὸς τοῦτο πάσχει.

Quis igitur, habens aliquid humani pudoris, voluptatibus istis duabus, coeundi atque comedendi, quæ homini cum sue atque asino communes sunt, gratuletur? Socrates quidem dicebat multos homines propterea velle vivere, ut ederent et biberent; se bibere atque esse, ut viveret. Hippocrates autem, divina vir scientia, de coitu venerio ita existimabat, partem esse quamdam morbi teterrimi, quem nostri comitialem [59] dixerunt. Namque ipsius verba hæc traduntur, τὴν συνουσίαν εἶναι μικρὰν ἐπιληψίαν [60], id est coitum esse parvum morbum comitialem....

IX. De luxu seu luxuria Q. Hortensii, Fabii Gurgitis, Metelli Pii, ac Metelli pontificis maximi. Tum de porco Trojano, de leporum ac cochlearum saginatione.

Accipite et M. Varronis verba *de Agricultura* libro tertio. Qui quum de pavonibus in villa nutriendis loqueretur, sic ait : « Primus hos Q. Hortensius augurali cœna [61] posuisse dicitur; quod potius factum tum luxuriose, quam severe, boni viri laudabant. Quem cito sequuti multi, extulerunt eorum pretia, ut ova eorum denariis

n'en est pas de même des plaisirs de la vue et de l'ouïe; serait-ce parce que les premiers nous sont communs avec les autres animaux? C'est cette communauté qui les rend abjects; et de là vient que les notant d'infamie entre tous les autres, nous blâmons l'homme qui s'y est adonné, et que nous l'appelons incontinent et intempérant, parce qu'il se laisse subjuguer par les pires voluptés. Ainsi, des cinq sens, les deux dont je viens de parler sont les seuls qui procurent des jouissances aux autres animaux. Les autres ne leur en procurent aucune, ou ce n'est qu'accidentellement. »

Quel homme donc, ayant quelque respect humain, voudrait s'abandonner à ces voluptés du coït et du ventre que partagent avec lui l'âne et le pourceau? Socrate disait que beaucoup de gens vivaient pour manger et pour boire; lui, au contraire, ne buvait et ne mangeait que pour vivre. Hippocrate, cet homme d'une science divine, pensait de l'acte vénérien qu'il était une partie d'un mal terrible que nous nommons le mal comitial. Voici, en effet, ses propres paroles : τὴν συνουσίαν εἶναι μικρὰν ἐπιληψίαν, c'est-à-dire le coït est une courte épilepsie....

IX. De la recherche et du luxe de Q. Hortensius, de Fabius Gurgès, de Metellus Pius et de Metellus le grand pontife; et par suite, du porc troyen et de l'engraissement des lièvres et des limaçons.

Écoutez ce que dit M. Varron, au livre troisième de son traité *de l'Agriculture*, en parlant des paons qu'on élevait dans les métairies : « Q. Hortensius fut le premier qui en servit dans un repas augural : ce dont les honnêtes gens s'émerveillèrent comme d'une innovation plus luxueuse que sévère. Cet exemple, qui eut bientôt de nombreux imitateurs, éleva tellement le prix de ces oi-

veneant quinis[62], ipsi facile quinquagenis. » Ecce res non admiranda solum, sed etiam pudenda, ut ova pavonum quinis denariis veneant; quæ hodie non dicam vilius, sed omnino non veneunt. Is Hortensius platanos suas vino irrigare consuevit : adeo ut in actione quadam, quam habuit cum Cicerone susceptam, precario a Tullio postulasset, ut locum dicendi permutaret secum : abire enim in villam necessario se velle, ut vinum platano, quam in Tusculano posuerat, ipse suffunderet.

Sed forte ad notam sæculi sui non sufficit Hortensius, vir alioquin ex professo mollis, et in præcinctu ponens omnem decorem. Fuit enim vestitu ad munditiem curioso : et, ut bene amictus iret, faciem in speculo ponebat : ubi se intuens, togam corpori sic applicabat, ut rugas non forte, sed industria locatas artifex nodus constringeret, et sinus ex composito defluens nodum lateris ambiret. Is quondam, quum incederet elaboratus ad speciem, collegæ de injuriis diem dixit, quod sibi in angustiis obvius offensu fortuito structuram togæ destruxerat : et capital putavit, quod in humero suo locum ruga mutasset. Ergo, hoc prætermisso, ad viros venio triumphales, quos victores gentium luxuria vicit; et ut taceam Gurgitem[63], a devorato patrimonio cognominatum, quia insignibus virtutis sequutæ vitia primoris compensavit ætatis : Metellus Pius, in quam foveam luxus et superbiæ successuum continuatione pervenit! et, ne multis morer, ipsa de eo Sallustii verba subjeci :

« At Metellus in ulteriorem Hispaniam post annum

seaux, qu'ils se vendaient aisément cinquante et leurs œufs cinq deniers. » Et c'est vraiment une chose merveilleuse et honteuse tout à la fois, que de voir payer cinq deniers des œufs de paon, qui aujourd'hui se vendent, je ne dirai pas à vil prix, mais qui ne se vendent même pour aucun prix. Ce même Hortensius avait l'habitude d'arroser ses platanes avec du vin ; si bien qu'un jour, dans une affaire où il plaidait contre Cicéron, il pria celui-ci de lui céder son tour de parole, attendu qu'un platane nouvellement mis en terre, et qu'il voulait arroser de vin lui-même, le forçait de partir sur-le-champ pour Tusculum.

Mais peut-être Hortensius ne suffit-il point pour caractériser son époque, lui, efféminé de profession, qui faisait consister toute la beauté dans l'arrangement de la ceinture. Soigneux de son costume jusqu'à la recherche, il se servait d'un miroir, afin que sa mise fût irréprochable. Les yeux fixés sur ce miroir, il s'étudiait à joindre si bien sa robe au corps, que les plis, assujettis par un nœud savant, fussent l'œuvre du calcul, et non du hasard, et que le pan, relevé avec art, se déroulât régulièrement à ses côtés. Or, un jour qu'il paradait de la sorte, un de ses collègues, qui passait près de lui dans un lieu étroit, ayant troublé par mégarde l'économie de son vêtement, Hortensius l'assigna en réparation, lui imputant à crime capital d'avoir dérangé un pli sur son épaule. Laissons donc Hortensius, et parlons de ces triomphateurs, de ces vainqueurs des nations que le luxe a vaincus. Je ne dirai rien de Gurgès, ainsi surnommé pour avoir dévoré son patrimoine, parce qu'il racheta par d'éclatantes vertus les vices de sa jeunesse ; mais Metellus Pius ! dans quel abîme de luxe et d'orgueil le précipita une prospérité soutenue ! Je m'arrête pour laisser parler Salluste :

« Metellus étant revenu, au bout d'un an, dans

regressus, magna gloria, concurrentibus undique virile et muliebre secus, per vias et tecta omnium visebatur. Eum quæstor C. Urbinus aliique cognita voluntate quum ad cœnam invitassent, ultra Romanorum ac mortalium etiam morem curabant, exornatis ædibus per aulæa et insignia, scenisque ad ostentationem histrionum fabricatis. Simul croco sparsa humus, et alia in modum templi celeberrimi. Præterea quum sedenti in transenna demissum Victoriæ simulacrum cum machinato stepitu tonitruum coronam ei imponebat : tum venienti, ture quasi deo supplicabatur. Toga picta plerumque amiculo erat accumbenti. Epulæ vero exquisitissimæ; neque per omnem modo provinciam, sed trans maria ex Mauritania volucrum et ferarum incognita antea plura genera. Queis rebus aliquantam partem gloriæ dempserat, maxime apud veteres et sanctos viros, superba illa, gravia, indigna Romano imperio æstimantes [64].»

Hæc Sallustius, gravissimus alienæ luxuriæ objurgator et censor.

Accipite et inter gravissimas personas non defuisse luxuriam. Refero enim vobis pontificis vetustissimam cœnam, quæ scripta est in Indice quarto Metelli illius pontificis maximi in hæc verba :

« Ante diem nonum kalendas septembris, quo die Lentulus flamen Martialis inauguratus est, domus ornata fuit. Triclinia [65] lectis eburneis strata fuerunt. Duobus tricliniis pontifices cubuerunt Q. Catulus, M. Æmilius Lepi-

l'Espagne ultérieure, se montrait sur les routes et dans les maisons en grande pompe, au milieu d'un immense concours de gens de l'un et de l'autre sexe. Le questeur C. Urbinus et d'autres personnes, instruites de ses goûts, lui donnèrent un repas dont la magnificence surpassa tout ce qui s'était vu jusqu'alors à Rome et dans tout le reste de la terre. La salle était ornée de tentures, de trophées, et l'on y avait dressé des théâtres pour des représentations scéniques. Le pavé était couvert de safran et d'autres parfums, à la façon des temples les plus augustes. Puis, quand il eut pris place, une statue de la Victoire s'abaissant au moyen d'une poulie, avec un grand bruit de machines qui imitaient le tonnerre, posait une couronne sur sa tête. A son arrrivée, on lui avait offert de l'encens comme à une divinité. Il revêtit pour se mettre à table une robe avec une chlamyde par-dessus. Quant aux mets, ils étaient exquis : non-seulement la province avait été mise à contribution, mais on avait fait venir de la Mauritanie, au delà des mers, plusieurs espèces d'oiseaux et de bêtes fauves inconnues jusqu'alors. Voilà comment il perdit une portion de sa gloire, surtout aux yeux des anciens et des hommes vertueux, qui regardaient ces choses comme fastueuses, funestes, et indignes de la majesté romaine. »

Ainsi s'exprime Salluste, rigide et sévère censeur du luxe d'autrui.

Notez que le luxe gagna jusqu'aux plus graves personnages. Voici, par exemple, le menu d'un repas donné anciennement pour la réception d'un pontife ; il est extrait du quatrième Index du grand pontife Metellus :

« Le 9 des calendes de septembre, jour de l'inauguration de Lentulus, flamine de Mars, la maison fut décorée, et des lits d'ivoire furent dressés dans les *triclinia*. Dans les deux premières salles étaient les pontifes Q. Catulus, M. Émilius Lepidus, D. Silanus, C. César, roi des

dus, D. Silanus, C. Cæsar rex sacrorum, P. Scævola Sextus, Q. Cornelius, P. Volumnius, P. Albinovanus et L. Julius Cæsar augur, qui eum inauguravit. In tertio triclinio Popilia, Perpennia, Licinia, Arruntia, virgines vestales, et ipsius uxor Publicia flaminica, et Sempronia socrus ejus. Cœna hæc fuit : ante cœnam echinos [66], ostreas crudas, quantum vellent, peloridas [67], sphondilos [68], turdum [69], asparagos ; subtus gallinam altilem, patinam ostrearum, peloridum, balanos nigros, balanos albos [70] : iterum sphondylos, glycomaridas [71], urticas, ficedulas, lumbos capruginos, aprugnos, altilia ex farina involuta, ficedulas, murices [72] et purpuras. In cœna sumina [73], sinciput aprugnum, patinam piscium, patinam suminis, anates, querquedulas elixas, lepores, altilia assa, amylum [74], panes Picentes [75]. »

Ubi jam luxuria tunc accusaretur, quando tot rebus farta fuit cœna pontificum? Ipsa vero edulium genera quam dictu turpia! nam Cincius in suasione legis Fanniæ [76] objecit sæculo suo, quod porcum Trojanum mensis inferant. Quem illi ideo sic vocabant, quasi aliis inclusis animalibus gravidum [77]; ut ille Trojanus equus gravidus armatis fuit. Exigebat hoc quoque illa gulæ intemperantia, ut et lepores saginarentur, teste Varrone, qui *de Agricultura* libro tertio, quum de leporibus loqueretur, sic ait : « Hoc quoque nuper institutum, ut saginarentur, quum exceptos e leporario [78] condant in caveis, et loco clauso faciant pingues. » Si cui hoc mirum videtur, quod ait Varro, lepores ætate illa solitos saginari, accipiat illud, quod majore admiratione sit dignum, cochleas saginatas [79], quod idem Varro in eodem libro refert. Verba ipsa qui volet legere, ubi quærere debeat, indicavi.

sacrifices, P. Scévola Sextus, Q. Cornelius, P. Volumnius, P. Albinovanus, et L. Julius César, augure, qui fit la cérémonie de l'inauguration de Lentulus. La troisième reçut les vestales Popilia, Perpennia, Licinia, Arruntia, Publicia, épouse du flamine Lentulus, et sa belle-mère Sempronia. Le repas fut ainsi composé : Pour entrée, hérissons de mer, huîtres crues à discrétion, pelourdes, spondyles, grives, asperges; poule grasse, et en dessous pâté d'huîtres et de pelourdes, glands de mer noirs et blancs, encore des spondyles, glycomarides, orties de mer, becfigues, filets de chevreuil et de sanglier, volailles grasses saupoudrées de farine, becfigues, murex et pourpres. Pour le repas, tétines de truie, hure de sanglier, pâté de poisson, pâté de tétines de truie, canards, sarcelles bouillies, lièvres, volailles rôties, farines, pains du Picénum. »

A qui désormais pouvait-on reprocher le luxe, lorsque tant de mets chargeaient la table des pontifes? Et parmi ces mets, combien que l'on rougit de nommer ! Cincius, en proposant la loi Fannia, reproche à son siècle qu'on servait sur les tables le *porc troyen*. On le nommait ainsi, parce que ses flancs étaient bourrés d'autres animaux, comme le cheval de Troie était rempli de soldats armés. Ce rafinement de gourmandise alla jusqu'à engraisser les lièvres, selon le témoignage de Varron, qui, dans le troisième livre *de l'Agriculture*, dit, en parlant de ces animaux : « On imagina nouvellement de les mettre en mue, en les tirant des parcs pour les enfermer dans des fosses, où le défaut d'espace et de mouvement les engraisse. » Si quelqu'un trouve étonnant ce que dit Varron de cet usage d'engraisser les lièvres, qu'il apprenne quelque chose de plus étonnant encore, l'engraissement des escargots, dont parle Varron dans le même livre. Celui qui voudrait lire le passage même, pourra recourir à l'en-

Neque ego nunc antiquitati nos præferendos, vel comparandos dico; sed respondi objurganti Horo, asserens, uti res habet, majorem illis sæculis deliciarum curam fuisse, quam nostro.

X. Saltandi cantandique studium, atque adeo ne histrionicam quidem, apud vetustiores Romanos inter turpia nominatum fuisse.

Subjecit Furius Albinus, antiquitatis non minus quam Cæcina peritus : Miror te, inquit, non retulisse, quanta illis affluentia marinarum procurari solita fuerit copiarum; cujus relatu maximam conviviorum nostrorum sobrietatem doceres. — Et Cæcina : Profer, inquit, in medium quæ de hac quoque parte lecta comperisti. Ultra omnes enim polles memoria vetustatis. — Et Furius sic ingressus est : Vetustas quidem nobis semper, si sapimus, adoranda est. Illa quippe sæcula sunt, quæ hoc imperium vel sanguine, vel sudore pepererunt, quod non nisi virtutum faceret ubertas. Sed, quod fatendum est, in illa virtutum abundantia, vitiis quoque ætas illa non caruit : e quibus nonnulla nostro sæculo morum sobrietate correcta sunt. Et de luxu quidem illius temporis circa marinas copias dicere institueram : sed quia in assertionem nostræ emendationis alia ex aliis proferenda se suggerunt, de piscibus non omitto, sed differo; dum de alia lascivia, qua nunc caremus, admoneo. Dic enim, Hore, qui antiquitatem nobis objicis, ante cujus triclinium modo saltatricem, vel saltatorem te vidisse meministi? at inter illos saltatio certatim, vel ab honestis appetebatur. Ecce enim, ut ab illo ordiar tempore, quod fuit optimis moribus, inter duo bella Punica : ingenui, quid dicam

droit que je viens d'indiquer. Au reste, je ne veux pas dire par là que nous valions mieux, ou même autant que les anciens : je n'ai fait que répondre à la critique d'Horus, et montrer, comme cela est en effet, que les Romains d'alors étaient plus voluptueux que les Romains d'aujourd'hui.

X. Que l'art de la danse, du chant, même celui du comédien, n'avaient rien de déshonorant chez les anciens Romains.

Furius Albinus, non moins versé que Cécina dans la connaissance de l'antiquité, reprit : Je m'étonne que vous n'ayez rien dit de la quantité de provisions que les anciens tiraient de la mer; vous auriez fait ressortir par là la sobriété des festins d'à-présent. — C'est à vous, dit Cécina, de nous faire part là-dessus du fruit de vos lectures : car, en fait d'antiquité, votre mémoire est plus riche que celle d'aucun autre. — Alors Furius commença ainsi : L'antiquité mérite l'adoration de tous les vrais sages : car à elle appartiennent les siècles qui ont fondé cet empire, par le sang et les sueurs ; et que de vertus il a fallu pour cela! Toutefois, avouons-le, cet âge si fécond en vertus, eut aussi ses vices, dont la sobriété de nos mœurs actuelles a fait disparaître une partie. Pour moi, j'avais résolu de parler du luxe de cette époque, relativement aux provisions qu'on tirait de la mer ; mais, ayant toute une série de preuves à donner à l'appui de notre amélioration, je laisse pour un moment les poissons, sur lesquels je reviendrai plus tard, et vais vous entretenir d'un genre de luxe étranger au temps où nous vivons. Dites, Horus, vous qui nous opposez toujours l'antiquité, dans quel triclinium avez-vous vu de notre temps une danseuse ou un danseur? tandis que chez les anciens la danse était cultivée à l'envi, même par les plus honnêtes gens. En effet, remontons au temps des meilleures mœurs, dans l'intervalle des deux premières guerres puniques : des

ingenui? filii senatorum in ludum saltatorium commeabant, et illic crotala gestantes [80] saltare discebant. Taceo, quod matronæ etiam saltationem non inhonestam putabant: sed inter probas quoque earum erat saltandi cura, dummodo non curiosa, usque ad artis perfectionem. Quid enim ait Sallustius? « Psallere, saltare [81] elegantius, quam necesse est probæ; » adeo et ipse Semproniam reprehendit, non quod saltare, sed quod optime scierit. Nobilium vero filios, et, quod dictu nefas est, filias quoque virgines inter studiosa numerasse saltandi meditationem testis est Scipio Africanus Æmilianus, qui in oratione contra legem judiciariam Tib. Gracchi [82] sic ait: « Docentur præstigias inhonestas; cum cinædulis, et sambuca, psalterioque [83] eunt in ludum histrionum; discunt cantare, quæ majores nostri ingenuis probro ducier voluerunt; eunt, inquam, in ludum saltatorium inter cinædos virgines puerique ingenui. Hæc quum mihi quisquam narrabat, non poteram animum inducere ea liberos suos homines nobiles docere: sed, quum ductus sum in ludum saltatorium, plus medius fidius in eo ludo vidi pueris virginibusque quingentis; in his unum, quo me reipublicæ maxime misertum est, puerum bullatum, petitoris filium, non minorem annis duodecim, cum crotalis saltare: quam saltationem impudicus servulus honeste saltare non posset. »

Vides quemadmodum ingemuerit Africanus, quod vidisset cum crotalis saltantem filium petitoris, id est candidati; quem ne tum quidem spes et ratio adipiscendi magistratus, quo tempore se suosque ab omni probro

jeunes gens de condition libre, que dis-je, de condition libre? des fils de sénateurs, fréquentaient les écoles de danse, et là, des crotales dans les mains, ils apprenaient à danser. Je ne parle pas des matrones qui ne regardaient point la danse comme une chose indécente, puisque les plus honnêtes d'entre elles avaient soin de s'y former, pourvu qu'elle ne fût pas poussée jusqu'aux dernières limites de l'art. En effet, que dit Salluste? « Chanter, danser avec plus de grâce qu'il ne convient à une honnête femme; » en sorte qu'il blâme Sempronia, non de danser, mais de savoir trop bien danser. Les fils, et, scandale encore plus grand, les jeunes vierges de famille noble, mettaient au rang de leurs études l'exercice de la danse; j'en vois la preuve dans le discours de Scipion Émilien l'Africain, contre la loi judiciaire de Tib. Gracchus : « On apprend des arts déshonnêtes ; on court, en compagnie de débauchés, se mêler aux jeux des histrions, au son de la sambuque et du psaltérion ; on apprend à chanter, ce que nos ancêtres réputaient infâme pour des enfants de condition libre. Oui, dis-je, les jeunes garçons et les jeunes filles de condition libre courent les salles de danse, en compagnie de débauchés. En vain on me le disait, je ne pouvais croire que de nobles Romains enseignassent de pareilles choses à leurs enfants ; mais on m'a conduit dans une de ces écoles de danse, où j'ai vu, je le jure, plus de cinq cents jeunes filles et jeunes garçons : parmi eux j'ai vu, ce qui m'a ému d'une pitié profonde pour la république, un enfant âgé d'environ douze ans, portant encore la bulle, fils d'un pétiteur, qui exécutait, avec des crotales, une danse qu'un jeune esclave prostitué ne pourrait pas honnêtement exécuter. »

Vous voyez quels gémissements arracha à l'Africain la vue d'un fils de pétiteur, c'est-à-dire de candidat, dansant avec des crotales. Ainsi le motif et l'espoir d'obtenir la magistrature qu'il briguait, ne portèrent point le père,

debuit vindicare, potuerit coercere, quo minus faceret quod scilicet turpe non habebatur. Ceterum superius plerumque nobilitatem hæc propudia celebrare conquestus est. Sic nimirum M. Cato senatorem non ignobilem Cæcilium spatiatorem et Fescenninum vocat, eumque staticulos dare his verbis ait : « Descendit de cantherio, inde staticulos dare[84], ridicularia fundere. » Et alibi in eumdem : « Præterea cantat, ubi collibuit, interdum Græcos versus agit, jocos dicit, voces demutat, staticulos dat. » Hæc Cato. Cui, ut videtis, etiam cantare non serii hominis videtur : quod apud alios adeo non inter turpia numeratum est, ut L. Sulla, vir tanti nominis, optime cantasse dicatur. Ceterum histriones non inter turpes habitos, Cicero testimonio est[85], quem nullus ignorat Roscio et Æsopo histrionibus tam familiariter usum, ut res rationesque eorum sua solertia tueretur. Quod quum aliis multis tum ex epistolis quoque ejus declaratur. Nam illam orationem quis est, qui non legerit, in qua populum Romanum objurgat, quod Roscio gestum agente tumultuaverit? et certe satis constat, contendere eum cum ipso histrione solitum, utrum ille sæpius eamdem sententiam variis gestibus efficeret, an ipse per eloquentiæ copiam sermone diverso pronuntiaret. Quæ res ad hanc artis suæ fiduciam Roscium abstraxit, ut librum conscriberet, quo eloquentiam cum histrionia compararet. Is est Roscius, qui etiam L. Sullæ carissimus fuit, et annulo aureo ab eodem dictatore donatus est. Tanta autem fuit gratia et gloria, ut mercedem diurnam de publico mille denarios[86] sine gregalibus solus acce-

dans un temps où il devait demeurer pur de toute tache, lui et les siens, à s'abstenir d'une chose qui, il le faut bien, n'était pas considérée comme déshonorante. Plus haut déjà Scipion déplore que la plus grande partie de la noblesse se livre à de telles infamies. M. Caton traite de coureur et de fescennin un noble sénateur, Cécilius, qu'il accuse, dans le passage suivant, de danser des staticules : « Il descend de cheval, dit-il, danse des staticules, lance des quolibets. » Il dit ailleurs, en parlant du même : « En outre, il chante, où l'envie lui en prend ; d'autres fois il déclame des vers grecs, dit des bouffonneries, varie les inflexions de sa voix, danse des staticules. » Telles sont les expressions de Caton, qui, comme vous voyez, regarde comme indigne d'un homme grave, même de chanter. Cependant, pour la plupart, le chant était si peu une chose infâme, que L. Sylla, un si grand personnage, avait la réputation de fort bien chanter. Au reste, les histrions eux-mêmes étaient exempts de flétrissure ; nous en avons pour garant Cicéron, qui fut si étroitement lié avec les histrions Roscius et Ésopus, comme chacun sait, qu'il mettait son talent au service de leurs intérêts et de leurs affaires. Nous avons mille preuves à l'appui de cela, sans compter ses épîtres. Et qui n'a pas lu la harangue dans laquelle il reproche au peuple romain d'avoir fait du bruit, Roscius étant en scène? On sait positivement qu'il avait l'habitude de faire assaut avec lui, à qui reproduirait plus de fois la même pensée, le comédien en variant ses gestes, l'orateur ses tours de phrases. Ces exercices donnèrent à Roscius une si haute idée de son art, qu'il composa un livre où il comparait l'éloquence avec la déclamation théâtrale. C'est ce même Roscius, si cher à L. Sylla, et qui reçut de lui l'anneau d'or. Sa renommée et sa faveur étaient telles, qu'il recevait pour lui seul mille deniers par jour du trésor public, sans compter la part de ses camarades. Ésopus

perit. Æsopum vero ex pari arte ducenties sestertium reliquisse filio constat.

Sed quid loquor de histrionibus? quum Appius Claudius vir triumphalis, qui Salius usque ad senectutem fuit, pro gloria obtinuerit, quod inter collegas optime saltitabat[87]. Ac priusquam a saltatione discedo, illud adjiciam, uno eodem tempore tribus nobilissimis civibus non modo studium saltandi, sed etiam, si diis placet, peritiam, qua gloriarentur, fuisse, Gabinio consulari Ciceronis inimico, quod etiam Cicero non dissimulanter objecit, et M. Cælio noto in turbas viro, quem idem Cicero defendit, et Licinio Crasso, Crassi ejus, qui apud Parthos, exstinctus est, filio.

XI. Quanto in pretio fuerint apud paulo vetustiores Romanos, pisces, et præsertim muræna.

Sed de saltatione veterum ad prædæ marinæ transire luxum Liciniorum me nomen admonuit: quos Murænas cognominatos, quod hoc pisce effusissime delectati sunt, satis constat. Huic opinioni M. Varro consentit, asserens eodem modo Licinios appellatos Murænas, quo Sergius Orata cognominatus est, quod ei pisces, qui auratæ vocantur[88], carissimi fuerint. Hic est Sergius Orata, qui primus balneas pensiles[89] habuit, primus ostrearia in Baiano locavit, primus optimum saporem ostreis Lucrinis adjudicavit. Fuit autem ætate L. Crassi, illius diserti: qui quam gravis et serius habitus sit, etiam Cicero docet. Is tamen Crassus vir censorius (nam cum Cn. Domitio censor fuit), quum supra ceteros disertus haberetur, essetque inter clarissimos cives princeps, tamen murænam in

s'enrichit assez par l'exercice de sa profession pour laisser à son fils une fortune de vingt millions de sesterces.

Mais à quoi bon parler des comédiens, lorsqu'Appius Claudius, honoré du triomphe, et membre du collège des Saliens jusque dans l'âge le plus avancé, était cité avec gloire comme le meilleur danseur d'entre ses collègues? J'ajouterai, avant d'en finir avec la danse, qu'on vit à la même époque trois illustres citoyens, non-seulement aimer la danse, mais encore, me pardonnent les dieux! se glorifier de leur habileté dans cet art : savoir, Gabinius, consulaire, ennemi de Cicéron, qui lui reprocha publiquement son talent; M. Célius, qui acquit du renom dans les troubles, et qui fut défendu par le même Cicéron; et Licinius Crassus, fils de ce Crassus qui périt chez les Parthes.

XI. En quelle estime furent chez les Romains des avant-derniers temps les poissons, et particulièrement la murène.

De la danse des anciens à leur engouement pour les denrées maritimes, la transition est naturelle, quand on parle des Licinius, qui durent, comme on sait, leur surnom de Muréna[1] à l'estime particulière qu'ils faisaient de ce poisson. M. Varron confirme cette opinion, en disant que les Licinius furent appelés Muréna de la même manière que Sergius fut surnommé Orata, parce qu'il aimait beaucoup les dorades[2]. C'est ce Sergius Orata qui imagina le premier d'avoir des bains suspendus, forma le premier des parcs d'huîtres aux environs de Baïes, le premier proclama l'excellence de celles du lac Lucrin. Il était contemporain de L. Crassus l'orateur, que Cicéron lui-même nous représente comme un homme grave et sensé. Néanmoins ce Crassus, homme censorial (il fut censeur avec Cn. Domitius), l'orateur le plus éloquent de son temps, le premier parmi les plus illustres

---
(1) Murène. — (2) Auratæ

piscina domus suæ mortuam atratus tanquam filiam luxit[90]. Neque id obscurum fuit; quippe collega Domitius in senatu[91] hoc ei, quasi deforme crimen, objecit. Neque id confiteri Crassus erubuit; sed ultro etiam, si diis placet, gloriatus est censor, piam affectuosamque rem fecisse se jactitans[92].

Piscinas autem quam refertas habuerint pretiosissimis piscibus Romani illi nobilissimi principes, Lucilius, Philippus et Hortensius, quos Cicero piscinarios appellat[93], etiam illud indicium est, quod M. Varro in libro *de Agricultura* refert M. Catonem, qui post Uticæ periit, quum heres testamento Lucilii esset relictus, pisces de piscina ejus quadraginta millibus vendidisse.

Arcessebantur autem murænæ ad piscinas nostræ urbis ab usque freto Siculo, quod Rhegium a Messana respicit. Illic enim optimæ a prodigis esse creduntur, tam hercules quam anguillæ. Et utræque ex illo loco Græce πλῶται [94] vocantur, Latine flutæ : quod in summo supernantes, sole torrefactæ curvare se posse, et in aquam mergere desinunt, atque ita faciles captu fiunt[95]. Et, si enumerare velim, quam multi magnique auctores murænas e freto Siculo nobilitarint, longum fiat; sed dicam quid Varro in libro qui inscribitur *Gallus de admirandis* [96], dixerit his verbis : « In Sicilia quoque, inquit, manu capi muraenas flutas, quod hae in summa aqua præ pinguedine fluitent. » Hæc Varro. Sed quis neget indomitam apud illos, et, ut ait Cæcilius, vallatam gulam fuisse, qui ex tam longinquo mari instrumenta luxuriæ compararent? Nec rarus hic Romæ piscis, ut peregre accitus erat; auctor est Plinius[97] C. Cæsarem dictatorem, quum triumphales cœnas populo daret, sex mil-

citoyens, prit le deuil à la mort d'une murène qu'il conservait chez lui dans un bassin, et la pleura comme s'il eût perdu sa fille. Le trait fut connu ; son collègue Domitien le lui reprocha, en plein sénat, comme une chose honteuse ; mais lui, loin d'en rougir, en convint hautement, et alla même, les dieux me pardonnent! jusqu'à s'en vanter comme d'un acte de piété et de sensibilité.

On peut se faire une idée de la quantité de poissons rares qu'entretenaient dans leurs piscines les illustres Romains Lucilius, Philippus et Hortensius, appelés par Cicéron *piscinarii*[1], par ce que rapporte M. Varron dans son livre *de l'Agriculture*, que M. Caton, mort depuis à Utique, ayant hérité de Lucilius, vendit les poissons de sa piscine pour la somme de quarante mille sesterces.

C'était du détroit de Sicile, entre Rhegium et Messine, que les murènes étaient amenées dans les réservoirs de Rome. Les murènes, aussi bien que les anguilles de ces parages, étaient regardées par les prodigues comme les plus délicates. Les Grecs donnaient à ces deux espèces le nom de πλῶται, et les Latins celui de *flutæ* [2], parce que, lorsqu'elles nagent à la surface de l'eau, brûlées par le soleil, elles ne peuvent plus se replier ni plonger ; ce qui les rend faciles à prendre. Je n'en finirais pas si je voulais énumérer tous les auteurs célèbres qui ont vanté les murènes du détroit de Sicile ; je me contenterai de rapporter un passage de Varron, dans son livre intitulé *Gallus de admirandis*[3] : « En Sicile, on peut prendre à la main les murènes *flûtées*, leur embonpoint les forçant à surnager. » Voilà les expressions de Varron. Mais n'est-ce point là une gloutonnerie effrénée, renforcée[4], comme dit Cécilius, chez ces Romains qui faisaient venir de mers si lointaines les objets de leur gourmandise ? Cependant ce poisson, amené de si loin, était

---

(1) Nourrisseurs de poissons. — (2) Flûtes, de *fluctuare*, ou *flutare*, flotter. — (3) *Gallus, des Choses étonnantes*. — (4) *Vallata*.

lia muraenarum a C. Hirrio ad pondus mutua accepisse. Hujus Hirrii villam, quamvis non amplam, aut latam, constat propter vivaria, quae habuit, quadragies sestertium venumdatam.

XII. De acipensere, mullo, scaro, lupo.

Nec acipenser, quem maria prodigis nutriunt, illius saeculi delicias evasit; et, ut liqueat secundo Punico bello celebre nomen hujus piscis fuisse, accipite ut meminerit ejus Plautus in fabula quae inscribitur *Baccharia*, ex persona parasiti :

> Quis est mortalis tanta fortuna affectus unquam,
> Quam ego nunc sum, cujus haec ventri portatur pompa?
> Vel nunc qui mihi in mari acipenser latuit antehac,
> Cujus ego latus in latebras reddam meis dentibus et manibus.

Et, ne vilior sit testis poeta, accipite, assertore Cicerone, in quo honore fuerit hic piscis apud P. Scipionem Africanum illum et Numantinum. Haec sunt in dialogo *de Fato* verba Ciceronis : « Nam quum esset apud se ad Lavernium Scipio, unaque Pontius, allatus est forte Scipioni acipenser, qui admodum raro capitur, sed est piscis, ut ferunt, in primis nobilis. Quum autem Scipio unum et alterum ex his, qui eum salutatum venerant, invitasset, pluresque etiam invitaturus videretur : in aurem Pontius : « Scipio, inquit, vide quid agas, acipenser « iste paucorum hominum est. » Nec inficias eo temporibus Trajani hunc piscem in magno pretio non fuisse, teste Plinio Secundo, qui in *Naturali historia* [98], quum de hoc pisce loqueretur, sic ait : « Nullo nunc in honore est,

commun à Rome, et Pline nous apprend que le dictateur
C. César, quand il donna des festins au peuple à l'occasion de ses triomphes, reçut de C. Hirrius, à titre de prêt,
six mille livres pesant de murènes. C'est ce même Hirrius
dont la villa, quoiqu'elle ne fût pas très-grande, fut vendue quatre millions de sesterces.

XII. De l'esturgeon, du mulet, du scare et du loup.

L'esturgeon, que les mers nourrissent pour les prodigues, n'échappa point aux raffinements de ce siècle ; et l'on peut se faire une idée de la haute faveur dont il jouissait au temps de la seconde guerre punique, par ce passage de la comédie de Plaute intitulée *Baccharia*. C'est le parasite qui parle :

« Quel mortel fut jamais plus favorisé de la fortune que je ne le suis en ce moment ? C'est à mon estomac que ce somptueux régal est destiné ; et cet esturgeon qui jusqu'ici vécut caché pour moi au fond de la mer, je vais de nouveau l'engloutir à l'aide de mes mains et de mes dents. »

Récuserez-vous le témoignage d'un poëte, apprenez alors de Cicéron quelle estime faisait de ce poisson P. Scipion l'Africain et le Numantin. Voici ce que dit Cicéron dans son dialogue *du Destin* : « Comme Scipion vivait retiré à sa maison de Lavernium, un jour que Pontius était avec lui, on lui apporta un esturgeon, poisson très-rare, et des plus délicats, à ce qu'on assure ; il invita aussitôt deux personnes parmi celles qui étaient venues le visiter, et il allait en prier d'autres, lorsque Pontius lui dit à l'oreille : « Prenez donc garde, Scipion ; cet esturgeon
« n'est fait que pour peu de monde. » J'avoue cependant que la valeur de ce poisson était bien diminuée au temps de Trajan, comme il appert d'un passage de Pline Second dans son *Histoire naturelle*, où il est dit : « On n'en fait aujourd'hui aucun cas, ce dont je m'étonne, vu sa rareté. » Mais on se lassa bientôt de cette sage

quod quidem miror, quum sit rarus inventu. » Sed non diu stetit hæc parcimonia; nam temporibus Severi principis, qui ostentabat duritiam morum, Sammonicus Serenus [99], vir sæculo suo doctus, quum ad principem suum scriberet, faceretque de hoc pisce sermonem, verba Plinii, quæ superius posui, præmisit, et ita subjecit : « Plinius, ut scitis, ad usque Trajani imperatoris venit ætatem [100]. Nec dubium est, quod ait, nullo honore hunc piscem temporibus suis fuisse, verum ab eo dici. Apud antiquos autem in pretio fuisse, ego testimoniis palam faciam, vel eo magis, quod gratiam ejus video ad epulas quasi postliminio rediisse. Quippe qui dignatione vestra quum intersum convivio sacro, animadvertam hunc piscem a coronatis ministris cum tibicine introferri. Sed quod ait Plinius de acipenseris squamis, id verum esse maximus rerum naturalium indagator Nigidius Figulus ostendit, in cujus libro *de Animalibus* quarto ita positum est : Cur alii pisces squama secunda, acipenser adversa sit. ».

Hæc Sammonicus : qui turpitudinem convivii principis sui laudando notat, prodens venerationem, qua piscis habebatur, ut a coronatis inferretur cum tibicinis cantu, quasi quædam non deliciarum sed numinis pompa [101].

Sed ut minus miremur acipenserem gravi pretio taxari solitum ; Asinius Celer, vir consularis, ut idem Sammonicus refert, mullum unum septem millibus nummum [102] mercatus est; in qua re luxuriam illius sæculi eo magis licet æstimare, quod Plinius Secundus temporibus suis negat facile mullum repertum, qui duas pondo libras excederet. At nunc et majoris ponderis passim videmus,

économie; et en effet, sous le règne de Sévère, prince qui affectait une grande austérité de mœurs, nous voyons un savant personnage de cette époque, Sammonicus Serenus, dans une lettre qu'il adresse à l'empereur, et où il est question de ce poisson, rapporter d'abord les paroles de Pline que je viens de citer ; après quoi, ajouter : « Pline, comme vous savez, vécut jusque sous Trajan, et il n'est pas douteux que ce qu'il dit du peu d'estime qu'on faisait, de son temps, de ce poisson ne soit vrai : mais qu'il ait été estimé des anciens, je le prouverai par plusieurs témoignages, et plus encore par ce fait, que je le vois reprendre faveur, et réhabilité en quelque sorte, dans nos festins. En effet, lorsque vous daignez m'admettre à votre banquet sacré, je remarque qu'il fait son entrée au son des flûtes, porté par des serviteurs couronnés. Quant aux écailles de l'esturgeon, ce qu'en dit Pline est confirmé par Nigidius Figulus, ce grand investigateur des ouvrages de la nature, dans son quatrième livre *des Animaux*, où il pose ainsi la question : Pourquoi les autres poissons ont l'écaille lisse, et l'esturgeon rebroussée. »

Telles sont les paroles de Sammonicus, qui, tout en le louant, dévoile la turpitude des repas de son prince, lorsqu'il nous montre l'espèce de vénération qu'on avait pour l'esturgeon, ainsi porté au son de la flûte, par des serviteurs couronnés, comme s'il s'agissait, non d'un appareil de gourmandise, mais d'une pompe religieuse.

On s'étonnera moins du prix exorbitant qu'on mettait à un esturgeon, en lisant dans le même Sammonicus, que le consulaire Asinius Celer acheta un mulet sept mille deniers. Ajoutons, pour qu'on apprécie mieux dans ce fait le luxe de l'époque, que Pline Second soutient que, de son temps, il n'était pas facile de trouver un mulet pesant plus de deux livres. Aujourd'hui nous en voyons d'un poids plus considérable, et néanmoins ces

et pretia hæc insana nescimus. Nec contenta illa ingluvies fuit maris sui copiis. Nam Octavius præfectus classis[103], sciens scarum adeo Italicis litoribus ignotum, ut nec nomen Latinum ejus piscis [104] habeamus, incredibilem scarorum multitudinem, vivariis navibus huc advectam, inter Hostiam et Campaniæ litus in mare sparsit; miroque ac novo exemplo pisces in mari, tanquam in terra fruges aliquas seminavit. Idemque, tanquam summa in hoc utilitatis publicæ verteretur, quinquennio dedit operam, ut, si quis inter alios pisces scarum forte cepisset, incolumem confestim et inviolatum mari redderet.

Quid stupemus, captivam illius sæculi gulam serviisse mari, quum in magno, vel dicam maximo, apud prodigos honore fuerit etiam Tiberinus lupus, et omnino omnes ex hoc amni pisces? quod equidem cur ita illis visum sit, ignoro. Fuisse autem etiam M. Varro ostendit; qui, enumerans quæ in quibus Italiæ partibus optima ad victum gignantur, pisci Tiberino palmam tribuit his verbis in libro *Rerum humanarum* undecimo : « Ad victum optima fert ager Campanus frumentum, Falernus vinum, Cassinas oleum, Tusculanus ficum, mel Tarentinus, piscem Tiberis. » Hæc Varro de omnibus scilicet hujus fluminis piscibus; sed inter eos, ut supra dixi, præcipuum locum lupus tenuit[105], et quidem is, qui inter duos pontes captus est. Id ostendunt quum multi alii, tum etiam C. Titius, vir ætatis Lucilianæ, in oratione qua legem Fanniam suasit; cujus verba ideo pono, quia non solum de lupo inter duos pontes capto erunt testimonio, sed etiam mores, quibus plerique tunc vivebant, facile publicabunt. Describens enim homines prodigos, in forum ad judican-

prix extravagants sont inconnus chez nous. Eh bien, ce n'était pas assez pour la gloutonnerie des Romains d'alors des produits de leur mer. Octavius, préfet de flotte, sachant que le scarre était inconnu aux nations italiques, au point qu'il n'a pas même de nom en langue latine, amena sur des navires à viviers une quantité incroyable de ces poissons, qu'il fit jeter dans la mer, entre Ostie et les côtes de Campanie, donnant ainsi l'exemple curieux et nouveau de semer des poissons dans la mer, comme on sème dans la terre certains fruits ; puis, comme s'il y allait d'un intérêt majeur pour la chose publique, il veilla à ce que, pendant cinq ans, quiconque prendrait un scarre parmi d'autres poissons, le rendît aussitôt fidèlement à la mer, et sans lui faire aucun mal.

Mais pourquoi s'étonner que la sensualité de ce siècle ait payé tribut à la mer, lorsque nous voyons que le loup du Tibre fut en grand, en très-grand honneur auprès des prodigues, et, en général, tous les poissons de ce fleuve? La raison de cette préférence, je l'ignore ; mais elle est attestée par M. Varron, qui, énumérant les meilleurs objets de consommation que l'on tire des divers cantons de l'Italie, donne la palme au poisson du Tibre. Voici ses paroles que j'emprunte au livre onzième de son traité des *Choses humaines* : « Parmi les meilleurs objets de consommation, la Campanie produit le blé, Falerne le vin, Cassinum l'huile, Tusculum les figues, Tarente le miel, le Tibre le poisson. » Ici Varron parle de tous les poissons de ce fleuve ; mais le loup, comme je l'ai dit plus haut, tenait le premier rang, particulièrement celui qu'on pêchait entre les deux ponts. Ce fait a plusieurs garants, entre autres C. Titius, contemporain de Lucilius, dans son oraison en faveur de la loi Fannia. Je cite ses paroles parce que, en prouvant ce que j'avance au sujet du loup pris entre les deux ponts, elles offrent en outre un tableau des mœurs géné-

dum ebrios commeantes, quæque soleant inter se sermocinari, sic ait :

« Ludunt alea, studiose unguentis delibuti, scortis stipati. Ubi horæ decem sunt, jubent puerum vocari ut comitium eat percunctatum, quid in foro gestum sit, qui suaserint, qui dissuaserint, quot tribus jusserint, quot vetuerint. Inde ad comitium vadunt, ne litem suam faciant. Dum eunt, nulla est in angiporto amphora[106] quam non impleant, quippe qui vesicam plenam vini habeant. Veniunt in comitium tristes, jubent dicere; quorum negotium est, dicunt; judex testes poscit. Ipsus it minctum. Ubi redit, ait se omnia audivisse, tabulas poscit, litteras inspicit; vix præ vino sustinet palpebras. Eunti in consilium, ibi hæc oratio : Quid mihi negotii est cum istis nugacibus? Quam potius potamus mulsum mixtum vino Græco, edimus turdum pinguem, bonumque piscem, lupum germanum[107], qui inter duos pontes captus fuit? »

Hæc Titius. Sed et Lucilius, acer et violentus poeta, ostendit scire se hunc piscem egregii saporis, qui inter duos pontes captus esset, eumque quasi ligurritorem, *catillonem* appellat; scilicet qui proxime ripas stercus insectaretur. Proprie autem catillones dicebantur, qui ad polluctum Herculis ultimi quum venirent, catillos ligurribant. Lucilii versus hi sunt :

> Fingere præterea afferri, quod quisque volebat.
> Illum sumina ducebant atque altilium lanx;
> Hunc pontes Tiberinos duo inter captus catillo.

rales de cette époque. Il veut peindre ces prodigues, qui viennent ivres au forum pour juger, et rapporte leurs entretiens ordinaires :

« Ils jouent aux dés, soigneusement parfumés, au milieu de courtisanes. Quand arrivent dix heures, ils appellent un esclave, et l'envoient dans le comitium s'informer de ce qui s'est passé au forum, qui a soutenu la loi, qui l'a attaquée, combien de tribus ont voté pour, combien contre. Enfin ils s'acheminent vers le comitium pour mettre leur responsabilité à couvert. Durant le trajet, il n'y a pas d'urinoir, au fond d'une ruelle, qu'ils n'emplissent, tant leur vessie est pleine de vin. Ils arrivent dans le comitium de mauvaise humeur, ils appellent la cause ; les avocats plaident ; le juge réclame les témoins. Lui, va uriner. Il revient, déclare qu'il a tout entendu, demande les dépositions écrites ; il y jette les yeux ; mais il peut à peine soulever ses paupières. En allant délibérer, il débite ces propos : Qu'ai-je à faire avec ces imbéciles ? Que ne buvons-nous plutôt du vin grec, mêlé avec du miel ? Mangeons une grive grasse, un bon poisson, un vrai loup, de ceux que l'on pêche entre les deux ponts. »

Voilà ce que dit Titius. De son côté, Lucilius, poëte mordant et satirique, montre assez qu'il n'ignorait pas le goût exquis du poisson pris entre les deux ponts ; car il lui donne l'épithète de *catillon*[1], comme il dirait lécheur, parce qu'il venait, le long du rivage, à la recherche des immondices. Or, on appelait proprement catillons ceux qui, arrivés les derniers au festin du temple d'Hercule, léchaient les écuelles[2]. Voici, du reste, les vers de Lucilius :

« Faire semblant d'apporter à chacun ce qu'il aimait le mieux : l'un préférait des tétines de truie et un pâté de volailles grasses ; l'autre un catillon pris entre les deux ponts du Tibre. »

[1] *Catillo.* — [2] *Catillos ligurribunt.*

XIII. De legibus latis contra luxuriam veterum Romanorum.

Longum fiat, si enumerare velim quot instrumenta gulæ inter illos vel ingenio cogitata sint, vel studio confecta. Et hæ nimirum causæ fuerunt, propter quas tot numero leges de cœnis et sumptibus ad populum ferebantur : et imperari cœpit, ut patentibus januis [108] pransitaretur et cœnitaretur. Sic oculis civium testibus factis, luxuriæ modus fieret. Prima autem omnium de cœnis lex ad populum Orchia pervenit ; quam tulit C. Orchius tribunus plebis de senatus sententia, tertio anno quam Cato censor fuerat. Cujus verba, quia prolixa sunt, prætereo ; summa autem ejus præscribebat numerum convivarum. Et hæc est lex Orchia, de qua mox Cato in orationibus suis vociferabatur, quod plures, quam præscripto ejus cavebatur, ad cœnam vocarentur. Quumque auctoritatem novæ legis aucta necessitas imploraret, post annum vicesimum secundum legis Orchiæ Fannia lex lata est, anno post Romam conditam, secundum Gellii opinionem [109], quingentesimo nonagesimo secundo. De hac lege Sammonicus Serenus ita refert :

« Lex Fannia, sanctissimi Augusti [110], ingenti omnium ordinum consensu pervenit ad populum ; neque eam prætores, aut tribuni, ut plerasque alias, sed ex omni bonorum consilio et sententia ipsi consules pertulerunt, quum respublica ex luxuria conviviorum majora, quam credi potest, detrimenta pateretur. Siquidem eo res redierat, ut gula illecti plerique ingenui pueri pudicitiam et libertatem suam venditarent : plerique ex plebe Romana vino madidi in comitium venirent, et ebrii de reipublicæ salute consulerent. »

XIII. Des lois portées contre le luxe des anciens Romains.

Je n'en finirais pas si je voulais énumérer tous les raffinements que le génie de la sensualité inventa parmi eux, ou que l'art perfectionna : toujours est-il qu'ils produisirent cette multitude de lois sur les repas et les dépenses de la table, et ces ordonnances qui enjoignent de dîner et de souper les portes ouvertes. On pensait que, ainsi placé sous les regards des citoyens, le luxe deviendrait moins effréné. La première loi sur les repas qui fut portée devant le peuple est la loi Orchia. Elle fut proposée par le tribun C. Orchius, de l'avis du sénat, la troisième année de la censure de Caton. Je n'en donnerai pas le texte, qui est fort étendu ; mais elle limitait, en substance, le nombre des convives. C'est cette loi Orchia, à propos de laquelle Caton tonnait dans ses discours, en voyant que le nombre des invités dépassait les limites prescrites. Et comme chaque jour l'autorité d'une nouvelle loi devenait plus nécessaire, vingt-deux ans après la loi Orchia, et l'an de Rome 592, suivant Aulu-Gelle, parut la loi Fannia. Voici ce que rapporte à ce sujet Sammonicus Serenus :

« La loi Fannia, très-saints Augustes, fut portée devant le peuple, du consentement unanime de tous les ordres ; elle ne fut pas présentée, comme la plupart des autres, par les préteurs ou les tribuns, mais par les consuls eux-mêmes, de l'avis et à l'instigation de tous les gens de bien, témoins du préjudice incroyable que portait à la république le luxe des repas. On en était venu à ce point, que des fils de famille, pour satisfaire leur gourmandise, se prostituaient et vendaient leur liberté, et que le peuple presque entier venait aux comices gorgé de vin, et décidait, ivre, du sort de la république. »

Hæc Sammonicus. Fanniæ autem legis severitas in eo superabat Orchiam legem, quod in superiore numerus tantummodo cœnantium cohibebatur, licebatque secundum eam unicuique bona sua inter paucos consumere. Fannia autem sumptibus modum fecit assibus centum. Unde a Lucilio poeta festivitatis suæ more *centussis* vocatur[111]. Fanniam legem post annos decem et octo[112] lex Didia consequuta est; ejus ferendæ duplex causa fuit : prima et potissima, ut universa Italia, non sola urbs, lege sumptuaria teneretur, Italicis æstimantibus, Fanniam legem non in se, sed in solos urbanos cives esse conscriptam ; deinde, ut non soli, qui prandia cœnasve majore sumptu fecissent, sed etiam, qui ad eas vocitati essent atque omnino interfuissent, pœnis legis tenerentur. Post Didiam Licinia lex[113] lata est a P. Licinio Crasso divite; cujus ferundæ probandæque tantum studium ab optimatibus impensum est, ut consulto senatus juberetur, ut ea tantummodo promulgata, priusquam trinundino confirmaretur[114], ita ab omnibus observaretur, quasi jam populi sententia comprobata. Lex vero hæc paucis mutatis in plerisque cum Fannia congruit; in ea enim ferenda quæsita novæ legis auctoritas, exolescente metu legis antiquioris, ita hercules ut de ipsis Duodecim Tabulis factum est : quarum ubi contemni antiquitas cœpit, eadem illa, quæ illis legibus cavebantur, in alia latorum nomina transierunt. Sed legis Liciniæ summa, ut kalendis, nonis, nundinis Romanis, cuique in dies singulos triginta duntaxat asses edundi causa consumere liceret : ceteris vero diebus, qui excepti non essent, ne amplius apponeretur, quam carnis aridæ pondo tria, et salsamentorum pondo libra, et quod

Telles sont les paroles de Sammonicus. Or, la loi Fannia était plus sévère que la loi Orchia, en ce que la première réglait seulement le nombre des convives, laissant à chacun la faculté de manger son bien avec un petit nombre de personnes ; tandis que la loi Fannia fixait à cent as la dépense des repas. D'où vient que le poëte Lucilius, avec sa malignité habituelle, l'appelle *centussis*. Elle fut suivie, à dix-huit ans d'intervalle, de la loi Didia, laquelle eut un double objet : le premier et le plus important, était d'assujettir aux règlements somptuaires de Rome toute l'Italie, les Italiens ayant dans l'idée que la loi Fannia n'avait pas été faite pour eux, mais pour les seuls habitants de Rome ; le second d'appliquer les peines prononcées par la loi, non-seulement à ceux qui dépassaient dans leurs festins les bornes fixées, mais aux invités mêmes, et à tous ceux qui y avaient assisté, sans distinction. Après la loi Didia, vint la loi Licinia, présentée par P. Licinius Crassus le riche, à la proposition et à l'adoption de laquelle les citoyens les plus distingués mirent un tel empressement, que le sénat rendit un sénatus-consulte par lequel, aussitôt après sa promulgation, et sans attendre qu'elle fût confirmée dans les trinundines, elle devenait obligatoire pour tout le monde, comme si elle eût été approuvée par le peuple. Cette loi, sauf de légers changements, était à peu près la même que la loi Fannia, et avait surtout pour objet de remettre en vigueur les dispositions de cette dernière tombées en désuétude. C'est ce qui arriva justement pour les lois des Douze-Tables : lorsque leur ancienneté commença à les affaiblir, on fit passer leurs dispositions dans de nouvelles lois, qui prirent le nom de ceux qui les proposèrent. La loi Licinia portait en substance que les jours des calendes, des nones et des nundines, il serait permis de dépenser trente as pour sa table ; pour les autres jours non réservés, on ne pouvait servir plus de trois livres de viande sèche et

ex terra, vite, arboreve sit natum. Video quid remordeat. Ergo indicium sobrii sæculi est, ubi tali præscripto legum coercetur expensa cœnarum. Non ita est; nam leges sumptuariæ a singulis ferebantur, quæ totius civitatis vitia corrigerent : at nisi pessimis effusissimisque moribus viveretur, profecto opus ferundis legibus non fuisset. Vetus verbum est : « Leges, inquit, bonæ ex malis moribus procreantur. »

Has sequitur lex Cornelia, et ipsa sumptuaria, quam tulit Cornelius Sulla dictator, in qua non conviviorum magnificentia prohibita est, nec gulæ modus factus, verum minora pretia rebus imposita : et quibus rebus, dii boni! quamque exquisitis et pæne incognitis generibus deliciarum! quos illic pisces quasque offulas nominat! et tamen pretia illis minora constituit. Ausim dicere, ut vilitas edulium animos hominum ad parandas opsoniorum copias incitaret; et gulæ servire, etiam qui parvis essent facultatibus, possent. Dicam plane quod sentio. Apprime luxuriosus mihi videtur, et prodigus, cui hæc tanta in epulis vel gratuita ponantur. Itaque tanto hoc sæculum ad omnem continentiam promptius, ut pleraque earum rerum, quæ Sullana lege, ut vulgo nota, comprehenduntur, nemo nostrum vel fando compererit. Sulla mortuo, Lepidus consul legem tulit et ipse cibariam[115]. Cato enim sumptuarias leges cibarias appellat. Dein paucis interjectis annis, alia lex[116] pervenit ad populum, ferente Antio Restione; quam legem, quamvis esset optima, obstinatio tamen luxuriæ, et vitiorum firma concordia, nullo abrogante, irritam fecit. Illud tamen memorabile de Restione, latore ipsius legis, fertur; eum, quoad vixit,

une livre de salaison, sans compter les fruits de la terre, de la vigne et des arbres. Je vois l'objection. C'est une preuve de la sobriété du siècle, que ces lois faites pour réprimer la dépense des repas. Nullement; car les lois somptuaires, œuvre de quelques individus, avaient pour but de corriger les vices de la cité tout entière; et si la dissipation et la corruption n'avaient pas été si générales, elles auraient été sans objet. Il y a un vieil adage : « Les bonnes lois naissent des mauvaises mœurs. »

La loi Cornelia, qui suivit celles-là, était aussi une loi somptuaire. Portée par le dictateur Cornelius Sylla, elle n'avait pas pour objet de prohiber la magnificence des festins, ni de mettre des bornes à la sensualité, mais seulement de diminuer le prix des denrées. Et quelles denrées, bons dieux! quelles sensualités recherchées et presque inconnues! que de noms de mets et de poissons! et cependant il en baissa le tarif. Était-ce donc pour que le bon marché des vivres invitât chacun à charger sa table de provisions, et pour rendre ceux même qui n'avaient que de faibles moyens, esclaves de leur gourmandise? Je dirai toute ma pensée. Celui-là me semble coupable de recherche et de prodigalité au premier chef, dont la table est servie avec un tel luxe, encore que ce luxe ne lui coûte rien. Il faut donc reconnaître que ce siècle est plus naturellement porté vers la tempérance, puisque la plupart des objets mentionnés dans la loi de Sylla, comme étant d'un usage vulgaire, ne nous sont plus connus, même de nom. Après la mort de Sylla, le consul Lepidus porta aussi une loi alimentaire : c'est le nom donné par Caton aux lois somptuaires. Peu d'années après, une autre loi fut soumise à l'acceptation du peuple par Antius Restion : loi excellente, mais qui, grâce à la ténacité du luxe et à l'étroite union des vices, tomba sans avoir été abrogée. On rapporte cependant ce trait mémorable de Restion, son auteur; que, tant qu'il

foris postea non coenasse, ne testis fieret contemptæ legis, quam ipse bono publico pertulisset.

His legibus annumerarem edictum de sumptibus ab Antonio propositum, qui postea triumvir fuit, ni indignum crederem, inter cohibentes sumptum Antonio locum facere : cujus expensæ in coenam solitæ conferri sola unionis, a Cleopatra uxore consumpti, æstimatione superatæ sunt. Nam quum Antonius, quidquid mari, aut terra, aut etiam coelo gigneretur, ad satiandam ingluviem suam natum existimans, faucibus ac dentibus suis subderet, eaque re captus, de Romano imperio facere vellet Ægyptium regnum : Cleopatra uxor, quæ vinci a Romanis nec luxuria dignaretur, sponsione provocavit insumere se posse in unam coenam sestertium centies. Id mirum Antonio visum. Nec moratus, sponsione contendit[117] dignus sculna Munatio Planco[118], qui tam honesti certaminis arbiter electus est. Altera die Cleopatra, pertentans Antonium, pollucibilem sane coenam paravit, sed quam non miraretur Antonius : quippe qui omnia quæ apponebantur ex quotidianis opibus agnosceret. Tunc arridens regina phialam poposcit, cui aceti nonnihil acris infudit, atque illuc unionem demptum ex aure altera festinabunda demisit; eumque mature dissolutum, uti natura est ejus lapidis, absorbuit; et, quamvis eo facto sponsione vicisset (quippe quum ipsa margarita centies sestertium sine contentione evaluisset), manum tamen et ad alterius unionis aurem similiter admovit, nisi Munatius Plancus judex severissimus superatum Antonium mature pronuntiasset. Ipse autem unio cujus fuerit magnitudinis inde colligi poterit, quod qui su-

vécut, il ne soupa jamais hors de chez lui, afin de n'être pas témoin du mépris qu'on faisait d'une loi proposée par lui en vue du bien public.

Je joindrais bien à ces lois l'édit sur les dépenses rendu par Antoine, depuis triumvir, si l'on pouvait décemment compter parmi les répresseurs du luxe celui qui ne put être surpassé dans la dépense ordinaire de ses repas qu'au moyen de la perle dissoute qu'avala son épouse Cléopâtre. En effet, Antoine, persuadé que les produits de la terre, de la mer et du ciel étaient destinés à satisfaire sa voracité, les rendait tributaires de son gosier et de ses mâchoires, et voulait, pour ce motif, faire de l'empire romain un royaume d'Égypte. Or, Cléopâtre, jalouse de ne pas céder aux Romains, même en fait de luxe, paria de consommer dans un seul repas dix millions de sesterces. Antoine trouva la chose prodigieuse. Néanmoins il accepta sans hésiter la gageure, qui trouva un digne arbitre dans la personne de Munatius Plancus, choisi pour juge d'un si noble combat. Le lendemain, Cléopâtre, voulant intriguer Antoine, lui servit un souper splendide, à la vérité, mais dont la recherche devait peu le surprendre, parce qu'il reconnaissait sur la table tous ses mets habituels. Alors la reine, souriant, se fit apporter une coupe dans laquelle, après y avoir versé quelques gouttes de vinaigre très-acide, elle se hâta de jeter une des deux perles qui lui servaient de pendants d'oreilles; et celle-ci s'étant dissoute presque aussitôt, comme il est de la nature de cette pierre, elle l'avala; puis, quoiqu'elle eût ainsi gagné sa gageure (car cette perle valait sans contestation dix millions de sesterces), elle approchait déjà la main de son oreille pour y prendre l'autre, lorsque Munatius Plancus, juge intègre, déclara qu'Antoine était vaincu. Du reste, on peut juger quelle devait être la grosseur de cette perle, puisque celle qui restait ayant été portée à Rome après la défaite de la reine et la réduction de

perfuit, postea victa regina, et capta Ægypto, Romam delatus, desectusque est; et factæ ex una margarita duæ, impositæque simulacro Veneris, ut monstruosæ magnitudinis, in templo, quod Pantheum dicitur.

XIV. De nucum generibus[119].

Adhuc dicente Furio, secundæ mensæ illata bellaria novo sermoni principium dederunt. Symmachus enim attrectans manu nuces : Vellem, inquit, ex te audire, Servi, tanta nucibus nomina quæ causa vel origo variaverit; aut unde tot mala, quum hac una appellatione vocitentur, fiant tamen seorsum diversa tam vocabulo quam sapore. Ac prius de nucibus absolvas volo quæ tibi memoria crebræ lectionis occurrunt. — Et Servius : Nux ista juglans[120] secundum nonnullorum opinionem a juvando, et a glande dicta existimatur. Gavius vero Bassus in libro *de Significatione verborum* hoc refert : « Juglans arbor proinde dicta est, ac Jovis glans. Nam quia id arboris genus nuces habet, quæ sunt suaviore sapore quam glans est; hunc fructum antiqui illi, qui egregium glandique similem, ipsamque arborem deo dignam existimabant, Jovis glandem appellaverunt, quæ nunc litteris interlisis juglans nominatur. » Cloatius autem Verus[121] in libro *a Græcis tractorum* ita memorat : « Juglans (di prætermissum est), quasi dijuglans; id est Διὸς βάλανος. » Sicut Theophrastus ait[122] : Ἴδια δὲ τῶν ὀρινῶν ἃ ἐν τοῖς πεδίοις οὐ φύεται· τερέβινθος, πρίνος, φιλύρη,

l'Égypte, elle fut sciée en deux morceaux, qui donnèrent chacun une perle d'une grosseur si extraordinaire, qu'on les fit servir à l'ornement de la statue de Vénus, dans le temple appelé Panthéon.

XIV. Des diverses espèces de noix.

Furius parlait encore, lorsqu'on apporta les friandises du second service, ce qui changea la nature de l'entretien. En effet, Symmaque roulant des noix dans ses mains, se mit à dire : Je voudrais que vous m'apprissiez, Servius, la cause ou l'origine de cette multitude de noms donnés aux noix, comme aussi d'où vient que les pommes, qui offrent une telle diversité de noms et de goûts, sont néanmoins comprises sous le nom générique de pommes. Cependant, parlez-nous d'abord des noix, et dites-nous là-dessus ce qu'il vous revient en mémoire de vos nombreuses lectures. — Et alors Servius : Cette noix *juglande* tire son nom, suivant l'opinion de quelques-uns, de *juvare*[1] et de *glans*[2]. Toutefois, Gavius Bassus, dans son traité *de la Signification des mots*, s'exprime ainsi : « Le nom de l'arbre appelé *juglans*, est composé de *Jovis glans*[3]. En effet, cette espèce d'arbre produit des noix d'une saveur plus agréable que le gland ordinaire; d'où les anciens, trouvant que ce fruit exquis avait beaucoup d'analogie avec le gland, et que l'arbre qui le portait était digne d'être consacré à un dieu, le nommèrent *Jovis glans*, et, par syncope, *juglans*, comme on dit de nos jours. » D'autre part, voici ce que dit Cloatius Verus, dans son livre *des Mots tirés du grec* : « *Juglans* (on a retranché *di*), même chose que *dijuglans*, c'est-à-dire Διὸς βάλανος[3]. » Comme dit Théophraste : « Les arbres propres aux montagnes, et qui ne croissent pas dans les

---

(1) Être agréable — (2) Gland. — (3) Gland de Jupiter.

ἀφάρκη, κάρια, ἢ καὶ Διὸς βάλανος. Hanc Græci etiam basilicam vocant.

Nux hæc Avellana, seu Prænestina, quæ est eadem, ex arbore est quæ dicitur *corylos*, de qua Virgilius dicit : *Corylum sere*[123]. Est autem natio hominum juxta agrum Prænestinum, qui Carsitani vocantur ἀπὸ τῶν καρύων· cujus rei meminit Varro in *Logistorico*[124], qui inscribitur *Marius, de Fortuna*. Inde scilicet Prænestinæ nuces. Est et illud apud Nævium[125] in fabula *Hariolo*:

> Quis heri apud te? Prænestini et Lanuvini hospites.
> Suopte utrosque decuit acceptos cibo,
> Alteris inanem bulbam madidam dari,
> Alteris nuces in proclivi profundere.

Hanc autem nucem Græci Ponticam vocant, dum unaquæque natio indit huic nuci nomen ex loco in quo nascitur copiosior. Nux castanea, de qua Virgilius, *Castaneasque nuces*[126], vocatur et Heracleotica. Nam vir doctus Oppius[127], in libro quem fecit de silvestribus arboribus, sic ait : « Heracleotica hæc nux, quam quidam castaneam vocant, itemque Pontica nux, atque etiam quæ dicuntur basilicæ juglandes, germina atque flores agunt similiter iisdem temporibus, quibus Græcæ nuces. »

Nunc dicendum est, quæ sit Græca nux : ac simul hoc dicens amygdalam de lance tulit et ostendit. Nux Græca hæc est, quæ et amygdale dicitur. Sed et Thasia eadem nux vocatur; testis est Cloatius in *Ordinatorum Græcorum* libro quarto[128], quum sic ait : « Nux Græca amygdale. » Atta[129] vero in *Supplicatione*, « Nucem Græcam, ait, favumque adde quantum libet. » Nucem molluscam, licet hiemis nobis tempus invideat, ta-

plaines, sont : le térébinthe, l'yeuse, le tilleul, le filaria, le noyer ou gland de Jupiter. » C'est cette espèce de noix que les Grecs appellent *basilique* ⁽¹⁾.

Cette noix Avellane, ou Prénestine, est produite par l'arbre appelé *corylos* ⁽²⁾, dont parle Virgile. « Plante le coudrier, » dit-il. Or, il y a aux environs de Préneste une peuplade d'hommes qu'on nomme Carsitans, de κάρυον ⁽³⁾. Varron fait mention de cette particularité dans son *Logistorique*, qui a pour titre *Marius, de la Fortune*. De là les noix Prénestines. De plus, voici un passage *du Devin* de Névius :

« Qui était chez vous hier ? Des hôtes de Préneste et de Lanuvium. Il fallut servir à chacun les mets de son pays : offrir aux uns l'oignon apprêté à la sauce, aux autres verser des noix en profusion. »

Cette noix, appelée par les Grecs Pontique, a reçu de chaque nation le nom du lieu où elle croît en plus grande abondance. La noix-châtaigne, mentionnée par Virgile, *Castaneasque nuces*, est aussi appelée Héracléotique ; car le savant Oppius, dans le livre qu'il a composé sur les arbres forestiers, s'exprime ainsi : « La noix Héracléotique, que quelques-uns appellent châtaigne, de même que la noix Pontique, et les juglandes royales,⁽⁴⁾ germent et fleurissent à la même époque que les noix Grecques. »

Reste à dire ce que c'est que la noix Grecque (ce disant, Servius prit une amande sur le plat, et la montra aux convives). La noix Grecque est la même que l'amande ; toutefois, elle est encore connue sous le nom de Thasienne, témoin Cloatius, dans le quatrième livre *des Mots grecs réguliers* : « Noix Grecque, ou amande. » Atta, dans la *Supplication* : « Ajoutez-y des noix grecques et du miel à volonté. » Quant à la mollusque, que l'hiver empêche

---

(1) Royale. — (2) Coudrier. — (3) Noix. — (4) *Basilicæ juglandes.*

men, quia de nucibus loquimur, indictam non relinquamus. Plautus in *Calceolo* [130] sic ejus meminit :

> Molluscam nucem super ejus dixit impendere tegulas.

Ecce Plautus nominat quidem ; sed quid sit nux mollusca non exprimit. Est autem Persicum quod vulgo vocatur : et mollusca nux dicitur, scilicet quod ceteris omnibus nucibus mollior sit. Hujus rei idoneus assertor est Suevius [131], vir longe doctissimus, in idyllio quod inscribitur *Moretum*. Nam, quum loquitur de hortulano faciente moretum, inter cetera quae eo mittit, et hoc pomum mitti ait his verbis :

> Admisce tu, Acca, Basilicis hæc nunc partim,
> Partim Persica : quod nomen sic denique fertur,
> Propterea quod, qui quondam cum rege potenti
> Nomine Alexandro Magno fera prœlia bello
> In Persas retulere, suo post inde reventu
> Hoc genus arboris in prælatis finibu' Graiis
> Disseruere, novos fructus mortalibu' dantes.
> Mollusca hæc nux est, ne quis forte inscius erret.

Nux Terentina dicitur, quae ita mollis est, ut vix attrectata frangatur. De qua in libro Favorini [132] sic reperitur : « Itemque quidam Tarentinas oves, vel nuces dicunt, quae sunt terentinae a tereno, quod est Sabinorum lingua molle. Unde Terentios quoque dictos putat Varro *ad Libonem* primo. » Quam in culpam etiam Horatius potest videri incidere, qui ait :

> Et molle Tarentum [133].

Nux pinea hos nobis, qui appositi sunt, nucleos dedit. Plautus in *Cistellaria* [134] :

> Qui e nuce nucleos esse vult, frangat nucem.

de figurer sur notre table, je ne puis, étant sur le chapitre des noix, la passer sous silence. Plaute, dans sa comédie du *Petit soulier*, en fait mention en ces termes :

« Il a dit qu'un noyer mollusque domine sa cabane. »

Comme on le voit, Plaute nomme seulement la mollusque, mais sans la décrire. C'est la même que celle qu'on appelle vulgairement Persique[1], et son nom de mollusque lui vient de ce qu'elle est plus tendre[2] que les autres fruits de même espèce. On peut s'en rapporter là-dessus au témoignage du savant Suevius, dans l'idylle intitulée *le Moret*. Parlant d'un jardinier qui apprête un moret, il dit qu'entre autres ingrédients, il y fait entrer le fruit dont nous parlons. Voici ses propres paroles :

« Toi, Acca, joins aux Basiliques partie de ces fruits, partie des noix Persiques. On dit que ce nom leur vient de ce qu'autrefois les compagnons d'un roi puissant, appelé Alexandre le Grand, après avoir remporté chez les Perses de sanglantes batailles, de retour dans leur patrie, plantèrent dans les vastes champs de la Grèce cette espèce d'arbres, procurant ainsi de nouveaux fruits aux mortels. C'est la noix mollusque, pour que personne ne s'y trompe, faute de le savoir. »

Il y a aussi la noix Térentine, dont l'enveloppe est si tendre, qu'elle se brise presque au toucher. Voici ce qu'en dit Favorinus, dans son livre : « Quelques personnes disent des brebis ou des noix *Tarentines*, au lieu de térentines, de *terenus*, synonyme sabin de *mollis*[3]. Varron croit même, dans son premier livre *à Libon*, que le nom de Terentius n'a pas d'autre étymologie. » Horace semble tomber dans cette faute, lorsqu'il dit :

« Et la molle Tarente. »

La noix de pin nous a donné ces fruits que voici en face de nous. Plaute, dans la *Cassette :*

« Pour tirer le fruit de la noix, il faut d'abord casser la noix. »

(1) Pêche. — (2) *Mollior*. — (3) Mou.

XV. De generibus malorum et pirorum.

Et, quia mala videmus admixta bellariis, post nuces de malorum generibus disserendum est. Sunt de agricultura scriptores qui nuces et mala sic dividunt, ut nuces dicant omne pomum quod foris duro tegatur, et intus habeat quod esui est; malum vero, quod foris habeat quod esui, et durum intus includat. Secundum hanc definitionem Persicum, quod Suevius poeta superius inter nuces numerat, magis erit inter mala numerandum.

His præmissis, malorum enumeranda sunt genera, quæ Cloatius in *Ordinatorum Græcorum* libro quarto ita diligenter enumerat :

« Sunt autem genera malorum[135] : Amerinum, cotonium, citreum, coccymelum, conditivum[136], ἐπιμηλίς[137], musteum, Mattianum, orbiculatum, ogratianum, præcox, pannuceum, Punicum, Persicum, quirianum, prosivum, rubrum, scandianum, silvestre[138], struthium[139], Scantianum, Tibur, Verianum. »

Vides Persicum a Cloatio inter mala numeratum, quod nomen originis suæ tenuit, licet jam dudum nostri soli germen sit. Quod autem ait idem Cloatius, *citreum*, et ipsum Persicum malum est secundum Virgilium :

Felicis mali, quo non præstantius ullum[140],
(*Georg.* lib. II, v. 127.)

et reliqua. Et ut nemo dubitet hæc de citreo dixisse Virgilium, accipite quæ Oppius in libro *de Silvestribus arboribus* dicat : « Citrea item malus et Persica : altera generatur in Italia, et in Media altera. » Et paulo post

XV. Des diverses espèces de pommes et de poires.

Mais j'aperçois des pommes parmi les friandises ; et puisque nous n'avons plus rien à dire des noix, parlons des premières et de leurs diverses espèces. Voici comment certains agronomes établissent la différence des noix et des pommes : ils désignent sous le nom de noix tout fruit recouvert extérieurement d'une enveloppe dure et renfermant à l'intérieur une substance bonne à manger ; et sous le nom de pommes, tout fruit dont l'extérieur est bon à manger, et qui est dur en dedans. D'après cette définition, la pêche, que le poëte Suevius range plus haut parmi les noix, devrait être rangée parmi les pommes.

Ceci posé, nous allons énumérer les diverses espèces de pommes, dont on trouve la liste exacte dans le quatrième livre *des Mots grecs réguliers* de Cloatius.

« Les diverses espèces de pommes sont : l'abricot, le coing, le citron, la prune, la pomme à cuire, la nèfle [1], la pomme douce, la Mattiane, la pomme ronde, la grenade, la pomme précoce, la pomme ridée, la Punique, la Persique (pêche), la quiriane, la prosive, la pomme rouge, la scandiane, la pomme des bois, le struthium, la Scantiane, la pomme de Tibur, la Vériane. »

Vous voyez que la pêche, mise par Cloatius au nombre des pommes, conserve son nom originaire, bien que depuis longtemps acclimatée chez nous. Le citron, qu'il mentionne encore, est lui-même une sorte de pomme persique, d'après Virgile :

« De la pomme bienfaisante, la meilleure de toutes, »

et la suite. Et pour que personne ne mette en doute que ces paroles de Virgile ne se rapportent au citronnier, voici ce que dit Oppius, dans son livre *des Arbres forestiers :*

[1] Ἐπιμηλίς.

de citreo loquens, ait : « Est autem odoratissimum : ex quo interjectum vesti tineas necat; fertur etiam venenis contrarium; quod tritum cum vino purgatione virium suarum bibentes servat. Generantur autem in Perside omni tempore mala citrea : alia enim præcarpuntur, alia interim maturescunt. » Vides hic et citreum nominari, et omnia signa poni quæ de eo Virgilius dixit; licet nomen citrei ille non dixerit. Nam et Homerus, qui citreum Θύον appellat, ostendit esse odoratum pomum :

Θύον δ' ὑπὸ καλὸν ὀδώδει [141],
(Odyss. lib. V, v. 60.)

Et, quod ait Oppius inter vestem poni citreum, idem significat Homerus, quum dicit :

Εἵματα δ' ἀμφιέσασα θυώδεα σιγαλόεντα [142].
(Odyss. lib. V. v 264.)

Hinc et Nævius poeta in *Bello Punico* ait *citrosam vestem*.

Pira hæc, quæ videmus, varietas nominum numerosa discernit. Nam idem Cloatius [143] sic eorum vocabula describit : « Anicianum, cucurbitivum, cirritum, cervisca, calculosum, crustuminum, decimanum, Græculum, Lollianum, Lanuvinum, laureum, lateresianum, murapium, Milesium, musteum, Nævianum, orbiculatum, præcianum, rubile, Signinum, Fullianum, Titianum, Turrinianum, timosum, præcox, volemum, mespillum serum, sementivum serum, Sextilianum serum, Tarentinum serum, Valerianum serum. »

« Le citronnier ressemble au pommier Persique : l'un croît en Italie, l'autre en Médie. » Peu après, parlant du citron, il ajoute : « Il est très-odorant; le jus qu'on en exprime, répandu sur une étoffe, détruit les teignes. Il passe aussi pour un contre-poison, parce que, broyé dans du vin, il produit une boisson purgative et conservatrice. En Perse, les citrons viennent dans toutes les saisons ; tandis que l'on cueille les uns, les autres mûrissent. » Vous voyez qu'il désigne le citron par son nom même, avec tous les signes distinctifs que Virgile lui attribue, sans le nommer toutefois. En effet, Homère, qui appelle le citron θύον, nous apprend que c'est un fruit odorant :

« Le citron exhalait une odeur agréable. »

Et quant à ce que dit Oppien, qu'on en humectait les habits, la même chose se voit dans Homère :

« L'ayant revêtu d'habits brillants parfumés avec le citron. »

De là l'expression *citrosa vestis*[1] qu'emploie le poëte Névius dans sa *Guerre punique*.

Pour ce qui est de ces poires que nous voyons ici, on les distingue par une grande diversité de noms. Voici la liste de ces noms, telle que nous l'a fournie le même Cloatius : l'Aniciane, la poire citrouille, la cirrite, la cervisca, la poire graveleuse, la crustumine, la décimane, la petite poire Grecque, la Lolliane, la poire de Lanuvium, la poire laurier, la latérésiane, la murapienne, la Milésienne, la poire douce, la Néviane, la poire ronde, la préciane, la rubile, la poire de Signia, la Fulliane, la Titiane, la Turriniane, la timose, la poire précoce, la volème, la nèfle tardive, la sémentive tardive, la Sextiliane tardive, la Tarentine tardive, la Valériane tardive.

[1] Robe citronnée.

XVI. De ficuum, olearum, uvarumque generibus.

Admonent nos et fici aridæ, ut enumeremus genera ficorum, eodem Cloatio nos de his, ut de aliis, instruente. Sic enim diversas ficos diligentiæ suæ more dinumerat :

« Africa [144], albula, arundinea [145], asinastra [146], atra, palusca, Augusta, bifera, Carica, Chalcidica, alba nigra, Chia alba nigra, Calpurniana alba nigra, cucurbitiva, duricoria, Herculanea, Liviana, Lydia, Leptolydia, Marsica, Numidica, pulla Pompeiana, præcox, Tellana atra. »

Sciendum quod ficus alba ex felicibus sit arboribus; contra nigra ex infelicibus. Docent nos utrumque pontifices. Ait enim Veranius *de Verbis pontificalibus* [147] :

« Felices arbores putantur esse, quercus, æsculus [148], ilex, suber, fagus, corylus, sorbus, ficus alba, pirus, malus, vitis, prunus, cornus, lotus. »

Tarquinius autem Priscus [149] in *Ostentario arborario* sic ait :

« Arbores quæ inferum deorum avertentiumque [150] in tutela sunt, eas infelices nominant; alaternum [151], sanguinem [152], filicem, ficum atram, quæque baccam nigram nigrosque fructus ferunt, itemque acrifolium, pirum silvaticum, ruscum, rubum, sentesque, quibus portenta prodigiaque mala comburi jubere oportet. »

Quid? quod ficum tanquam non pomum secerni a pomis apud idoneos reperimus? Afranius [153] in *Sella* : « Pomum, holus, ficum, uvam. » Sed et Cicero *OEconomicon* libro tertio : « Neque serit vitem, neque quæ

XVI. Des diverses espèces de figues, d'olives et de raisins.

Ces figues sèches me font songer que je vous dois la nomenclature de leurs diverses espèces. Ici, comme ailleurs, Cloatius nous servira de guide. Il énumère ainsi, avec son exactitude ordinaire, les variétés de ce fruit :

« L'Africaine, la figue blanche, la figue de roseau, l'asinastre, la figue noire, la figue de marais, l'Augusta, la figue bisannuelle, la figue de Carie, la figue de Chalcis, l'alba-nigra, l'alba-nigra de Chio, l'alba-nigra Calpurniane, la figue citrouille, la figue à peau dure, la figue Herculane, la Liviane, la Lydienne, la petite Lydienne, la figue des Marses, la figue de Numidie, la Pompéiane brune, la figue précoce, la Tellane noire. »

Il faut dire que le figuier blanc est rangé parmi les arbres heureux, le figuier noir parmi les arbres malheureux. C'est ainsi du moins que nous l'apprennent les pontifes. Veranius dit en effet dans ses *Formules pontificales* :

« Les arbres réputés heureux sont : le chêne, l'æsculus, l'yeuse, le liége, le hêtre, le coudrier, le sorbier, le figuier blanc, le poirier, le pommier, la vigne, le prunier, le cornouiller, le lotos. »

D'autre part, Tarquinius Priscus, dans son *Traité des prodiges relatifs aux arbres*, s'exprime ainsi :

« Les arbres placés sous la protection des dieux infernaux et conjurateurs sont appelés malheureux ; ce sont : l'alaterne, le sanguin, la fougère, le figuier noir, tous les arbres qui produisent des baies noires et des fruits noirs, l'alisier, le poirier sauvage, le houx, le buisson et les arbrisseaux à épines. On doit les brûler, afin de détourner les présages funestes. »

Mais que penser de voir chez des auteurs estimés, la figue distinguée de la pomme, et formant une classe à part ? Afranius dans sa comédie de *la Chaise* : « La pomme, le légume, la figue, le raisin. » Cicéron, au troisième

sata est, diligenter colit; oleum, ficos, poma, non habet. »

Nec hoc ignorandum est, ficum solam ex omnibus arboribus non florere. Lacte proprie ficorum grossi appellantur, fici qui non maturescunt [154] : hos Græci dicunt ὀλύνθους. Mattius : « In millibus tot ficorum non videbitis grossum. » Et paulo post ait : « Sumas ab alio lacte diffluos grossos. » Et Postumius Albinus [155] *Annali* primo de Bruto : « Ea causa sese stultum brutumque faciebat; grossulos ex melle edebat. »

Olearum genera hæc enumerantur : Africana, Albigerus [156], Aquilia, Alexandrina, Ægyptia, culminea, conditiva, Liciniana, Orchas, oleaster, pausia, Paulia [157], radius, Sallentina, Sergiana, Termutia. Sicut uvarum ista sunt genera : Aminea, scilicet a regione; nam Aminei fuerunt ubi nunc Falernum est : asinusca, atrusca, albiverus, Albana, apiana [158], apicia, bumamma, aut, ut Græci dicunt, βούμασθος, duracina, labrusca, melampsithia, maronia, mareotis, Numentana [159], precia, prannia, psithia, pilleolata, Rhodia, stephanitis, venucula, variola, lagea.

Inter hæc Prætextatus : Vellem Servium nostrum diutius audire; sed hora nos quietis admonet, ut exorto jubare eloquio Symmachi domi suæ fruamur [160]. Atque ita facta discessio est.

livre de ses *Économiques* : « Il ne plante pas de vignes, et cultive mal celles qui sont plantées ; il n'a ni huile, ni figues, ni pommes. »

Remarquons que le figuier est le seul de tous les arbres qui ne donne point de fleurs. On appelle proprement lait du figuier, les *grossi*, ou figues qui ne mûrissent pas : les Grecs les appellent ὄλυνθοι. Mattius : « Parmi tant de milliers de figues, vous ne voyez pas un *grossus*. » Peu après, il dit encore : « Prenez ces *grossi* gonflés d'un autre lait. » Enfin Postumius Albinus, dans le premier livre de ses *Annales*, parlant de Brutus : « Il se faisait passer pour insensé et pour brute, en mangeant des *grossuli* au miel. »

Quant aux olives, voici leurs diverses espèces : l'olive d'Afrique, l'olive blanchâtre, l'aquilia, l'olive d'Alexandrie, l'olive d'Égypte, la culminea, l'olive des ragoûts, la Liciniane, l'orchas, l'olive sauvage, la pausia, la Paulia, l'olive longue, la Sallentine, la Sergiane, la Termutia. Voici maintenant les diverses espèces de raisins : l'Aminéen, ainsi nommé du pays où il croît (les Aminéens habitaient où est à présent Falerne) ; l'asinusca, l'atrusca, l'albiverus, le raisin d'Albanum, le raisin des abeilles, l'apicia, le bumamme (le βούμαστος des Grecs), le raisin à chair dure, le raisin sauvage, le psithia noir, le maronien, le raisin maréotide, le raisin de Numente, le raisin précoce, le pramnien, le psithia, la pilleolata, le Rhodien, le raisin à couronne, le venucula, le variola, le lagéa.

A ce moment, Prétextatus prit la parole : Je voudrais écouter plus longtemps notre cher Servius ; mais voici l'heure du repos, et songeons qu'au retour de la lumière, Symmaque nous fera jouir dans sa maison du charme de son entretien. Et là-dessus les convives se séparèrent.

SATURNALIORUM

LIBER TERTIUS.

I. Quam accurate Virgilius expresserit diversos ritus sacrificandi.

CONGREGATIS in tempore constituto in domo Vettii qui venire debuerant, ante cœnandum cœpit Evangelus Vettium taliter compellare : Dixisti, inquit, mi Vetti, inter omnia, quibus eminet laus Maronis, hoc te lectorem assiduum admirari, quia doctissime jus pontificium, tanquam hoc professus, in multa et varia operis sui parte servavit. Et si tantæ dissertationis sermo non cederet, promisisti fore ut Virgilius noster pontifex maximus videretur [1]. Nunc igitur comple promissum, vel sermonem à memoria tua credam cessisse, vel potius præsulem nostrum Virgilium pontificem ignorasse.

Tunc Prætextatus, decenti rubore perfusus : Non, inquit, o Evangele, propter verba tua magis vana quam vera, sed propter totius cœtus reverentiam, quem scio avide istud audire, ostendam nec me sermonis oblitum, nec sacrorum Virgilium imperitum.

Hoc autem reputo principaliter præmittendum, quo ad hoc quis diis superis rem sacram recte perficiat, prius eum rite purificari oportere [2]. Et hoc Virgilius prius

LES SATURNALES.

LIVRE TROISIÈME.

1. Avec quelle exactitude Virgile a décrit les divers rites des sacrifices.

Les convives s'étant réunis à l'heure dite dans la maison de Prétextatus, Evangelus l'interpella ainsi avant le repas du soir : Vous nous avez dit, mon cher Prétextatus, que, parmi tant de qualités qui rehaussent la gloire de Virgile, vous admirez surtout, lecteur assidu, l'art scrupuleux avec lequel, dans maint et maint endroit de son ouvrage, il observe les règles du droit pontifical, comme s'il en eût fait lui-même profession. Et si l'entretien venait à rouler sur un sujet aussi important, vous vous êtes engagé à faire voir dans notre Virgile le premier de nos pontifes. Voici le moment de remplir votre promesse ; sinon je croirai que vous ne vous souvenez plus de vos paroles, ou plutôt que notre président n'a point entendu parler du pontife Virgile.

Les joues de Prétextatus se couvrirent d'une rougeur modeste : Je vais, Evangelus, dit-il, non à cause de vos propos, plus inconsidérés que vrais, mais par égard pour le reste de l'assemblée, qui, je le sais, m'écoutera avec intérêt, je vais prouver et que je me souviens de mes paroles, et que Virgile ne fut pas ignorant des rites sacrés.

Une pratique que je crois devoir mentionner d'abord, c'est la cérémonie de la purification, par où doit commencer quiconque veut offrir aux dieux d'en haut un sa-

plane demonstrat, quum Æneam pontificem introducit patri suo sic loquentem :

> Tu, genitor, cape sacra manu patriosque penates.
> Me bello e tanto digressum et cæde recenti,
> Attrectare nefas; donec me flumine vivo
> Abluero.
> (*Æn.* lib. II, v. 717.)

Post Cajetæ quoque nutricis sepulturam, quo potissimum navigans appellitur, quam ad eam partem,

> . . . Per quam fluvio Tiberinus amœno
> In mare prorumpit,
> (*Æn.* lib. VII, v. 30.)

ut confestim in ipso Italiæ limine fluviali unda ablutus posset quam purissime Jovem,

> . . . Phrygiamque ex ordine matrem
> (*Æn.* lib. VII, v. 139.)

invocare? Quid? quod Evandrum aditurus per Tiberim navigat; quod eum esset reperturus Herculi sacra celebrantem, ut purificatus sacris possit hospitalibus interesse? Hinc et Juno ipsa conqueritur, non magis quod Æneam contigisset contra suum velle in Italiam pervenire, quam quod *optato* potiretur *Tibridis alveo*: quia sciret, eum hoc amne purificatum posse sacra etiam sibi rite perficere; nam ne supplicari quidem sibi ab eo vellet.

Nunc, quoniam purificationem ad sacra superorum pertinentem deorum in Virgiliana observatione monstravimus, videamus utrum et circa inferorum deorum cultum proprietatem moris idem poeta servaverit. Constat diis superis sacra facturum corporis ablutione purgari; quum vero inferis litandum est, satis actum videtur si

crifice selon les règles. Or, Virgile le dit d'une manière expresse, lorsqu'introduisant Énée, qui remplit les fonctions de pontife, il lui fait adresser à son père les paroles suivantes :

« Vous, mon père, prenez dans vos mains ces vases sacrés et les pénates de la patrie. A peine sorti de la lice sanglante et fumant encore du carnage, je ne puis les toucher sans crime avant de m'être lavé dans une eau vive. »

Après la sépulture de sa nourrice Caïète, où dirige-t-il sa course sur les flots, si ce n'est vers la contrée

« Que traverse le Tibre dans son heureux cours, avant de se précipiter dans la mer, »

afin qu'au seuil même de l'Italie, il puisse, après s'être lavé dans l'eau du fleuve, invoquer dignement Jupiter

« Et la mère Phrygienne [1]? »

Puis, lorsqu'il va joindre Évandre, il navigue sur le Tibre; pourquoi? parce qu'il trouvera celui-ci occupé à célébrer les fêtes d'Hercule, et qu'il a besoin d'être purifié afin de pouvoir participer aux sacrifices de son hôte. Aussi Junon se plaint-elle moins de ce qu'il est arrivé en Italie, en dépit d'elle, que de le voir en possession *du lit désiré du Tibre;* car elle n'ignore pas qu'une fois purifié par les eaux du fleuve, Énée pourra lui offrir à elle-même des sacrifices selon les rites, et elle ne veut pas seulement être intercédée par lui.

Maintenant que nous avons constaté, d'après Virgile, la nécessité de la purification dans les sacrifices offerts aux dieux d'en haut, voyons si, à l'égard du culte des dieux inférieurs, notre poëte observe aussi scrupuleusement les rites. La règle est que, pour sacrifier aux dieux du ciel, on se purifie par l'ablution de tout le corps, tandis

[1] Cybèle.

adspersio sola contingat. De sacris igitur superorum ait Æneas :

> . . . . Donec me flumine vivo
> Abluero.

At Dido, quum sacra diis inferis instituit, ait :

> Annam, cara mihi nutrix, huc siste sororem :
> Dic corpus properet fluviali spargere lympha.
> *(Æn. lib. IV, v. 634.)*

Et alibi :

> Sparserat et latices simulatos fontis Averni.
> *(Æn. lib. IV, v. 512.)*

Nec non quum Misenum sepulturæ mandari refert :

> Idem ter socios pura circumtulit unda,
> Spargens rore levi.
> *(Æn. lib. VI, v. 229.)*

Sic et quum facit Æneam apud inferos ramum Proserpinæ consecraturum, ita refert :

> Occupat Æneas aditum, corpusque recenti
> Spargit aqua.
> *(Æn. lib. VI, v. 635.)*

II. Quam proprie Virgilius usus sit verbis ad sacra pertinentibus.

Verborum autem proprietas tam poetæ huic familiaris est, ut talis observatio in Virgilio laus esse jam desinat; nullis tamen magis proprie usus est, quam sacris, vel sacrificalibus verbis. Et primum illud non omiserim, in quo plerique falluntur :

> . . . . Extaque salsos
> Porriciam in fluctus ;
> *(Æn. lib. V, v. 237.)*

non, ut quidam, *projiciam*, æstimantes dixisse Virgilium projicienda exta, qui adjecit *in fluctus*. Sed non

que, pour sacrifier aux dieux des enfers, la simple aspersion suffit. Énée parle donc des premiers quand il dit :

« Avant de m'être lavé(1) dans une eau vive. »

Au contraire Didon, lorsqu'elle veut sacrifier aux dieux infernaux, dit :

« Chère nourrice, fais venir ici Anne, ma sœur; dis-lui qu'elle se hâte d'asperger(2) son corps de l'eau du fleuve. »

Et dans un autre endroit :

« Elle avait répandu(3) l'eau simulant la fontaine de l'Averne. »

De même, lorsqu'il décrit les funérailles de Misène :

« Trois fois il tourna autour de ses compagnons, portant une onde pure, qui tombe en légère rosée(4). »

Et lorsqu'Énée dans les enfers est près d'offrir à Proserpine le rameau sacré, le poëte s'exprime ainsi :

« Il s'arrête sur le seuil, et asperge(5) son corps avec de l'eau fraîchement puisée. »

II. Avec quelle propriété Virgile s'est servi des termes consacrés dans les cérémonies religieuses.

La propriété de l'expression est si habituelle à notre poëte, que pour lui une telle remarque cesse d'être un éloge. Cependant cette propriété d'expression n'est nulle part plus remarquable que dans les mots qui ont rapport aux sacrifices ou aux cérémonies du culte. Je citerai d'abord un endroit sur lequel on se trompe communément :

. . . . Extaque salsos
Porriciam in fluctus(6);

et non *projiciam*(7), comme le croient quelques-uns, prétendant que Virgile, parlant des entrailles, a dû dire *pro-*

---

(1) *Abluero.* — (2) *Spargere.* — (3) *Sparserat.* — (4) *Spargens rore levi.* — (5) *Spargit.* — (6) Et j'offrirai les entrailles aux flots amers. — (7) Je jetterai.

ita est; nam et ex disciplina haruspicum, et ex præcepto pontificum verbum hoc solemne sacrificantibus est : sicut Veranius ex primo libro Pictoris[3] ita dissertationem hujus verbi exsequutus est : « Exta *porriciunto*, diis danto in altaria, aramve[4], focumve, eove, quo exta dari debebunt. » *Porricere* ergo non *projicere*, proprium sacrificii verbum est. Et quia dixit Veranius : « In aram focumve, eove, quo exta dari debebunt; » nunc pro ara et foco mare accipiendum est, quum sacrificium diis maris dicatur; ait enim :

> Di, quibus imperium est pelagi, quorum æquora curro,
> Vobis lætus ego hoc candentem in litore taurum
> Constituam ante aras voti reus, extaque salsos
> Porriciam in fluctus, et vina liquentia fundam.
> (*Æn.* lib. V, v. 235.)

Ex his docetur in mare rite potuisse *porrici exta*, non *projici*.

> Constituam ante aras voti reus.

Hæc vox propria sacrorum est; ut reus vocetur qui suscepto voto se numinibus obligat; damnatus autem, qui promissa vota non solvit. Sed de hoc non opus est a me plura proferri, quum vir doctissimus Eustathius paulo ante hanc partem plenius exsequutus sit.

Est profundam scientiam hujus poetæ in uno sæpe reperire verbo, quod fortuito dictum vulgus putaret. Multifariam enim legimus, quod litare sola non possit oratio, nisi et is, qui deos precatur, etiam aram manibus apprehendat. Inde Varro *Divinarum* libro quinto dicit aras primum *asas* dictas; quod esset necessarium a sacri-

jicere, parce qu'il ajoute *in fluctus*. Il n'en est pas ainsi; car, d'après le formulaire des aruspices et l'ordre exprès des pontifes, *porriciam* est le mot consacré dans les sacrifices. Ainsi Veranius, d'après le premier livre de Pictor, développe ainsi le sens de ce mot : « Que les entrailles soient offertes [1], qu'elles soient présentées aux dieux, ou sur l'*altare*, ou sur l'*ara*, ou sur le *focus*, ou en quelqu'un des endroits où l'offrande doit avoir lieu. » *Porricere* est donc le mot propre, et non *projicere*. Et d'après les paroles de Veranius : « Sur l'*ara*, sur le *focus*, ou en quelqu'un des endroits où l'offrande doit avoir lieu, » il est clair que la mer, dans ce passage, tient lieu de l'*ara* ou du *focus*, puisqu'il s'agit d'un sacrifice offert aux dieux de la mer. Voici, en effet, le passage :

« Divinités qui régnez sur les eaux où je cours, vainqueur, j'immolerai un taureau blanc sur ce rivage, aux pieds de vos autels, pour accomplir mon vœu [2]; je vous offrirai ses entrailles dans les flots amers, et j'y répandrai des libations de vin. »

D'où l'on voit que, suivant les rites sacrés, les entrailles pouvaient être *offertes*, et non être *jetées* dans la mer.

« J'immolerai aux pieds de vos autels pour accomplir mon vœu. »

C'est le mot propre aux sacrifices : en effet, *reus* se dit de celui qui s'est engagé par un vœu envers les dieux; *damnatus*, de celui qui n'a pas accompli son vœu. Mais je n'ai pas besoin d'insister davantage sur une matière qui vient être traitée à fond par le savant Eustathe.

La science profonde de ce poëte se montre souvent dans un seul mot que le vulgaire croirait placé au hasard. Nous lisons en beaucoup d'endroits que la simple oraison ne fait pas le sacrifice agréable, à moins que le suppliant n'embrasse en outre l'autel avec ses mains. C'est ainsi que Varron nous apprend, au cinquième livre *des Choses divines*, que les *arœ* [3] furent appelées d'a-

[1] *Porricienta*. [2] *Voti reus*. — [3] Autels.

ficantibus eas teneri. Ansis autem teneri solere vasa quis dubitet? commutatione ergo litterarum aras dici cœptas, ut Valesios et Fusios dictos prius, nunc Valerios et Furios dici. Hæc omnia illo versu poeta exsequutus est :

> Talibus orantem dictis, arasque tenentem
> Audiit omnipotens ;
> (*Æn.* lib. IV, v. 219 sq.)

Nonne eo additum credideris, non quia orabat tantum, sed quia et aras tenebat, auditum? nec non quum ait :

> Talibus orabat dictis, arasque tenebat ;
> (*Æn.* lib. VI, v. 124.)

item :

> Tango aras, medios ignes ac numina testor ;
> (*Æn.* lib. XII, v. 201.)

camdem vim nominis ex apprehensione significat.

Idem poeta tam scientia profundus, quam amœnus ingenio, nonnulla de veteribus verbis, quæ ad proprietatem sacrorum noverat pertinere, ita interpretatus est, ut, mutato verbi sono, integer intellectus maneret. Nam primo *Pontificii juris* libro apud Pictorem verbum hoc positum est, *vitulari*. De cujus verbi significatu Titius ita retulit : « *Vitulari* est *voce lætari*. Varro etiam in libro quintodecimo *Rerum divinarum* ita refert, quod pontifex in sacris quibusdam vitulari soleat, quod Græci παιανίζειν vocant. » Has tot interpretationis ambages quam paucis verbis docta eloquentia Maronis expressit!

> . . . . . . Lætumque choro Pæana canentes.
> (*Æn.* lib. VI, v. 657.)

Nam si *vitulari* est *voce lætari*, quod est παιανίζειν, nonne in cantu læti παιᾶνος enarratio verbi perfecta servata est? et, ut huic vocabulo diutius immoremur,

bord *ansœ*⁽¹⁾, parce qu'on devait les tenir pour sacrifier. Or, par où a-t-on l'habitude de tenir un vase, si ce n'est par ses anses? Ensuite, par un changement de lettre, on commença à dire *aræ*, comme des Valesius et des Fusius d'autrefois, on a fait les Valerius et les Furius actuels. Virgile exprime tout cela dans ce vers :

« Comme il faisait cette prière en embrassant l'autel, Jupiter l'exauça. »

Ne croiriez-vous pas que, selon la pensée du poëte, [Iarbas] a été exaucé, non pas seulement parce qu'il priait, mais surtout parce qu'il tenait embrassé l'autel? Et lorsqu'il dit ailleurs :

« C'est ainsi qu'il priait, embrassant les autels ; »

ou bien encore :

« Je touche les autels, je prends à témoin les dieux et les feux qui brûlent en leur honneur ; »

il attache le même sens à l'action de saisir l'autel⁽²⁾.

Savant profond autant qu'esprit éclairé, il prit certaines vieilles expressions, usitées seulement dans les sacrifices, et leur donna une interprétation telle, qu'en changeant le son du mot, la signification restait la même. Ainsi nous trouvons dans Pictor, au livre premier du *Droit pontifical*, le mot *vitulari*, que Titius explique ainsi : « *Vitulari*, ou *voce lætari*⁽³⁾. Varron rapporte, au livre quinzième *des Choses divines*, que le pontife a coutume, dans certains sacrifices, de faire éclater sa joie⁽⁴⁾, ce que les Grecs nomment παιανίζειν. » Voyez comme la docte élégance de Virgile résume en quelques mots ce long commentaire :

« Chantant en chœur l'hymne joyeux de Péan⁽⁵⁾. »

En effet, si *vitulari* équivaut à *voce lætari*, qui est la même chose que παιανίζειν, peut-on traduire plus exactement qu'en disant : « Chanter l'hymne joyeux de Péan? »

(1) Anses. — (2) *Apprehensio*. — (3) Se réjouir de la voix. — (4) *Vitulari* — (5) *Lætum Pæana*.

Hyllus[5] libro quem de diis composuit, ait *Vitulam* vocari deam quæ lætitiæ præest. Piso ait Vitulam Victoriam nominari, cujus rei hoc argumentum profert: quod postridie nonas julias re bene gesta, quum pridie populus a Tuscis in fugam versus sit, unde *Populifugia*[6] vocantur, post victoriam certis sacrificiis fiat vitulatio. Quidam nomen ejus animadversum putant, quod potens sit vitæ tolerandæ; ideo huic deæ pro frugibus fieri sacra dicuntur, quia frugibus vita humana toleratur. Unde hoc esse animadvertimus quod ait Virgilius:

> Quum faciam vitula pro frugibus, ipse venito;
> (*Eglog.* III, v. 77.)

ut *vitula* dixerit pro *vitulatione*; quod nomen esse sacrificii ob lætitiam facti superius expressimus. Meminerimus tamen sic legendum per ablativum:

> Quum faciam *vitula* pro frugibus,

id est quum faciam rem divinam, non ove, non capra, sed vitula; tanquam dicat, quum vitulam pro frugibus sacrificavero, quod est quum vitula rem divinam fecero[7].

Pontificem Æneam vel ex nomine referendorum laborum ejus ostendit. Pontificibus enim permissa est potestas memoriam rerum gestarum in tabulas conferendi; et hos annales appellant equidem maximos, quasi a pontificibus maximis factos. Unde ex persona Æneæ ait:

> Et vacet annales tantorum audire laborum.
> (*Æn.* lib. I, v. 377.)

Arrêtons-nous un moment encore sur ce mot. Hyllus, dans le livre qu'il a composé sur les dieux, dit qu'on appelle *Vitula* la déesse qui préside à la joie. Pison donne ce nom à la Victoire, et voici la raison qu'il fournit à l'appui : le lendemain des nones de juillet, après une victoire remportée sur les Toscans, qui la veille avaient mis les Romains en déroute, d'où ces nones furent appelées *Populifugia*[1], on institua des sacrifices avec des chants d'allégresse [2]. Quelques-uns prétendent que ce nom a été donné à la déesse, parce qu'elle a le pouvoir de nous faire soutenir la vie[3] : d'où vient qu'on lui sacrifie pour les fruits de la terre, ces fruits servant à soutenir la vie de l'homme. C'est ce qui a fait dire à Virgile :

« Lorsque je sacrifierai une génisse [4] pour les fruits de la terre, viens toi-même. »

Vitula est mis pour *vitulatione*, qui s'emploie, comme nous venons de le voir, pour désigner un sacrifice offert en signe de joie. Observons cependant qu'il faut lire ainsi avec l'ablatif :

« Quum faciam *vitula* pro frugibus, »

c'est-à-dire lorsque j'accomplirai le sacrifice, non avec une chèvre ou une brebis, mais avec une génisse ; comme s'il disait, lorsque j'immolerai une génisse pour les fruits de la terre, ce qui revient à la phrase précédente, lorsque j'accomplirai le sacrifice avec une génisse.

Virgile fait voir un pontife dans Énée, par le nom même qu'il donne au récit de ses malheurs. Les pontifes avaient la prérogative de transmettre sur des tablettes le souvenir des faits accomplis, et on appelait cela les grandes annales, comme étant l'œuvre des grands pontifes. Or, il met ces paroles dans la bouche d'Énée :

« Et si vous avez le loisir d'écouter les annales de nos longs travaux. »

---

[1] Fuite du peuple. — [2] *Vitulatio*. — [3] *Vita*. — [4] *Quum faciam vitula*.

III. De sacro, profano, sancto, et religioso; quid ea sint, et quam diligenter horum verborum proprietates expresserit Maro.

Et quia inter decreta pontificum hoc maxime quaeritur quid *sacrum*, quid *profanum*, quid *sanctum*, quid *religiosum* : quaerendum, utrum his secundum definitionem suam Virgilius usus sit, et singulis vocabuli sui proprietatem suo more servarit.

« *Sacrum* est, ut Trebatius libro primo *de Religionibus* refert, quidquid est quod deorum habetur. » Hujus definitionis poeta memor, ubi sacrum nominavit, admonitionem deorum paene semper adjecit :

Sacra Dioneae matri divisque ferebam.
(*Æn.* lib. III, v. 19.)

Item :

Sacra Jovi Stygio quae rite incepta paravi.
(*Æn.* lib. IV, v. 638.)

Item :

. . . . . . Tibi enim, tibi, maxima Juno,
Mactat sacra ferens.
(*Æn.* lib. VIII, v. 84.)

Profanum omnes paene consentiunt id esse, quod extra fanaticam causam sit, quasi porro a fano et a religione secretum. Cujus significatus exemplum exsequutus est quum de luco et aditu inferorum sacro utroque loqueretur :

. . . . . Procul, o procul este, profani,
Conclamat vates, totoque absistite luco.
(*Æn.* lib VI, v. 258.)

Eo accedit, quod Trebatius *profanum* id proprie dici ait « quod ex religioso vel sacro in hominum usum proprie-

III. Du sacré, du profane, du saint et du religieux ; ce qu'on entend par là, et avec quelle exactitude Virgile a conservé le sens propre de ces expressions.

On s'est demandé souvent ce que signifiaient dans les décrets des pontifes les expressions de *sacré*, de *profane*, de *saint*, de *religieux*; voyons donc si Virgile s'en est servi d'après leur définition, et s'il a, selon sa coutume, conservé à chacune d'elles sa signification propre.

« Le *sacré*, comme le rapporte Trebatius dans le premier livre de ses *Observances religieuses*, est tout ce qui a rapport aux dieux. » Le poëte a cette définition présente ; et toutes les fois qu'il vient de prononcer le mot de sacré, il manque rarement de faire mention des dieux :

« J'offrais un sacrifice[1] à ma mère, fille de Dionée, et aux dieux. »

Ailleurs :

« Le sacrifice[1] à Jupiter Stygien, que j'ai préparé suivant le rit. »

Ailleurs :

« C'est à toi, puissante Junon, qu'il l'immole, offrant le sacrifice[1]. »

Tout le monde convient à peu près que le *profane* est ce qui, n'ayant aucun rapport avec le culte, est comme séparé du temple[2] et de la religion. Virgile se conforme à cette signification, lorsque, parlant d'un bois consacré au culte et de l'entrée des enfers, deux choses également sacrées, il ajoute :

« Loin d'ici ! oh ! loin d'ici, profanes ! crie la prêtresse ; sortez de cette enceinte sacrée. »

Ajoutons que Trebatius définit de cette sorte le *profane* : « Ce qui d'un usage religieux et sacré a été transporté à

---

(1) *Sacra*. — (2) *Secretum a fano*.

tatemque conversum est. » Quod apertissime poeta servavit, quum ait :

> Faune, precor, miserere, inquit, tuque, optima, ferrum
> Terra, tene : colui vestros si semper honores,
> Quos contra Æneadæ bello fecere profanos.
> (Æn. lib. XII, v. 777.)

Dixerat enim :

> Sed stirpem Teucri nullo discrimine sacrum
> Sustulerant ;
> (Æn. lib. XII, v. 770.)

unde ostendit proprie *profanum*, quod ex sacro promiscuum humanis actibus commodatum est.

« *Sanctum* est, ut idem Trebatius libro decimo *Religionum* refert, interdum idem, quod sacrum, idemque, quod religiosum; interdum aliud, hoc est nec sacrum nec religiosum est. » Quod ad secundam speciem pertinet :

> Sancta ad vos anima, atque istius inscia culpæ
> Descendam.
> (Æn. lib. XII, v. 648.)

Non enim sacro aut religioso ejus anima tenebatur, quam sanctam, hoc est incorruptam, voluit ostendere. Ut in illo quoque:

> . . . . . Tuque, o sanctissima conjux,
> Felix morte tua.
> (Æn. lib. XI, v. 158.)

In quo castitatis honorem incorruptæ uxoris amplexus est; unde et *sanctæ leges*, quæ non debeant pœnæ sanctione corrumpi. Quod autem ad priorem speciei definitionem de sancto attinet, id est ut non aliud sit, quam sacrum, aut religiosum :

> Ecce levis summo de vertice visus Iuli
> Fundere lumen apex.
> (Æn. lib. II, v. 682.)

l'usage et à la propriété de l'homme. » Le poëte adopte clairement cette définition quand il dit :

« Faune, je t'en conjure, aie pitié de moi ; et toi, terre bienfaisante, retiens le fer, si je vous ai rendu les honneurs qui vous sont dus et que les soldats d'Énée ont profanés durant cette guerre. »

Car il avait dit plus haut :

« Mais les Troyens avaient arraché, sans aucun scrupule, l'arbre sacré. »

Il est évident dès lors que le *profane* est, à proprement parler, ce qui a perdu son caractère sacré pour s'appliquer indifféremment aux actes de la vie humaine.

« Le *saint*, comme le définit le même Trebatius, au livre dixième des *Observances religieuses*, est tantôt la même chose que le sacré et le religieux ; tantôt une chose différente, c'est-à-dire ce qui n'est ni sacré ni religieux. » Ce qui suit se rapporte à la deuxième acception :

« Ame sainte et exempte de cette ignominie, je descendrai vers vous. »

Car l'âme du guerrier ne tenait à rien de sacré ou de religieux, et le poëte a voulu seulement la présenter comme sainte, c'est-à-dire incorruptible. De même, dans cet autre passage :

« Et toi, ô très-sainte épouse ! heureuse de n'être plus, »

Énée rend hommage à la chasteté d'une épouse incorruptible. C'est dans ce sens que l'on appelle *lois saintes* celles qui doivent rester pures de toute sanction pénale. Pour ce qui est de la première partie de la définition, laquelle confond le saint avec le sacré, ou le religieux, nous trouvons d'abord :

« Voici que nous voyons jaillir du sommet de la tête d'Iüle, comme un épi lumineux. »

Et paulo post :

> Nos pavidi trepidare metu, crinemque flagrantem
> Excutere, et sanctos restinguere fontibus ignes.
> *(Æn. lib. II, v. 685.)*

Hic enim *sanctos* ac si sacros accipiemus, quia divinitus contigerunt. Item :

> . . . . Tuque, o sanctissima vates,
> Præscia venturi :
> *(Æn. lib. VI, v. 65.)*

non aliud nisi sacram vocat, quam videbat et deo plenam et sacerdotem.

Superest ut quid sit *religiosum* cum Virgilio communicemus. Servius Sulpicius[8] religionem esse dictam tradidit, quæ propter sanctitatem aliquam remota ac seposita a nobis sit, quasi a relinquendo dicta[9], ut a carendo ceremonia[10]. Hoc Virgilius servans ait :

> Est ingens gelidum lucus prope Cæretis amnem
> Relligione patrum late sacer.
> *(Æn. lib. VIII, v. 597.)*

Et adjecit, quo proprietatem religionis exprimeret :

> Undique colles
> Inclusere cavi, et nigra nemus abiete cingit.

Quæ res utique faciebat lucum a populi communione secretum; et, ut relictum locum ostenderet non sola adeundi difficultate, adjecit et sanctitatem :

> Sylvano fama est veteres sacrasse Pelasgos
> Agrorum pecorisque deo.
> *(Æn. lib. VIII, v. 598.)*

Secundum Pompeium Festum[11], « religiosi sunt qui facienda et vitanda discernunt. » Hinc Maro ait :

> . . . . Rivos deducere nulla
> Relligio vetuit.
> *(Georg. lib. I, v. 269.)*

Quod autem ait *deducere*, nihil aliud est quam deter-

Et peu après :

« Et nous, effrayés et tremblants, de secouer la chevelure embrasée, et d'éteindre dans l'onde ces feux saints. »

Saints est mis ici pour sacrés, parce que c'est la divinité qui les envoie. De même dans ce passage :

« Et toi, très-sainte prophétesse, qui connais l'avenir ; »

c'est sacrée qu'il veut dire, à cause de son titre de prêtresse et du dieu qui la possède.

Il nous reste à voir, avec Virgile, ce que c'est que le *religieux*. Suivant le rapport de Servius Sulpicius, le mot religion [1] aurait été employé pour désigner une chose empreinte d'un caractère de sainteté, qui la distingue et la sépare de l'homme, du verbe *relinquere* [2], comme *ceremonia* [3] vient de *carere* [4]. Virgile l'entend de même quand il dit :

« Il est un bois inviolable, près de la fraîche rivière qui baigne Céré, consacré à une grande distance par la religion des ancêtres. »

Et il ajoute, afin de préciser le sens propre du mot *religion* :

« De hautes collines l'enferment de toutes parts, et une forêt de noirs sapins l'entoure. »

Il indique assez par là un bois isolé de la fréquentation des peuples ; et pour montrer que cette solitude n'était pas causée par la seule difficulté de l'abord, il ajoute la sainteté du lieu :

« On dit que les anciens Pélasges le consacrèrent à Sylvain, dieu des champs et des troupeaux. »

D'après Pompeius Festus, « les hommes *religieux* sont ceux qui discernent les choses à faire et les choses à éviter. » D'où Virgile a dit :

« Nul précepte de la religion ne défend de nettoyer [5] les fossés. »

Deducere n'a pas d'autre sens que celui de *detergere*;

---

[1] *Religio*. — [2] Isoler. — [3] Cérémonie. — [4] Manquer. — [5] *Deducere*.

gere; nam festis diebus rivos veteres sordidatos detergere licet, novos fodere non licet.

In transcursu et hoc notandum est, quod et ipse velut præteriens sub unius verbi significatione projecit. Cavetur enim in jure pontificio, ut, quoniam oves duabus ex causis lavari solent, aut ut curetur scabies, aut ut lana purgetur, festis diebus purgandæ lanæ gratia oves lavare non liceat; liceat autem, si curatione scabies abluenda sit. Ideo hoc quoque inter concessa numeravit:

>   Balantumque greges fluvio mersare.
>   *(Georg. lib. I, v. 272.)*

Quod si hucusque dixisset, licita et vetita confuderat ; sed adjiciendo *salubri*, causam concessæ ablutionis expressit.

IV. Quid delubrum, quid dii penates; et quod ne in his quidem Virgilius a sua recesserit diligentia.

Nomina etiam sacrorum locorum sub congrua proprietate proferre pontificalis observatio est. Ergo delubrum quid pontifices proprie vocent, et qualiter hoc nomine Virgilius usus sit, requiramus. Varro, libro octavo *Rerum divinarum*, « Delubrum ait alios æstimare in quo præter ædem sit area assumpta deum causa, ut est in circo Flaminio [12] Jovis Statoris; alios, in quo loco dei simulacrum dedicatum est. » Et adjecit : « Sicut locum in quo figerent candelam, candelabrum appellatum : ita in quo deum ponerent, nominatum delubrum [13]. » His a Varrone præscriptis intelligere possumus id potissimum ab eo probatum, quod ex sua consuetudine in ultimo posuit, ut a dei dedicato simulacro

car il est bien permis les jours de fête d'enlever la boue des anciens fossés, mais non d'en creuser de nouveaux.

Remarquons, en passant, le sens étendu renfermé dans un seul mot qu'il semble avoir jeté là au hasard. Il est dit expressément dans le droit pontifical, attendu l'usage où l'on est de baigner les brebis, dans le double but, soit de les guérir de la gale, soit de nettoyer leur laine, qu'il n'est pas permis de baigner les brebis les jours de fête, pour nettoyer la laine; mais on le peut, si c'est pour les guérir de la gale. Aussi Virgile a-t-il mis au nombre des choses permises :

« De plonger les troupeaux bêlants dans l'onde. »

S'il s'en fut tenu là, il aurait confondu la chose permise et la chose défendue; mais en ajoutant *salutaire,* il explique la cause qui rendait l'ablution permise.

IV. Ce qu'on entend par le *delubrum* et les dieux pénates; que même, dans l'emploi de ces mots, Virgile est resté fidèle à son exactitude ordinaire.

C'est l'observation pontificale qui donne aux endroits sacrés les dénominations qui leur sont propres. Voyons donc ce que les pontifes appellent proprement *delubrum,* et quel emploi Virgile a fait de ce mot. Varron, dans son huitième livre des *Choses divines,* dit que « par *delubrum* les uns entendent un espace de terrain [1] réservé pour le service des dieux, dans un édifice quelconque, comme est dans le cirque de Flaminius l'emplacement consacré à Jupiter Stator; d'autres, l'endroit même où est placé le simulacre du dieu. » Il ajoute que, « de même que l'ustensile où l'on plante la chandelle [2] avait reçu le nom de *candelabrum* [3], l'endroit où l'on posait le dieu prenait celui de *delubrum.* » De ces deux explications fournies par Varron, il est aisé de deviner qu'il donne la préfé-

(1) *Area.* — (2) *Candela.* — (3) Chandelier.

delubrum cœperit nuncupari. Virgilius tamen utramque rationem diligenter est exsequutus. Ut enim a postrema incipiamus; observavit delubrum nominaturus, aut proprie deorum nomina, aut ea, quæ diis accommodarentur, inserere :

> At gemini lapsu delubra ad summa dracones
> Effugiunt.
> (*Æn.* lib II, v. 225.)

Et, ut mox simulacrum nominaret, subtexuit :

> Sævæque petunt Tritonidos arcem,
> Sub pedibusque deæ clypeique sub orbe teguntur.

Item :

> Nos delubra deum miseri, quibus ultimus esset
> Ille dies.
> (*Æn.* lib. II. v. 248.)

Illam vero opinionem de area, quam Varro prædixerat, non omisit :

> Principio delubra adeunt, pacemque per aras
> Exquirunt.
> (*Æn.* lib. IV, v. 56.)

Et mox :

> Aut ante ora deum pingues spatiatur ad aras.
> (*Æn.* lib. IV, v. 65.)

Quid enim est *spatiatur*, quam spatio lati itineris obambulat? quod adjiciendo *ante aras*, ostendit aream assumptam deorum causa. Ita suo more velut aliud agendo implet arcana.

De diis quoque Romanorum propriis, id est penatibus, adspersa est huic operi non incuriosa subtilitas. Nigidius enim *de Diis* libro nonodecimo requirit, num dii penates sint Trojanorum Apollo et Neptunus, qui muros eis fecisse dicuntur; et num eos in Italiam Æneas

rence à celle qu'il a, suivant sa coutume, énoncée la dernière, et fait dériver *delubrum* de *dei dedicatum simulacro* (1). Toutefois, Virgile s'est conformé scrupuleusement à l'une et à l'autre opinion. Pour commencer par la dernière, il a eu soin, lorsqu'il se sert du mot *delubrum*, de mentionner ou le nom même des dieux, ou quelque trait qui les fasse reconnaître :

« Enfin les deux dragons se dirigent en rampant vers les hauteurs de la citadelle sacrée (2).

Puis, afin de nommer aussitôt la statue, il ajoute :

« Et, gagnant la demeure de la terrible Pallas, ils se réfugient aux pieds de la déesse, sous l'orbe de son bouclier. »

Ailleurs, il a dit :

« Et nous, malheureux, dont c'était le dernier jour, nous ornions de feuillage les sanctuaires des dieux (3). »

Cependant Virgile n'oublie pas la version de l'*area*, émise la première par Varron :

« Elles sont d'abord dans l'enceinte sacrée (4), et demandent la paix aux autels. »

Après quoi il ajoute :

« Elle porte ses pas (5) en présence des dieux, devant les autels (6) chargés d'offrandes. »

Or, que veut dire *spatiatur*, si ce n'est qu'elle se promène dans un vaste espace? *Ad aras*, qui vient après, indique l'emplacement réservé pour le service des dieux. Voilà comment, sans avoir l'air d'y songer, selon son usage, il suit à la lettre les mystères sacrés.

Il a semé ses ouvrages d'aperçus ingénieux et remplis d'intérêt touchant les dieux particuliers aux Romains, c'est-à-dire les pénates. Nigidius, au livre dix-neuvième de son traité *des Dieux*, demande si les dieux

---

(1) Dédié à la statue d'un dieu. — (2) *Delubra summa.* — (3) *Delubra deum.* — (4) *Delubra.* — (5) *Spatiatur.* — (6) *Ad aras.*

advexerit. Cornelius quoque Labeo de diis penatibus eadem existimat; hanc opinionem sequitur Maro, quum dicit :

> Sic fatus meritos aris mactabat honores :
> Taurum Neptuno, taurum tibi, pulcher Apollo.
> (Æn. lib. III, v. 118.)

Varro *Humanarum* secundo Dardanum refert deos Penates ex Samothrace in Phrygiam et Æneam ex Troja in Italiam detulisse [14]. Qui sint autem dii penates, in libro quidem memorato Varro non exprimit : sed, qui diligentius eruunt veritatem, penates esse dixerunt, per quos penitus spiramus, per quos habemus corpus, per quos rationem animi possidemus [15] : esse autem medium æthera Jovem, Junonem vero imum aera cum terra, et Minervam summum ætheris cacumen. Et argumento utuntur, quod Tarquinius Demarati Corinthii filius, Samothracicis religionibus mystice imbutus, uno templo ac sub eodem tecto, numina memorata conjunxit. Cassius Hemina dicit, Samothracas deos, eosdemque Romanorum penates, proprie dici θεοὺς μεγάλους, θεοὺς χρηστοὺς, θεοὺς δυνατούς. Noster hæc sciens ait :

> Cum sociis natoque, penatibus et magnis dis;
> (Æn. lib. III, v. 12.)

quod exprimit θεοὺς μεγάλους. Sed et omnia hæc nomina quum in uno de supradictis numinibus servat, doctrinam procul dubio suam de omni hac opinione confirmat. Quum enim ait :

> Junonis magnæ primum prece numen adora;
> (Æn. lib III, v. 437.)

pénates ne sont point l'Apollon et le Neptune des Troyens, par qui furent bâtis, dit-on, les murs de leur ville, et s'ils ne furent pas apportés en Italie par Énée. Cornelius Labéon pense absolument de même sur les dieux pénates ; et Virgile se range à cette opinion quand il dit :

« Ayant ainsi parlé, il immole aux autels les victimes accoutumées : à Neptune un taureau ; un taureau à toi, bel Apollon. »

Varron rapporte, dans le second livre des *Choses humaines*, que les pénates, originaires de Samothrace, furent introduits par Dardanus en Phrygie, d'où Énée les importa en Italie. Qu'étaient ces pénates ? Varron n'en parle pas dans le livre mentionné ci-dessus ; mais ceux qui ont fait des recherches plus approfondies, disent que les pénates sont les dieux par lesquels nous respirons[1], par lesquels nous avons un corps et possédons une âme raisonnable ; ils ajoutent que Jupiter est la moyenne région de l'air, Junon la région inférieure et la terre, Minerve la portion la plus élevée de l'éther. Et ils donnent pour raison que Tarquin, fils de Démarate de Corinthe, initié aux mystères du culte des Samothraces, réunit dans un temple unique et dans la même enceinte ces trois divinités. Suivant Cassius Hemina, les dieux Samothraces, qui sont les mêmes que les pénates des Romains, sont désignés sous le nom spécial de θεοὶ μεγάλοι[2], θεοὶ χρηστοί[3], θεοὶ δυνατοί[4]. Notre poëte est au fait de ces particularités :

« Avec mes compagnons, mon fils, mes pénates et les *grands dieux* ; »

ce qui rend θεοὺς μεγάλους. Ailleurs il réunit les trois épithètes, en parlant d'une seule des divinités que nous venons de nommer, et montre clairement par là que la tradition lui était connue en entier :

« En premier lieu, adresse ton hommage et ta prière à la grande Junon ; »

[1] *Penitus spiramus.* — [2] Grands dieux. — [3] Dieux bons. — [4] Dieux puissants.

τὴν μεγάλην nominavit :

> Adsit lætitiæ Bacchus dator, et bona Juno;
> (Æn. lib. I, v. 734.)

τὴν χρηστήν :

> . . . . Dominamque potentem,
> (Æn. lib. III, v. 438.)

τὴν δυνατήν.—Eodem nomine appellavit et Vestam; quam de numero penatium, aut certe comitem eorum esse manifestum est : adeo ut et consules, prætores, seu dictatores, quum adeunt magistratum, Lavinii rem divinam faciant [16] penatibus pariter et Vestæ. Sed et Virgilius, ubi ex persona Hectoris dixit :

> Sacra suosque tibi commendat Troja penates,
> (Æn. lib. II, v. 293.)

mox subjecit :

> Sic ait, et manibus vittas Vestamque potentem,
> Æternumque adytis effert penetralibus ignem.
> (Æn. lib. II, v. 296.)

Addidit Hyginus, in libro quem de diis penatibus scripsit, vocari eos θεοὺς πατρῴους. Sed nec hoc Virgilius ignoratum reliquit :

> Di patrii, servate domum, servate nepotem.
> (Æn. lib. II, v. 702.)

Et alibi,

> . . . . Patriique penates [17].
> (Æn. lib. II, v. 717.)

V. Quanta fuerit Virgilii cura in exprimendis diversis hostiarum generibus; et cur Mezentium contemptorem dixerit deorum.

Nec minus de sacrificiorum usu, quam de deorum scientia diligentiam suam pandit. Quum enim Trebatius, libro primo *de Religionibus,* doceat hostiarum genera esse duo; unum, in quo voluntas dei per exta disquiritur, al-

μεγάλη :

« Que Bacchus qui fait naître la joie, que la bonne Junon, président à nos plaisirs. »

χρηστή :

« Divinité puissante. »

δυνατή. — Cette dernière épithète, il la donne également à Vesta, qui, bien certainement, fait partie des dieux pénates, ou tout au moins leur est associée ; si bien que les consuls, les préteurs ou les dictateurs, au moment d'entrer en charge, se rendent à Lavinium pour sacrifier aux pénates et à Vesta en même temps. Ainsi Virgile, quand il fait dire à Hector :

« Troie te recommande ses autels et ses pénates, »

ajoute bientôt :

« Il dit, et du fond du sanctuaire enlève lui-même la puissante Vesta, ses bandeaux sacrés et le feu éternel. »

Si l'on en croit Hygin, dans son traité *des Dieux pénates*, on les appelait encore θεοὶ πατρῷοι[1]. Cette circonstance n'a point échappé à Virgile :

« Dieux de la patrie ! préservez ma race, préservez mon petit-fils. »

Et dans un autre endroit :

« Et les pénates de ma patrie. »

V. Avec quel soin Virgile a spécifié les diverses espèces de victimes, et pourquoi il appelle Mézence contempteur des dieux.

L'exactitude de Virgile ne se montre pas moins dans les rites des sacrifices, que dans la connaissance spéciale des dieux. En effet, Trebatius nous apprend, au premier livre de ses *Observances religieuses*, qu'il y avait deux

[1] Dieux de la patrie ou paternels.

terum in quo sola anima deo sacratur, unde etiam haruspices *animales* has hostias vocant; utrumque hostiarum genus [18] in carmine suo Virgilius ostendit. Et primo quidem illud quo voluntas numinum per exta monstratur :

    . . . Mactat lectas de more bidentes [19].
(Æn. lib. IV, v. 57.)

Et mox :

    . . . . . . Pecudumque reclusis
  Pectoribus inhians spirantia consulit exta.
(Æn. ib I , v. 63.)

Alterum illud, in quo hostia *animalis* dicitur, quod ejus tantum anima sacratur, ostendit, quum facit Entellum victorem Eryci mactare taurum; nam, ut expleret animalis hostiæ causas, ipso usus est nomine :

  Hanc tibi, Eryx, meliorem animam pro morte Daretis.
(Æn. lib. V, v. 483.)

Et ut nuncupata vota signaret, ait, *persolvo* : quod de voto proprie dicitur ; utque ostenderet persolutum diis, signavit dicens :

  Sternitur, exanimisque tremens procumbit humi bos.
(Æn. lib. V, v. 481.)

Videndum etiam, ne et illam hostiam ostendat animalem :

  Sanguine placastis ventos et virgine cæsa,
  Quum primum Iliacas, Danai, venistis ad oras :
  Sanguine quærendi reditus, animaque litandum
    Argolica.
(Æn. lib. II, v. 116.)

Nam et *animam*, id est hostiæ nomen posuit, et *litare*, quod significat sacrificio facto placasse numen.

In his ipsis hostiis, vel animalibus, vel consultatoriis [20], quædam sunt, quæ hostiæ *injuges* vocantur, id est quæ

sortes de victimes : les unes dans les entrailles desquelles on cherchait la volonté des dieux, les autres dont on leur offrait seulement l'âme[1]; d'où vient le nom de *animales* que leur donnent les aruspices. Virgile a spécifié dans son poëme ces deux espèces de victimes. Voici d'abord pour les premières, celles dont les entrailles servent à manifester la volonté des dieux :

« Il immole, suivant l'usage, des brebis de deux ans[2] choisies. »

Et ailleurs :

« Et l'œil fixé sur les flancs ouverts des victimes, il interroge avidement les entrailles palpitantes. »

Il désigne la seconde espèce, celle des victimes appelées *animales*, parce que l'âme seule en est offerte aux dieux, lorsqu'il montre Entelle vainqueur sacrifiant un taureau à Eryx ; il spécifie si bien l'objet de la victime animale, qu'il se sert du mot même :

« Je m'acquitte envers toi, Eryx, en t'offrant, au lieu du sang de Darès, l'âme de cette victime, plus digne de toi. »

L'expression je *m'acquitte*, consacrée en pareil cas, indique le vœu contracté; de même que l'accomplissement du vœu est exprimé par les paroles qui suivent :

« Le taureau est renversé, et, tremblant, il tombe à terre sans vie. »

N'est-ce pas encore une victime animale dont il est parlé dans ce passage :

« Par le sang et par le sacrifice d'une vierge, vous avez apaisé les vents, ô Grecs, quand vous abordâtes la première fois aux rives d'Ilion! c'est par le sang aussi que vous obtiendrez votre retour, et par le sacrifice d'une âme grecque[3].

Anima, pour désigner la victime, *litare*, qui veut dire apaiser les dieux par un sacrifice.

Dans les victimes, soit animales, soit consultatoires,

---

[1] *Anima.* — [2] *Bidentes.* — [3] *Animaque litandum Argolica.*

nunquam domitæ, aut jugo subditæ sunt. Harum quoque noster poeta sic meminit :

> Nunc grege de intacto septem mactare juvencos
> Præstiterit, totidem lectas de more bidentes.
> *(Æn. lib. VI, v. 38.)*

Et, ut *injuges* evidentius exprimeret, adjecit :

> . . . Et intacta totidem cervice juvencos.
> *(Gorg. lib. IV, v. 540.)*

Eximii quoque in sacrificiis vocabulum non poeticum ἐπίθετον, sed sacerdotale nomen est. Veranius enim, in *Pontificalibus quæstionibus*, docet *eximias* dictas hostias, quæ ad sacrificium destinatæ eximantur e grege; vel quod eximia specie, quasi offerenda numinibus, eligantur. Hinc ait :

> Quatuor eximios præstanti corpore tauros :
> *(Georg. lib. IV, v. 550.)*

ubi quod eximuntur *eximios*, quod eliguntur *præstanti corpore* dicendo monstravit.

Ambarvalis hostia est, ut ait Pompeius Festus, quæ rei divinæ causa circum arva ducitur ab his qui pro frugibus[21] faciunt. Hujus sacrificii mentionem in *Bucolicis* habet, ubi de apotheosi Daphnidis loquitur :

> Hæc tibi semper erunt, et quum solemnia vota
> Reddemus Nymphis, et quum lustrabimus agros ;
> *(Ecl. V, v. 74.)*

ubi *lustrare* significat circumire. Hinc enim videlicet et nomen hostiæ acquisitum est ab ambiendis arvis. Sed et in *Georgicorum* libro primo :

> Terque novas circum felix eat hostia fruges.
> *(Georg. lib. I, v. 345.)*

il y en a que l'on nomme *injuges*, parce qu'elles n'ont jamais été domptées, ni attachées au joug. Notre poëte en a fait mention en ces termes :

« Il vaudra mieux immoler sept jeunes taureaux qui n'ont jamais porté le joug[1], et un pareil nombre de brebis de deux ans, choisies selon l'usage. »

Dans un autre endroit, il précise encore davantage l'idée d'*injuges*.

« Et un pareil nombre de génisses dont le front n'a pas connu le joug[2]. »

De même aussi le mot *eximius*, en matière de sacrifice, n'est pas une épithète poétique, mais un terme sacerdotal. Veranius nous apprend, en effet, dans ses *Questions pontificales*, que l'on appelle *eximiæ* les victimes, qui, étant destinées au sacrifice, sont ôtées[3] du troupeau, ou celles que l'on choisit de la plus belle espèce pour les offrir aux dieux.

« Quatre taureaux réservés, à la belle prestance[4] : »

réservés, pour dire qu'ils sont ôtés du troupeau ; *à la belle prestance*, qu'ils sont choisis.

On appelle victime *ambarvale*, dit Pompeius Festus, celle qu'on promène autour des champs avant de l'immoler, quand on sacrifie pour les fruits de la terre. Virgile fait mention de ce sacrifice dans ses *Bucoliques*, en parlant de l'apothéose de Daphnis :

« Nous te rendrons toujours ces hommages, et quand nous offrirons aux Nymphes les vœux accoutumés, et quand nous ferons le tour[5] des champs. »

Lustrare a, comme on voit, le sens de *circumire*. Il suit de là que le nom d'ambarvales dérive de *ambire arva*[6]. Je puis citer encore le premier livre des *Géorgiques* :

« Que trois fois la victime, heureux présage, fasse le tour des blés nouveaux. »

---

(1) *Grege de intacto.* — (2) *Intacta cervice.* — (3) *Eximuntur.* — (4) *Eximios præstanti corpore.* — (5) *Lustrabimus.* — (6) Aller autour des champs.

Observatum est a sacrificantibus, ut, si hostia, quæ ad aras duceretur, fuisset vehementius reluctata, ostendissetque se invitam altaribus admoveri, amoveretur : quia invito deo offerri eam putabant. Quæ autem stetisset oblata, hanc volenti numini dari æstimabant. Hinc noster :

> Et ductus cornu, stabit sacer hircus ad aras.
> (*Georg.* lib. II, v. 395.)

Et alibi :

> Et statuam ante aras aurata fronte juvencum.
> (*Æn.* lib. IX, v. 627.)

Adeo autem omnem pietatem in sacrificiis, quæ diis exhibenda sunt, posuit; ut propter contrariam causam Mezentium vocaverit contemptorem deorum. Neque enim, ut Aspero videtur [22], ideo contemptor divum dictus est, quod sine respectu deorum in homines impius fuerit. Alioquin multo magis hoc de Busiride dixisset; quem longe crudeliorem *illaudatum* vocasse contentus est. Sed veram hujus contumacissimi nominis causam in primo libro *Originum* Catonis diligens lector inveniet. Ait enim Mezentium Rutulis imperasse, ut sibi offerrent, quas diis primitias offerebant; et Latinos omnes similis imperii metu ita vocasse : IVPITER. SI. TIBI. MAGIS. CORDI. EST. NOS. EA. TIBI. DARE. POTIVS. QVAM. MEZENTIO. VTEI. NOS. VICTORES. FACIAS. Ergo, quod divinos honores sibi exegerat, merito dictus est a Virgilio contemptor deorum. Hinc pia illa insultatio sacerdotis :

> . . . . Hæc sunt spolia et de rege superbo
> Primitiæ,
> (*Æn.* lib. XI, v. 15.)

C'est une coutume des sacrificateurs que la victime, qui, conduite à l'autel, se débat violemment, et montre par là qu'on l'y traîne contre son gré, doit en être écartée, parce que c'est une preuve que la divinité n'en agrée pas l'offrande. Au contraire, lorsqu'on l'offrait et qu'elle restait immobile, c'était signe qu'elle lui était agréable. Aussi Virgile a-t-il dit :

« Et le bœuf sacré, conduit par la corne, demeurera devant l'autel[1]. »

Et ailleurs :

« Je placerai[2] devant vos autels un taureau aux cornes dorées. »

Il fait si bien consister toute la piété dans les sacrifices qu'on doit offrir aux dieux, qu'il appelle Mézence leur contempteur, précisément pour une cause contraire. Ce n'est pas, en effet, comme le croit Asper, un motif purement humain, sa cruauté envers ses semblables, qui lui valut ce surnom de contempteur des dieux ; autrement Virgile l'eût donné de préférence à Busiris, qui le surpasse de beaucoup en cruauté, et qu'il se contente d'appeler *indigne de louange*[3]. Quant au motif véritable qui porta le poëte à caractériser ainsi l'arrogance impie de Mézence, le lecteur diligent le trouvera dans le premier livre des *Origines* de Caton, où l'on voit que, Mézence ayant commandé aux Rutules de lui consacrer les mêmes prémices qu'ils consacraient aux dieux, les peuples latins, saisis d'épouvante, adressèrent cette invocation à Jupiter : « Jupiter, si tu as pour agréable que nous t'offrions ces dons plutôt qu'à Mézence, fais-nous vainqueurs de lui. » Virgile eut donc raison d'appeler contempteur des dieux un homme qui s'arrogeait les honneurs divins ; et lorsqu'Énée, en qualité de pontife, s'écrie outrageusement :

« Voilà les dépouilles et les prémices d'un roi superbe, »

(1) *Stabit.* — (2) *Statuam.* — (3) *Illaudatum.*

ut nomine contumaciæ, cujus pœnas luit, raptas de eo notaret exuvias.

VI. Mirandam fuisse Virgilii quum circa Romana, tum circa externa etiam sacra doctrinam; quod ex Apollinis Delii et Herculis Victoris sacris ostenditur.

Mirandum est hujus poetæ et circa nostra, et circa externa sacra, doctrinam. Neque enim de nihilo est, quod, quum Delon venit Æneas, nulla ab eo cæsa est hostia; quum proficisceretur, Apollini et Neptuno res facta divina est. Constat enim, sicut Cloatius Verus *Ordinatorum* libro secundo docet, esse Deli aram, apud quam hostia non cæditur, sed tantum solemni deum prece venerantur. Verba Cloatii hæc sunt : « Deli ara est Apollinis Γενήτορος, in qua nullum animal sacrificatur : quam Pythagoram, velut inviolatam, adoravisse produnt [24]. » Hanc ergo esse, quæ adoratur ab Ænea, Γενήτορος aram poeta demonstrat; siquidem templum ingressus pontifex, nullo acto sacrificio, statim inchoat precem; et, ut Γενήτορα expressius nominaret :

Da, Pater, augurium.

(*Æn.* lib. III v. 89.)

At vero quum taurum mox immolat Apollini et Neptuno, apud aliam utique aram factum intelligimus. Et bene supra tantummodo *Patrem*, quod ibi proprium est, et infra, quod commune est, Apollinem nominat. Meminit hujus aræ et Cato *de Liberis educandis* [25] in hæc verba : « Nutrix hæc omnia faciebat in verbenis ac tubis, sine

il rappelle, pour caractériser les dépouilles enlevées à Mézence, cet orgueil impie, dont il reçoit le châtiment.

VI. Des connaissances merveilleuses de Virgile relativement aux cérémonies religieuses, tant des Romains que des peuples étrangers ; comme on le voit par le culte d'Apollon Délien et d'Hercule Vainqueur.

Virgile est admirable par la connaissance qu'il montre des cérémonies religieuses, tant de notre pays que des pays étrangers. Croit-on, en effet, que ce soit sans motif qu'Énée, à son arrivée à Délos, n'immole aucune victime, lorsqu'on le voit, au départ, offrir un sacrifice à Apollon et à Neptune? Mais Cloatius Verus nous apprend, au second livre des *Mots réguliers*, que l'on n'immole aucune victime sur l'autel de Délos, et qu'on se contente d'y adresser au dieu les prières solennelles. Voici les paroles mêmes de Cloatius : « Il est à Délos un autel consacré à Apollon Γενήτωρ(1), où l'on ne verse le sang d'aucun animal ; c'est cet autel pur de toute souillure, qu'adora, dit-on, Pythagore. » Or, cet autel d'Apollon Géniteur est précisément celui qui reçoit les hommages d'Énée ; on n'en saurait douter, quand on voit le pontife, à peine entré dans le temple, sans avoir offert aucun sacrifice préalable, commencer aussitôt sa prière ; et même, afin de préciser davantage l'idée de Géniteur, le poëte lui fait dire :

« Père, accordez-nous un présage. »

Plus tard, quand il immole un taureau à Apollon et à Neptune, on voit clairement que le sacrifice a lieu sur un autel différent de celui-là. De plus, il emploie alors le nom commun d'Apollon, quand, plus haut, il s'est servi du mot *Père*, par une désignation toute spéciale. Caton, *de l'Éducation des enfants*, fait mention de cet autel

(1) Géniteur, père.

hostia, ut Deli ad Apollinis Genitivi aram. » Eodem versu non omittendum puto [26], cur *saxo vetusto* dixerit exstructum templum. Velius Longus [27] : « Immutatio est, inquit, epitheti [28]; vult enim dicere vetustatem templi. » Hunc multi alii commentatores sequuti sunt. Sed frigidum est, aedificii aetatem notare. Epaphus autem, vir plurimae lectionis, libro septimodecimo ait, Delphis quodam tempore, evenisse ut templum religiosum antea et intactum, spoliatum incensumque sit : et adjicit multas circa Corinthum urbes insulasque proximas terrae motu haustas; Delon neque antea, neque postea hoc incommodo vexatam, sed semper eodem manere saxo. Thucydides etiam *Historiarum* libro tertio, idem docet. Non mirum ergo si praesidio religionis tutam insulam semper ostendens, ad reverentiam sibi locorum accessisse dicit continuam saxi ejusdem, id est insulae firmitatem.

Ut servavit Apollinis Genitoris proprietatem, vocando Patrem; idem curavit Herculem vocando Victorem :

. . . . Haec, inquit, limina Victor
Alcides subiit.

(*Æn.* lib. VIII, v. 362.)

Varro, *Divinarum* libro quarto, Victorem Herculem putat dictum, quod omne genus animalium vicerit. Romae autem Victoris Herculis aedes duae sunt, una ad portam Trigeminam [29], altera in foro Boario [30]. Hujus commenti causam Massurius Sabinus, *Memorialium* libro secundo,

dans les termes suivants : « La nourrice sacrifiait ainsi avec de la verveine et au son des trompettes, sans hostie, comme cela se pratique à Délos, sur l'autel d'Apollon Géniteur. » Il est bon aussi, je crois, de remarquer pourquoi Virgile, dans le même endroit, dit que le temple était bâti *de pierre antique*[1]. Velius Longus dit, à ce sujet : « C'est une transposition d'épithète, pour exprimer l'antiquité du temple. » Beaucoup d'autres commentateurs ont adopté cette explication. Mais c'est un détail oiseux que de mentionner l'âge d'un édifice. Or, Epaphus, homme qui a beaucoup lu, rapporte, dans son dix-septième livre, qu'à une certaine époque, le temple de Delphes, resté jusque-là sacré et inviolable, fut pillé et incendié; il ajoute que plusieurs villes et îles voisines de Corinthe furent englouties par un tremblement de terre, tandis que dans aucun temps, soit antérieur, soit postérieur, Délos n'eut à souffrir d'un désastre semblable, si bien qu'elle est encore debout sur ses mêmes fondements. Thucydide fait la même remarque au troisième livre de ses *Histoires*. Faut-il donc s'étonner qu'en nous montrant Délos conservée par la protection du ciel, Virgile mentionne un fait qui ajoute encore à la sainteté de son temple, l'antique durée de ses fondations, c'est-à-dire la stabilité de l'île elle-même?

Comme il marque les attributions d'Apollon Géniteur en l'appelant Père, il fait la même chose en donnant à Hercule l'épithète de Victorieux :

« Dans cette demeure, dit-il, est entré Hercule Victorieux. »

Varron, au livre quatrième *des Choses divines*, pense qu'Apollon est appelé Victorieux pour avoir vaincu toutes les espèces d'êtres vivants. Rome a deux temples consacrés à Hercule Victorieux, l'un près de la porte Trigémine, l'autre dans le marché aux Bœufs. L'origine

[1] *Saxo vetusto.*

aliter exponit. « Marcus, inquit, Octavius Herennius prima adolescentia tibicen, postquam artis distisus suæ est[31], instituit mercaturam; et bene re gesta, decimam Herculi profanavit. Postea, quum navigans hoc idem ageret, a prædonibus circumventus fortissime repugnavit, et victor recessit. Hunc in somnis Hercules docuit sua opera servatum; cui Octavius, impetrato a magistratibus loco, ædem sacravit et signum, Victoremque litteris incisis appellavit. Dedit ergo epitheton deo, quo et argumentum veterum victoriarum Herculis, et commemoratio novæ historiæ, quæ recenti Romano sacro causam dedit, contineretur. »

Nec frustra in eodem loco dixit:

Et domus Herculei custos Pinaria sacri.

(*Æn.* VIII, v. 270.)

Quidam enim Aram maximam[32], quum vicino conflagraret incendio, liberatam a Pinariis ferunt; et ideo sacri custodem domum Pinariam dixisse Virgilium. Asper « κατὰ διαστολήν, inquit, Potitiorum, qui ab Appio Claudio præmio corrupti sacra servis publicis prodiderunt. » Sed Veratius Pontificalis[33], in eo libro, quem fecit *de Supplicationibus*, ita ait : « Pinariis, qui novissimi comeso prandio venissent, quum jam manus pransores lavarent, præcepisse Herculem, ne quid postea ipsi aut progenies ipsorum ex decima gustarent sacranda sibi, sed ministrandi tantummodo causa, non ad epulas convenirent.

de ce surnom est expliquée différemment par Massurius Sabinus, dans le second livre de ses *Mémoires;* voici ce qu'il dit : « Marcus Octavius Herennius, après avoir été joueur de flûte dans sa jeunesse, se dégoûta de ce métier et s'adonna au négoce : il y fit ses affaires et consacra à Hercule le dixième de son gain. Dans la suite, comme il continuait à naviguer pour son commerce, des pirates l'ayant attaqué, il se défendit si vaillamment, qu'il les mit en fuite. Hercule l'avertit en songe qu'il lui était redevable de son salut; et alors Octavius, ayant obtenu un emplacement des magistrats, lui consacra un temple et une statue, avec une inscription gravée, où il lui donnait le surnom de Victorieux : cette épithète renfermait à la fois et le souvenir des anciennes victoires d'Hercule, et le témoignage du fait récent auquel il devait le nouveau temple qu'on venait de lui élever à Rome. »

Ce n'est pas non plus sans motif que Virgile a dit :

« Et la famille Pinarienne, gardienne du culte d'Hercule. »

En effet, on rapporte que l'*Ara maxima*[1] fut préservée des flammes par les Pinarius, tandis que les lieux voisins étaient la proie de l'incendie, et que c'est pour cette raison que Virgile appelle la famille Pinarienne gardienne du temple. Asper dit que « c'est pour distinguer[2] ceux-ci des Potitius, qui, s'étant laissé corrompre par les présents d'Appius Claudius, abandonnèrent le service du temple à des esclaves publics. » Cependant Veratius Pontificalis, dans son traité *des Supplications*, s'exprime ainsi : « Les Pinarius étant arrivés les derniers, quand déjà le banquet était terminé et que les convives se lavaient les mains, Hercule fit défense qu'à l'avenir eux ou leurs descendants goûtassent au dixième qui lui était consacré, et voulut qu'ils fussent chargés seulement du service du temple, sans toucher au

---

[1] Grand autel. — [2] Κατὰ διαστολὴν.

Quasi ministrantes ergo sacri custodes vocari; » ut ipse Virgilius alibi :

> At Triviæ custos jamdudum in montibus Opis,
>
> (*Æn.* lib. XI, v. 836.)

id est ministra; nisi forte *custodem* dixit eam, quæ se prohibuerit et custodierit a sacris; ut ipse alibi :

> Et custos furum atque avium quum falce saligna
> Hellespontiaci servet tutela Priapi.
>
> (*Georg.* lib. IV, v. 110.)

Hic utique custodem prohibitorem, avium furumque significat.

> Hæc ubi dicta, dapes jubet et sublata reponi
> Pocula; gramineoque viros locat ipse sedili.
>
> (*Æn.* lib. VIII, v. 175.)

Non vacat quod dixit *sedili*; nam propria observatio est, in Herculis sacris epulari sedentes. Et Cornelius Balbus[34], Ἐξηγητικῶν libro octavodecimo, ait apud Aram maximam observatum, ne lectisternium fiat. Custoditur in eodem loco, ut omnes aperto capite sacra faciant. Hoc fit ne quis in æde dei habitum ejus imitetur; nam ipse ibi operto est capite. Varro ait, Græcum hunc esse morem : quia sive ipse, sive qui ab eo relicti Aram maximam statuerunt, Græco ritu sacrificaverunt. Hoc amplius addit Gavius Bassus[35]; idcirco enim hoc fieri dicit, quia Ara maxima ante adventum Æneæ in Italia constituta est, qui hunc ritum velandi capitis invenit.

VII. Ea etiam, quæ negligenter in Virgilio transmittuntur a legentium vulgo, non carere sensuum profunditate. Et homines sacros cur occidere licuerit.

Ea quoque quæ incuriose transmittuntur a legentium plebe, non carent profunditate. Nam quum loqueretur

festin; d'où ils furent appelés gardes ou desservants du temple. » Virgile a dit de même ailleurs :

« Opis, gardienne de Diane Trivia, déjà sur les montagnes. »

Gardienne, c'est-à-dire prêtresse servante; à moins que par ce mot *gardienne*[1], il n'ait voulu dire, qui s'éloigne et se garde[2] des sacrifices; comme il dit ailleurs :

« Gardienne des oiseaux et des voleurs, que l'image de Priape Hellespontin, armée d'une branche de saule, veille en ces lieux. »

Gardienne, c'est-à-dire qui éloigne les oiseaux et les voleurs.

« Ayant ainsi parlé, il fait rapporter les mets et les coupes qu'on avait enlevés, et lui-même fait asseoir les héros sur un siége de gazon. »

Siége n'est nullement un terme oiseux; car c'est une coutume particulière aux sacrifices d'Hercule de manger assis. Cornelius Balbus, au livre dix-huitième de ses *Exégétiques*, dit que jamais on ne dresse de lectisterne près de l'*Ara maxima*. Il est encore de règle de ne sacrifier dans ce temple que la tête nue, afin de ne point s'assimiler au dieu dans son propre sanctuaire, lui-même étant représenté la tête couverte. Varron veut que ce soit une coutume grecque, parce qu'Hercule ou ses compagnons qui érigèrent l'*Ara maxima*, après qu'il les eut quittés, sacrifièrent suivant le rite grec. Gavius Bassus ajouta cet autre motif, que l'*Ara maxima* existait avant la venue d'Énée en Italie, qui y trouva établi l'usage de voiler la tête du dieu.

VII. Que bien des choses auxquelles le commun des lecteurs ne fait pas attention dans Virgile, n'en ont pas moins un sens profond; et pourquoi il était permis de tuer les hommes sacrés.

Il y a telles choses dans Virgile qui passent inaper-

[1] *Custos.* — [2] *Custodierit.*

de filio Pollionis, idque ad principem suum spectaret, adjecit :

> Ipse sed in pratis aries jam suave rubenti
> Murice, jam croceo mutabit vellera luto.
> (*Ecl.* IV, v. 43.)

Traditur autem in libro Etruscorum, si hoc animal insolito colore fuerit indutum, portendi imperatori omnium rerum felicitatem. Est super hoc liber Tarquitii[36] transcriptus ex *Ostentario* Tusco; ibi reperitur : « Purpureo aureove colore ovis ariesve si adspergatur; principi ordinis et generis summa cum felicitate largitatem auget, genus progeniemque propagat in claritate, lætiorem que efficit. » Hujusmodi igitur statum imperatori in transitu vaticinatur.

Verbis etiam singulis de sacro ritu, quam ex alto petita significet, vel hinc licebit advertere :

> Injecere manum Parcæ telisque sacrarunt
> Evandri.
> (*Æn.* lib. X, v. 419.)

Nam quidquid destinatum est diis, sacrum vocatur. Pervenire autem ad deos non potest anima, nisi libera ab onere corporis fuerit : quod nisi morte fieri non potest. Ita ergo opportune sacratum Halesum facit, quia erat oppetiturus; et hic proprietatem et humani et divini juris sequutus est. Nam ex manus injectione pæne mancipium designavit[37], et *sacrationis* vocabulo observantiam divini juris implevit.

Hoc loco non alienum videtur de conditione eorum hominum referre, quos leges sacros esse certis diis jubent : quia non ignoro, quibusdam mirum videri, quod, quum cetera sacra violari nefas sit, hominem sacrum jus fuerit occidi[38]. Cujus rei causa hæc est. Veteres nullum ani-

çues aux yeux du commun des lecteurs, et qui ont un sens profond. Par exemple, lorsqu'il parle du fils de Pollion, faisant allusion à l'empereur, il ajoute :

« Le bélier, au milieu des prairies, verra sa toison, d'elle-même, tantôt prendre la couleur suave de la pourpre, tantôt celle de la gaude au ton safrané. »

Or, l'on trouve dans le livre des Étrusques que si la laine du bélier vient à changer de couleur, ce phénomène présage au chef de l'empire toutes sortes de prospérités. Il existe là-dessus un ouvrage de Tarquitius, transcrit de l'*Ostentaire* toscan, où l'on trouve ce passage : « Si une brebis ou un bélier est taché de couleur pourpre ou or, le prince fortuné voit s'accroître sa puissance et sa race, et sa descendance se perpétue dans l'éclat et dans la joie. » Telle est la destinée que le poëte, en passant, annonce à l'empereur.

Et quand il emprunte les expressions du rite sacré, quelle profondeur de sens il leur donne! voyez plutôt :

« Les Parques étendirent la main [sur Halesus] et le consacrèrent aux traits d'Évandre. »

Tout ce qui est voué aux dieux est sacré. Mais pour que l'âme arrive à eux, il faut qu'elle soit affranchie des entraves du corps, et cet affranchissement ne peut avoir lieu que par la mort. Ainsi Virgile a raison de consacrer Halesus, puisqu'il est sur le point de mourir, et il suit à la fois la coutume du droit humain et celle du droit divin. Par l'imposition des mains, il désigne, en quelque sorte, la mancipation ; et en employant le mot *consacrer*, il satisfait aux lois divines.

C'est ici le lieu de parler de la condition de ces hommes que les lois ont dévoués[1] à certains dieux, beaucoup de personnes, je le sais, trouvant extraordinaire que ce soit un sacrilége de toucher à un objet sacré, tandis qu'il est permis de tuer un homme voué aux dieux[2].

---

[1] *Sacros esse jubent.* — [2] *Hominem sacrum.*

mal sacrum in finibus suis esse patiebantur, sed abigebant ad fines deorum, quibus sacrum esset : animas vero sacratorum hominum, quos Græci ζωάνας vocant, diis debitas æstimabant. Quemadmodum igitur, quod sacrum ad deos ipsos mitti non poterat, a se tamen dimittere non dubitabant; sic animas, quas sacras in cœlum mitti posse arbitrati sunt, viduatas corpore quam primum illo ire voluerunt. Disputat de hoc more etiam Trebatius, *Religionum* libro nono; cujus exemplum, ne sim prolixus, omisi. Cui cordi est legere, satis habeat, et auctorem, et voluminis ordinem esse monstratum.

VIII. Quæ male enuntiando apud Virgilium corrumpantur. Et quod ea nec ratione apud hunc poetam careant, quæ fortuita esse videntur; cum aliis quibusdam.

Nonnullorum, quæ scientissime prolata sunt, male enuntiando corrumpimus dignitatem ; ut quidam legunt :

Descendo, ac ducente *dea* flammam inter et hostes
Expedior :
(*Æn* lib. II, v. 632.)

quum ille doctissime dixerit, *ducente deo*, non *dea*[39]; nam et apud Calvum[40] Acterianus affirmat legendum :

Pollentemque *deum* Venerem,

non *deam*. Signum etiam ejus est Cypri barbatum corpore, sed veste muliebri, cum sceptro ac statura virili. Et putant eamdem marem ac feminam esse. Aristophanes eam Αφρόδιτον appellat. Lævinus[41] etiam sic ait : « Venerem igitur *almum* adorans, sive femina, sive mas est, ita uti

Voici le motif de cette distinction. Les anciens ne souffraient sur leurs domaines aucun animal voué aux dieux, et ils le repoussaient sur les domaines de la divinité à laquelle il était consacré. D'autre part, ils croyaient que les âmes des hommes dévoués, appelées par les Grecs ζωάναι, étaient la propriété des dieux; si bien qu'ils agissaient à leur égard comme avec l'animal sacré, qu'ils se hâtaient de chasser loin d'eux, faute de pouvoir l'envoyer à la divinité elle-même; ils se regardaient comme ayant le pouvoir d'envoyer les âmes dans le ciel, et les délivraient de leurs corps pour les y dépêcher le plus vite possible. Trebatius s'étend sur cette coutume au neuvième livre de ses *Observances religieuses*. Je ne l'ai pas cité, de peur de prolixité : il suffira pour ceux qui aiment à lire, que j'aie indiqué l'auteur et l'endroit de l'ouvrage.

VIII. Passages de Virgile altérés par de fausses leçons. Que beaucoup de choses qui paraissent jetées au hasard dans ce poëte, sont très-raisonnées. De quelques autres sujets.

Plusieurs passages écrits avec une science profonde ont été défigurés par de fausses leçons. Par exemple, il y a des personnes qui lisent :

« Je descends, et, conduit par la *déesse*, je traverse sans obstacle les feux et les ennemis; »

tandis que le poëte a dit avec beaucoup de science, *conduit par le dieu*, et non *par la déesse*. En effet, d'après Acterianus, on doit lire dans Calvus :

« Et le puissant *dieu* Vénus, »

et non *déesse*. A Chypre même la statue de Vénus est représentée le corps barbu, n'ayant de féminin que le costume, avec la stature d'un homme, et un sceptre dans la main. On pense qu'elle est à la fois mâle et femelle. Aristophane l'appelle Ἀφρόδιτος[1]. Lévinus s'exprime

[1] Aphrodite.

alma noctiluca[42] est.» Philochorus[43] quoque in *Atthide* eamdem affirmat esse lunam; et ei sacrificium facere viros cum veste muliebri, mulieres cum virili : quod eadem et mas aestimatur et femina.

Hoc quoque de prudentia religionis a Virgilio dictum est :

> Decidit exanimis, vitamque reliquit in astris
> Aeriis.
>
> (*Æn.* lib. V, v. 517.)

Hyginus enim *de Proprietatibus deorum*, quum de astris ac stellis loqueretur, ait oportere his volucres immolari. Docte ergo Virgilius dixit, apud ea numina animam volucris remansisse, quibus ad litandum data est.

Nec nomen apud se, quod fortuitum esse poterat, vacare permittit :

> . . . . Matrisque vocavit
> Nomine Casmillae mutata parte Camillam.
>
> (*Æn.* lib. XI, v. 542.)

Nam Statius Tullianus[44], *de Vocabulis rerum* libro primo, ait, dixisse Callimachum, Tuscos Camillum appellare Mercurium; quo vocabulo significant praeministrum deorum. Unde Virgilius ait Metabum *Camillam* appellasse filiam, Dianae scilicet praeministram. Nam et Pacuvius[45], quum de Medea loqueretur :

> Coelitum Camilla exspectata adveni[46]. Salve, hospita.

Romani quoque pueros et puellas nobiles et investes Camillos et Camillas appellant[47], flaminicarum et flaminum praeministros.

en ces termes : « Adorant le *bienfaisant* Vénus, qui est mâle et femelle, de même que la bienfaisante Noctiluca. » Philochore, dans son *Atthis*, assure qu'elle est la même que la lune, et qu'on lui offre des sacrifices, les hommes avec des vêtements de femmes, les femmes avec des vêtements d'hommes, pour montrer qu'on lui attribue l'un et l'autre sexe.

Le passage suivant témoigne encore de la science de Virgile en matière de religion :

« Elle tomba inanimée, et laissa sa vie au sein des astres aériens. »

En effet, Hygin, *des Attributs spéciaux des dieux*, parlant des astres et des étoiles, dit qu'on doit leur sacrifier avec des oiseaux ; et Virgile fait preuve de science quand il dit que l'âme de l'oiseau resta parmi ces divinités, qu'elle était destinée à apaiser.

Il n'emploie pas un seul nom en apparence jeté au hasard, qui n'ait une intention particulière :

« Et, par un léger changement, du nom de sa mère, Casmilla, il l'appela Camilla. »

En effet, Statius Tullianus, au premier livre de son *Vocabulaire*, dit, qu'au rapport de Callimaque, les Toscans donnent à Mercure le nom de Camille, sous lequel ils entendent ministre des dieux. C'est ainsi que nous trouvons dans Virgile que Métabe appela sa fille *Camilla*, c'est-à-dire prêtresse de Diane. Pacuvius met dans la bouche de Médée ces paroles :

« Servante[1] attendue des dieux, j'arrive. Salut, femme, mon hôte. »

Les Romains eux-mêmes appellent *Camilli* et *Camillæ*, les jeunes garçons et les jeunes filles nobles et non encore revêtus de la robe, qui remplissent les fonctions de servants auprès des flaminiques et des flamines.

[1] *Camilla.*

Hanc quoque observationem ejus non convenit præterire.

> Mos erat, *inquit,* Hesperio in Latio, quem protinus urbes
> Albanæ coluere sacrum; nunc maxima rerum
> Roma colit.
> (*Æn.* lib. VII, v. 601.)

Varro *de Moribus* morem esse dicit in judicio animi, quem sequi debeat consuetudo. Julius Festus[48] *de Verborum significationibus* libro tertiodecimo : « Mos est, inquit, institutum patrium, pertinens ad religiones cæremoniasque majorum. » Ergo Virgilius utrumque auctorem sequutus; et primo quidem Varronem. Quoniam ille dixerat morem præcedere, sequi consuetudinem, postquam dixit « Mos erat, » subjunxit :

> . . . . Quem protinus urbes
> Albanæ coluere,

et,

> . . . . Nunc maxima rerum
> Roma colit :

quod perseverantiam consuetudinis monstrat; et quoniam Festus pertinere ad cæremonias ait, hoc idem docuit Maro, adjiciendo *sacrum:*

> . . . . Quem protinus urbes
> Albanæ coluere sacrum.

Mos ergo præcessit, et cultus moris sequutus est, quod est consuetudo. Et hic definitionem Varronis implevit. Adjiciendo deinde *sacrum,* ostendit morem cæremoniis esse dicatum, quod Festus asseruit. Idem observavit et in duodecimo libro, quum ait :

> . . . . Morem ritusque sacrorum
> Adjiciam;
> (*Æn.* lib. XII, v. 836.)

in quo ostendit aperte morem esse ritus sacrorum.

Il convient également de ne point passer sous silence ce détail :

« Il était dans l'Hespérie latine une coutume[1], que les villes albaines observèrent depuis comme sacrée, et que conserve encore Rome, souveraine du monde. »

Varron, *des Coutumes,* appelle coutume, un jugement de l'âme, d'où dérive plus tard l'habitude[2]. Julius Festus, *de la Signification des mots,* dit : « La coutume est une institution de nos pères relative aux rites et aux cérémonies religieuses des ancêtres. » Or, Virgile se conforme au sens des deux auteurs ; et d'abord à celui de Varron. Varron a dit que la coutume vient la première, et qu'elle est suivie de l'habitude ; de même Virgile, après ces mots : « Il était une coutume, » ajoute aussitôt :

« Que les villes albaines observèrent depuis ; »

et,

« Et que conserve encore Rome, souveraine du monde ; »

ce qui montre la persistance de l'habitude. De son côté Festus dit qu'elle est relative aux cérémonies. Virgile enseigne la même chose, en ajoutant l'épithète de *sacrée* :

« Que les villes albaines observèrent depuis comme sacrée. »

Ainsi donc la coutume a précédé, puis est venue la pratique de la coutume, c'est-à-dire l'habitude ; et par là il satisfait à la définition de Varron. L'épithète *sacrée,* qu'il ajoute ensuite, fait assez voir qu'il s'agit d'une coutume religieuse, conformément à l'assertion de Festus. C'est encore dans ce sens qu'au douzième livre il dit :

« J'ajouterai la coutume et les rites des sacrifices ; »

par où il montre clairement que la coutume se confond avec les rites des sacrifices.

[1] *Mos.* — [2] *Consuetudo.*

Sed historiæ quoque fidem in his versibus sequutus est :

Mos erat Hesperio in Latio,

et reliqua. Servavit enim regnorum successionem; quippe primi regnaverunt Latini, deinde Albani, et inde Romani. Ideo, *Mos erat*, primum dixit, *Hesperio in Latio* : et postea,

. . . . Quem protinus urbes
Albanæ coluere sacrum;

deinde subjecit :

. . . . Nunc maxima rerum
Roma colit.

IX. De carmine quo evocari solebant dii tutelares, et aut urbes aut exercitus devoveri.

Excessere omnes adytis arisque relictis
Di, quibus imperium hoc steterat.
(*Æn.* lib. II, v. 351.)

Et de vetustissimo Romanorum more, et de occultissimis sacris vox ista prolata est. Constat enim, omnes urbes in alicujus dei esse tutela, moremque Romanorum arcanum, et multis ignotum fuisse, ut, quum obsiderent urbem hostium, eamque jam capi posse confiderent, certo carmine evocarent tutelares deos : quod aut aliter urbem capi posse non crederent, aut, si posset, nefas æstimarent, deos habere captivos[49]. Nam propterea ipsi Romani et deum, in cujus tutela urbs Roma est, et ipsius urbis Latinum nomen ignotum esse voluerunt[50]. Sed dei quidem nomen nonnullis antiquorum, licet inter se dissidentium, libris insitum : et ideo vetusta persequentibus, quidquid de hoc putatur, innotuit. Alii enim Jovem crediderunt, alii Lunam. Sunt qui Angeronam[51], quæ digito

Ce n'est pas tout : dans ces mêmes vers il observe scrupuleusement les traditions historiques :

« Il était une coutume dans l'Hespérie latine, »

etc. Il suit l'ordre successif des différentes dominations qui régnèrent tour à tour en Italie, les Latins les premiers, puis les Albains, Rome enfin. Voilà pourquoi il commence par dire : « Il était une coutume dans l'Hespérie latine ; » après quoi il ajoute :

« Que les villes albaines observèrent depuis comme sacrée ; »

et termine par ces mots :

« Que conserve encore Rome, souveraine du monde. »

IX. De la formule ordinaire pour évoquer les dieux tutélaires, et pour dévouer les villes et les armées.

« Ils ont tous déserté leurs temples et leurs autels, les dieux protecteurs de cet empire. »

Ce passage est appuyé sur une coutume romaine très-ancienne et sur les mystères les plus secrets du culte. Il est notoire, en effet, que toute ville est sous la protection de quelque divinité, et qu'une coutume secrète des Romains, inconnue à beaucoup de gens, lorsqu'ils assiégeaient une ville ennemie et avaient quelque espoir de s'en emparer, consistait à en évoquer les dieux tutélaires, au moyen d'une certaine formule. Ils croyaient que, sans cela, la ville ne pouvait pas être prise ; ou, la prenant, ils regardaient comme un sacrilége de faire les dieux captifs. Voilà pourquoi les Romains eurent soin de tenir cachés et le dieu sous la protection duquel Rome est placée, et jusqu'au nom latin de la ville. Cependant le nom du dieu se trouve dans quelques ouvrages des anciens qui ont le tort de n'être pas d'accord entre eux ; et c'est ainsi que les amateurs d'antiquité sont parvenus à connaître

ad os admoto silentium denuntiat; alii autem, quorum fides mihi videtur firmior, Opem Consiviam esse dixerunt. Ipsius vero urbis nomen etiam doctissimis ignotum est, caventibus Romanis ne, quod saepe adversus urbes hostium fecisse se noverant, idem ipsi quoque hostili evocatione paterentur, si tutelae suae nomen divulgaretur. Sed videndum ne, quod nonnulli male aestimaverunt, nos quoque confundat, opinantes uno carmine et evocari ex urbe aliqua deos, et ipsam devotam fieri civitatem. Nam reperi in libro quinto *Rerum reconditarum* Sammonici Sereni [52] utrumque carmen, quod ille se in cujusdam Furii vetustissimo libro [53] reperisse professus est. Est autem carmen hujusmodi, quo dii evocantur, quum oppugnatione civitas cingitur :

SI. DEVS [54]. SI. DEA. EST. CVI. POPOLVS. CIVITAS. QVE. KARTHAGINIENSIS. EST. IN. TVTELA. TE. QVE. MAXIME. ILLE. QVI. VRBIS. HVIVS. POPOLI. QVE. TVTELAM. RECEPISTI. PRECOR. VENEROR. QVE. VENIAM. QVE. A. VOBIS. PETO. VT. VOS. POPOLUM. CIVITATEM. QVE. KARTHAGINIENSEM. DESERATIS. LOCA. TEMPLA. SACRA. VRBEM. QVE. EORVM. RELINQVATIS. ABSQVE. HIS. ABEATIS. EI. QVE. POPOLO. CIVITATI. QVE. METVM. FORMIDINEM. OBLIVIONEM. INIICIATIS. PRODITI. QVE. ROMAM. AD. ME. MEOS. QVE. VENIATIS. NOSTRA. QVE. VOBIS. LOCA. TEMPLA. SACRA. VRBS. ACCEPTIOR. PROBATIOR. QVE. SIT. MIHI. QVE. POPOLO. QVE. ROMANO. MILITIBVS. QVE. MEIS. PRÆPOSITI. SITIS. VT. SCIAMVS. INTELLIGAMVS. QVE. SI. ITA. FECERITIS. VOVEO. VOBIS. TEMPLA. LVDOS. QVE. FACTVRVM.

In eadem verba hostias fieri oportet, auctoritatemque videri extorum, ut ea promittant futura.

tout ce qu'on a dit sur ce sujet. Les uns ont cru que ce dieu était Jupiter ; d'autres, la Lune ; ou encore, Angerona, qui tient un doigt sur sa bouche pour recommander le silence. Quelques-uns, dont l'autorité me paraît mieux fondée, veulent que ce soit Ops Consivia. Quant au nom secret de la ville, il est resté un mystère, même pour les plus savants, tant les Romains redoutaient que leur nom tutélaire une fois divulgué, l'ennemi, par ses évocations, ne leur rendît tout le mal qu'ils savaient bien avoir fait à ses villes. Gardons-nous cependant d'une erreur dans laquelle plusieurs sont tombés, s'imaginant que la même formule servait à la fois à évoquer les dieux d'une ville et à dévouer la ville elle-même ; car j'ai trouvé l'une et l'autre formule dans le cinquième livre *des Choses cachées* de Serenus Sammonicus, qui dit les avoir puisées lui-même dans un ouvrage très-ancien d'un certain Furius. Voici la formule par laquelle on évoque les dieux d'une ville assiégée :

« S'il est un dieu, s'il est une déesse qui ait sous sa tutelle le peuple et la cité de Carthage, et toi, ô grand dieu, qui as pris sous ta tutelle cette ville et ce peuple, je vous prie et vous conjure, et je vous demande en grâce d'abandonner le peuple et la cité de Carthage, de déserter la ville, les temples et lieux sacrés, et de vous éloigner d'eux ; d'inspirer à ce peuple et à cette cité la crainte, l'effroi et l'oubli, et, en les quittant, de venir à Rome chez moi et les miens. Que notre ville, nos temples et lieux sacrés vous soient plus agréables et plus chers, et nous prenez sous votre garde, moi, le peuple romain et mes soldats. Si vous nous faites savoir et connaître que vous le voulez ainsi, je fais vœu de fonder des temples et des jeux en votre honneur. »

En prononçant ces paroles, on doit égorger des victimes et interroger leurs entrailles, pour que l'évocation s'accomplisse.

Urbes vero exercitusque sic devoventur, jam numinibus evocatis; sed dictatores imperatoresque soli possunt devovere his verbis :

Dis. PATER. VEIOVIS. MANES. SIVE. VOS. QVO. ALIO. NOMINE. FAS. EST. NOMINARE. VT. OMNES. ILLAM. VRBEM. KARTHAGINEM. EXERCITVM. QVE. QVEM. EGO. ME. SENTIO. DICERE. FVGA. FORMIDINE. TERRORE. LVE. COMPLEATIS. QVI. QVE. ADVERSVM. LEGIONES. EXERCITVM. QVE. NOSTRVM. ARMA. TELA. QVE. FERENT. VTI. VOS. EVM. EXERCITVM. EOS. HOSTES. EOS. QVE. HOMINES. VRBES. AGROS. QVE. EORVM. ET. QVI. IN. HIS. LOCIS. REGIONIBVS. QVE. AGRIS. VRBIBVS. VE. HABITANT. ABDVCATIS. LVMINE. SVPERO. PRIVETIS. EXERCITVM. QVE. HOSTIVM. VRBES. AGROS. QVE. EORVM. QVOS. ME. SENTIO. DICERE. VTI. VOS. EAS. VRBES AGROS. QVE. CAPITA. AETATES. QVE. EORVM. DEVOTAS. CONSECRATAS. QVE. HABEATIS. ILLIS. LEGIBVS. QVIBVS. QVANDO. QVE. SVNT. MAXIME. HOSTES. DEVOTI. EOS. QVE. EGO. VICARIOS. PRO. ME. FIDE. MAGISTRATV. QVE. MEO. PRO. POPOLO. ROMANO. EXERCITIBVS. LEGIONIBVS. QVE. NOSTRIS. DO. DEVOVEO. VT. ME. MEAM. QVE. FIDEM. IMPERIVM. QVE. LEGIONES. EXERCITVM. QVE. NOSTRVM. QVI. IN. HIS. REBVS. GERVNDIS. SVNT. BENE. SALVOS. SIRITIS. ESSE. SI. HÆC. ITA. FAXITIS. VT. EGO. SCIAM. SENTIAM. INTELLIGAM. QVE. TVNC. QVISQVIS. HOC. VOTVM. FAXIT. VBI. VBI. FAXIT. RECTE. FACTVM. ESTO. OVIBVS. ATRIS. TRIBVS. TELLVS. MATER. TE. QVE. IVPPITER. OBTESTOR.

Quum Tellurem dicit, manibus terram tangit; quum Jovem dicit, manus ad cœlum tollit; quum votum recipere dicit, manibus pectus tangit. In antiquitatibus autem hæc oppida inveni devota, Tonios, Fregellas, Gabios, Veios, Fidenas. Hæc intra Italiam. Præterea Carthaginem et Corinthum. Sed et multos exercitus op-

Voici maintenant comment l'on dévoue les villes et les armées, une fois que l'on a évoqué les dieux. Mais le dictateur et le général commandant l'armée peuvent seuls prononcer la formule :

« Dis Pater, Véjovis, Mânes, ou de quelque autre nom qu'on doive vous nommer, vous tous, répandez la fuite, l'effroi, la terreur, la peste dans cette ville de Carthage et cette armée dont je veux parler. Que ceux qui contre nos légions et notre armée portent les armes et lancent des traits[1], que ces hommes et ces ennemis, et leurs villes, et leurs champs, et quiconque habite leur sol, leur territoire, et leurs champs, et leurs villes, soient par vous mis en déroute et privés de la lumière du ciel ; que l'armée des ennemis, les villes et les champs de ceux dont je veux parler, que ces villes et ces champs, et leurs têtes et leurs personnes, vous soient dévoués et consacrés, selon les lois par lesquelles les plus grands ennemis vous sont consacrés. Les substituant à ma personne, à mon titre et à ma magistrature, au peuple romain, à nos armées et à nos légions, je les livre et les dévoue, afin que ma personne, mon titre, mon pouvoir, nos légions et notre armée, chargées de cette entreprise, soient conservés par vous sains et saufs. Si vous me faites savoir, sentir et connaître que vous le voulez ainsi, alors que quiconque vous aura fait vœu de trois brebis noires, quel que soit le lieu, le lieu où il l'ait fait, tienne son vœu pour valable. Tellus[2], notre mère, et toi, Jupiter, je vous atteste ! »

Lorsqu'il nomme Tellus, il touche la terre avec ses mains ; en nommant Jupiter, il lève les mains au ciel ; en faisant le vœu, il porte les mains à sa poitrine. Je trouve qu'on a dévoué dans les temps anciens les villes de Tonies, Frégelles, Gabies, Véies, Fidènes. Celles-ci en Italie. Au dehors, Carthage et Corinthe. Il faut y join-

[1] *Arma*, armes défensives ; *tela*, armes offensives. — [2] Terre.

pidaque hostium Gallorum, Hispanorum, Afrorum, Maurorum, aliarumque gentium, quas prisci loquuntur annales. Hinc ergo est quod propter ejusmodi evocationem numinum discessionemque ait Virgilius :

> Excessere omnes adytis arisque relictis
> Di.

Et, ut tutelares designaret, adjecit :

> . . Quibus imperium hoc steterat.

Utque præter evocationem etiam vim devotionis ostenderet, in qua præcipue Jupiter, ut diximus invocatur, ait :

> . . . . . Ferus omnia Jupiter Argos
> Transtulit.
> (*Æn.* lib. II, v. 326.)

Videturne vobis probatum, sine divini et humani juris scientia non posse profunditatem Maronis intelligi?

X. Cur Virgilius tertio *Æneidos* fecerit Jovi immolari taurum; et quibus diis tauri immolari soleant.

Hic, quum omnes concordi testimonio doctrinam et poetæ et enarrantis æquarent, exclamat Evangelus diu se succubuisse patientiæ, nec ultra dissimulandum, quin in medium detegat inscientiæ Virgilianæ vulnus. — Et nos, inquit, manum ferulæ aliquando subduximus, et nos cepimus pontificii juris auditum : et ex his, quæ nobis nota sunt, Maronem hujus disciplinam juris nescisse constabit. Quando enim diceret:

> Cœlicolum regi mactabam in litore taurum,
> (*Æn.* lib. III, v. 21.)

dre un grand nombre d'armées et de villes ennemies en Gaule, en Espagne, en Afrique, en Mauritanie, et chez d'autres nations dont parlent les anciennes annales. C'est donc cette évocation des dieux et leur retraite qui fait dire à Virgile :

« Ils ont tous déserté leurs temples et leurs autels, les dieux. »

Et pour faire voir qu'il parle bien des dieux tutélaires, il ajoute :

« Protecteurs de cet empire. »

Enfin, pour montrer, outre l'évocation, l'effet de cette cérémonie du dévouement, dans laquelle, ainsi que nous l'avons dit, Jupiter est particulièrement invoqué, il dit encore :

« Le cruel Jupiter a tout transporté à Argos. »

Ne vous semble-t-il pas à présent démontré que, sans la connaissance du droit divin et du droit humain, on ne saurait se rendre compte de la profondeur de Virgile ?

X. Pourquoi Virgile, dans le troisième livre de l'*Énéide*, a fait immoler un taureau à Jupiter; et à quels dieux l'on a coutume d'immoler des taureaux.

Ici, comme tous, d'un commun avis, mettaient au même niveau la science de Virgile et celle de son interprète, Evangelus s'écrie que sa patience est à bout, qu'il lui est impossible de dissimuler plus longtemps, et qu'il va dévoiler le côté faible de la science de Virgile. — Et nous aussi, dit-il, nous avons tendu la main à la férule, et nous avons suivi un cours de droit pontifical ; or, avec les connaissances que nous avons acquises, nous prouverons que les règles du droit pontifical furent inconnues à Virgile. En effet, aurait-il dit :

« J'immolais sur le rivage un taureau au souverain des dieux, »

si sciret tauro immolari huic deo vetitum : aut si didicisset quod Atteius Capito [55] comprehendit? cujus verba ex libro primo *de Jure sacrificiorum* hæc sunt : « Itaque Jovi tauro, verre, ariete immolari non licet. » Labeo vero sexagesimo et octavo libro intulit, nisi Neptuno, Apollini et Marti taurum non immolari. Ecce pontifex tuus, quid apud quas aras mactetur, ignorat [56] : quum vel ædituis hæc nota sint, et veterum non tacuerit industria.

Ad hæc Prætextatus renidens : Quibus deorum tauro immoletur, si vis cum Virgilio communicare, ipse te docebit :

Taurum Neptuno, taurum tibi, pulcher Apollo.
(*Æn.* lib. III, v. 119.)

Vides in opere poetæ verba Labeonis? igitur ut hoc docte, ita illud argute; nam ostendit ideo non litatum, ideo sequutum

Horrendum dictu et visu mirabile monstrum [57].
(*Æn.* lib. III, v. 26.)

Ergo respiciens ad futura, hostiam contrariam fecit; sed et noverat hunc errorem non esse inexpiabilem. Atteius enim Capito, quem in acie contra Maronem locasti, adjecit hæc verba : « Si quis forte tauro Jovi fecerit, piaculum dato. » Committitur ergo res non quidem impianda, insolita tamen, et committitur non ignorantia, sed ut locum monstro faceret sequuturo [58].

s'il avait su qu'il est défendu d'immoler un taureau à ce dieu, ou s'il avait connu l'opinion professée par Atteius Capiton? Voici ses paroles mêmes, empruntées au premier livre du *Droit des sacrifices :* « C'est pourquoi le taureau, le verrat, le bélier, ne peuvent être immolés à Jupiter. » Labéon dit aussi, dans son soixante-huitième livre, que Neptune, Apollon et Mars sont les seuls à qui l'on puisse immoler un taureau. Voilà donc votre pontife qui ignore quelles sont les victimes propres aux différents autels, particularité connue des gardiens mêmes des temples, et que l'exactitude scrupuleuse des anciens n'a eu garde d'oublier.

Prétextatus se prit à sourire : Si vous voulez savoir à quels dieux l'on immole le taureau, dit-il, consultez Virgile, il ne manquera pas de vous l'apprendre :

« Un taureau à Neptune, à toi un taureau, bel Apollon. »

Voyez-vous dans les vers du poëte les paroles mêmes de Labéon? d'un côté l'érudition, de l'autre l'habileté ; car il montre que c'est parce que le sacrifice n'avait point apaisé le dieu, qu'il fut suivi d'

« Un prodige horrible à dire et merveilleux à voir. »

C'est donc en vue des événements qui doivent suivre, qu'il offre une victime impropre, sachant bien d'ailleurs que l'erreur, en pareil cas, n'était pas inexpiable. En effet, Capiton, que vous avez mis aux prises avec Virgile, ajoute ces mots : « Si quelqu'un a immolé par hasard un taureau à Jupiter, qu'il offre un sacrifice expiatoire. » Le cas est donc inusité, mais non inexpiable ; et ce n'est pas ignorance de la part du poëte, mais calcul, afin d'amener le prodige qui doit suivre.

XI. Quod Virgilius illo versu primi *Georgicon* : *Cui tu lacte favos et miti dilue Baccho*, significavit, Cereri mulso litandum esse[59]. Tum quomodo et in primo et in octavo libro *Æneidos* in mensam libari faciat, quum in aram tantum esset libandum.

Subjecit Evangelus : Si eventu excusantur illicita, dic, quæso, quod erat monstrum sequuturum, et quum Cereri libari vino juberet, quod omnibus sacris vetatur?

Cui tu lacte favos et miti dilue Baccho.
(*Georg.* lib. I, v. 344.)

Vinum autem Cereri non libari, debuit illum vel Plautus docere; qui in *Aulularia* ait :

Cererin', mi Strobile, hi sunt facturi nuptias?
— Qui? — Quia temeti nihil allatum intelligo.
(*Aulul.* act. II, sc. 6.)

At hic vester flamen, et pontifex, et omnia, tam quid immoletur, quam quid libetur, ignorat; et, ne non ubique in libando pari errore sit devius, in octavo ait :

In mensam læti libant, divosque precantur;
(*Æn.* lib. VIII, v. 279.)

quum non in mensam, sed in aram, secundum morem, libare debuerint.

Ut prius tibi, Prætextatus inquit, de posteriore quæstione respondeam, fateor te non immerito de usurpata in mensam libatione quæsisse; ampliusque speciem difficultatis auxeras, si magis Didonem in mensam similiter libantem notasses :

Dixit, et in mensam laticum libavit honorem.
(*Æn.* lib. I, v. 736.)

Nam et Tertius[60], quum de ritu sacrorum multa dissereret, ait sibi hunc locum in quæstione venisse : nec

XI. Que Virgile, dans ce vers du premier livre des *Géorgiques* : *Cui tu lacte favos et miti diluc Baccho*, a donné à entendre qu'on devait sacrifier à Cérès avec du vin doux ; et pourquoi, dans le premier et dans le huitième livre de l'*Énéide*, il fait faire des libations sur la table, lorsqu'elles ne devaient avoir lieu que sur l'autel.

Evangelus répliqua : Si l'événement justifie les violations de la règle, dites-moi, je vous prie, quel prodige devait survenir, lorsque Virgile fait offrir des libations à Cérès avec du vin, contrairement à tous les rites sacrés?

« Mélange en son honneur du miel avec du lait et du vin doux. »
Cependant Plaute lui-même aurait dû lui apprendre qu'on ne fait point à Cérès de libations de vin. On lit dans *la Marmite* :

« De Cérès, mon cher Strobile, ces gens-là vont-ils célébrer les noces ? — Pourquoi ? — Parce que je ne vois pas qu'on ait apporté de vin. »

Mais votre flamine, votre pontife, comme vous l'appelez, ne se connaît pas plus en libations qu'en victimes ; et comme s'il craignait de ne plus tomber désormais dans la même erreur, il dit encore dans son huitième livre :

« Ils épanchent joyeusement du vin sur les tables et invoquent les dieux ; »

tandis que, suivant la coutume, ils auraient dû répandre le vin sur l'autel, et non sur la table.

Pour répondre d'abord à votre dernière objection, reprit Prétextatus, j'avouerai que ce n'est pas sans raison que cette libation faite sur la table devient l'objet de votre critique ; et même vous auriez augmenté encore l'apparence de la difficulté, en remarquant que Didon fait aussi des libations sur une table :

« Elle dit, et verse en libation sur la table les prémices de la liqueur. »

Car Tertius, dissertant sur plusieurs points des rites sacrés, dit qu'il a cherché à expliquer ce passage, et qu'au-

tamen hæsitationem suam requisita ratione dissolvit. Ego autem quod mihi magistra lectione compertum est publicabo. In Papiriano enim jure [61] evidenter relatum est, aræ vicem præstare posse mensam dicatam : « Ut in templo, inquit, Junonis Populoniæ [62] augusta mensa est; namque in fanis alia vasorum sunt et sacræ supellectilis, alia ornamentorum. Quæ vasorum sunt, instrumenti instar habent, quibus sacrificia conficiuntur; quarum rerum principem locum obtinet mensa, in qua epulæ, libationesque et stipes reponuntur. Ornamenta vero sunt, clypei, coronæ et hujusce modi donaria. Neque enim donaria dedicantur eo tempore, quo delubra sacrantur; at vero mensa arulæque eodem die, quo ædes ipsæ, dedicari solent. Unde mensa hoc ritu dedicata in templo, aræ usum, et religionem obtinet pulvinaris [63]. » Ergo apud Evandrum quidem fit justa libatio; quippe apud eam mensam, quæ cum Ara maxima [64], more utique religionis, fuerat dedicata, et in luco sacrato, et inter ipsa, sacra in quibus epulabantur. In convivio vero Didonis, quod tantum regium constat, non etiam sacrum fuisse, apud humanam mensam, in triclinio non in templo, quia non erat religiosa, sed usurpata libatio, solam fecit libasse reginam; in cujus persona nulla observationis necessitas, et multa ad usurpandum in potestate permissio. At vero hic

. . . . Omnes
In mensam læti libant, divosque precantur;
(Æn. lib. VIII, v. 279.)

quia quod recte fieri noverat, ab omnibus simul

cune raison satisfaisante n'a dissipé ses doutes. Pour moi, je vous ferai connaître ce que j'ai appris dans le cours de mes lectures. Il est clairement énoncé dans le droit Papirien, qu'une table consacrée peut tenir lieu d'autel : « Telle est, dit Papirius, la table auguste qu'on voit dans le temple de Junon Populonia ; car dans les temples, il faut distinguer les vases et le mobilier sacré, des simples décorations. On met au nombre des vases tous les ustensiles qui servent aux sacrifices ; et parmi eux, la table sur laquelle on place les viandes, les libations et les offrandes en argent, tient le premier rang. Les décorations sont les boucliers, les couronnes et autres dons de cette espèce. Or, la dédicace de ces dons n'a pas lieu en même temps que la consécration du temple ; au lieu que la table et les petits autels sont consacrés ordinairement le même jour que le temple. De là vient que la table consacrée de la sorte dans le temple tient lieu d'autel et reçoit le culte du *pulvinar*. » Ainsi la libation faite chez Évandre est dans les règles, puisqu'elle est faite et sur une table dédiée en même temps que l'*Ara maxima*, selon les formes du rite, et dans un bois sacré, et à l'occasion de sacrifices qui sont accompagnés d'un banquet. Quant au festin de Didon, comme il s'agit non d'un banquet sacré, mais d'un banquet royal, c'est sur une table ordinaire, dans une salle à manger, et non dans un temple, la libation n'étant nullement religieuse, mais purement arbitraire, que Virgile la fait faire par la reine seule, en la personne de laquelle il n'était tenu à aucune observance, et dont le rang, au contraire, lui donnait de grands priviléges. Mais dans l'autre endroit, il a soin de dire :

« Tous avec allégresse épanchent du vin sur les tables et invoquent les dieux ; »

parce qu'alors il s'agissait de libations régulières, aux-

in templo epulantibus et uni sacratæ assidentibus mensæ, factum esse memoravit. De illo autem versu :

> Cui tu lacte favos et miti dilue Baccho,
> (*Georg.* lib. I, v. 344.)

paucis, quod male accusatur, absolvam. Poeta enim æque in rebus doctrinæ, et in verbis sectator elegantiæ, sciens Cereri mulso libari, adjecit, « miti Baccho favos dilue : » scilicet mitescere vinum dicens, quum mulsum cœperit fieri. Nam ita hic mite vinum dixit, ut alibi ait domitum :

> . . . . . Et durum Bacchi domitura saporem[65].
> (*Georg.* lib. IV, v. 102.)

Notum autem esse non diffitebere, quod a. d. duodecimum kalendas januarias Herculi et Cereri faciunt sue prægnante, panibus, mulso.

XII. Herculi cur Salios assignarit Virgilius ; curque hos populeis ramis coronatos induxerit.

Opportune mehercule, Prætextate, fecisti Herculis mentionem, in cujus sacra hic vester gemino errore commisit :

> Tum Salii ad cantus, incensa altaria circum,
> Populeis adsunt evincti tempora ramis.
> (*Æn.* lib. VIII, v. 285.)

Nam et Salios Herculi dedit, quos tantum Marti dicavit antiquitas[66]: et populeas coronas nominat, quum ad Aram maximam sola lauro capita, et alia fronde non vinciant. Videmus et in capite prætoris urbani lauream coronam, quum rem divinam Herculi facit. Testatur etiam Terentius

quelles prennent part tous les assistants, mangeant ensemble dans le temple, et assis à une table consacrée. Pour ce qui est de ce vers :

« Mélange en son honneur du miel avec du lait et du vin doux, »

peu de mots me suffiront pour le justifier d'une accusation injuste. En effet, le poëte, qui poursuit à la fois et la science du fond et l'élégance de la forme, sachant d'ailleurs qu'on faisait des libations à Cérès avec du vin mêlé de miel[1], a ajouté : « Mélange le miel avec le vin doux,[2] » voulant faire entendre par là que le vin s'adoucit lorsqu'il est miellé. Il parle ici de vin doux, comme il a dit ailleurs du vin *dompté* :

« Devant dompter l'âpre saveur de Bacchus. »

Or, c'est un fait notoire, vous n'en disconviendrez pas, que le douze des calendes de janvier, on offre en sacrifice à Hercule et à Cérès une truie pleine, des pains et du vin mêlé de miel.

XII. Pourquoi Virgile a assigné des prêtres Saliens à Hercule, et pourquoi il leur donne des couronnes de branches de peuplier.

En vérité, Prétextatus, votre citation d'Hercule vient fort à point pour me rappeler une double erreur de votre Virgile à propos des sacrifices offerts à ce dieu :

« Alors les Saliens se rangent en chantant autour des autels allumés, le front ceint de rameaux de peuplier. »

C'est ainsi qu'il donne des Saliens à Hercule, tandis que l'antiquité les a consacrés exclusivement à Mars. De plus, il parle de couronnes de peuplier, tandis que l'on ne ceint sa tête autour de l'*Ara maxima* que de laurier seulement, et non d'autre feuillage. Nous voyons que le préteur urbain a sur la tête une couronne de laurier, quand il cé-

---

(1) *Mulso.* — (2) *Miti Baccho.*

Varro in ea satira, quæ inscribitur Περί κεραυνοῦ, majores solitos decimam Herculi vovere [67], nec decem dies intermittere, quin pollucerent ac populum ἀσύμβολον cum corona laurea dimitterent cubitum [68].

Hiccine est, Vettius ait, error geminus? At ego in neutro dico errasse Virgilium. Nam ut primum de frondis genere dicamus, constat quidem nunc lauro sacrificantes apud Aram maximam coronari; sed multo post Romam conditam hæc consuetudo sumpsit exordium, postquam in Aventino lauretum cœpit virere. Quam rem docet Varro *Humanarum* libro secundo. E monte ergo proximo decerpta laurus sumebatur operantibus, quam vicina offerebat occasio. Unde recte Maro noster ad ea tempora respexit quibus Evander ante Urbem conditam apud Aram maximam sacra celebrabat, et utebatur populo utique Alcidæ gratissima. — Salios autem Herculi ubertate doctrinæ altioris assignat: quia is deus et apud pontifices idem, qui et Mars habetur. Et sane ita Menippea Varronis affirmat, quæ inscribitur Ἄλλος οὗτος Ἡρακλῆς; in qua quum de Hercule multa loqueretur, eumdem esse ac Martem probavit. Chaldæi quoque stellam Herculis vocant quam reliqui omnes Martis appellant. Est præterea Octavii Hersennii liber [69], qui inscribitur *de Sacris Saliaribus Tiburtium;* in quo Salios Herculi institutos operari diebus certis et auspicato docet. Item Antonius Gnipho [70], vir doctus, cujus scholam Cicero post laborem fori frequentabat, Salios Herculi datos probat in eo volumine, quo disputat, quid sit *festra* [71], quod est ostium minus-

lèbre les sacrifices d'Hercule. Terentius Varron, dans sa satire intitulée Περὶ κεραυνοῦ [1], atteste que les anciens étaient dans l'usage de consacrer la dîme à Hercule, et célébraient tous les dix jours un festin en son honneur, où le peuple, couronné de laurier, était admis sans payer d'écot [2].

Est-ce là, répliqua Vettius, la double erreur? Eh bien, je nie que Virgile se soit trompé dans l'un ou l'autre cas. Et, pour parler d'abord de l'espèce de feuillage, il est certain qu'aujourd'hui l'on sacrifie sur l'*Ara maxima* couronné de laurier; mais cette coutume prit naissance longtemps après la fondation de Rome, depuis que le bois de laurier a commencé à verdir sur l'Aventin. C'est Varron qui rapporte cela au livre deuxième *des Choses humaines*. Voilà comment, grâce à la proximité de la montagne, les sacrificateurs y cueillaient le laurier que le hasard mettait, en quelque sorte, sous leur main. Ainsi notre Virgile s'est reporté avec raison à ces temps où Évandre, bien avant la fondation de Rome, offrait des sacrifices sur l'*Ara maxima*, en se servant du peuplier, cher à Alcide. — En assignant des Saliens à Hercule, il montre la fécondité et la profondeur de son savoir, Hercule et Mars étant regardés par les pontifes comme une seule et même divinité. On en trouve la preuve dans la Ménippée de Varron, qui a pour titre Ἄλλος οὗτος Ἡρακλῆς [3], où l'on voit, à la suite d'une longue dissertation sur Hercule, qu'il est le même que Mars. Les Chaldéens appellent Hercule l'étoile que tous les autres peuples ont nommée Mars. De plus, il existe un ouvrage d'Octavius Hersennius, intitulé *des Rites saliens de Tibur*, dans lequel il nous apprend que les Saliens, prêtres d'Hercule, lui sacrifiaient, à certains jours fixes, selon les rites des auspices. Le savant Antonius Gniphon, dont Cicéron fréquentait l'école après les travaux du forum, prouve également qu'il y avait des prêtres Saliens d'Hercule, dans

---

(1) De la foudre — (2) Ἀσύμβολος. — (3) L'autre Hercule.

culum in sacrario; quo verbo etiam Ennius usus est. — Idoneis, ut credo, auctoribus certisque rationibus error qui putabatur, uterque defensus est. Si qua sunt alia quæ nos commovent, in medium proferamus : ut ipsa collatio nostrum, non Maronis, absolvat errorem.

Tunc Evangelus : Nunquamne tibi, Prætextate, venit in mentem toto, ut aiunt, cœlo errasse Virgilium, quum Dido sua rem divinam pro nuptiis faceret?

> Mactat *enim, inquit,* lectas de more bidentes
> Legiferæ Cereri, Phœboque, Patrique Lyæo;
> (*Æn.* lib. IV, v. 57.)

et quasi expergefactus adjecit :

> Junoni ante omnes, cui vincla jugalia curæ.
> (*Æn.* lib. IV, v. 59.)

Tunc Servius [72], respondere rogatus, ait : Leges Ceres dicitur invenisse; nam et sacra ipsius *Themispheria* [73] vocantur. Sed hoc ideo fingitur, quia ante inventum frumentum a Cerere, passim homines sine lege vagabantur. Quæ feritas interrupta est invento usu frumentorum; itaque ex agrorum divisione inventa sunt jura. Phœbus vero præest auspiciis. Lyæus [74] vero, id est Liber, urbibus liberatis est deus, unde Marsias [75], ejus minister, in civitatibus libertatis est indicium. Communis hoc habet sensus; quod Dido sacrificabat numinibus, quæ urbi præsunt, quasi nuptura pro reipublicæ utilitate; demum Junoni, cui curæ sunt nuptiæ. Est etiam sensus altior : nam facturi aliquid ante adversos placamus deos, et sic propitiis supplicamus, ut,

> Nigram Hiemi pecudem, Zephyris felicibus albam.
> (*Æn.* lib. III, v. 120.)

une dissertation sur le mot *festra*, qu'on trouve aussi dans Ennius, et qui signifie une petite ouverture pratiquée dans le *sacrarium*. — J'ai défendu, je crois, par des autorités respectables et des raisons sans réplique, la double erreur prétendue de Virgile. Si quelques doutes nous tourmentent encore, examinons-les en commun, pour que la discussion rectifie notre erreur, mais non pas celle du poëte.

Alors Evangelus : Ne vous est-il jamais venu à l'esprit, Prétextatus, que Virgile s'est trompé, comme on dit, de tout le ciel, lorsque sa Didon offre un sacrifice pour ses noces? En effet, il commence par dire :

« Elle immole des brebis de deux ans, choisies selon l'usage, à Cérès qui donne des lois, et à Phébus, et à Lyéus Pater; »

puis, comme un homme qui s'éveille, il ajoute :

« Avant tout à Junon, qui préside aux liens du mariage. »

Alors Servius, prié de répondre, dit : Cérès passe pour l'inventrice des lois, comme l'indique le nom même de ses fêtes, appelées *Thémisphéries*. Cette fiction vient de ce qu'avant la découverte du blé par Cérès, les hommes erraient sans lois. Cette vie sauvage cessa quand l'usage du blé fut connu, et le droit naquit avec le partage de la terre. Phébus préside aux auspices. Lyéus, ou Liber, est le dieu des villes affranchies; son ministre Marsias y est l'emblème de la liberté. Le sens naturel de ce passage est que Didon sacrifiait aux divinités protectrices des villes, comme se mariant dans l'intérêt de sa ville naissante; ensuite à Junon, qui préside aux mariages. Il y a même un sens plus profond : avant de commencer quelque chose, nous tâchons d'apaiser les dieux contraires, et nous supplions les dieux propices, comme dans ce passage :

« Une brebis noire à l'Hiver, aux heureux Zéphyrs une blanche. »

Igitur ante placat Cererem nuptura, quæ propter raptum filiæ nuptias exsecratur; et Apollinem, qui expers uxoris est; et Liberum, qui nisi raptam uxorem habere non potuit.

Et sic Junonem conciliavit noster Servius [76]. Quum autem his dictis omnes applausissent, placuit eis audire Eusebium, quo noster Virgilius tanquam rhetor effulsit.

De même Didon, sur le point de se marier, commence par apaiser Cérès, qui, à cause de l'enlèvement de sa fille, a les noces en horreur; Apollon, qui n'a point eu d'épouse; enfin Liber, qui ne put avoir une femme qu'en l'enlevant.

C'est ainsi que notre ami Servius s'entremit pour Junon. Tout le monde le félicita, après quoi on se disposa à entendre Eusèbe, qui devait montrer Virgile sous l'aspect d'un habile rhéteur.

SATURNALIORUM

LIBER QUARTUS.

I. De affectu movendo ex habitu personæ.

Tunc Eusebius taliter exorsus est[1] : Rhetores omnes orationibus patheticis studere palam est, quales multas non erit difficile in Virgilio reperire. Nam Æneam apud inferos Didoni fugienti loquentem inducit :

> . . . Invitus, regina, tuo de litore cessi,
> Sed me jussa deum
> Imperiis egere suis.
> Siste gradum, teque aspectu ne subtrahe nostro.
> (*Æn.* lib. VI, v. 460.)

Subjungit :

> Nec magis incepto vultum sermone movetur,
> Quam si dura silex aut stet Marpesia[2] cautes.
> Tandem corripuit sese, atque inimica refugit.
> (*Æn.* lib. VI, v. 471.)

Item pathos est et in hoc versu :

> Obstupuit[3], steteruntque comæ, et vox faucibus hæsit.
> (*Æn.* lib. II, v. 774.)

Sed et tota Daretis fatigatio habitu depingitur :

> Ast illum fidi æquales genua ægra trahentem,
> Quassantemque utroque caput, crassumque cruorem
> Ore ejectantem.
> (*Æn.* lib. V, v. 468.)

Sociorum quoque ejus trepidationem breviter ostendit :

> . . . . Galeamque ensemque vocati
> Accipiunt[4];
> (*Æn.* lib. V, v. 471.)

LES SATURNALES.

LIVRE QUATRIÈME.

I. Du pathétique tiré de l'extérieur de la personne.

Alors Eusèbe commença en ces termes : On sait que tous les rhéteurs visent au pathétique dans le discours ; eh bien, il se rencontre à chaque pas dans Virgile. Lorsqu'Énée retrouve dans les enfers Didon transportée de fureur, quelles sont les paroles qu'il lui adresse ?

« Reine, c'est malgré moi que j'ai quitté vos rivages ; mais les ordres des dieux m'ont contraint d'obéir. — Demeurez ; cessez de vous dérober à ma vue. »

Puis le poëte ajoute :

« Mais ses discours ne font pas plus d'impression sur son visage que si elle était un dur rocher ou un bloc de marbre de Marpesse. Enfin elle précipite ses pas et fuit d'un air courroucé. »

Il y a encore du pathétique dans ce vers :

« Il resta frappé de stupeur ; ses cheveux se dressèrent, et la voix s'arrêta dans son gosier. »

Et comme l'accablement de Darès est merveilleusement rendu par cette peinture de sa personne !

« Ses fidèles compagnons l'emmènent vers les vaisseaux, traînant péniblement ses genoux, la tête penchée sur l'une et l'autre épaule, et vomissant de sa bouche un sang noir. »

Il n'y a pas jusqu'à la consternation de ses compagnons qu'il ne peigne par un seul trait :

« Appelés [par Énée], ils reçoivent de lui le casque et l'épée ; »

quasi non sponte accepturi munus, quod erat damnum verecundiæ.

Ex eodem genere est illud :

> . . . . Totoque loquentis ab ore[3]
> Scintillæ absistunt, oculis micat acribus ignis.
> *(Æn. lib. XII, v. 101.)*

Est et in descriptione languoris habitus, ut est tota descriptio pestilentiæ apud Thucydidem. Et :

> Labitur infelix studiorum atque immemor herbæ
> Victor equus.
> *(Georg. lib. III, v. 498.)*

Et :

> . . . . . Demissæ aures, incertus ibidem
> Sudor, et ille quidem morituris frigidus.
> *(Georg. lib. III, v. 500.)*

Est inter pathe et pudor, ut circa

> Deiphobum pavitantem et dira tegentem
> Supplicia ;
> *(Æn. lib. VI, 495.)*

et luctus habitu proditur, ut in Euryali matre :

> Expulsi manibus radii, revolutaque pensa ;
> Evolat infelix ;
> *(Æn. lib. IX, v. 476.)*

et Latinus, quia miratur,

> . . . . Defixa obtutu tenet ora ;
> *(Æn. lib. VII, v. 250.)*

et Venus, quia rogatura erat,

> Tristior et lacrymis oculos suffusa nitentes ;
> *(Æn. lib. I, v. 228.)*

et Sibylla, quia insanit :

> . . . . . Subito non vultus, non color unus,
> Non comptæ mansere comæ.
> *(Æn. lib. VI, v. 47.)*

II. Pathos tenore ipso orationis quomodo exprimatur.

Nunc videamus pathos, quod tenore orationis exprimitur. Ac primum quæramus quid de tali oratione rhetorica arte præcipiatur. Oportet enim ut oratio pathetica

comme si c'était malgré eux qu'ils dussent recevoir une récompense, humiliante à leurs yeux.

Voici un autre trait du même genre :

« Et tandis qu'il parle, des étincelles jaillissent de tout son visage ; ses yeux perçants lancent des éclairs. »

Dans sa description de la peste, comme dans la description entière de Thucydide, il peint les signes extérieurs de l'abattement :

« Le fier coursier s'affaisse, hélas ! oublieux des exercices et du pâturage. »

Et :

« Ses oreilles sont baissées, une sueur étrange l'inonde, froide comme aux approches de la mort. »

La honte devient une source de pathétique, quand il nous montre

« Déiphobe tremblant et voulant cacher les traces d'un supplice cruel ; »

ou encore les signes extérieurs de la douleur, comme dans la mère d'Euryale :

« Les fuseaux s'échappent de ses doigts ; son ouvrage tombe à terre ; la malheureuse s'élance.... »

et Latinus, à qui l'étonnement

« Tient les yeux fixes par la contemplation ; »

et Vénus, qui vient en suppliante,

« Triste, et voilant sous les pleurs l'éclat de ses yeux ; »

et la Sibylle, en délire :

« Soudain son visage changea de traits et de couleur ; ses cheveux se dressèrent sur sa tête. »

---

11. Comment le pathétique se tire du mouvement même du discours.

Considérons maintenant le pathétique qui naît du mouvement du discours. Et d'abord cherchons quels sont sur cette matière les préceptes de l'art des rhéteurs. Le

aut ad indignationem, aut ad misericordiam dirigatur; quæ a Græcis οἶκτος καὶ δείνωσις⁶ appellantur. Horum alterum accusatori necessarium est, alterum reo. Et necesse est initium abruptum habeat : quoniam satis indignanti⁷ leniter incipere non convenit. Ideo apud Virgilium sic incipit Juno :

> . . . . Quid me alta silentia cogis
> Rumpere ?
> *(Æn. lib. X, v. 63.)*

Et alibi :

> . . . . . Mene incœpto desistere victam ?
> *(Æn. lib. I, v. 41.)*

Et alibi :

> Heu stirpem invisam, et fatis contraria nostris
> Fata Phrygum !
> *(Æn. lib. VII, v. 293.)*

Et Dido :

> . . . . Moriemur inultæ?
> Sed moriamur, ait.
> *(Æn. lib. IV. v. 659.)*

Et eadem :

> . . . . Pro Jupiter ! ibit
> Hic, ait.
> *(Æn. lib. IV, v. 596.)*

Et Priamus :

> At tibi pro scelere, exclamat, pro talibus ausis.
> *(Æn. lib. II, v. 535.)*

Nec initium solum tale esse debet, sed omnis, si fieri potest, oratio videri pathetica; et brevibus sententiis, sed crebris figurarum mutationibus debet, velut inter æstus iracundiæ, fluctuare. Una ergo nobis Virgiliana oratio pro exemplo sit :

> Heu stirpem invisam. . . . .
> *(Æn. lib. VII, v. 293.)*

Initium ab ecphonesi ; deinde sequuntur breves quæstiunculæ :

> . . . . Num Sigæis occumbere campis ;
> Num capti potuere capi ? num incensa cremavit
> Troja viros⁸ ?

pathétique dans le discours a pour but d'exciter soit l'indignation, soit la pitié, οἶκτος καὶ δείνωσις, comme disent les Grecs. L'un de ces deux sentiments est nécessaire à l'accusateur, l'autre à l'accusé. De là, l'obligation d'entrer brusquement en matière, parce qu'un homme qui s'indigne ne saurait débuter avec douceur. Voyez dans Virgile le début de Junon :

« Pourquoi me forces-tu à rompre ce silence profond ? »

Et ailleurs :

« Moi vaincue renoncer à mon entreprise ! »

Ou bien :

« O race détestée ! ô destins des Phrygiens contraires à nos destins ! »

Et Didon :

« Quoi ! mourir sans vengeance ! N'importe, mourons, dit-elle. »

Et dans un autre endroit :

« Grand Jupiter, il partira donc ! s'écrie-t-elle. »

Et Priam :

« Mais toi, s'écrie-t-il, pour châtier ton crime et ton audace. »

Ce ton ne convient pas à l'exorde seulement ; le pathétique doit régner, s'il est possible, dans tout le discours, des phrases courtes, de brusques changements de figures, comme s'il était ballotté sur la mer orageuse de la colère. Prenons pour exemple un seul discours de Virgile :

« O race détestée ! »

Elle (Junon) débute par une exclamation ; suivent aussitôt des interrogations brèves :

« Pourquoi n'ont-ils pas péri dans les champs de Sigée ! Captifs, pourquoi ont-ils échappé à la captivité ? Pourquoi Troie embrasée n'a-t-elle pas consumé ses guerriers ?

Deinde sequitur hyberbole :

> Medias acies, mediosque per ignes
> Invenere viam.

Deinde ironia :

> At, credo, mea numina tandem
> Fessa jacent, odiis aut exsaturata quievi.

Deinde ausus suos inefficaces queritur :

> . . . . Per undas
> Ausa sequi, et profugis toto me opponere ponto.

Secunda post hæc hyberbole :

> Absumptæ in Teucros vires coelique marisque.

Inde dispersæ querelæ :

> Quid Syrtes aut Scylla mihi, quid vasta Charybdis
> Profuit ? . . . .

Jungitur deinde argumentum a minore, ut pathos augeatur :

> . . . . Mars perdere gentem
> Immanem Lapithum valuit. . . . . . .;

minor scilicet persona. Ideo illud sequitur :

> Ast ego magna Jovis conjux. . . . . .

Deinde, quum causas quoque contulisset, quanto impetu dea dixit !

> . . . Infelix, quæ memet in omnia verti.

Nec dixit : Non possum perdere Æneam ; sed :

> Vincor ab Ænea.

Deinde confirmat se ad nocendum ; et, quod proprium est irascentis, etsi desperat perfici posse, tamen impedire contenta est :

> Flectere si nequeo Superos, Acheronta movebo.
> Non dabitur regnis, esto, prohibere Latinis,
> At trahere atque moras tantis licet addere rebus :
> At licet amborum populos exscindere regum.

Vient ensuite la figure nommée hyperbole :

« Au milieu des armées, au milieu des flammes, ils se sont frayé une route. »

Puis l'ironie :

« Sans doute ma puissance divine tombe de lassitude, ou, ma haine assouvie, je me repose. »

Alors elle se plaint de l'inutilité de ses efforts :

« J'ai osé les poursuivre sur les flots, et m'opposer à leur fuite sur toutes les mers. »

Ici une seconde hyperbole :

« Contre eux ont été épuisées les forces du ciel et de la mer. »

De là elle promène au loin ses plaintes :

« A quoi m'ont servi les Syrtes et Scylla, à quoi la profonde Charybde? »

Puis un argument *à minori* pour accroître le pathétique :

« Mars a bien pu exterminer la nation terrible des Lapithes ! »

Mars, dont la puissance est bien inférieure à la sienne. Aussi ajoute-t-elle :

« Et moi, la grande épouse de Jupiter. »

Enfin, quand elle a accumulé toutes ses preuves, avec quel emportement la déesse s'écrie !

« Malheureuse, après avoir tenté tous les moyens. »

Elle ne dit pas : Je ne puis réussir à perdre Énée; mais :

« Je suis vaincue par Énée. »

Alors elle se confirme dans le dessein de lui nuire, et, ce qui est le propre de la colère, bien qu'elle désespère de triompher complétement, elle est satisfaite de lui susciter des obstacles :

« Si je ne puis fléchir les dieux, je soulèverai les enfers. Il me sera interdit de lui ravir les royaumes latins, soit; mais je puis retarder et troubler ces grands événements ; je puis exterminer les peuples qui obéissent à deux rois. »

Post hæc, in novissimo, quod irati libenter faciunt, maledicit :

> Sanguine Trojano et Rutulo dotabere, virgo.

Et protinus argumentum a simili conveniens ex præcedentibus :

> . . . . Nec face tantum
> Cissæis prægnas ignes enixa jugales.

Vides quam sæpe orationem mutaverit, ac frequentibus figuris variaverit : quia ira, quæ brevis furor est 9, non potest unum continuare sensum in loquendo.

Nec desunt apud eumdem orationes misericordiam commoventes. Turnus ad Juturnam :

> An miseri fratris letum ut crudele videres ?
> (*Æn.* lib. XII, v. 636.)

Et idem quum auget invidiam occisorum pro se amicorum:

> Vidi oculos ante ipse meos me voce vocantem
> Murranum.
> (*Æn.* lib. XII, v. 638.)

Et idem, quum miserabilem fortunam suam faceret, ut victo sibi parceretur :

> . . . Vicisti, et victum tendere palmas
> Ausonii videre ;
> (*Æn.* lib XII, v. 936.)

id est, quos minime vellem.

Et aliorum preces orantium vitam :

> Per te, per qui te talem genuere parentes.
> (*Æn.* lib. X, v. 597.)

Et similia.

III. Pathos ab ætate, a fortuna, debilitate, loco, tempore.

Nunc dicamus de habitu pathus, quod est vel n ætate, vel in debilitate, et ceteris quæ sequuntur. El-

Après ces mots, par un mouvement propre aux âmes irritées, elle éclate en imprécations :

« Que le sang du Troyen et celui du Rutule soient ta dot, ô vierge ! »

Et aussitôt elle conclut par un argument *à simili* tiré de ce qui précède :

« La fille de Cissée n'aura pas seule porté un flambeau dans son sein. »

Vous voyez comment à plusieurs reprises le poëte change le mouvement de son discours et le varie par de nombreuses figures. C'est que la colère, qui est une courte folie, ne saurait s'exprimer longtemps sur le même ton.

Il y a aussi dans Virgile un grand nombre de discours remplis de pathétique touchant. Turnus à Juturne :

« Venais-tu pour être témoin de la mort cruelle de ton malheureux frère ? »

Puis il ajoute, afin de redoubler l'horreur de ses amis égorgés pour lui :

« Moi-même j'ai vu [tomber] devant mes yeux Murranus qui m'appelait à haute voix. »

Plus loin, il dépeint le triste état de sa fortune, pour attirer sur soi la pitié du vainqueur :

« Tu as vaincu, et les Ausoniens m'ont vu, vaincu, tendre [vers toi] mes mains ; »

c'est-à-dire ceux que je craignais le plus de rendre témoins de mon abaissement.

Et les prières d'une foule d'autres guerriers qui demandent la vie :

« Par toi, par les dignes auteurs d'un tel fils. »

Et mille autres exemples.

III. Du pathétique tiré de l'âge, de la fortune, de la faiblesse, du lieu, du temps.

Parlons maintenant du pathétique qui se tire de l'âge ou de la faiblesse, ou des autres circonstances que nous

ganter hoc servavit, ut ex omni ætate pathos misericordiæ moveretur. Ab infantia [10] :

> Infantumque animæ flentes in limine primo.
> (Æn. lib. VI, v. 427.)

A pueritia :

> Infelix puer atque impar congressus Achilli.
> (Æn. lib. I, v. 475.)

Et :

> . . . Parvumque patri tendebat Iulum.
> (Æn. lib. II, v. 674.)

Ut non minus miserabile sit periculum in parvo, quam in filio. Et :

> . . . . Superest conjuxne Creusa?
> Ascaniusque puer ?
> (Æn. lib. II, v. 597.)

Et alibi :

> . . . . Et parvi casus Iuli.
> (Æn. lib. II, v. 563.)

A juventa vero :

> Impositique rogis juvenes ante ora parentum.
> (Georg. lib. IV, v 477.)

Et :

> Pubentesque [11] genæ et juvenili in corpore pallor.
> (Æn. lib. XII, v. 221.)

A senecta :

> . . . . Dauni miserere senectæ.
> (Æn. lib. XII, v. 934.)

Et :

> Ducitur infelix ævo confectus Aletes.
> (Æn. lib. XI, v. 85.)

Et :

> Canitiem multo deformat pulvere.
> (Æn. lib. X, v. 844.)

Movit et a fortuna modo misericordiam, modo indignationem. Misericordiam :

> . . . Tot quondam populis terrisque superbum
> Regnatorem Asiæ.
> (Æn. lib. II, v 556.)

Et Sinon :

> . . . Et nos aliquod nomenque decusque
> Gessimus.
> (Æn. lib. II, v 89.)

venons d'énumérer. Avec quel art il a su faire de chaque âge une source de pathétique touchant! La première enfance :

« Les âmes des enfants pleurant sur le seuil des enfers. »

L'adolescence :

« Malheureux enfant, trop faible pour lutter contre Achille. »

Ou bien :

« Et elle (Créuse) tendait le jeune Iüle à son père. »

Si bien que la pitié est émue autant par le danger de l'enfant que par celui du fils. Ou bien :

« Créuse ton épouse vit-elle encore? Et le jeune Ascagne? »

Et dans un autre endroit :

« Et les dangers du jeune Iüle. »

La jeunesse :

« Et les jeunes gens portés sur le bûcher sous les yeux de leurs parents. »

Ou bien :

« Ses joues se décolorent, et la pâleur flétrit la jeunesse de son corps. »

La vieillesse :

« Aie pitié de la vieillesse de Daunus. »

Et :

« On entraîne le malheureux Alétès, accablé sous le poids de l'âge. »

Et :

« Une poussière épaisse souille ses cheveux blancs. »

D'autres fois il s'est servi de la fortune [de ses personnages] pour exciter soit la pitié, soit l'indignation. La pitié :

« Ce fier monarque de l'Asie, souverain de tant de peuples et de tant de contrées. »

Ou, lorsque Sinon s'écrie :

« J'obtins moi-même quelque renom et quelque gloire. »

Et :

> . . . Ausoniisque olim ditissimus arvis.
> (*Æn.* lib. VII, v. 537.)

Indignationem vero ex verbis Didonis :

> . . . Et nostris illuserit advena regnis?
> (*Æn.* lib. IV, v. 591.)

eleganter enim ex contemptu Æneæ auget injuriam suam.

Et Amata :

> Exsulibusne datur ducenda Lavinia Teucris?
> (*Æn.* lib. VII, v. 359.)

Et Numanus :

> Bis capti Phryges.
> (*Æn.* lib. IX, v. 635.)

Movit pathos misericordiæ et ex debilitate :

> Ex quo me divum pater atque hominum rex
> Fulminis afflavit ventis, et contigit igne.
> (*Æn.* lib. II, v. 648.)

Et alibi :

> Et truncas inhonesto vulnere nares.
> (*Æn.* lib. VI, v. 497.)

Et de Mezentio :

> . . . . Attollit in ægrum
> Se femur.
> (*Æn.* lib. X, v. 857.)

Et :

> Huc caput atque illuc humero ex utroque pependit.
> (*Æn.* lib. IX, v. 755.)

Et :

> Te decisa suum Laride dextera quærit.
> (*Æn.* lib. X, v. 395.)

Et :

> . . . . Aterque cruento
> Pulvere, perque pedes trajectus lora tumentes.
> (*Æn.* lib. II, v. 272.)

Movit pathos misericordiæ frequenter et a loco :

> Quum vitam in silvis inter deserta ferarum
> Lustra domosque traho.
> (*Æn.* lib. III, v. 646.)

Et :

> . . . . Libyæ deserta peragro.
> (*Æn.* lib. I, v. 388.)

Ou bien encore :

« Autrefois le plus riche des campagnes de l'Ausonie. »

L'indignation :

« Et un étranger nous aura insultée dans notre empire ! »

s'écrie Didon ; et le mépris qu'elle fait d'Énée accroît son injure.

Et Amata :

« Lavinie deviendra la conquête de Troyens proscrits ? »

Et Numanus :

« Les Phrygiens deux fois prisonniers. »

Il a tiré encore des effets touchants de la faiblesse :

« Depuis que le père des dieux et des hommes me frappa du vent de sa foudre et m'effleura de ses feux. »

Et ailleurs :

« Et le nez mutilé par une blessure honteuse. »

Et quand il parle de Mézence :

« Il se soulève sur sa cuisse blessée. »

Et [de Pandarus] :

« Sa tête partagée pend également sur l'une et l'autre épaule. »

Et [de Laris] :

« Ta main séparée du bras, ô Laris, cherche son ancien possesseur. »

Et [d'Hector] :

« Noirci par la poussière sanglante, et les pieds enflés par les courroies dont ils furent transpercés. »

Souvent aussi le lieu devient une occasion de pathétique :

« Depuis que je traîne mon existence dans les forêts désertes parmi les repaires des bêtes féroces. »

Ou bien :

« Je parcours les déserts de la Libye. »

Et :

> At nos hinc alii sitientes ibimus Afros,
> Pars Scythiam et rapidum Cretae veniemus Oaxem.
> *(Ecl. 1, v. 65.)*

Et illud egregie et breviter :

> Ter circum Iliacos raptaverat Hectora muros.
> *(Æn. lib. I, v. 483.)*

Iliacos, id est patriae muros, quos ipse defenderat, pr? quibus efficaciter per decem annorum spatia pugnaverat. Et illud :

> Nos patriam fugimus.
> *(Ecl. 1, v. 4.)*

Et :

> Litora quum patriae lacrymans portusque relinquo.
> *(Æn. lib. III, v. 10.)*

Et :

> . . . Dulces moriens reminiscitur Argos.
> *(Æn. lib. X, v. 782.)*

Et :

> . . . . . Ignarum Laurens habet ora Mimanta.
> *(Æn. lib. X, v. 706.)*

> Lyrnessi domus alta, solo Laurente sepulcrum.
> *(Æn. lib. XII, v. 547.)*

Et, ut Agamemnonem indigne ostenderet occisum, a?sumpsit locum :

> . . . . Prima inter limina dextra
> Oppetiit.
> *(Æn. lib. XI, v. 267.)*

Et illud :

> Moenibus in patriis atque inter tuta domorum.
> *(Æn. lib. XI, v. 882.)*

Sacer vero locus praecipue pathos movet. Occisum indicit Orphea, et miserabiliorem interitum ejus a loco faci?:

> Inter sacra deum, nocturnique orgia Bacchi.
> *(Georg. lib. IV, v. 521.)*

Et in eversione Trojae :

> . . . . . . Perque domos et relligiosa deorum
> Limina.
> *(Æn. lib. II, v. 365.)*

Ou bien :

« Pour nous, exilés, nous irons chez l'Africain altéré, ou nous gagnerons la Scythie et l'Oaxe rapide de Crète. »

Et ce vers si beau dans sa concision :

« Trois fois il avait traîné Hector autour des murs d'Ilion. »

D'Ilion, c'est-à-dire de sa patrie, ces murs qu'il avait défendus, pour lesquels il avait combattu heureusement pendant l'espace de dix années.

Ou bien :

« Nous fuyons notre patrie. »

Ou bien :

« Quand j'abandonne en pleurant les rivages et les ports de ma patrie. »

Ou bien :

« Mourant il se souvient de la douce Argos. »

Ou bien :

« Mimas gît ignoré sur le rivage de Laurente. »

« Un palais dans Lyrnesse, sur le sol de Laurente un tombeau. »

De même, pour figurer l'indigne trépas d'Agamemnon, il rappelle le lieu :

« Sur le seuil même de son palais, il tomba sous le poignard [de son épouse criminelle]. »

Et ailleurs :

« Sous les remparts de la patrie, et jusque dans le sanctuaire de leurs demeures. »

La sainteté du lieu est un élément puissant de pathétique. Virgile nous montre Orphée égorgé, et le lieu de sa mort redouble encore la pitié :

« Au milieu des fêtes sacrées et des orgies nocturnes de Bacchus. »

Et lors du sac de Troie :

« Les cadavres sont entassés dans les demeures et jusque dans les parvis sacrés des dieux. »

Cassandræ quoque raptum vel deminutionem quam miserabilem fecit sacer locus!

> Ecce trahebatur. . . . .
> . . . . . a templo. . . . adytisque Minervæ
> (Æn. lib. II, v. 403.)

Et alibi :

> . . . . . Divæ armipotentis ad aram
> Procubuit.
> (Æn. lib. II, v. 425.)

Et Andromache, quum de Pyrrhi nece diceret, ut invidiam occidentis exprimeret :

> Excipit incautum patriasque obtruncat ad aras.
> (Æn. lib. III, v. 332.)

Et Venus, quod Æneas in mari vexatur ira Junonis, quam invidiose queritur Neptuno de loco!

> In regnis hoc ausa tuis?
> (Æn. lib. V, v. 792.)

Fecit sibi pathos et ex tempore :

> . . . . Priusquam
> Pabula gustassent Trojæ Xanthumque bibissent.
> (Æn. lib. I, v. 473.)

Et Orpheus miserabilis ex longo dolore :

> Septem illum totos perhibent ex ordine menses.
> (Georg. lib. IV, v. 507.)

Et Palinurus :

> . . . . Vix lumine quarto
> Prospexi Italiam.
> (Æn. lib. VI, v. 357.)

Et Achæmenides :

> Tertia jam lunæ se cornua lumine complent.
> (Æn. lib. III, v. 645.)

Et :

> Septima post Trojæ excidium jam vertitur æstas.
> (Æn. lib. V, v. 626.)

Lorsque Cassandre est ravie et emmenée en esclavage, comme la sainteté du lieu accroît la pitié!

« Voici que l'on traînait hors du temple et du sanctuaire de Minerve. »

Et ailleurs :

« [Chorèbe le premier] tombe aux pieds de l'autel de la déesse aux armes puissantes. »

Andromaque, lorsqu'elle raconte le meurtre de Pyrrhus, redouble l'horreur qu'inspire l'assassin :

« Il le surprend sans défense et l'égorge sur les autels paternels. »

Vénus se plaint à Neptune, parce que le ressentiment de Junon poursuit Énée sur les mers; mais comme sa haine insiste sur le lieu !

« C'est dans votre empire qu'elle a osé cela ? »

Le temps ouvre à Virgile une autre source de pathétique :

« Avant qu'ils eussent goûté des pâturages de Troie et bu des eaux du Xanthe. »

La longue douleur d'Orphée ajoute à la pitié qu'il inspire :

« On dit que pendant sept mois consécutifs. »

Et Palinure :

« Enfin, le quatrième jour, j'aperçus l'Italie. »

Et Achéménide :

« Trois fois la lune a rempli son croissant [depuis que je traîne mon existence.] »

Ailleurs :

« Le septième été s'écoule depuis la ruine de Troie. »

IV. *Pathos a causa, modo et materia.*

Frequens apud illum pathos a causa. Revera enim plerumque conficit causa, ut res aut atrox aut miserabilis videatur; ut Cicero *in Verrem :* « Qui ob sepulturam in carcere necatorum a parentibus rogabatur [12]. » Hoc enim non tam rogari, aut pecuniam exigere, quam ob hanc causam indignum erat. Et Demosthenes, quum queritur quemdam a Midia circumventum [13], ex causa auget invidiam. « Circumvenit, inquit, arbitrum, qui inter me atque se integre judicaverat. » Ergo et Virgilius egregie sæpe ex hoc loco traxit affectum. « Occiditur, inquit, in acie Galesus. » Hoc per se non est dignum misericordia belli tempore ; sed admovit causam :

> Dum paci medium se offert.
> (*Æn.* lib. VII, v. 536.)

Idem alio loco ;

> Sternitur infelix.
> (*Æn.* lib. X, v. 781.)

Deinde subjicit causam miserabilem :

> . . . . Alieno vulnere;

id est quum in alium telum esset emissum.
Et quum Palamedem indigne occisum vellet :

> . . . . . . Quem falsa sub proditione Pelasgi
> Insontem, infando indicio, quia bella vetabat,
> Demisere neci.
> (*Æn.* lib. II, v. 83.)

Et Æneas, ut ostenderet magnitudinem timoris sui, bene causam posuit :

> . . . . . Et pariter comitique onerique timentem.
> (*Æn.* lib. II, v. 729.)

IV. Du pathétique tiré de la cause, du mode et de la matière.

Le pathétique qui naît de la cause est fréquent dans Virgile. Le plus souvent, en effet, c'est la cause d'une action qui en fait l'horreur ou la pitié. Par exemple, Cicéron *contre Verrès* : « Il fallait que les parents de ceux qu'il avait fait périr dans les prisons implorassent de lui la grâce de les ensevelir. » C'est qu'en pareil cas se faire prier ou payer était une chose indigne, non pas tant pour le fait en lui-même, que pour la cause de ce fait. Ainsi Démosthène, lorsqu'il se plaint de Midias qui avait suborné un individu, redouble l'indignation en énonçant la cause : « Il a, dit-il, gagné l'arbitre qui avait prononcé avec intégrité entre lui et moi. » Cette circonstance a été pour Virgile une source féconde de pathétique. « Galesus, dit-il, est tué dans les rangs. » Il n'y a rien là, en temps de guerre, qui puisse émouvoir la compassion ; mais il ajoute la cause :

« Tandis qu'il s'offre pour médiateur de la paix. »

Autre exemple :

« Il tombe, le malheureux. »

Mais que la cause est déplorable !

« Atteint d'un coup qui n'était pas pour lui ; »

c'est-à-dire d'un trait destiné à un autre.
Et pour exprimer la mort injuste de Palamède :

« Faussement accusé de trahison, innocent, les Grecs, parce qu'il s'opposait à la guerre, le condamnèrent à la mort sur de faux indices. »

Énée veut faire sentir toute l'étendue de sa crainte ; il en indique aussitôt la cause :

« Tremblant à la fois et pour mon compagnon et pour mon fardeau. »

Quid Iapix, ut contemptis artificiis inglorius, quemadmodum poeta ait, viveret, qualis causa proponitur?

> Ille ut depositi proferret fata parentis.
> *(Æn. lib. XII, v. 395.)*

Ex eodem genere est :

> Fallit te incautum pietas tua.
> *(Æn. lib. X, v. 812.)*

Hæc enim causa illum hostibus etiam sic miserabilem fecit. Sed et Æneas quum hortatur ut sepeliantur occisi, quam causam proponit?

> . . . . Qui sanguine nobis
> Hanc patriam peperere suo.
> *(Æn. lib. IX, v. 25.)*

Nec non et indignatio demonstratur a causa; ut illic :

> Multa gemens, ignominiam plagasque superbi
> Victoris, tum quos amisit inultus amores.
> *(Georg. lib. III, v. 226.)*

Et illud a causa est ex affectu indignantis :

> . . . . An solos tangit Atridas
> Iste dolor? solisque licet capere arma Mycenis[14]?
> *(Æn. lib. IX, v. 138.)*

Et illud :

> . . . . At tu dictis, Albane, maneres.
> *(Æn. lib. VIII, v. 643.)*

Et illa omnia :

> Vendidit hic auro patriam.
> *(Æn. lib. VI, v. 621.)*

> Quique ob adulterium cæsi.
> *(Æn. lib. VI, v. 612.)*

> Nec partem posuere suis.
> *(Æn. lib. VI, v. 611.)*

Ad pathos movendum nec duos illos prætermisit locos quos rhetores appellant, a modo et a materia. Modus est, quum dico : « Occidit manifeste vel occulte [15]. » Materia est quum dico : « Ferro an veneno. » Demosthenes de modo invidiam Midiæ facit, se pulsatum cothurno;

Lorsqu'Iapix renonce aux arts pour vivre obscur, comme le dit le poëte, quel motif le guide?

« Mais lui, afin de prolonger les jours d'un père expirant. »

Voici un autre exemple du même genre :

« Imprudent, ta piété t'égare. »

Et c'est justement ce qui le rend (Lausus) un objet de compassion même pour ses ennemis. Lorsqu'Énée exhorte ses compagnons à ensevelir les morts, quel motif fait-il valoir?

« Ce sont eux qui, au prix de leur sang, nous ont conquis cette patrie. »

De même, l'on produit l'indignation au moyen de la cause. Dans cet endroit, par exemple :

« Gémissant (le taureau) de sa honte, des blessures qu'il a reçues de son superbe vainqueur, de ses amours, perdues sans vengeance. »

Ici la cause d'où naît le pathétique, est dans la passion qui s'indigne :

« Est-ce qu'un tel ressentiment touche les seuls Atrides? Mycènes a-t-elle seule le droit de prendre les armes? »

Et ce passage :

« Albain, devais-tu violer ta parole! »

Et les suivants :

« Celui-ci vendit sa patrie pour de l'or. »

« Et ceux qui ont trouvé la mort dans l'adultère. »

« Et n'en ont point fait part (de leurs trésors) à leurs proches. »

Virgile n'a pas négligé, non plus, comme sources de pathétique, ces deux lieux communs que les rhéteurs appellent le mode et la matière. Le mode, c'est lorsque je dis : « Il a tué publiquement ou secrètement; » la matière, lorsque je dis : « Par le fer ou par le poison. » Démosthène se sert du premier pour rendre odieux Midias, quand il

Cicero Verri, quum nudum quemdam dicit ab eo statuæ impositum [16]. Virgilius non minus evidenter :

> . . . . Altaria ad ipsa trementem
> Traxit, et in multo lapsantem sanguine nati.
> (*Æn. li. II. v. 550.*)

Et :

> . . . . Capulo tenus abdidit ensem.

Et illa omnia a modo sunt :

> . . . . . Rostroque immanis vultur adunco
> Immortale jecur tondens;
> (*Æn. lib. VI. v. 597.*)

et reliqua. — Et :

> Quos super atra silex jamjam lapsura cadentique
> Imminet assimilis.
> (*Æn. lib. VI, v. 602.*)

Sed et misericordiam a modo sæpe commovet ; ut de Orpheo :

> . . . . . Latos juvenem sparsere per agros.
> (*Georg. lib. IV. v. 522.*)

Et illud :

> Obruit Auster aqua involvens navemque virosque.
> (*Æn. lib. VI. v. 336.*)

Et :

> Saxum ingens volvunt alii.
> (*Æn. lib. VI, v. 616.*)

Et :

> Mortua quin etiam jungebat corpora vivis.
> (*Æn. lib. VIII. v. 485.*)

Et in *Georgicis :*

> Nec via mortis erat simplex ;
> (*Georg. lib. III. v. 482.*)

et cetera in descriptione morbi.

Sed et materia apud rhetores pathos movet ; ut dum queritur Cicero flammam ex lignis viridibus factam, atque ibi inclusum fumo necatum. Hoc enim a materia est, quoniam hic usus est fumo materia ad occidendum, ut alius gladio, alius veneno ; et ideo acerrimum pathos

l'accuse de l'avoir frappé avec son cothurne ; Cicéron, pour rendre odieux Verrès, quand il l'accuse d'avoir fait attacher quelqu'un tout nu à une statue. Voici des exemples non moins sensibles empruntés à Virgile :

« Il le (Priam) traîna à l'autel tremblant, et glissant dans les flots du sang de son fils. »

Et :

« Plongea son épée jusqu'à la garde. »

Tous ceux qui suivent appartiennent au mode :

« Un énorme vautour de son bec recourbé ronge son foie immortel ; »

etc. — Ou bien :

« Sur eux pend un noir rocher prêt à tomber, et qui semble les menacer sans cesse de sa chute. »

Souvent aussi par le mode il émeut la pitié. En parlant d'Orphée :

« Elles dispersèrent ses membres à travers les vastes campagnes. »

Autre exemple :

« L'Auster les enveloppe et engloutit dans les eaux le navire et les guerriers. »

Et :

« Les autres roulent un rocher énorme. »

Et :

« Il allait jusqu'à lier des hommes vivants à des cadavres. »

Enfin ce passage des *Géorgiques* :

« La mort n'avait pas qu'une seule voie ; »

et le reste de la description de la peste.

Les rhéteurs emploient aussi la matière comme source de pathétique ; comme, par exemple, lorsque Cicéron parle de ce feu entretenu par du bois vert, et du malheureux qu'on y jette et qui meurt étouffé par la fumée. Ici le pathétique se tire de la matière, parce qu'il (Verrès) se sert de la fumée pour donner la mort, comme un au-

ex hoc motum est. Idem facit et quum flagellis cæsum queritur civem Romanum [17]. Invenies idem apud Virgilium :

> At pater omnipotens densa inter nubila telum
> Contorsit; non ille faces nec fumea tædis;
> (*Æn.* lib. VI, v. 592.)

et reliqua. Eleganter autem illius quidem materiam elusit; ex hujus autem vera et vehementi materia expressit iracundiam.

Et singula quidem enumeravimus, ex quibus apud rhetoras pathos nascitur, quibus ostendimus usum Maronem. Sed nonnunquam Virgilius in una re ad augendum pathos duobus aut pluribus locis conjunctis utitur.

Ut in Turno, ab ætate :

> . . . . Miserere parentis
> Longævi.
> (*Æn.* lib. XII, v. 43.)

A loco :

> . . . Quem nunc mœstum patria Ardea longe.
> Dividit.

Et circa Cassandram, ex modo :

> Ecce trahebatur.
> (*Æn.* lib. II, v. 403.)

Ex habitu corporis :

> . . . . Passis Priameia virgo
> Crinibus.

Ex loco :

> . . . . . A templo adytisque Minervæ.

Et circa Agamemnonem, a patria :

> Ipse Mycæneus.

A fortuna :

> . . . . Magnorum ductor Achivum.

A necessitudine :

> Conjugis infandum [18].

tre se sert de l'épée, un autre du poison, et c'est même là ce qui le porte au comble. Dans un autre endroit l'orateur nous montre un citoyen romain frappé de verges. Vous trouverez la même chose dans Virgile :

« Mais le père tout-puissant lança un trait du milieu des nuées; ce n'étaient point de vains flambeaux, des feux mêlés de fumée; »

etc. Le poëte tourne en ridicule la matière [dont est faite la foudre] de l'un (Salmonée), tandis que la matière véritable et puissante [dont est faite la foudre] de l'autre (Jupiter) exprime la colère du dieu.

Nous avons énuméré successivement les différentes sources du pathétique employées par les rhéteurs, et nous les avons toutes retrouvées dans Virgile. Quelquefois, pour accroître l'effet, il se sert, dans le même endroit, de deux ou de plusieurs circonstances réunies.

Ainsi, à l'égard de Turnus, de l'âge :

« Aie pitié de ton vieux père. »

Du lieu :

« Qui se désole loin de toi, dans Ardée sa patrie. »

A l'égard de Cassandre, du mode :

« Voici que l'on traînait. »

De l'extérieur du corps :

« La fille de Priam les cheveux épars. »

Du lieu :

« Hors du temple et du sanctuaire de Minerve. »

A l'égard d'Agamemnon, de la patrie :

« Lui-même, enfant de Mycènes. »

Du rang :

« Chef des rois de la Grèce. »

Des liens de famille :

« [Tomba sous le poignard] de son épouse criminelle. »

A loco :

> . . . . Prima inter limina.

A causa :

> . . . . Subsedit adulter.

Tacite quoque et quasi per definitionem pathos movere solet, quum res, quæ miserationem movet, non dilucide dicitur, sed datur intelligi ; ut quum Mezentius dicit :

> . . . . Nunc alte vulnus adactum.
> (Æn. lib. X, v. 850.)

Quid enim aliud ex hoc intelligendum est, quam hoc altum vulnus esse, amittere filium ? Et rursus idem :

> . . . . Hæc via sola fuit qua perdere posses.
> (Æn. lib. X, v. 879.)

Sed et hic scilicet accipiendum est perire, esse amittere

Et Juturna quum queritur quod adjuvare fratrem prohibeatur :

> Immortalis ego.
> (Æn. lib. XII, v 882.)

Quid enim sequitur ? non est immortalitas in luctu vivere. Hæc, ut dixi, vim definitionis habent, et a poeta eleganter introducta sunt.

V. Pathos à simili.

Sunt in arte rhetorica ad pathos movendum etiam li loci qui dicuntur *circa rem*, et movendis affectibus peropportuni sunt. Ex quibus primus est a simili [19]. Hujus species sunt tres, exemplum, parabola, imago; Græce, παράδειγμα, παραβολή, εἰκών [20]. Ab exemplo, Virgilius :

> Si potuit manes arcessere conjugis Orpheus,
> Threicia fretus cithara, fidibusque canoris :

Du lieu :

« Sur le seuil même de son palais. »

De la cause :

« L'adultère fit tomber dans ses piéges. »

Il arrive aussi que le pathétique est voilé, et, pour ainsi dire, contenu dans la définition ; cela a lieu toutes les fois qu'au lieu d'énoncer clairement l'objet qui fait naître la compassion, on le donne seulement à entendre. Par exemple, lorsque Mézence s'écrie :

« Maintenant la blessure a pénétré profondément. »

Que veut-il dire par cette blessure profonde, sinon la perte de son fils? Aussi quand il ajoute un peu plus loin :

« Tu n'avais que ce moyen de me perdre ; »

on doit entendre par là que perdre un fils, c'est mourir.

Juturne se désolant de ne pouvoir sauver son frère, s'écrie :

« Moi ! immortelle ! »

En effet, qu'en résulte-t-il ? ce n'est point être immortel que de vivre dans le deuil. Ces traits, comme je l'ai dit, ont toute la force d'une définition, et notre poëte les a employés avec un goût exquis.

V. Du pathétique *à simili*.

La rhétorique offre encore pour exciter le pathétique des lieux communs, connus sous le nom de *circa rem*[1], et qui sont très-propres à émouvoir les passions. Le premier est l'argument *à simili*. Il se présente sous trois formes : l'exemple, la parabole, l'image ; en grec, παράδειγμα, παραβολὴ, εἰκών. Pathétique tiré de l'exemple dans Virgile :

« Si Orphée a pu ramener vers la lumière l'ombre de son épouse, à l'aide de sa lyre de Thrace, par ses accords touchants :

[1] Relatifs au sujet.

Si fratrem Pollux alterna morte redemit.
. . . . Quid Thesea? magnum
Quid memorem Alciden?
(*Æn.* lib. VI, v. 119.)

Antenor potuit mediis elapsus Achivis.
(*Æn.* lib. I, v. 246.)

Hæc enim omnia misericordiam movent; quoniam indignum videtur negari sibi, quod aliis indultum sit. Deinde vide unde auget invidiam :

Si potuit manes arcessere conjugis Orpheus.

Habes causam disparem : *manes* illic *conjugis*, hic *patris*; illic *arcessere*, hic *videre*.

Threicia fretus cithara.

Hic materiam ejus irrisit [21].

Si fratrem Pollux alterna morte redemit;
Itque reditque viam toties.

Hoc jam a modo : plus est enim sæpe ire quam semel.

. . . . Quid Thesea? magnum
Quid memorem Alciden?

Hic propter egregias personas non habuit quod minueret atque augeret; verum quod in illis elucebat, hoc sibi jactat cum his esse commune :

. . . . . Et mi genus ab Jove summo.
(*Æn.* lib. VI, v. 123.)

Simile est et illud ab indignatione : Quid enim? ait Juno :

. . . . Pallasne exurere classem
Argivum?
(*Æn.* lib. I, v. 39.)

Jam hoc plus est, classem victricem quam reliquias fugientium. Deinde causam minuit :

Unius ob noxam et furias Ajacis Oilei.

Quam minuit, ut *noxam* diceret, quod levis culpæ no-

si Pollux a pu racheter son frère de la mort en mourant à son tour.... Qu'ai-je besoin de rappeler Thésée et le grand Alcide ? »

« Anténor a pu échapper du milieu des Grecs. »

Tous ces exemples sont une cause de pathétique ; car il semble indigne de se voir refuser une faveur accordée à d'autres. Observez ensuite comment Virgile augmente l'intérêt en faveur d'Énée :

« Si Orphée a pu ramener vers la lumière l'ombre de son épouse. »

La cause est différente : ici, *l'ombre d'une épouse;* là, *celle d'un père;* ici, *ramener la lumière;* là, *voir.*

« A l'aide de sa lyre de Thrace. »

Il tourne en dérision le moyen.

« Si Pollux a pu racheter son frère de la mort en mourant à son tour, et tant de fois passer et repasser le chemin [des enfers]. »

Voilà le mode : souvent est plus qu'une seule fois.

« Qu'ai-je besoin de rappeler Thésée et le grand Alcide ? »

La grandeur des personnages est telle, qu'il ne peut ni les rabaisser, ni se mettre au-dessus d'eux ; mais ce qui les élève au-dessus des autres hommes, il se vante de le partager avec eux :

« Et moi aussi je suis de la race du grand Jupiter. »

Voici un autre exemple ; c'est l'indignation qui le fournit : « Quoi! dit Junon,

« Pallas a pu brûler la flotte des Grecs ! »

Une flotte victorieuse ; c'est bien autre chose vraiment que de misérables débris de fuyards. Ensuite elle atténue la cause :

« Pour le tort d'un seul et le délire d'Ajax, fils d'Oïlée. »

Elle l'atténue, en disant *le tort,* ce qui signifie propre-

men est; et *unius*, quod facile possit ignosci; et *furentis*, ut nec culpa sit.

Et alibi :

. . . . Mars perdere gentem
Immanem Lapithum valuit.
(*Æn*. lib. VII, v. 304.)

Vides easdem observationes, *gentem* et *immanem*.

Deinde aliud exemplum :

. . . . Concessit in iras
Ipse deum antiquam genitor Calydona Dianæ.

Antiquam; ut plus honoris accederet ex vetustate. Deinde in utroque causam minuit :

Quod scelus aut Lapithis tantum aut Calydone merente?

A parabola vero, quoniam magis hoc poetæ convenit [22], sæpissime pathos movet; quum aut miserabilem, aut iracundum vellet inducere. Miserabilem sic :

Qualis populea mœrens Philomela sub umbra.
(*Georg*. lib. IV, v. 511.)

. . . . . Qualis commotis excita sacris
Thyas.
(*Æn*. lib. IV, v. 301.)

Qualem virgineo demessum pollice florem.
(*Æn*. lib. XI, v. 68.)

Et aliæ plurimæ patheticæ parabolæ, in quibus miseratus est. Quid de ira?

Ac veluti pleno lupus insidiatus ovili
Dum fremit ad caulas.
(*Æn*. lib. IX, v. 59.)

Et :

Mugitus veluti fugit quum saucius aram
Taurus.
(*Æn*. lib. II, v. 223.)

Et alia plura similia, qui quærit, inveniet.

Et imago [23], quæ est a simili pars tertia, idonea est movendis affectibus. Ea fit, quum aut forma corporis absentis describitur, aut omnino quæ nulla est fingitur.

ment une faute légère *d'un seul ;* ce qui rend le pardon facile ; *le délire*, en sorte qu'il n'y a pas même de faute.

Dans un autre endroit :

« Mars a bien pu exterminer la nation terrible des Lapithes. »

Remarquez des combinaisons analogues, *nation* et *terrible*.

Autre exemple :

« Le père des dieux a livré aux fureurs de Diane l'antique Calydon. »

Antique ; l'ancienneté des temps ajoute à l'illustration de la contrée. Maintenant elle atténue la cause du ressentiment des deux divinités :

« Quel crime si grand avaient donc à expier les Lapithes et Calydon ? »

La parabole convient spécialement à la poésie ; aussi Virgile l'emploie-t-il souvent comme moyen de pathétique, pour exciter la compassion, ou peindre la colère. La compassion :

« Ainsi la triste Philomèle à l'ombre d'un peuplier. »

« Telle qu'une Bacchante entrant en fureur à la vue des objets sacrés. »

« Telle la fleur cueillie par la main d'une jeune fille. »

Et plusieurs autres paraboles semblables où respire la compassion. Voyons la colère :

« Tel qu'un loup qui rôde en frémissant autour d'une bergerie pleine. »

Ou bien :

« Tel mugit un taureau lorsqu'il fuit de l'autel où il a été frappé. »

Et plusieurs autres exemples de ce genre, qui n'échapperont aux recherches de personne.

L'image, ou troisième forme de l'argument *à simili*, n'est pas moins propre à remuer les passions. Il y a image, soit quand on décrit la forme d'un objet absent, soit quand

Utrumque Virgilius eleganter fecit. Illud prius circa Ascanium :

> O mihi sola mei super Astyanactis imago!
> Sic oculos, sic ille manus, sic ora ferebat.
> (*Æn.* lib. III. v. 489.)

Fingit vero, quum dicit :

> . . . . Quam fama sequuta est
> Candida succinctam latrantibus inguina monstris.
> (*Ecl.* VI, v. 74.)

Sed prior forma οἶκτον præstat, hæc δείνωσιν, id est prior misericordiam commovet, horrorem secunda. Sicut alibi :

> Et scissa gaudens vadit Discordia palla,
> Quem cum sanguineo sequitur Bellona flagello.
> (*Æn.* lib. VIII, v. 702.)

Et omnia illa quæ de forma dixit. Sed et illud nimium pathetice :

> . . . . Furor impius intus
> Sæva sedens super arma, et centum vinctus aenis
> Post tergum nodis fremit[24] horridus ore cruento.
> (*Æn.* lib. 1, v. 294.)

VI. Pathos a majori et minori.

Diximus a simili : nunc dicamus a minore pathos a poeta positum. Nempe quum aliquid proponitur, quod per se magnum sit, deinde minus esse ostenditur, quam illud quod volumus augeri, sine dubio infinita miseratio movetur. Ut est illud :

> O felix una ante alias Priameia virgo,
> Hostilem ad tumulum, Trojæ sub mœnibus altis,
> Jussa mori!
> (*Æn.* lib. III, v. 321.)

Primum quod ait *felix*, comparationem sui fecit : deinde posuit a loco, *hostilem ad tumulum;* et a modo, quod non minus acerbum est, *jussa mori.* Sic ergo hæc accipienda sunt : Quamvis hostilem ad tumulum, quamvis

on imagine une forme qui n'a rien de réel. Virgile s'est servi heureusement de l'une et de l'autre. Il emploie la première en parlant d'Ascagne :

« O toi, seule image qui me reste de mon Astyanax! Tels étaient ses yeux, ses mains, les traits de son visage. »

Mais c'est une fiction quand il dit :

« [Scylla] dont la ceinture est formée, dit-on, de monstres aboyants. »

L'image, dans le premier cas, excite la compassion, οἶκτος; dans le second, l'horreur, δείνωσις. Comme encore :

« La Discorde accourt avec joie, traînant sa robe déchirée, et Bellone la suit, armée d'un fouet sanglant. »

Et mille autres passages qui sont des tableaux. Mais voici le comble du pathétique :

« La Fureur impie, assise sur des armes homicides, les mains liées sur son dos par cent nœuds d'airain, frémit au dedans du temple, horrible et la bouche sanglante.

VI. Du pathétique *à majori* et *à minori*.

Nous avons parlé du pathétique *à simili*; parlons maintenant du pathétique *à minore* et de l'usage qu'en a fait le poëte. Si je mets sous les yeux une grande infortune, et si je montre ensuite qu'elle est encore au-dessous de celle que je veux faire ressortir, il en résulte certainement une pitié infinie. Par exemple :

« O seule heureuse entre les autres, la vierge fille de Priam, sur le tombeau d'un ennemi, devant les murs fameux de Troie, condamnée à périr!

D'abord ce mot *heureuse* indique la comparaison qu'Andromaque fait d'elle-même. Puis elle tire un second effet du lieu : *sur le tombeau d'un ennemi*; enfin du mode, dont la rigueur ne le cède guère à l'autre : *condamnée à périr*. C'est comme si elle disait : Bien que condamnée à

jussa mori, felicior tamen quam ego, quia *sortitus non pertulit ullos.* Simile est et illud :

> . . . . O terque quaterque beati!
> (*Æn.* lib. I, v. 98.)

Et quod de Pasiphae dicit :

> Prœtides implerunt falsis mugitibus agros.
> (*Ecl.* VI, v. 48.)

Deinde, ut minus hoc esse monstraret :

> At non tam turpes pecudum tamen ulla sequuta est
> Concubitus.

Quid illud? nonne vehementer patheticum est a minore?

> Nec vates Helenus, quum multa horrenda moneret,
> Hos mihi prædixit luctus, non dira Celæno.
> (*Æn.* lib. III, v. 712.)

Quid hic intelligimus, nisi omnia quæ passus erat minora illi visa, quam patris mortem?

A majore negaverunt quidam rem augeri posse; sed eleganter hoc circa Didonem Virgilius induxit :

> Non aliter quam si immissis ruat hostibus omnis
> Carthago, aut antiqua Tyros;
> (*Æn.* lib. IV, v. 670.)

dixit enim non minorem luctum fuisse ex unius morte, quam si tota urbs (quod sine dubio esset majus) ruisset. Et Homerus idem fecit :

> . . . . Ὡς εἰ ἅπασα
> Ἴλιος ὀφρυόεσσα πυρὶ σμήχοιτο κατ' ἄκρας.
> (*Iliados* lib. XXII, v. 410.)

Est apud oratores et ille locus idoneus ad pathos movendum, qui dicitur *præter spem.* Hunc Virgilius frequenter exercuit :

> Nos tua progenies, cœli quibus annuis arcem;
> (*Æn.* lib. I, v. 250.)

périr, à périr sur le tombeau d'un ennemi, elle est plus heureuse que moi encore, parce qu'*elle n'a subi aucun partage*. Tel est encore cet autre passage :

« O trois et quatre fois heureux ! »

Et ce qu'il dit de Pasiphaé :

« Les filles de Prétus ont rempli les campagnes de faux mugissements. »

Ensuite, pour montrer qu'il y a loin encore de là à Pasiphaé :

« Mais aucune d'elles n'a recherché l'accouplement infâme des taureaux. »

Et ceci ! n'est-ce pas un trait admirable de pathétique *à minore ?*

« Ni le devin Hélénus, parmi tant de calamités qu'il m'annonçait, ni la cruelle Céléno, ne m'avaient prédit un deuil semblable. »

N'est-ce pas dire clairement que tous les maux qu'il avait soufferts jusque-là n'étaient rien auprès de la mort de son père ?

On a soutenu quelquefois qu'on ne pouvait agrandir un objet *à majore*[1] ; cependant Virgile l'a fait avec bonheur, en parlant de Didon :

« Comme si Carthage tout entière ou l'ancienne Tyr fussent tombées sous les coups d'un ennemi vainqueur ; »

pour dire qu'une seule mort (celle de Didon) répandit une consternation aussi générale que si la ville entière (ce qui incontestablement eût été une calamité bien plus grande) se fût écroulée. Homère a employé la même figure :

« Comme si les hauts sommets d'Ilion fussent devenus la proie des flammes.

Un autre lieu commun qu'emploient les orateurs pour produire le pathétique, est appelé *præter spem*[2]. Virgile y a recours souvent :

« Nous, vos enfants, à qui vous promettez les demeures célestes. »

---

[1] C'est-à-dire par la comparaison d'une autre chose plus grande. — [2] Contre l'attente.

et cetera. — Et Dido :

> Hunc ego si potui tantum sperare dolorem,
> Et perferre, soror, potero.
> (*Æn.* lib. IV, v. 419.)

Æneas de Evandro :

> Et nunc ille quidem spe multum captus inani
> Fors et vota facit.
> (*Æn.* lib. XI, v. 29.)

Et illud :

> . . . . Advena nostri,
> (Quod nunquam veriti sumus), ut possessor agelli
> Diceret : Hæc mea sunt, veteres migrate coloni.
> (*Ecl.* IX, v. 2.)

Invenio tamen posse aliquem ex eo quod jam speraverit, movere pathos, ut Evander :

> Haud ignarus eram quantum nova gloria in armis,
> Et prædulce decus.
> (*Æn.* lib. XI, v. 154.)

Oratores ὁμοιοπάθειαν vocant, quoties de similitudine passionis pathos nascitur, ut apud Virgilium :

> . . . . Fuit et tibi talis
> Anchises genitor.
> (*Æn.* lib XII, v. 933.)

Et :

> . . . . . Patriæ strinxit pietatis imago.
> (*Æn.* lib. IX, v. 294.)

Et :

> . . . . . Subiit cari genitoris imago.
> (*Æn.* lib. II, v. 560.)

Et Dido :

> Me quoque per multos similis fortuna labores.
> (*Æn.* lib. I, v. 632.)

Est et ille locus ad permovendum pathos, in quo sermo dirigitur vel ad inanimalia, vel ad muta [25]. Quo loco oratores frequenter utuntur. Utrumque Virgilius bene pathetice tractavit; vel quum ait Dido :

> Dulces exuviæ, dum fata deusque sinebant.
> (*Æn.* lib. IV, v. 651.)

Vel quum Turnus :

> . . . . Tuque optima ferrum
> Terra tene.
> (*Æn.* lib. XII, v. 777.)

etc. — Et Didon :

« Si j'ai pu prévoir une telle douleur, je saurai, ma sœur, la supporter. »

Énée parlant d'Évandre :

« Et lui peut-être à cette heure, bercé par une vaine espérance, il forme des vœux. »

Autre exemple :

« Un étranger (chose que nous n'aurions jamais pu craindre), possesseur de notre petit champ, nous dit : Ceci est à moi ; partez, anciens colons. »

Je remarque cependant qu'un événement attendu peut offrir également une situation pathétique. Ainsi Évandre :

« Je n'ignorais pas combien est douce une gloire nouvelle dans les armes. »

Les orateurs appellent *homœopathée*[1], cette figure qui produit le pathétique par la similitude de la passion, comme dans Virgile :

« Tel fut autrefois Anchise, ton père. »

« Cette image de la piété filiale toucha [son cœur]. »

« L'image chérie de mon père s'offre à ma pensée. »

Et quand Didon s'écrie :

« Et moi aussi [soumise] à de longues traverses par une fortune semblable à la vôtre. »

Une autre source de pathétique, c'est ce lieu si fréquemment employé par les orateurs, par lequel on adresse la parole à des êtres inanimés ou muets. Dans les deux cas, Virgile a très-bien su remuer la passion ; soit lorsque Didon s'écrie :

« Dépouilles qui me fûtes si chères, tant que les destins et un dieu le permirent. »

Ou Turnus :

« O terre secourable, retiens le fer [d'Énée]. »

(1) Ὁμοιοπάθεια.

Et idem alibi :

> . . . . . Nunc, o nunquam frustrata vocatus
> Hasta meos.
> (Æn. lib. XII, v. 95.)

> Rhebe, diu, res si qua diu mortalibus ulla est,
> Viximus.
> (Æn. lib. X, v. 861.)

Facit apud oratores pathos etiam addubitatio, quam Græci ἀπόρησιν vocant. Est enim vel dolentis vel irascentis dubitare quid agas.

> En quid ago? rursusne procos irrisa priores
> Experiar?
> (Æn. lib. IV, v. 534.)

Et illud de Orpheo :

> Quid faceret? quo se rapta bis conjuge ferret?
> (Georg. IV, v. 504.)

Et de Niso :

> Quid faciat? qua vi juvenem, quibus audeat armis
> Eripere?
> (Æn. lib. IX, v. 399.)

Et Anna permovetur :

> Quid primum deserta querar? comitemne sororem?
> (Æn. lib. IV, v. 677.)

Et attestatio rei visæ apud rhetores pathos movet. Hoc Virgilius sic exsequitur :

> Ipse caput nivei fultum Pallantis et ora
> Ut vidit, levique patens in pectore vulnus.
> (Æn. lib. XI, v. 39.)

Et illud :

> . . . . Implevitque sinus sanguis.
> (Æn. lib. X, v. 819.)

Et :

> . . . . Moriensque suo se in sanguine versat.
> (Æn. lib. XI, v. 669.)

Et :

> Crudelis nati monstrantem vulnera cernit.
> (Æn. lib. VI, v. 449.)

Et :

> Ora virum tristi pendebant pallida tabo.
> (Æn. lib. VIII, v. 197.)

Et dans un autre endroit :

« Maintenant, ô lance qui ne fus jamais sourde à ma voix. »

[Ou Mézence] :

« Rhèbe, assez longtemps nous avons vécu, s'il existe un longtemps pour les mortels. »

Les orateurs emploient encore comme moyen de pathétique la dubitation, appelée par les Grecs *aporèse*[1]. En effet, c'est le propre de la douleur, comme de la colère, d'hésiter sur ce qu'on doit faire.

« Que ferai-je ? irai-je dédaignée rechercher mes premiers amants ? »

Et en parlant d'Orphée :

« Que fera-t-il ? où portera-t-il ses pas après s'être vu deux fois enlever son épouse ?

De Nisus :

« Que faire ? quelle force, quelles armes peuvent délivrer le jeune homme ?

Anna désolée :

« Abandonnée, de quoi me plaindrai-je d'abord ? [De ce que tu as dédaigné en mourant] ta sœur pour compagne ? »

Les rhéteurs tirent encore le pathétique de la description de la chose vue. En voici des exemples pris dans Virgile :

« Lui-même, en voyant le corps de Pallas, blanc comme la neige, sa tête qu'on soutenait, la blessure qui entrouvrait ce sein poli. »

« Son sein fut inondé de sang. »

« Il expire en se roulant dans son sang. »

« Il l'aperçoit montrant les blessures qu'elle a reçues de son cruel fils. »

« Des têtes humaines étaient suspendues, sanglantes et livides. »

[1] Ἀπόρησις.

Et :

> Volvitur Euryalus letho, pulchrosque per artus
> It cruor.
> (*Æn.* lib. IX, v. 433.)

> Vidi egomet, duo de numero quum corpora nostro.
> (*Æn.* lib. III, v. 623.)

Facit hyperbole, id est nimietas, pathos; per quam exprimitur ira vel misericordia. Ira, ut quum forte dicimus : « Millies ille perire debuerat. » Quod est apud Virgilium :

> Omnes per mortes animam sontem ipse dedissem.
> (*Æn.* lib. X, v. 854.)

Miseratio, quum dicit :

> Daphni, tuum Pœnos etiam ingemuisse leones
> Interitum.
> (*Ecl.* V, v. 227.)

Nascitur præter hæc de nimietate vel amatorium, vel alterius generis pathos :

> Si mihi non hæc lux toto jam longior anno est.
> (*Ecl.* VII, v. 43.)

Et illud seorsum :

> . . . . Maria ante exurere Turno
> Quam sacras dabitur pinus.
> (*Æn.* lib. IX, v. 115.)

Et :

> . . . . . Non si tellurem effundat in undas.
> (*Æn.* lib. XII, v. 204.)

Exclamatio, quæ apud Græcos ἐκφώνησις dicitur, movet pathos. Hæc fit interdum ex persona poetæ, nonnunquam ex ipsius quem inducit loquentem. Ex persona quidem poetæ est :

> Mantua væ miseræ nimium vicina Cremonæ !
> (*Ecl.* IX, v. 28.)

> Infelix, utcumque ferent ea fata nepotes [26].
> (*Æn.* lib. VI, v. 822.)

> Crimen amor vestrum.
> (*Æn.* lib. X, v. 188.)

Et alia similia. — Ex persona vero alterius :

> . . . . . Di capiti ipsius generique reservent.
> (*Æn.* lib. VIII, v. 484.)

« Euryale se roule dans la mort, et ses membres gracieux sont inondés de sang. »

« Je l'ai vu moi-même, saisir de sa vaste main deux des nôtres. »

L'hyperbole, ou exagération, produit le pathétique, soit qu'elle exprime la colère ou la pitié. La colère, comme, par exemple, lorsque nous disons : « Il aurait dû périr mille fois. » C'est le même mouvement que nous trouvons dans Virgile :

« J'aurais offert moi-même à mille morts ma coupable vie. »

La pitié, quand il dit :

« Daphnis, les lions de l'Afrique eux-mêmes pleurèrent ton trépas. »

L'hyperbole s'emploie encore pour peindre l'amour ou toute autre passion :

« Si ce jour ne m'a pas semblé plus long qu'une année entière. »

On remarquera particulièrement ce passage :

« Turnus incendiera plutôt les mers que les pins qui me sont consacrés. »

Autre exemple :

« Non, quand il plongerait la terre dans les eaux. »

L'exclamation, appelée par les Grecs *ecphonèse*[1], produit le pathétique. Elle se tire soit de la personne du poëte, soit du personnage même qu'il fait parler. De la personne du poëte :

« Malheur à toi, ô Mantoue, trop voisine de la malheureuse Crémone ! »

« Malheureux, quoi que prononce sur ces destins la postérité. »

« L'amour fut votre crime. »

Et plusieurs autres passages semblables. — De la personne du héros :

« Les dieux réservent de pareils supplices à lui et à sa race ! »

(1) Ἐκφώνησις.

Et :

> . . . . Di, talia Graiis
> Instaurate, pio si pœnas ore reposco.
> *(Æn. lib. VI, v. 529.)*

Et :

> . . . . . Di, talem terris avertite pestem [27] !
> *(Æn. lib. III, v. 620.)*

Contraria huic figuræ *ἀποσιώπησις*, quod est taciturnitas. Nam ut illic aliqua exclamando dicimus, ita hic aliqua tacendo subducimus, quæ tamen intelligere possit auditor. Hoc autem præcipue irascentibus convenit, ut Neptunus :

> Quos ego.... Sed motos præstat componere fluctus.
> *(Æn. lib. I, v. 135.)*

Et Mnestheus :

> . . . . Nec vincere certo.
> Quanquam o!... Sed superent, quibus hoc, Neptune, dedisti.
> *(Æn. lib. V, v. 194.)*

Et Turnus :

> Quanquam o!... Si solitæ quidquam virtutis adesset.
> *(Æn. lib. XI, v. 415.)*

Et in *Bucolicis :*

> Novimus et qui te.... Transversa tuentibus hircis,
> Et quo, sed faciles Nymphæ risere, sacello.
> *(Ecl. III, v. 10.)*

Sed et miseratio ex hac figura mota est a Sinone :

> . . . . Donec Calchante ministro....
> Sed quid ego hæc autem nequidquam ingrata revolvo ?
> *(Æn. lib. II, v. 100.)*

Nascitur pathos et de repetitione, quam Græci *ἐπαναφορὰν* vocant, quum sententiæ ab iisdem nominibus incipiunt. Hinc Virgilius :

> . . . Eurydicen vox ipsa et frigida lingua,
> Ah ! miseram Eurydicen, anima fugiente, vocabat:
> Eurydicen toto referebant flumine ripæ.
> *(Georg. lib. IV, v. 525.)*

« Dieux, rendez aux Grecs les maux que j'ai soufferts, si j'ai le droit d'implorer votre vengeance. »

« Dieux, délivrez la terre d'un tel fléau ! »

L'opposé de cette figure est l'*aposiopèse*[1], ou réticence. Dans la précédente, la pensée s'exprime hautement par une exclamation; ici, elle se cache sous un silence affecté, mais cependant fort intelligible. La colère procède presque toujours de cette manière. Ainsi Neptune :

« Je vous.... Mais il vaut mieux calmer les flots émus. »

Mnesthée :

« Je n'aspire point à vaincre. Et cependant.... Mais non, qu'ils l'emportent, ceux que tu protéges, ô Neptune. »

Turnus :

« Quoique cependant.... S'il nous restait quelque chose de notre antique valeur. »

Dans les *Bucoliques* :

« Nous pourrions nommer les témoins, et le lieu sacré où, les boucs te regardant de travers.... Mais les Nymphes indulgentes ne firent qu'en rire. »

Sinon excite la compassion, à l'aide de cette figure :

« Jusqu'à ce que par le ministère de Calchas.... Mais pourquoi dérouler devant vous le récit de mes malheurs ? »

Le pathétique se produit encore par la répétition que les Grecs appellent *épanaphore*[2], et qui consiste à commencer les phrases par les mêmes mots. Ainsi dans Virgile :

« Sa voix même et sa langue glacée appelaient Eurydice. Ah ! malheureuse Eurydice ! son âme en s'enfuyant t'invoquait encore, et les rives du fleuve répétaient le nom d'Eurydice. »

(1) Ἀποσιώπησις. — (2) Ἐπαναφορά.

Et illud :

> Te, dulcis conjux, te solo in litore secum,
> Te, veniente die, te, decedente, canebat.
>
> (*Georg.* lib. IV, v. 465.)

Et illud :

> Te nemus Angitiæ, vitrea te Fucinus unda,
> Te liquidi flevere lacus.
>
> (*Æn.* lib. VII, v. 759.)

'Επιτίμησις, quæ est objurgatio, habet et ipsa pathos : id est quum objecta iisdem verbis refutamus :

> Æneas ignarus abest : ignarus et absit.
>
> (*Æn.* lib. X, v. 85.)

Ailleurs :

« C'était toi, tendre épouse, toi qu'il chantait sur le rivage désert, toi, au lever du jour, toi, à son déclin. »

Ailleurs encore :

« C'est toi que pleura la forêt d'Angitie, toi que le Fucin aux ondes transparentes, toi que les lacs limpides [pleurèrent]. »

L'*épitimèse*[1], ou objurgation, prête également au pathétique; elle consiste à réfuter une objection par les mêmes termes dans lesquels elle est conçue :

« Énée l'ignore! Énée est absent!.... Qu'il l'ignore, qu'il soit absent. »

(1) Ἐπιτίμησις.

NOTES

SUR LES SATURNALES DE MACROBE.

LIVRE PREMIER.

1. — *Litterarum peno.* — *Penus* ou *penum*, mot à mot *toute espèce de provisions de bouche.* — *Voyez* sur le sens exact de ce mot une dissertation d'Aulu-Gelle, liv. iv, ch. 1, auquel Macrobe semble avoir emprunté, ainsi qu'à Sénèque, l'idée générale de cette introduction.

2. — *Ostendat quod effecit.* Ce passage est pris en entier de Sénèque, *Épître* LXXXIV.

3. — *Sub alio ortos cœlo.* Macrobe dit lui-même que le latin n'était pas sa langue maternelle; il n'était donc ni de Parme ni de Vérone, comme l'ont supposé quelques modernes. Un manuscrit qui lui donne l'épithète de *Sicerinus*, pourrait faire croire qu'il était natif de Sirra, en Numidie, ou plus vraisemblablement de l'île de Sicera, l'une des Sporades, dans la mer Égée. *Voyez* la Notice, p. 7.

4. — *Cum L. Lucullo consul fuit.* L'an de Rome 603. Cette anecdote est citée textuellement d'Aulu-Gelle, liv. xi, ch. 8, qui dit l'avoir empruntée lui-même à Cornelius Nepos.

5. — *Scipiones.* Cotta, Lélius, les Scipions, personnages ordinaires des dialogues de Cicéron.

6. — *Matura ætas.* — *Matura ætas*, vieillesse; *sæculum*, l'espace de la vie d'un homme, suivant la remarque de Zeune.

7. — *Pestilentia Atheniensis.* Athénée, *Deipnos.*, liv. xi, ch. 15.

8. — *Vettium Prætextatum.* Prétextatus vivait sous Valentinien. C'était un homme de naissance et d'érudition, et qui fut successivement pontife, augure, préteur urbain, gouverneur de province, consul. *Voyez*, pour de plus amples détails, la Notice, p. 19.

9. — *Eusebium Rhetorem.* Nous ne savons rien sur cet Eusèbe

que ce que nous en apprend Macrobe. Il exerça avec distinction la profession de rhéteur, et son style était abondant et fleuri.

10. — *Studium tantum tuum.* — *Votre amitié* ou *vos études.* Les deux sens sont également admissibles.

11. — *Avieno mihi insinuante.* Avienus (Rufus Sextus), l'interprète des *Phénomènes* d'Aratus.

12. — *Aurelius Symmachus.* Symmaque (Q. Aurelius), orateur et homme d'État, était frère de Flavien, et vivait sous Valentinien et ses successeurs. Nous possédons de lui un recueil de lettres divisé en dix livres. *Voyez* la Notice, p. 20.

13. — *Cæcina Albinus.* Albinus Cæcina fut préfet de Rome sous Honorius, en 414.

14. — *Servius.* C'est le fameux commentateur de Virgile. On voit, par l'éloge que fait de lui notre auteur, qu'il était dès lors en grande réputation.

15. — *Quintum quoque Mucium.* Scévola (Q. Mucius), le plus savant et le plus disert des jurisconsultes romains, au rapport de Cicéron, *Brutus*, ch. xxxix et suiv., périt enveloppé dans les proscriptions de Sylla. Il fixa le premier le droit civil et le rédigea tout entier en dix-huit livres.

16. — *Kalendas januarias sequentes.* C'est-à-dire du 1er janvier au 29 décembre de l'année suivante.

17. — *Ex Duodecim Tabulis.* Pour comprendre le sens de ce passage, il faut se rappeler qu'à Rome, d'après un mode d'acquisition relatif aux objets mobiliers, et applicable même aux femmes, il suffisait qu'une femme eût demeuré un an entier, sur le pied de mariage, dans la maison d'un homme, pour que celui-ci acquît sur elle la puissance maritale : on appelait cela *usucapio*, usucapion, possession par l'usage ; et l'épouse ne pouvait se soustraire aux effets de l'usucapion, qu'en découchant chaque année trois nuits de suite hors de la maison conjugale. Ce fait d'interrompre l'usage était nommé *usurpatio* ; car, disent les auteurs, *usurpatio est usucapionis interruptio.*

18. — *A manibus.* Varron, cité par Macrobe, fait dériver *mane*, dans le même sens, de *manare*, au lieu de *Manes* : « Diei principium mane, quo tunc manat dies ab oriente. » — Toutefois il préfère l'autre étymologie, laquelle est adoptée par Servius, *sur l'Énéide*, liv. 1, v. 143. *Voyez* le traité *de la Langue lat.*, liv. vi, § 4.

19. — *Pro non bono.* N'est-il pas plus naturel de faire venir

immanis de *in* privatif, *manus*, main (sans mains), c'est-à-dire mutilé, disproportionné, hideux?

20. — *Prima fax.* L'instant où l'on commence à allumer les flambeaux, les réverbères.

21. — *Uni Albino.* Furius Albinus. Il ne faut pas le confondre avec Albinus Cécina qui vient de parler.

22. — *Masurius.* Sabin d'origine, d'où son surnom de Sabinus; jurisconsulte, successeur d'Atteius Capito, vécut sous Auguste et sous Tibère :

> Cur mihi non liceat jussit quodcumque voluptas,
> Excepto si quid Masuri rubrica notavit.
> (PERSIUS, sat. V, v. 89.)

23. — *Vinaliorum dies.* Les Vinalies se célébraient deux fois par an, le 9 des calendes de mai et le 14 des calendes de septembre. Cf. VARRON, *de la Langue lat.*, liv. v, § 13, et liv. vi, § 16, 20.

24. — *Verrius Flaccus.* Grammairien, précepteur des petits-fils d'Auguste; composa le fameux traité *de Verborum significatione*, abrégé au iiie siècle par Sextus Pompeius Festus.

25. — *Julius Modestus.* Écrivain presque inconnu, cité par Aulu-Gelle, liv. iii, ch. 9.

26. — *Antias.* Antias (Valerius), écrivain romain, composa des annales de la république romaine. Aulu-Gelle le cite souvent.

27. — *Agonaliorum.* Les Agonales, 12 des calendes de juin, instituées en l'honneur de Janus. Voyez OVIDE, *Fastes*, liv. i, v. 317; FESTUS, au mot *Agonium*.

28. — *Asinius Pollio.* Asinius Pollion, un des hommes les plus éloquents du siècle d'Auguste, ami de Mécène et de Virgile, qui lui adressa, comme on sait, sa quatrième églogue.

29. — *Floralia.* Les Floralies, ou jeux Floraux, institués dans le principe en l'honneur de la déesse des fleurs, dégénérèrent bientôt en un culte infâme. Voyez LACTANCE, *de Falsa religione*; BAYLE, au mot *Flora*; et la note 92 de ce livre.

30. — *Liberalium dies.* C'étaient les Libérales; on les célébrait le 16 des calendes d'avril.

31. — *Lucariorum.* Lucéries, 14 des calendes d'auguste. Ainsi nommées, parce qu'elles se célébraient dans un bois sacré (*lucus*) voisin de Rome, en mémoire de la prise de cette ville par les Gaulois.

32. — *Claudius quoque Quadrigarius.* Claudius Quadrigarius, historien romain, cité à tout moment par Aulu-Gelle, florissait vers l'an 600 de Rome. Tite-Live s'est approprié divers endroits de ses *Annales.*

33. — *Im dixerunt.* Tout le reste de cette dissertation est d'Aulu-Gelle, liv. x, ch. 24.

34. — *Versus Pomponiani.* Pomponius, né à Bologne, poëte comique, auteur d'atellanes. Voyez *Bibliothèque latine de Fabricius,* édit. d'Ernesti, liv. iv, p. 239.

35. — *Cn. Mattius.* Mattius, auteur de mimiambes, florissait vers l'an 680 de Rome. Il fut ami de César, et l'on trouve une lettre de lui sur la mort du dictateur, parmi celles de Cicéron, à qui elle est adressée (*Lettres famil.,* liv. xi, lett. 28).

36. — *Suppetit Cælianum.* Célius Antipater, historien, contemporain des Gracques. Cicéron fait son éloge, *de l'Orateur,* liv. 1, c. 12, et *des Lois,* liv. 1, c. 2. Il est question aussi de Célius Antipater dans le *Brutus* et dans l'*Orateur.*

37. — *Compitalia.* Les Compitales, ou fêtes en l'honneur des Lares des carrefours (*compita*), avaient lieu au commencement de mai. Notre auteur en parle plus au long, ch. vii. Cf. Varron, *de la Langue lat.,* liv. vi, § 25.

38. — *Insolens verbum.* Cf. Aulu-Gelle, liv. 1, ch. 10.

39. — *In illo Jano.* C'était une rue de Rome où se tenaient les usuriers et les changeurs. Il y avait le haut, le bas et le moyen Janus.

. . . . Hæc Janus summus ab imo
Perdocet.

(Horatius, *Epist.* lib. 1, ep. 1, v. 54.)

40. — *Unum mille et duo millia.* Cf. Aulu-Gelle, liv. 1, ch. 16.

41. — *Sexagenarios majores.* D'après la loi romaine, tout citoyen perdait son droit de suffrage à soixante ans révolus. Voyez Festus, aux mots *Depontani* et *Sexagenarii.* — Pour le sens et l'origine du proverbe *de ponte dejicere,* voyez Érasme, *Adages.*

42. — *Musonius.* Musonius (Caïus Rufus), philosophe stoïcien du iie siècle. Aulu-Gelle rapporte ce mot, liv. xviii, ch. 2.

43. — *Et Eustathium.* Eustathe, philosophe distingué, intime ami de Flavien. Il faut bien se garder de le confondre avec le docte archevêque de Thessalonique, commentateur d'Homère. *Voyez,* au reste, la Notice, p. 23.

44. — *Oropi vastationem.* Aulu-Gelle, qui rapporte le même fait, liv. vii, ch. 14, place cette ambassade vers le temps de la deuxième guerre punique; Cicéron, cinquante-six ans plus tard, sous le consulat de M. Marcellus et de Scipion.

45. — *Flavianus.* Flavien était frère de Symmaque. *Voyez* la Notice, p. 22.

46. — *Insignia magistratuum Etruscorum.* Cf. SALLUSTE, *Catilina*, ch. li.

47. — *Adversus invidiam.* L'envie tenait une grande place parmi les craintes superstitieuses des anciens; c'était pour eux une sorte de génie malfaisant qui les atteignait de toutes parts, et contre lequel ils multipliaient les charmes, les précautions oratoires. *Absit invidia;* cette formule est sans cesse dans leur bouche.

48. — *M. Lælius augur.* Lélius Félix, augure et jurisconsulte romain, cité par Aulu-Gelle, liv. xv, ch. 27, et souvent par Cicéron; entre autres endroits, voyez *de Nat. deorum*, lib. iii, c. 2.

49. — *Lectisterniumque.* Le lectisterne (*lectus, sternere*) était une espèce d'exposition des statues des dieux, que l'on étendait sur des lits, et auxquels on servait, durant huit jours, des festins propitiatoires.

50. — *Lorum in collo.* C'était la bulle des affranchis et des pauvres, et elle servait au même usage; seulement elle était de cuir, au lieu d'être d'or.

51. — *Verrius Flaccus.* Manuce présume que ce Verrius Flaccus n'est pas le même que le Verrius mentionné plus haut (*voyez* note 24), mais son patron, qui fut lui-même un jurisconsulte habile. *Voyez* ch. xv.

52. — *In prætextæ ætate.* Cette anecdote est tirée d'Aulu-Gelle, liv. i, ch. 23, qui la rapporte lui-même d'après Caton.

53. — *Messala tuus.* Messala fut consul l'an de Rome 583.

54. — *Scrophæ cognomentum.* Varron, *Économie rurale*, liv. ii, ch. 4, raconte le trait d'une autre manière.

55. — *Nulla relligio prohibet.* Macrobe revient sur cette particularité, à la fin du ch. 16 et ch. 3 du liv. iii, où il précise le sens du verbe *deducere.*

56. — *Ab Homero.* Allusion à un passage d'Homère, *Iliade*, liv. ii, v. 408 et suiv.

57. — *Ex satiris Menippeis.* Satires Ménippées, ainsi nommées, parce que Varron, leur auteur, imitant la manière de Ménippe, philosophe cynique, dont il est question plus bas, ch. xi, y avait entremêlé du latin, du grec, de la prose et des vers. Toutefois elles sont aussi désignées sous le nom de satires Varroniennes. Aulu-Gelle donne les titres de quelques-unes.

58. — *Numerosior.* Cf. AULU-GELLE, liv. xiii, ch. 2. De là le proverbe : *Septem convivium, novem convicium.*

59. — *Pomœrium.* Les critiques sont partagés sur ce que les Latins appelaient *prosimurium* ou *pomœrium.* On peut consulter cependant, sur le sens de ce mot, une dissertation d'Aulu-Gelle, liv. xiii, ch. 14, où il est ainsi défini. « Pomœrium est locus intra agrum effatum per totius urbis circuitum pone muros, regionibus certis determinatus, qui facit finem urbani auspicii. »

60. — *Hyginus.* Hygin (Julius), affranchi d'Auguste et ami d'Ovide, connaissait à fond les annales de l'antiquité. Aulu-Gelle le cite souvent.

61. — *Protarchum Trallianum.* La *Bibliothèque grecque* de Fabricius mentionne deux auteurs du nom de Protarchus : l'un, philosophe épicurien (Diogène Laërce, liv. x, § 26); l'autre, médecin, cité souvent par Celse. Mais aucun d'eux ne porte la dénomination de *Trallianus.*

62. — *Antevorta et Postvorta.*
> Porrima placatur, Postvortaque, sive sorores,
> Sive fugæ comites, Mœnali diva, tuæ.
> (OVIDIUS, *Fast.* lib. I, v. 633.)

63. — *Ex altera vero navis.*
> At bona posteritas puppim signavit in ære,
> Hospitis adventum testificata dei.
> (OVIDIUS, *Fast.* lib. I, v. 239.)

64. — *Vitæ melioris auctorem.* Cf. DENYS D'HALICARNASSE, *Antiq.*, liv. i, ch. 38.

65. — *Occupato edito colle.* Suivant Denys d'Halicarnasse, qui rapporte ce fait, ce serait sur cette même colline qui devint par la suite le mont Capitolin.

66. — Πέμπετε φῶτα. Cf. DENYS D'HALICARNASSE, *Antiq.*, liv. i, ch. 19.

67. — *Virorum victimis.* On lit dans le même auteur que cet usage d'immoler des victimes humaines, si commun chez les anciens peuples de l'Italie, se retrouvait chez les Carthaginois, les Gaulois, et chez beaucoup d'autres nations de l'Occident.

68. — *Cum Geryonis pecore.* Macrobe revient, à diverses reprises, sur ce fait. Cf. Denys d'Halicarnasse, *Antiq.*, liv. I, ch. 39, et Tite-Live, liv. 1, ch. 7.

69. — *Arte simulata.* C'étaient de petites images d'or, d'argent ou de gypse, nommées *sigillaria*, qu'on offrait à Saturne comme victimes de substitution. *Voyez* ch. xi.

70. — *Accensis luminibus.* Cf. Martial, liv. xiv, épigr. 182.

71. — *Effigies Maniæ.* Cf. Varron, *de la Langue lat.*, liv. ix, § 61. Cette déesse Mania paraît avoir rempli à Rome le même rôle que notre *Croquemitaine*; représentée sous des traits hideux, elle était la terreur des enfants. Voici ce qu'on trouve dans un ancien interprète de Perse : « Maniæ dicuntur indecori vultus personæ, quibus pueri terrentur. »

72. — *L. Accius.* Poëte tragique latin, mort l'an 665. A l'exemple d'Ennius et des poëtes ses prédécesseurs, il composa, en outre, des annales en vers.

73. — *Saturnalia tunc primum.* Cette assertion est démentie par un passage de Tite-Live, liv. II, ch. 21 : « Consules Q. Cœlius et T. Lartius. Inde A. Sempronius et M. Minutius. His consulibus ædes Saturno dedicata : Saturnalia institutus festus dies. »

74. — *Dédicasse.* La dédicace du temple de Saturne remonte à l'an de Rome 254.

75. — *Gellium.* Gellius (Cneius), auteur d'annales, n'est pas le même que l'auteur des *Nuits attiques.* Ce dernier fait mention de lui, liv. viii, ch. 14, et liv. xiii, ch. 22.

76. — *Voluerunt.* Cf. Tite-Live, liv. xxii, ch. 1.

77. — *Apollodori lectio.* Apollodore, grammairien d'Athènes, dans le iie siècle av. J.-C., s'acquit une grande renommée pour l'explication des poëtes. Parmi le grand nombre de ses ouvrages, il ne nous est resté que sa *Bibliothèque,* en trois livres, contenant l'*Histoire des dieux et des héros jusqu'au retour des Héraclides dans le Péloponnèse.*

78. — Κρόνος καὶ Χρόνος. Cf. Denys d'Halicarnasse, *Antiq.*, liv. I, ch. 38.

79. — *Xenon.* Xénon, ou plutôt Xenion, historien, composa, outre les *Italiques,* les *Crétiques,* τὰ περὶ Κρητῆς. Mentionné par Étienne de Byzance.

80. — *Nigidius.* Nigidius Figulus, humaniste, philosophe, astrologue, mourut en exil, l'an de Rome 708. Il était très-estimé de

NOTES DU LIVRE I. 509

Cicéron, de Pline et d'Aulu-Gelle, qui s'étayent souvent de son autorité.

81. — *Per portas suas.*

>Ut per me possis aditum, qui limina servo,
>Ad quoscumque voles, inquit, habere deos.
>
>(Ovidius, *Fast.* lib. I, v. 173.)

82. — *Solis potestas.* Cf. Pline, *Hist. Nat.*, liv. xxxiv, ch. 7.

83. — *Cornificius.* S. Cornificius (Lucius). La *Bibliothèque latine* de Fabricius mentionne deux auteurs de ce nom, le père et le fils : l'un à qui Cicéron adresse plusieurs de ses lettres; l'autre, qui fut consul l'an 719, et qui écrivit sur la rhétorique, au dire de Quintilien.

84. — *Non Janum, sed Eanum.* Cicéron, *de la Nature des dieux*, liv. ii, ch. 27.

85. — *Gavius Bassus.* C'est sans doute le même dont Pline fait mention, et qui est appelé par Aulu-Gelle (liv. xi, ch. 17) Gabius Bassus. Il fut gouverneur de Pont sous Trajan, et avait acquis de la réputation comme historien et comme grammairien.

86. — *Marcus etiam Messala.* Messala (M. Valerius Corvinus), augure et jurisconsulte, fut consul l'an 700, et mourut neuf ans avant l'ère chrétienne. Il reste de lui quelques fragments historiques.

87. — *Novius.* Novius ou Nonius, poëte comique latin, auteur d'atellanes, florissait près d'un siècle av. J.-C.

88. — *Memmius.* Memmius, poëte et orateur, fut accusé par César après avoir exercé la questure en Bythinie, et absous, à ce qu'il paraît. Quelques temps après, ayant été accusé de nouveau, il fut exilé en Grèce, malgré les efforts de Cicéron qui parla en sa faveur.

89. — *Mallius.* Mallius (Theodorus), grammairien contemporain de Macrobe. *Voyez* Fabricius, édit. d'Ernesti, t. iii, p. 439.

90. — *Fenestella.* Poëte et historien, contemporain d'Auguste, Fenestella laissa des mémoires sur l'histoire romaine, et mourut à Cumes, à l'âge de soixante-dix ans.

91. — *Qui angina dicitur.* Cf. Festus, au mot *Angerona.*

92. — *Per flaminem sacrificaretur.* C'était le flamine quirinal institué par Numa, en l'honneur de Romulus (*Quirinus*). Quant à la fête elle-même, elle se confondit bientôt avec celle des jeux Floraux, dans lesquels, s'il faut en croire Lactance, le culte de la courtisane Flora se cachait sous le nom de la déesse des fleurs.

Cette Flora, d'ailleurs, est peut-être la même qu'Acca Larentia. *Voyez*, plus haut, note 29.

93. — *Macer.* Macer (Caïus Licinius), jurisconsulte et historien, mentionné dans la *Collection des grammairiens* de Putsch, p. 805.

94. — *Accam Larentiam.* Cette Acca Larentia n'est pas la même que la précédente, quoique sa fête se célébrât aussi au mois d'avril.

95. — *Philochorus.* Philochore, historien d'Athènes, né environ 220 av. J.-C. *Voyez*, plus bas, la note 43 du liv. III.

96. — *Quadringentesimo quadragesimo quarto.* Macrobe se trompe : c'est l'an 264 qu'arriva ce fait rapporté par Tite-Live, Valère Maxime, Denys d'Halicarnasse, Lactance, Plutarque, etc.

97. — *Ad pileum servos vocare.* C'est-à-dire appeler à la liberté. Allusion à l'usage où l'on était de donner un bonnet (*pileus*) à l'esclave qu'on affranchissait.

98. — *In tormentis tacebant.* Tout ce passage, depuis le commencement du paragraphe, est copié presque textuellement de Sénèque, *Épître* XLVII.

99. — *Tantum meritum.* Cf. VALÈRE MAXIME, liv. VI, ch. 8.

100. — *Inscripta fronte.* Cicéron (*pour Q. Roscius*) nous a conservé les détails de ce supplice : on rasait la tête et les sourcils du coupable, et ensuite, à l'aide d'un fer chaud, on lui imprimait un stigmate sur le front. *Voyez* aussi PÉTRONE, *Satyr.*, ch. CIII, CVI; JUVÉNAL, sat. XIV, v. 18.

101. — *Restio liberatus est.* Cf. VALÈRE MAXIME, liv. VI, ch. 8.

102. — *Potuit adduci.* Cf. SUÉTONE, *Vie de Tibère*, ch. VIII.

103. — *Scissis proprio vulnere visceribus effudit.* Cf. VALÈRE MAXIME, liv. VI, ch. 8.

104. — *Solus in castra perduxit.* Cf. TITE-LIVE, liv. XXI, ch. 46.

105. —*Præcedentis, adhibetur.* Cf. PLUTARQUE, *Camille*, ch. LVI.

106. — *Servile ingenium.* Tout ce paragraphe est puisé dans Aulu-Gelle, liv. II, ch. 18.

107. — *Menippeas.* — *Voyez*, plus haut, note 57.

108. — *Pompolus.* Meursius lit *Pompylus*, d'après Aulu-Gelle et Diogène Laërce, liv. V.

109. — *Liberos meos quibus imperes.* Cf. DIOGÈNE LAERCE, liv. VI, § 24, 29. La réponse de Xéniade est un jeu de mots qui, faute d'un terme qui signifie en même temps *enfants* et *hommes libres*, ne peut se traduire en français.

110. — *Epicadus.* Fabricius et les autres biographes se taisent sur cet Épicade. Toutefois Suétone (*des Gramm. illustr.*) parle d'un certain Epicadius, affranchi de Sylla, qui continua, à ce que l'on croit, les *Mémoires* de son maître.

111. — *Pro suis capitibus.* Macrobe revient ici sur ce qu'il a dit précédemment, ch. vi.

112. — *Non festos omnes.* Cette distinction entre les féries et les fêtes est confirmée par un passage du ch. xvi : « On rapporte aux jours de fête les sacrifices, les banquets sacrés, les jeux et les féries. » Les féries faisaient donc partie des fêtes : c'étaient simplement des jours chômés ; les fêtes étaient les jours de solennité religieuse.

113. — *In regia.* On appelait ainsi une maison publique qui servait d'habitation au roi et à la reine des sacrifices, et dont l'entrée était ornée constamment de lauriers verts. *Voyez* SERVIUS, *sur l'Énéide,* liv. viii, v. 363; OVIDE, *Fastes,* liv. iii, v. 139.

114. — *Annam Perennam.* Anna Perenna, nom allégorique par lequel les Romains désignaient et personnifiaient la révolution de l'année.

115. — *Orta Venus creditur.*

> Sed Veneris mensem Graio sermone notatum
> Auguror ; e spumis est dea dicta maris.
> (OVIDIUS, *Fast.* lib. IV, v. 61.)

116. — *Anni principia.* Cf. OVIDE, *Fastes,* liv. iv, v. 23.

117. — *Cincius.* Quel est au juste ce Cincius, que nous retrouvons plus loin, liv. ii, ch. 9, comme ayant appuyé la loi Fannia : ce qui fixerait sa date, selon le calcul de Macrobe lui-même, à l'an de Rome 592. Mais il dit plus loin (liv. ii, ch. 12) que ce fut Titius (*voyez* note 174) qui parla pour la loi Fannia ; et de là vient que plusieurs commentateurs confondent Cincius et Titius. D'autres le prennent pour Cincius Alimentus (nommé Cinnius par Aulu-Gelle), préteur l'an 643, et auteur d'un traité sur l'art militaire.

118. — *Fulvius Nobilior.* Fulvius Nobilior (M.), consul l'an de Rome 564, triompha des Étoliens, et consacra leurs dépouilles dans le temple des Muses.

119. — *In æde Herculis Musarum.* Hercule Musagète, c'est-à-dire *conducteur des Muses.* Ce temple fut bâti, au rapport de Suétone (*Vie d'Auguste,* ch. xxix), par Marcius Philippus.

120. — *Piso.* Pison (Lucius Calpurnius Frugi), consul l'an de

Rome 621; jurisconsulte, orateur, historien, composa des harangues et des annales. *Voyez* CICÉRON, *de l'Orateur,* liv. 11, ch. 12 : AULU-GELLE, liv. VI, ch. 9.

121. — *Cornelius Labeo.* Cornelius Labéon, nommé ailleurs Q. Antistius Labéon, jurisconsulte fameux du siècle d'Auguste, composa plus de quatre cents volumes, entre autres des commentaires sur les Douze-Tables, des traités sur les édiles curules, la préture, etc.

122. — *Haberi nefas sit.* Cf. ARNOBE, liv. v.

123. — *Nisus.* Grammairien, cité par Arnobe et quelques autres. — Voyez *Bibliothèque latine* de Fabricius, t. III, p. 440, édit. d'Ernesti.

124. — *Ædes Junoni Monetæ.* Le temple de Junon Monéta, bâti sur l'emplacement de la maison de Manlius, renfermait l'atelier des monnaies et le dépôt des archives. Pour ce qui est du surnom de *Moneta,* consultez CICÉRON, *de la Divin.,* liv. I, ch. 32.

125. — *Sacrum Carnæ deæ.* Suivant une autre tradition, Carna était la déesse des gonds :

Prima dies tibi, Carna, datur : dea cardinis hæc est :
Numine clausa aperit, claudit aperta, suo.
(OVIDIUS, *Fast.* lib. VI, v. 111.)

126. — *Ex senatusconsulto.* Cf. SUÉTONE, *Vie d'Auguste,* ch. XXXI.

127. — *Germanici appellatione.* Cf. SUÉTONE, *Vie de Domitien,* ch. XIII.

128. — *Diri ominis infausta.* Cette assertion est contredite par Hérodien, liv. I, ch. 14.

129. — *Unum adjecit diem.*

. . . . Numero Deus impare gaudet.
(VIRG., *Ecl.* VIII, v. 75.)

Voir, touchant la valeur mystique des nombres, le *Commentaire sur le Songe de Scipion,* liv. I, ch. 6.

130. — *Glaucippus.* On ne sait rien touchant ce Glaucippe, sinon qu'il était fils de l'orateur Hypéride, disciple de Socrate et de Platon, et rival de Démosthène.

131. — *Lepidiano tumultu.* L'an de Rome 675.

132. — *Junius.* C'est sans doute le même dont parle Aulu-Gelle, liv. XIV, ch. 19. Mais il y eut deux Junius : l'un, jurisconsulte habile, mentionné par Varron et Ulpien; le second, M. Junius

NOTES DU LIVRE I.   513

Brutus, préteur l'an 476, au rapport de Tite-Live, avait également composé sept livres sur la jurisprudence.

133. — *Tuditanus.* Tuditanus (C. Sempronius), consul en 625, a laissé des écrits où puisa quelquefois Aulu-Gelle (liv. vi, ch. 4). Cicéron fait aussi mention de lui (*Brutus*, ch. xxv) : « C'était, dit-il, un homme de mœurs élégantes, poli et raffiné dans son langage. »

134. — *Cassius.* Cassius, mentionné deux fois par la suite sous le nom de Cassius Hémina, vivait vers 608. On a de lui quelques fragments historiques.

135. — *Fulvius.* Certaines éditions portent *Flavius*, correction adoptée par Zeune. En effet, on ne connaît aucun écrivain latin du nom de Fulvius, tandis que Pline, *Hist. Nat.*, liv. ix, ch. 8, fait mention d'un Flavius Alfius qui est sans doute celui de notre auteur.

136. — *L. Pinario et Fulvio consulibus.* L'an de Rome 282.

137. — *In ordinem statæ definitionis coegit.* L'an de Rome 707.

138. — *M. Flavio scriba.* Meursius le confond à tort avec le Cn. Flavius dont il est question au chapitre suivant (*voyez* note 143), et qui parvint à l'édilité curule en 449. Celui-là était un tribun du peuple, *visceratione et rogatione de Tusculanis notus*, dit Gronovius.

139. — *Ateius Capito.* Ateius Capiton fut, avec Labéon, le jurisconsulte le plus fameux du siècle d'Auguste.

140. — *Bissextum censuit nominandum.* En effet, l'intercalation ayant lieu le 6 des calendes de mars, ce jour était compté deux fois cette année-là : de sorte qu'on disait *sexto kal.*, et *bis sexto kal.*, d'où le nom de *bissexte* ou *bissextile* donné à l'année, qui se trouvait alors de 366 jours.

141. — *Nullum nefastum, sed nec comitialem.* Macrobe expliquera bientôt (ch. xvi) le sens de ces différentes dénominations.

142. — *Correxit Augustus.* Cf. Suétone, *Vie d'Auguste*, ch. xxxi

143. — *Cn. Flavio scriba.* Cn. Flavius. C'était, comme nous l'avons dit, un fils d'affranchi, scribe de profession, qui obtint l'édilité curule, au grand scandale de toute la noblesse, et publia le tableau des fastes, l'an de Rome 449. Cf. Pline, *Hist. Nat.*, liv. xxxiii, ch. 6; liv. ix, ch. 46; Valère Maxime, liv. ii, ch. 5; Aulu-Gelle, liv. vi, ch. 9.

144. — *Unde et Lucetium.* Cf. Aulu-Gelle, liv. v, ch. 12.

145. — *Iduli dictas.* — *Voyez* Festus, au mot *Idulæ.*

146. — *Janum Junonium vocatum esse diximus.*—*Voyez* ch. ix.

147. — *Kalendas, nonas et idus religiosas.* Sur la signification du mot *religiosi*, voyez Aulu-Gelle, liv. iv, ch. 9.

148. — *Fari licet...., non licet.* — *Voyez* plus bas note 162.

149. — *Agonalia.* — *Voyez* note 27.

150. — *Carmentalia.* Fêtes en l'honneur de la mère d'Évandre, appelée par les Latins *Carmenta*, et *Thémis* par les Grecs. Cf. Denys d'Halicarnasse, *Antiq.*, liv. i, ch. 31; Ovide, *Fastes*, liv. i, v. 461; Varron, *de la Langue lat.*, liv. vi, § 12. Elles se célébraient le 3 des ides de janvier.

151. — *Lupercalia.* Fêtes en l'honneur de Pan, qui se célébraient en février. Cf. Denys d'Halicarnasse, liv. i, ch. 32; Varron, *de la Langue lat.*, liv. vi, § 13.

152. — *Latinæ.* Cf. Varron, *de la Langue lat.*, liv. vi, § 25.

153. — *Sementivæ.* Cf. Varron, *de la Langue lat.*, liv. vi, § 26; Ovide, *Fastes*, liv. i, v. 657.

154. — *Paganalia.* Cf. Ovide, *Fastes*, liv. i, v. 696; Varron, *de la Langue lat.*, liv. vi, § 24.

155. — *Compitalia.* — *Voyez* note 37.

156. — *Salutem.* — *Voyez* sur la déesse Salus, ou Hygie, le commencement du 20ᵉ chapitre du présent livre.

157. — *Tutilinam.* Semonia et Seia étaient préposées aux blés semés et encore sous terre; Ségétia, aux blés bons à moissonner; Tutilina, aux blés récoltés et rentrés.

158. — *Flaminica.* La flaminique était la femme du flamine Dialis, flamine de Jupiter, et l'aidait dans certaines cérémonies qu'il ne pouvait accomplir seul. Cf. Plutarque, *Quest. rom.*, ch. l; Aulu-Gelle, liv. x, ch. 25.

159. — *Per præconem denuntiabatur.* Meursius propose *præciam* au lieu de *præconem*, s'appuyant sur le passage suivant de Festus : « Præcias dicebant qui a flaminibus præmittebantur ut denuntiarent opificibus, manus abstinerent ab opere, ne si vidisset sacerdos faciendum opus, sacra polluerentur. »

160. — *Umbro.* Nous n'avons pas trouvé ce nom ailleurs que dans Macrobe. Fabricius le cite sans autre détail.

161. — *Balantumque gregem fluvio mersare salubri.* — *Voyez* plus loin, liv. iii, ch. 3, l'explication que donne Macrobe de ce vers.

162. — *Do, dico, addico.* — *Do* (judices), *dico* (jus), *addico* (bona). C'était la formule ordinaire par laquelle le préteur prouvait sa juridiction. Cf. Varron, *de la Langue lat.*, liv. vi, § 30.

163. — *Cum populo agi.* Sur le sens de cette expression, voyez Aulu-Gelle, liv. xiii, ch. 15.

164. — *Comitialibus utrumque potest.* Les jours comitiaux étaient plus nombreux que les jours fastes, et formaient presque la moitié de l'année.

165. — *Vadimonium.* Dans toute action judiciaire le défendeur devait fournir caution qu'il comparaîtrait au jour marqué. La caution s'appelait *vades*, et l'acte *vadimonium*, parce que l'accusé obtenait par ce moyen la permission de s'éloigner (*vadere*) jusqu'à l'époque de l'assignation. Or, l'assignation étant remise ordinairement au surlendemain, ce délai s'appelait comperendination (*perendie*).

166. — *Cum hoste.* Plaute, *Charançon*, acte i, sc. i, v. 5. On voit par un passage de Cicéron, *des Devoirs*, liv. i, ch. 12, que cette formule était empruntée à la loi des Douze-Tables. Varron (*de la Langue lat.*, liv. v, § 3) parle aussi de ce changement de signification du mot *hostis*. Mais les détails les plus curieux nous sont transmis par Festus : *Peregrini*, dit-il, *ab antiquis hostes appellabantur, quod erant pari jure cum populo Romano, atque hostire ponebatur pro œquare.*

167. — *Ab justis.* C'était un délai de trente jours complets accordé par la loi des Douze-Tables au débiteur qui avouait sa dette, pour qu'il trouvât la somme. Ce nom de *dies justi* venait, dit Aulu-Gelle, liv. xx, ch. i, de ce qu'ils étaient comme une sorte de *justitium*, c'est-à-dire une suspension et une cessation du droit du créancier.

168. — *In arce positum est.* Ce drapeau rouge flottant au haut du Capitole, était le signal de l'enrôlement. Dans les levées extraordinaires (*militia tumultuaria vel subitaria*), l'on déployait deux drapeaux, l'un rouge pour les fantassins, l'autre bleu pour les cavaliers ; elles n'admettaient aucune exception, et pouvaient avoir lieu même les jours fériés. *Voyez* Cicéron, *Philippique* v, ch. 12 ; et surtout Servius, *sur l'Énéide*, liv. viii, v. 1.

169. — *Quum mundus patet.* Le *mundus* était un fossé creusé par ordre de Romulus autour du *comitium*, et où l'on avait élevé un autel aux dieux infernaux. Cf. Plutarque, *Romulus*, ch. xvi ; Serv., *sur l'Énéide*, liv. v, v. 755. On ne l'ouvrait que trois fois l'année : le lendemain des Volcanales, le cinquième jour d'octobre, et le 7 des ides de novembre.

170. — *Quos etiam atros.* Cf. AULU-GELLE, liv. v, ch. 17.

171. — *Virgilio, Mallio.* Corrigez, d'après Tite-Live, *Virginio, Manlio.*

172. — *Neque puri.* On appelait jours *purs*, les jours exempts de toute influence dangereuse.

173. — *Fabius Maximus Servilianus pontifex.* Fabius Maximus Servilianus, pontife, laissa des fragments historiques insérés dans les divers recueils publiés jusqu'à ce jour. *Voyez* la collection des *Vies et Fragments des anciens historiens romains*, par Krause, Berlin, 1733. Quelques-uns l'ont confondu à tort, je crois, avec le Serv. Fabius Pictor dont il est question dans Cicéron, *Brutus*, ch. xxi.

174. — *Titius.* Macrobe nous apprend lui-même que ce Titius, contemporain de Lucilius, soutint la loi Fannia, l'an 592, au rapport d'Aulu-Gelle.

175. — *Trebatius.* Trebatius (Caïus), jurisconsulte, ami de Cicéron, auteur d'un traité *de Jure civili.*

176. — *Apud Granium Licinianum.* Granius Licinianus. Servius (sur *l'Énéide*, liv. 1, v. 741) cite de cet auteur un ouvrage intitulé *Cœna.*

177. — *Geminus ait.* On trouve dans Saint Jérôme (*ad Joviniac.*) : « Unde pulchre Varius Geminus, sublimis orator, qui non litigat cœlebs est. » Mais Meursius soutient que le Geminus dont il est question ici, est le même que Cicéron, Plutarque, Suétone mentionnent sous divers surnoms.

178. — *Rutilius scribit.* P. Rutilius Rufus, historien et jurisconsulte, fut consul avec Cn. Mallius, l'an 649. Cité dans la *Collection des Grammairiens de Putsch*, p. 119.

179. — *Trinundino die proposita.* Toute loi, tant qu'elle n'existait qu'en projet, s'appelait *rogation.* Une rogation, avant de pouvoir être soumise à la sanction des comices, devait demeurer exposée textuellement en public pendant trois jours de marché au moins. Cette formalité s'appelait la *promulgation.*

180. — *Nomen accipiunt.* Voici en quoi consistait la cérémonie de la purification : la famille s'assemblait, et, parmi les vieilles parentes, la plus âgée prenait l'enfant dans son berceau, et d'abord avec le doigt du milieu lui frottait de salive le front et les lèvres pour écarter de lui tous les maléfices; ensuite elle le

frappait légèrement des deux mains et lui souhaitait toutes sortes de prospérités. *Voyez* PERSE, sat. II, v. 31 et suiv.

181. — *Duces anni.* Macrobe prouve, dans le chapitre suivant, que Bacchus et Cérès sont les mêmes que le soleil et la lune.

182. — *Chrysippus.* Chrysippe, philosophe stoïcien, ainsi que Cléanthe, nommé quelques lignes plus bas. Ils vivaient tous deux dans le IVe siècle avant J.-C.— Speusippe, Athénien, neveu et disciple de Platon, lui succéda à la tête de son école. Il mourut en 329.

183. — *Euripides in* PHAETHONTE. Outre les dix-huit tragédies entières qui nous restent d'Euripide, nous possédons encore les fragments de cinquante-huit, recueillis en dernier lieu par Matthiæ, Leipzig, 1829. *Phaéton* en est une : le sujet paraît être le même que la fable rapportée par Ovide, *Métam.*, liv. II.

184. — *Archilochus.* — *Voyez* les fragments de ce poëte, publiés par M. Huschke, Altenbourg, 1803.

185. — *Apollodorus.* — *Voyez* note 77.

186. — *Timotheus.* Timothée, nommé plus bas, liv. VII, poëte et musicien de Milet, né vers 446 avant J.-C., ajouta deux cordes à la cithare, et mourut en 358, à la cour d'Archélaüs, roi de Macédoine.

187. — *Meandrius.* Meandrius, ou plutôt Leandrius de Milet, dont il est fait mention par Arnobe, liv. VI, et Diogène Laërce, liv. I.

188. — *Pherecydes.* Phérécyde, historien grec, natif de l'île de Léros, une des Sporades, florissait vers le Ve siècle avant J.-C. Il avait composé sur les *Autochthones* de l'Attique un traité dont il reste quelques fragments publiés par Sturz, Géra, 1789.

189. — Ὄμματα θέλγει. Cf. *Énéide*, liv. IV, v. 242.

190. — *Apollini celebrarentur.* Les jeux Apollinaires se célébraient le 3 des nones de quintilis (5 juillet). Cf. FESTUS, au mot *Apollinares*; TITE-LIVE, liv. XXV, ch. 12 *et passim*; VARRON, *de la Langue lat.*, liv. VI, § 19.

191. — *Bove femina aurata.* Cf. *Énéide*, liv. IX, v. 626, et liv. X, v. 271.

192. — *OEnopides.* OEnopide de Chio, philosophe péripatéticien, contemporain d'Anaxagore (Ve siècle avant J.-C.), avait de grandes connaissances en mathématiques et en astronomie.

193. — *Antipater Stoicus.* On trouve dans Fabricius une liste de cinq ou six philosophes stoïciens du nom d'Antipater, au mi-

lieu desquels il est difficile de distinguer celui de notre auteur. On pense néanmoins que celui-ci était de Tarse, en Cilicie, et contemporain de Carnéade, avec lequel il eut de très-vifs démêlés.

194. — Λυκάβαντα *appellant*. « Les Grecs, dit Élien, appelaient l'aurore Lycabas, parce que le loup est le favori du soleil; d'où vint que l'on dit qu'il est également cher à Apollon. »

195. — *Ut ait Orpheus.* Voyez *Orphic. fragm.*, p. 140, Lipsiæ, 1829.

196. — *Ut ait Empedocles.* Empédocle d'Agrigente, poëte, historien et philosophe, mourut vers 440 avant J.-C.

197. — *Unde Euripides.* On pense que ce fragment est tiré du *Phaéthon.* Toutefois Matthiæ le range parmi les *Fragments de tragédies incertaines*, t. IX, p. 411.

198. — *Ut Numenio placet.* Numenius, philosophe grec et chrétien du IVe siècle, né à Apamée, en Syrie. Il appelait Platon, le *Moïse attique.* On trouve des fragments de Numenius dans Eusèbe et dans Origène.

199. — *Theologumena.* Traditions théologiques sur les dieux.

200. — *Granius Flaccus.* On ne connaît aucun écrivain latin de ce nom. Fabricius cite seulement un Caïus Granius, ou Graïus, ou Gracchus, auteur d'une tragédie intitulée *les Péliades*; et un Caïus Flaccus, jurisconsulte, qui florissait sous Alexandre Sévère.

201. — Καταπηδᾷ χορεύων. Ces vers, reproduits aussi dans Aristophane, *Grenouilles*, v. 1242, sont tirés de la tragédie d'*Hypsipyle*, dont nous ne possédons plus que de très-légers fragments. *Voyez* MATTHIÆ, t. IX, p. 191.

202. — *In Lycimnio.* Il reste très-peu de chose du *Licymnius.* — *Voyez* MATTHIÆ, t. IX, p. 191.

203. — *Ut Alexander scribit.* Alexandre l'Étolien, grammairien et auteur de tragédies, vivait, selon Suidas, 240 ans avant J.-C.

204. — *Aratus.* Aratus, poëte et astronome, contemporain de Théocrite, vécut à la cour d'Antigone Gonatas, roi de Macédoine. Son poëme des *Phénomènes* roule tout entier sur l'astronomie. Cicéron, Germanicus et Avienus le traduisirent en vers latins.

205. — *Marspitrem, id est Martem patrem.* Cf. AULU-GELLE, liv. V, ch. 12.

206. — *Videre.* Festus : « Dracones dicti ἀπὸ τοῦ δέρκειν, quod est videre. »

207. — *Apud Tyron.* Cf. Quinte Curce, liv. iv, ch. 2.

208. — *Possidonius.* Philosophe stoïcien, né à Apamée en Syrie, vers 135 avant J.-C., ouvrit une école célèbre à Rhodes, et eut la gloire de compter parmi ses disciples Pompée et Cicéron. Il était versé dans les mathématiques, la physique, l'astronomie, et composa un grand nombre d'ouvrages, parmi lesquels des traités sur la *Divination* et le *Destin*, et sur la *Nature des dieux*, que Cicéron a imités.

209. — *De* Timæo *Platonis.* Les anciennes éditions retranchent μέγας. Ensuite on lit ὁ Ζεὺς, et δώδεκα au lieu de ἕνδεκα.

210. — *Ut ait Euripides.* — *Voyez* Matthiæ, *Fragm. trag. inc.*, p. 411.

211. — *Et alibi.* Ce même vers est répété, sauf une légère variante, *Odyssée,* liv. xii, v. 313.

212. — *Pompa ludorum circensium.* Les jeux du Cirque se célébraient en présence des images des dieux de l'Olympe. Leurs statues étaient momentanément enlevées de leurs temples et transportées en grande pompe, au milieu d'un cortége superbe qui partait du Capitole, et se rendait au Cirque en traversant le Forum.

213. — *Simulacra Fortunarum.* Les sorts étaient, en général, de petits dés chargés de figures symboliques, au moyen desquels les *sortilegi*, ou devins, prédisaient l'avenir. Les sorts les plus fameux étaient ceux d'Antium ou de Préneste; on sait que dans chacune de ces villes on avait élevé un temple à la Fortune. Ce moyen divinatoire, d'abord en grand crédit dans les premiers siècles de la république, était tombé dans un oubli presque complet à l'époque d'Auguste. *Voyez* Fontenelle, *Histoire des Oracles*.

214. — *Vitem centurialem.* Chaque centurion portait comme signe de sa dignité une branche ou bâton de sarment, qui lui servait en outre à châtier les soldats romains.

215. — *Obitu Trajani apparuit.* Trajan mourut, en effet, à Sélinonte, le 11 août 117. Au reste, il n'y a rien de bien étrange dans cette coïncidence. *Voyez* ce que dit là-dessus Fontenelle, *Histoire des Oracles*.

216. — *Legavit igni.* — *Voyez* Donat, *Vie de Virgile.*

217. — *Precantis filio arma a marito.* Cf. *Énéide,* liv. viii, v. 383. *Voyez*, sur les inadvertances reprochées à Virgile, Aulu-Gelle, liv. x, ch. 16.

218. — *Nicomachus.* C'était un surnom de Flavien. Virius Nicomachus Flavianus, comme on le voit dans l'inscription de Gruter.

LIVRE DEUXIÈME.

1. — *Crassum, illum quem Cicero.* — *De Finibus bonorum et malorum,* lib. v, c. 30. De là son surnom d'Ἀγέλαστος. *Voyez* aussi Pline, *Hist. Nat.,* liv. vii, ch. 19. Ce Crassus était l'aïeul du triumvir.

2. — *Planipedis.* Suivant le grammairien Diomède, on donnait ce nom à certains acteurs, assez semblables aux μίμοι des Grecs, et ainsi appelés parce qu'ils paraissaient sur la scène sans chaussures, *planis pedibus.*

3. — *Sabulonis.* Divers commentateurs proposent *subulonis* ou *fabulonis.* Quant à *sabulonis,* il signifie, au sens propre, *gros sable, gravier,* et, par métaphore, celui qui tient des propos graveleux.

4. — *Prætextata verba.* Le texte même de Macrobe, et un passage d'Aulu-Gelle (liv. ix, ch. 10) où nous trouvons *verba prætextata,* opposés à *verba pura atque honesta,* ne laissent aucun doute sur le sens de cette expression. Mais quelle en est l'origine, voilà ce qu'on ne sait pas au juste. Festus la fait dériver de l'usage où l'on était de crier des mots obscènes à l'oreille des jeunes mariés qui venaient de quitter la robe prétexte. Gronovius combat cette opinion. Pour moi, l'âge de la prétexte étant l'âge des discours chastes et ingénus, je crois que c'est par antiphrase tout simplement que *verba prætextata* a signifié des propos obscènes et impudiques.

5. — *De jocis patroni composuit.* Cf. Quintilien, *Instit. orat.,* liv. vi, ch. 4.

6. — *Ex libro Fusii Bibaculi.* Fusius ou Furius Bibaculus (*voyez* Macrobe, liv. iii, ch. 2), poëte satirique et épigrammatique latin, né à Crémone, quelque temps après la mort de Lucilius. Il ne reste de lui que des fragments.

7. — *Alia ejus dicteria.* Nous rétablissons ici et dans les lignes suivantes *dicteria* que portent les anciennes éditions, et qui, d'ailleurs, est nécessaire au sens.

8. — *Annibal de præda.* Cf. Aulu-Gelle, liv. v, ch. 5.

9. — *Propter viam.* C'était, ainsi que le nom l'indique, un sacrifice offert à Hercule, ou Sancus, ce qui est la même chose, à

l'effet d'obtenir un heureux voyage. *Voyez* Festus, au mot *Protervia.*

10. — *Mater M. Bruti Servilia.* Servilia, sœur de Caton d'Utique, avait épousé Junius Brutus, que Pompée fit périr comme partisan de Lepidus. Brutus fut adopté plus tard par son oncle, Q. Servilius Cépion, dont il porta quelque temps le nom.

11. — *Tertia deducta.* Le jeu de mots repose sur une double équivoque; d'abord *tertia*, qui signifie indifféremment le tiers, *tertia pars*, et la fille de Servilia, appelée *Tertia;* ensuite *deducta*, de *deducere*, par lequel on désigne la déduction d'une partie du prix d'une vente et l'acte de livrer une fille à un homme.

> Ut juveni primum virgo deducta marito.
> (Tibullus, lib. III, eleg. 4, v. 31.)

Junia Tertia s'appelait aussi par diminutif *Tertulla.*

12. — *Senis adulteri.* On se rappelle le refrain que répétaient à tue-tête les soldats de César, escortant le char triomphal de leur général, au retour de l'expédition des Gaules : *Cavete, Romani; mœchum adducimus.*

13. — *Gallam subigo.* L'ambiguïté de la réponse porte à la fois sur le mot *galla*, qui signifie proprement la table sur laquelle le savetier étend et bat son cuir, et sur le verbe *subigo.*

14. — *Post Mutinensem fugam.* L'an de Rome 709.

15. — *Bibit et fugit.* On sait qu'Antoine était fort adonné à l'ivrognerie. *Voyez* Cicéron, *Philippiques, passim.* Sur cette coutume des chiens de l'Égypte, à laquelle il est fait allusion, on peut consulter Élien, *Hist. des anim.,* liv. I, ch. 4; et Pline, *Hist. Nat.,* liv. VIII, ch. 40.

16. — *Faustus Sullæ filius.* Ce Faustus, suivant quelques commentateurs, était l'affranchi et non le fils de Sylla.

17. — Οὐκ ἀγοράζω τοσούτου μετανοῆσαι. Cf. Aulu-Gelle, liv. I, ch. 8. Du reste, on ne doit pas confondre cette Laïs avec la fameuse courtisane, qui avait donné lieu au proverbe : *Non licet omnibus adire Corinthum* (*voyez* Hor. *Épît.*, liv. I, ép. 17, v. 36), et dont Aristippe disait : « Je possède Laïs, mais Laïs ne me possède pas. » Celle-ci était morte vers 380 avant J.-C.

18. — *Nunc consules diales fiunt.* — *Dialis* signifie à la fois *de Jupiter* (Διὸς) ou *d'un jour* (dies). *Voyez* sur le flamine dial, la note 168 du livre I.

19. — Δίστιχον *Platonis.* Cf. Aulu-Gelle, liv. XIX, ch. 11.

20. — « *Minime sero veni.* » Cicéron joue d'une manière détournée sur le mot *sero*, qui signifie proprement *le soir*, et, par extension, *le souper*, qui avait toujours lieu le soir.

21. — *Annulo honoratus.* L'anneau d'or étant le signe distinctif de l'ordre équestre, César, en rendant son anneau à Laberius, le replaçait au rang des chevaliers, d'où il l'avait fait descendre en le forçant à paraître sur le théâtre.

22. — *In quatuordecim.* Les chevaliers, ainsi que les sénateurs, avaient des places réservées au théâtre. Le nom de décurion venait de ce que, dans l'origine, lorsqu'on établissait une colonie, on choisissait le dixième des citoyens pour former le conseil public.

Ut propius spectes lacrymosa poemata Puppi.
(Horatius, *Epist.* lib. I, ep. 1, v. 67.)

Pour les chevaliers, c'étaient les quatorze gradins les plus rapprochés de l'orchestre : de là l'expression *in quatuordecim annumerari* pour dire « faire partie de l'ordre équestre. » Leur privilége, moins ancien que celui des sénateurs, datait de l'an 691, Roscius Othon étant préteur.

23. — *Facilitatem Cæsaris in allegendo senatu.* Cf. Suétone, *Vie de César*, ch. xli. — Cette fournée de sénateurs avait causé à Rome un mécontentement général; puis les murmures avaient tourné en plaisanterie, et comme parmi les intrus se trouvaient un grand nombre de Gaulois nouvellement arrivés à Rome, et passablement embarrassés de leur nouvelle dignité, on trouva un matin cette affiche placardée sur tous les murs de Rome : « Les passants sont priés d'indiquer aux sénateurs gaulois le chemin du sénat. »

24. — *Decurionatum.* Les décurions étaient les sénateurs des colonies romaines et des villes municipales.

25. — *C. Cassium dictatoris violatorem.* — *Voyez* Cicéron, *Lettres familières*, liv. xii, lett. 4.

26. — *Piso, gener ejus.* Tullia eut trois maris : C. Pison Frugi, qu'elle épousa, son père étant encore en exil, C. Furius Crassipes, dont Asconius et Plutarque ont oublié de faire mention, et P. Lentulus Cornelius Dolabella, dont il a été question au commencement de ce chapitre.

27. — Ὁμοιόπτωτον. *Homœoptote*, figure de grammaire (retour du même cas dans plusieurs noms ou adjectifs). La plaisanterie de Cicéron, portant tout entière sur la répétition de *fecissem* et de *factum*, pris dans deux sens différents, ne peut qu'imparfaitement passer dans la langue française.

28. — AJACEM *tragœdiam scripserat.* — *Voyez* SUÉTONE, *Vie d'Auguste,* ch. LXXXV.

29. — *Lucius.* Pontanus conjecture que ce Lucius, sur lequel les savants ne sont pas d'accord, est le même que Lucius Varus, ami d'Horace et de Virgile, l'auteur du *Thyeste.*

30. — *In spongiam incubuit.* Par allusion au genre de mort du héros même de la pièce, lequel se perça de son épée, furieux de l'avantage qu'Ulysse avait remporté sur lui.

31. — *Assem elephanto dare.* Cf. SUÉTONE, *Vie d'Auguste,* ch. LIII

32. — *Pacuvius Taurus.* — *Congiarium* ou *congiarius* (de *congius,* conge, mesure de six setiers). C'était, dans le principe, une libéralité faite au peuple et aux soldats, et consistant en vin, en blé et en huile. Plus tard, sous les empereurs, le *congiarium* se donna en argent : il était ordinairement de 30, 40, et quelquefois de 250 sesterces ; Auguste en donna un de 66 deniers à 320,000 citoyens (en tout près de 20 millions de francs).

33. — *Meum forum accuset.* Parce qu'alors l'ouvrage entrepris *absolveretur,* c'est-à-dire dans un sens différent du premier, *serait terminé.* La plaisanterie découle, comme on le voit, de la double acception du verbe *absolvi,* qui signifie à la fois *être absous* et *être achevé.*

34. — *Monumentum patris colere.* — *Colere* a deux sens : *cultiver* et *honorer.* Nous avons essayé de rendre, quoique d'une manière imparfaite, cette équivoque.

35. — *Intra bimatum.* Évangile selon saint Matthieu, ch. XI, ɣ. 16 : ἀπὸ διετοῦς, καὶ κατωτέρω, « de deux ans et au-dessous. »

36. — *Porcum esse, quam filium.* La plaisanterie était renouvelée des Grecs. En effet, Diogène disait, pour se moquer de l'ignorance et de la sottise des Mégariens, qu'il aimerait mieux être le fils d'un porc que d'un homme de Mégare. *Voyez* ÉLIEN, *Hist. des anim.,* liv. XII, ch. 56.

37. — *Ebur ex Etruria.* Il n'y avait pas plus d'ivoire en Étrurie que de diamants dans l'Adriatique et de perles dans le Tibre. Tous ces compliments adressés à Mécène sont autant de railleries.

38. — *Nomenclatori.* Les nomenclateurs étaient des esclaves chargés de connaître les noms de toutes les personnes qui venaient visiter leur maître, ou qu'il rencontrait dans la rue et sur le forum, et de les lui souffler à l'oreille à mesure qu'elles se présentaient ou qu'il les abordait.

39. — *Sibi.... consuluit.* Cf. Suétone, *Vie d'Auguste*, ch. lxxxvii.

40. — *Fescenninos.* Les vers ou chants fescennins étaient ainsi nommés, soit parce qu'ils furent inventés à Fescennia, ville d'Étrurie, soit parce qu'ils passaient pour éloigner tout maléfice. Tels étaient les couplets improvisés qu'on chantait aux nouveaux mariés au milieu de la pompe nuptiale; et comme, en général, ils étaient pleins d'allusions sales et grossières, l'expression *fescennini versus* s'employa plus tard pour désigner toute espèce de poésies licencieuses.

41. — *Mihi nihil.* Auguste, afin de mettre son protégé hors d'état de recommencer ses folies, s'était borné strictement à la somme nécessaire.

42. — *Ad contrahendum matrimonium legibus non paruisset.* Auguste, pour réparer les pertes des guerres civiles, avait fait des lois qui punissaient le célibat et récompensaient les pères de famille. *Voyez* Suétone, *Vie d'Auguste*, ch. xxxiv.

43. — *Rogavitque ut sibi adesset.* Auguste avait exercé la profession d'avocat, avant de prendre part aux affaires.

44. — *Epigramma porrigere Græculus.* Il y a dans le diminutif *Græculus* une intention méprisante, difficile à rendre en français. On peut voir, d'après Juvénal, dans quelle dégradation étaient tombés ces Grecs dégénérés, qui remplissaient à Rome les professions les plus viles:

> Grammaticus, rhetor, geometres, pictor, aliptes,
> Augur, schœnobates, medicus, magus, omnia novit
> Græculus esuriens; in cœlum, jusseris, ibit.
> (Juvenalis, sat. III, v. 76.)

45. — *Talem fuisse apud majores Claudiam.* Cette Claudia, célèbre pour ses déportements, était femme de Q. Metellus Celer, et sœur du tribun Clodius. *Voyez* Cicéron, *pour Q. Célius*, et *Lettres à Atticus*, liv. ii, lett. i; Plutarque, *Cicéron*.

46. — *Bestiæ enim sunt.* On a attribué ce mot à madame de la Sablière.

47. — *Cascellius jurisconsultus.* Cascellius, ou mieux Cécilius, contemporain de Favorinus (iie siècle). Aulu-Gelle (liv. xx, ch. i) nous le montre dissertant avec ce dernier sur les lois des Douze-Tables.

48. — *Laberius.... in prologo.* Excepté ce prologue, nous ne possédons rien de Laberius que les titres de quarante-trois mimes et quelques vers isolés.

49. — *Publius natione Syrus.* Publius Syrus est surtout célèbre par les sentences morales qu'il entremêlait dans ses pièces, et qui peuvent être regardées comme la véritable expression de la morale et de la philosophie pratique de cette époque. On s'en fait une idée par celles que cite notre auteur un peu plus bas. Il nous reste un recueil de plus de 1100 de ces sentences, qui ont été traduites en 1836 par M. J. Chenu, et qui font partie de la *Bibliothèque Latine-Française;* mais toutes ne sont pas authentiques. Publius Syrus vécut jusque sous les premières années du règne d'Auguste, c'est-à-dire jusqu'après l'an 29 avant J.-C.

50. — *Sine periclo vincitur.* Cf. AULU-GELLE, liv. XVII, ch. 14.

51. — *Quum canticum quoddam saltaret.* La pantomime se dansait, comme chez nous le ballet; de là les expressions *saltare OEdipum, Ajacem,* etc. L'accompagnement était formé par une *dactylica* (c'est la syrinx, que nous verrons quelques lignes plus bas), soutenue par des chœurs de voix.

52. — *Saltabat Hylas OEdipodem.* Macrobe se trompe, c'est Bathylle qu'il veut dire. En effet, ce Bathylle était avec Pylade, au dire d'Athénée et de tous les auteurs, le plus fameux pantomime de cette époque.

53. — *Mensas secundas minister admovit.* — *Mensa secunda,* le second service ou le dessert. C'était, à proprement parler, le troisième; voici comment : Un souper dans les règles (*cœna recta*) se composait de trois services. On commençait par manger des œufs, des olives, des figues, et d'autres mets légers, pour ouvrir l'appétit; ce premier service était nommé *gustatio.* Le second (*prima mensa*) se composait de ragoûts de toute espèce. Le troisième (*secunda mensa*) qui n'était réellement que la continuation du second, de fruits, de confitures, de pâtisseries, servis dans des corbeilles de jonc. Chacun de ces services était apporté en une seule fois sur un *ferculum* ou *repositorium,* grand plateau d'argent qui couvrait toute la table et en formait comme le dessus; d'où les noms de première table, seconde table, etc.

54. — *Nescis quid vesper vehat.* Macrobe a déjà cité cette satire au ch. 8 du liv. I. *Voyez,* sur les satires Ménippées, la note 57 du livre I.

55. — *Maxime sunt mellita, quæ mellita non sunt.* — *Mellita* est pris dans une double signification, au sens propre, *de miel,* puis métaphoriquement, *doux comme le miel, délectable, exquis :* ce qui forme une sorte de jeu de mots.

56. — *Quinque etenim sunt hominum sensus.* Cf. AULU-GELLE, liv. XIX, ch. 2.

57. — *Aristotelis philosophi.* ARISTOTE, *Probl. Sect.*, liv. XXVIII, probl. 7.

58. — Φιλόξενος. Philoxène, natif de l'île de Cythère, poëte lyrique grec, mourut 350 avant J.-C. Il avait vécu longtemps à la cour de Denys, tyran de Syracuse, où il devint célèbre par l'anecdote des carrières.

59. — *Morbum comitialem.* L'épilepsie. Ce nom lui venait de ce que, toutes les fois que quelqu'un tombait frappé de ce mal, il était d'usage d'interrompre les comices.

60. — Μικρὰν ἐπιληψίαν. Nous avons rétabli μικρὰν, qui se trouve dans Aulu-Gelle et dans les éditions anciennes, et qui est nécessaire pour compléter le sens. — Ici se terminait, dans les anciennes éditions, le livre II des *Saturnales*. Pontanus, d'après l'autorité d'un manuscrit anglais, a restitué à ce livre les huit chapitres qui suivent et qui se trouvaient placés mal à propos à la suite du livre III; ce qui n'empêche pas qu'il n'y ait encore une lacune à la fin de ce huitième chapitre, comme on doit le conjecturer par les paroles de Cécina qui terminent le ch. IX.

61. — *Augurali cœna.* C'était le repas donné lors de la nomination et de l'inauguration d'un augure ou d'un pontife.

62. — *Denariis veneant quinis, ipsi facile quinquagenis.* 4 fr. 50 c. et 45 fr. Le denier romain valait 90 c. de notre monnaie.

63. — *Ut taceam Gurgitem.... Metellus Pius.* Fabius Gurgès fut deux fois consul, puis enfin prince du sénat. — Metellus Pius fit la guerre en Espagne contre Sertorius.

64. — *Indigna Romano imperio œstimantes.* Ce passage est tiré du livre II des *Fragments de la Grande Histoire de Salluste.*

65. — *Triclinia.* C'étaient des salles de festin, garnies de lits, comme leur nom l'indique. Les lits étaient placés à l'une des extrémités, le long des murs et sur trois côtés, le quatrième restant vide pour le service.

66. — *Echinos.*

Ostrea Circæis, Miseno oriuntur echini.
(HORATIUS, *Serm.* lib. II, sat. 4, v. 33.)

67. — *Peloridas* Pelourde (*peloris*), espèce d'huîtres d'une grosseur extraordinaire. Les meilleures venaient du lac Lucrin :

Murice Baiano melior Lucrina peloris.
(HORATIUS, *Serm.* lib. II, sat. 4, v. 32.)

68. — *Sphondylos.* C'est encore un coquillage bivalve du genre de l'huître.

69. — *Turdum.* Poisson ainsi appelé parce qu'il est de la même couleur que l'oiseau dont il a pris le nom.

70. — *Balanos nigros, balanos albos.* Coquille multivalve de mer et de rivière, suivant Pline.

71. — *Glycomaridas.* Autre coquillage mentionné par Pline, *Hist. Nat.*, liv. II, ch. 32.

72. — *Murices.* Coquillage univalve, hérissé de pointes, qui donnait la pourpre aux anciens. *Voyez* la note 67.

73. — *Sumina.* Les tétines de truie étaient un mets fort recherché, surtout au moment où l'animal venait de mettre bas. Les vulves étaient encore plus estimées. La vulve d'une truie vierge était quelque chose d'exquis.

74. — *Amylum.* C'est la farine que l'on obtient à la manière de l'amidon, sans mouture. On en faisait plusieurs sortes de crèmes (*amylaria*).

75. — *Panes Picentes.*

> Picentina Ceres niveo sic nectare crescit,
> Ut levis accepta spongia turget aqua.
> (MARTIALIS, lib. XIII, epigr. 45.)

76. — *Cincius in suasione legis Fanniæ.* Jean de Salisbury écrit *Titius*, comme au ch. XII de ce même livre; mais ce peut être là que se trouve l'erreur. *Voyez* d'ailleurs la note 117 du liv. I.

77. — *Inclusis animalibus gravidum.* C'était ordinairement des truies qu'on accommodait de cette manière. On y renfermait des boudins, des saucisses et jusqu'à des grives toutes vivantes qui, s'envolant au moment où le découpeur ouvrait le ventre de l'animal, étaient tuées par les convives dans la salle même du festin.

78. — *Exceptos e leporario.* Le vivier (*vivarium*) était un vaste enclos dont le sol était divisé partie en prairies, partie en bois taillis, entouré de grands arbres, et où l'on enfermait toutes sortes d'animaux, comme des sangliers, des daims, des chèvres, des lièvres, etc. Dans le principe on n'y élevait que des lièvres, d'où son nom de *leporarium*. On le nommait aussi *roborarium*, parce qu'il était clos de planches de chêne.

79. — *Cochleas saginatas.* Le *cochlearium*, ou escargotière, formait un lieu à part dans le vivier. Les premières escargotières fu-

rent établies avant la guerre civile de César et de Pompée. Quelques-uns de ces animaux étaient si monstrueux, au dire de Varron et de Pline, que leur coquille pouvait contenir vingt livres de liqueur.

80. — *Crotala gestantes.* Les crotales étaient un instrument de musique pareil à ceux qu'on voit sur les médailles entre les mains des Corybantes. Il consistait en deux lances, ou bâtons d'airain, que l'on agitait en les frappant l'un contre l'autre.

81. — *Psallere, saltare, etc.* SALLUSTE, *Catilina,* ch. xxv.

82. — *Legem judiciariam Tib. Gracchi.* Cette loi attribuait aux seuls chevaliers la puissance judiciaire.

83. — *Sambuca, psalterioque.* Le psaltérion, dont on ne connaît guère à présent la forme, était en usage chez les Hébreux. — La sambuque était un instrument à cordes, suivant les uns; à vent, d'après les autres.

84. — *Staticulos dare.* C'était une espèce de danse qui s'exécutait sans qu'on changeât de place (*stare*) et par les seules attitudes du corps. *Voyez* PLAUTE, *Persa,* act. v, sc. 2.

85. — *Cicero testimonio est.* Corrado, dans son livre *de Quæstura,* p. 41, édit. Lips., réfute cette assertion de Macrobe touchant Cicéron. — Quant au fait rapporté deux lignes plus bas, que Cicéron reprocha au peuple romain assemblé d'avoir troublé le spectacle lorsque Roscius occupait le théâtre, Macrobe fait allusion ici au discours que Cicéron, étant consul, adressa au peuple, qui s'était soulevé à cause de la loi du tribun Roscius Othon. *Voyez* le sommaire du 1er discours *sur la loi Agraire,* tome x de l'édition Panckoucke.

86. — *Mille denarios.* 900 fr. de notre monnaie. Mais il est probable, comme le fait remarquer M. Dezobry dans sa *Rome au siècle d'Auguste,* t. iv, p. 244, que cela doit s'entendre pour la saison des jeux seulement; et comme elle durait huit mois, il en résulte que Roscius gagnait annuellement 216,000 fr. Cicéron nous apprend (*pour Q. Roscius,* ch. 11) que ses biens étaient évalués à six millions de sesterces (1,350,000 fr.).

87. — *Inter collegas optime saltitabat.* Les danses des Saliens étaient des danses sacrées, autorisées, prescrites même par la religion, et qui n'avaient rien de commun avec l'art de la danse en général. L'exemple cité par Macrobe ne prouve donc rien, faute d'être assez explicite.

88. — *Pisces qui auratæ vocantur.* Cf. Columelle, liv. viii, ch. 16.

89. — *Balneas pensiles.* Cf. Valère Maxime, liv. ix, ch. 1.

90. — *Tanquam filiam luxit.* On cite la même anecdote de l'orateur Hortensius. Cf. Pline, *Hist. Nat.*, liv. ix, ch. 55.

91. — *In senatu.* Cf. Valère Maxime, liv. ix, ch. 1.

92. — *Piam affectuosamque rem fecisse se jactitans.* La passion de Crassus pour cette murène fit grand bruit à Rome. On peut consulter là-dessus Élien, qui rapporte ce fait en y ajoutant des détails curieux.

93. — *Quos Cicero piscinarios appellat.* Voyez *Lettres à Atticus*, liv. 1, lett. 20.

94. — *Græce* πλῶται. Cf. Varron, *de l'Économie rurale*, liv. 11, ch. 6.

95. — *Faciles captu fiunt.* Pline dit la même chose des tortues (liv. ix, ch. 12) : « Ut solis vapore, siccato cortice, non queant mergi, invitæque fluitent. »

96. — *Gallus de admirandis.* Voyez *Bibliothèque latine* de Fabricius, édition d'Ernesti, t. 1er, p. 130.

97. — *Auctor est Plinius.* Cf. Varron, *de l'Économie rurale*, liv. iii, ch. 17.

98. — *In Naturali Historia.* — Voyez liv. ix, ch. 17. — Athénée (liv. vii, ch. 14) dit aussi quelque chose de l'acipenser.

99. — *Sammonicus Serenus.* Sammonicus Serenus, médecin, vécut à Rome sous Sévère et sous Caracalla (iiie siècle). Un seul de ses ouvrages nous reste, c'est un poëme intitulé *de Medicina præcepta*, que M. Baudet vient de traduire pour la première fois en français, et qui fait partie de la *Bibliothèque Latine-Française*. Macrobe cite encore Sammonicus au ch. 13 de ce livre, et au ch. 9 du livre iii.

100. — *Ad usque Trajani imperator ætatem.* Scaliger remarque que Sammonicus confond ici Pline le Jeune avec Pline l'Ancien.

101. — *Numinis pompa.* — Voyez Lambinus, *in Horat. Comm. Serm.* lib. ii, sat. 2, v. 47.

102. — *Septem millibus nummum.* Juvénal et Tertullien disent *six mille* au lieu de *sept mille*.

103. — *Octavius præfectus classis.* Pline (*Hist. Nat.*, liv. ix, ch. 29) le nomme *Optatus Elipertius*, et en fait un affranchi de Tibère.

104. — *Nomen Latinum hujus piscis.* En effet, le nom est grec : σκάρος, de σκαίρειν, sauter, comme fait tout poisson lorsqu'il se trouve pris dans le filet. Cf. COLUMELLE, *de l'Économie rurale*, liv. VIII, ch. 17; PLINE, *Hist. Nat.*, liv. IX, ch. 17; ARISTOTE, *Hist. des anim.*; et surtout ATHÉNÉE, liv. VII et VIII. Horace en parle aussi comme d'un mets friand (*Epod.* II, et *Serm.* lib. II, sat. 2).

105. — *Præcipuum locum lupus tenuit.* — Voyez VARRON, *de l'Économie rurale*, liv. III, ch. 3, et COLUMELLE, liv. VIII, ch. 16. Horace dit la même chose :

> Unde datum sentis, lupus hic Tiberinus, an alto
> Captus hiet? pontesne inter jactatus, an amnis
> Ostia sub Tusci?
>
> (*Serm.* lib. II, sat. 2, v. 31.)

106. — *Nulla est in angiporto amphora.* — Voyez LUCRÈCE, *de la Nature des choses*, liv. IV, v. 1020.

107. — *Lupum germanum.* — *Germanus*, comme on dit en grec γνήσιος.

108. — *Patentibus januis.* C'est par un motif semblable que les repas se prenaient en commun chez les Lacédémoniens. Voyez JUSTIN, liv. III.

109. — *Secundum Gellii opinionem.* Cf. AULU-GELLE, liv. II, ch. 24.

110. — *Sanctissimi Augusti.* C'était un titre d'honneur donné aux empereurs, de même que *sacrosancti* et *sacratissimi*, qui devinrent en usage plus tard.

111. — *Centussis vocatur.*

> . . . . Fanni centussi' misellus.
>
> (LUCILIUS, *Frag. inc.*, CXXXIV, ed. Panckoucke.)

112. — *Post annos decem et octo.* L'an de Rome 610.

113. — *Licinia lex.* L. Lic. Crassus fut consul l'an 647.

114. — *Priusquam trinundino confirmaretur.* — Voyez liv. I, ch. 16.

115. — *Legem.... cibariam.* C'est la loi Émilia. Émilius Lepidus fut consul avec Q. Lutatius Catulus, l'an 676.

116. — *Alia lex.* La loi Antia, du nom de Antius Restio, son auteur. On conjecture que cet Antius Restio est le père de celui dont il est fait mention précédemment, liv. I, ch. 11.

117. — *Sponsione contendit.* Les commentateurs ne sont pas d'accord sur ce passage. Pontanus met un point après *contendit*, et change *Munatio Planco* en *Munatius Plancus*. Gronovius propose de plus *dictus* au lieu de *dignus*, ou tout simplement *digno sculna Mun. Planco*. — Zeune lit *digna*, qu'il fait rapporter à *sponsione*.

118. — *Munatio Planco*. Munatius Plancus, disciple de Cicéron, après avoir suivi César dans les Gaules, fut tour à tour consul avec Brutus, ami d'Antoine, et l'un des plus zélés partisans d'Octave. *Voyez* PLUTARQUE, *Antoine*.

119. — *De nucum generibus*. — *Voyez* PLINE, *Hist. Nat.*, liv. xv, ch. 22.

120. — *Nux.... juglans*. — *Juglans regia*, Linn. Le noyer, ou la noix proprement dite. Les Latins, comme on le verra par la suite même de ce chapitre, donnaient au mot *nux* une signification très-large; ils disaient *nux avellana* pour la noisette, *nux amygdala* pour l'amande, etc.

121. — *Cloatius Verus*. Cloatius Verus, cité quelques lignes plus bas, et aussi ch. 16 du liv. III. Aulu-Gelle est le seul, avec notre auteur, qui fasse mention de cet écrivain. *Voyez* AULU-GELLE, liv. XVI, ch. 12.

122. — *Theophrastus ait*. Voyez *Hist. des Plantes*, liv. III, ch. 4. Il n'est pas toutefois parfaitement établi que la noix (*juglans*) soit la même chose que le Διὸς βάλανος. On prend ce dernier pour le châtaignier.

123. — *Corylum sere*. VIRGILE, *Géorg.*, liv. II, v. 299.

124. — *In Logistorico*. — *Logistoricum*, recueil de paroles remarquables.

125. — *Apud Nævium*. Névius (Cn.), poëte latin, avait porté les armes dans la première guerre punique. On dit qu'il fut exilé à Utique, où il mourut en 550. Il ne reste que des fragments de ses ouvrages, dont le principal était son poëme de la guerre punique, cité au chapitre suivant. Ses premières pièces furent représentées vers 520.

126. — *Castaneasque nuces*. VIRGILE, *Bucol.*, égl. II, v. 52.

127. — *Vir doctus Oppius*. Oppius Cares, cité par Suéton (*des Gramm. illustr.*, ch. III), fut ami de César, et passe pour être l'auteur de quelques ouvrages que d'autres attribuent à Hirtius. Pontanus veut qu'on lise *Opilius*, nom d'un grammairien mentionné par le même Suétone (*des Gramm. illustr.*, ch. VI).

128. — *In Ordinatorum Græcorum*, Fabricius (*Biblioth. lat.*) lit *Inordinatorum Græcorum*, « des Mots grecs irréguliers. »

129. — *Atta vero in Supplicatione*. Atta (Quintus ou Caïus), poëte comique du siècle d'Auguste, composa plusieurs pièces *togatæ* assez estimées, mais dont nous ne possédons plus que des fragments.—Les supplications étaient les actions de grâces offertes après une victoire.

130. — *Plautus in* Calceolo. Le vers ici cité est le seul qui nous reste de cette comédie.

131. — *Assertor est Suevius*. On suppose que ce Suevius est le même que le *Sævius* mentionné par Suétone (*des Gramm. illustres*, ch. v).

132. — *In libro Favorini*. Favorinus, sophiste grec, l'un des principaux interlocuteurs des *Nuits attiques* d'Aulu-Gelle, ami et contemporain de Plutarque, mourut l'an 135 après J.-C. Il était né à Arles, dans les Gaules. Philostrate cite de lui certaines particularités remarquables.

133. — *Et molle Tarentum*. Horatius, *Serm*. lib. ii, sat. 4, v. 34.

134. — *Plautus in* Cistellaria. Ce n'est pas dans la *Cistellaria*, mais bien dans le *Curculio* (acte i, sc. i, v. 55) que se trouve ce vers. Mais pourquoi cette citation qui n'éclaire en rien le texte ? Il faut croire avec Gronovius qu'elle aura été jointe au manuscrit par quelque copiste ignorant.

135. — *Genera malorum*. On peut consulter sur la concordance synonymique des diverses variétés de pommes et de poires connues des anciens, les notes de M. Fée sur le Pline le Naturaliste, éd. Panckoucke, notes 105 et 106 du liv. xv.

136. — *Conditivum*. De *condere*, cuire. *Voyez* Varron, *de l'Économie rurale*, liv. i, ch. 59, et Caton, *de l'Agriculture*, liv. vi.

137. — Ἐπιμηλίς. Sorte de nèfle particulière à l'Italie (Dioscor., liv. i, ch. 121), ainsi appelée parce qu'elle se greffe heureusement sur le pommier, ἐπὶ τῆς μηλέας. Pline la confond à tort avec le fruit de l'arbousier, *unedo*.

138. — *Silvestre*. — *Voyez* Virgile, *Géorg.*, liv. ii, v. 70.

139. — *Struthium*. C'est une espèce de coing tardif et très-odorant.

140. — *Quo non præstantius ullum*. Les éditions de Virgile portent *præsentius* (dont le goût demeure longtemps), au lieu de *præstantius;* 'ce qui est plus conforme au sens général du passage :

> Media fert tristes succos tardumque saporem
> Felicis mali.

Le citron avait une grande importance médicale; de là l'épithète de *felix* que lui donne Virgile.

141. — Καλὸν ὀδώδει. La citation est inexacte. Les éditions d'Homère portent :

> . . . . Τηλόθι δ' ὀδμὴ
> Κέδρου τ' εὐκεάτοιο θύου τ' ἀνὰ νῆσον ὀδώδει.

D'ailleurs il s'agit ici de la thye, arbre odoriférant, que Macrobe a tort de confondre avec le citronnier.

142. — Σιγαλόεντα. Macrobe cite encore d'une manière inexacte. Voici le vers d'Homère :

> Εἵματα τ' ἀμφιέσασα θυώδεα, καὶ λούσασα.

143. — *Idem Cloatius.* — *Voyez* PLINE, éd. Panckoucke, liv. XV, note 106.

144. — *Africa.* — *Voyez* PLINE, *Hist. Nat.*, liv. XI, ch. 18.

145. — *Arundinea.* — *Harundinea* ou *arundinea*, espèce de figue tachetée comme les feuilles de roseau (*arundo*). Meursius lit *hirundinea;* ce qui serait alors la *chelidonia* de Columelle, liv. X, ainsi nommée ou de ce qu'elle est recherchée par les hirondelles, ou bien de ce qu'elle mûrit à l'entrée de l'hiver, à l'époque où ces oiseaux émigrent.

146. — *Asinastra.* Quelques éditions retranchent la virgule après ce mot et lisent *asinastra atra.* Peut-être doit-on lire *aratia,* comme dans Pline.

147. — *De Verbis pontificalibus.* — *Voyez* plus loin, liv. III, ch. 5.

148. — *Æsculus.* Chêne de petite espèce, ainsi nommé parce qu'on en mangeait le gland.

149. — *Tarquinius Priscus.* C'est probablement le même auteur que, plus loin (liv. III, ch. 7), Macrobe désigne sous le nom de *Tarquitius Priscus.* Vossius le compte parmi les historiens latins.

150. — *Deorum avertentium.* — *Avertentes dii,* même sens que *averrunci,* les dieux qui détournent les malheurs.

151. — *Alaternum.* — *Voyez* PLINE, liv. XVI, ch. 26; COLUMELLE, liv. VII, ch. 6.

152. — *Sanguinem. De sanguen.* C'est le cornouiller femelle, dont l'écorce a la couleur du sang.

153. — *Afranius.* Afranius (Lucius), contemporain de Térence et de Cécilius, auteur de comédies *togatœ*. Cicéron en parle avec éloge.

154. — *Fici qui non maturescunt.* Nous avons adopté pour cette phrase la ponctuation de Meursius. — *Lacte, lactis,* comme *lac, lactis,* vieille forme de nominatif; Plaute a dit de même : « Neque aqua aquæ, neque lacte lacti est uspiam similius. » — Quant aux *grossi,* voyez ce qu'en dit Pline, *Hist. Nat.*, liv. xvi, ch. 25. Les anciens leur attribuaient des propriétés médicales merveilleuses.

155. — *Postumius Albinus.* Macrobe a pris soin lui-même de nous apprendre dans sa préface que ce Post. Albinus fut consul avec Lucullus. Il écrivit une histoire de Rome en grec.

156. — *Albigerus.* C'est l'*albicerus* (alba cera) dont parlent Caton et Varron.

157. — *Paulia.* Meursius : *Paphia,* de l'île de Paphos, d'où elle fut apportée.

158. — *Apiana.* Meursius : *Appiana,* raisin d'Appius.

159. — *Numentana.* Meursius : *Nomentana.* Nomente était une ville des Sabins, sur les bords de l'Allia.

160. — *Domi suæ fruamur.* Pontanus lit *donisque* au lieu de *domi suæ,* se fondant sur ce que l'on ne voit nulle part que les convives se soient rassemblés le lendemain chez Symmaque.

LIVRE TROISIÈME.

1. — *Virgilius noster pontifex maximus videretur.* Evangelus répète mot pour mot les paroles de Prétextatus, à la fin du livre i. *Voyez* p. 279.

2. — *Prius eum rite purificari oportere.* « Meminerit non nisi religionis purificatione ilustratus accedere ad templa debere. » (MART. *ad Domit.*) Les ablutions et les aspersions se faisaient avec de l'eau de la fontaine de Juturne, dans le Latium. Ses eaux passaient pour plus pures que toutes les autres, et on les employait de préférence dans les sacrifices.

3. — *Veranius ex primo libro Pictoris.* Fabius Pictor (Marcus), selon Appien, Quintus, de l'illustre maison Fabia, le plus ancien

des historiens de Rome, au dire de Tite-Live, florissait vers l'an 630. Il est du moins le premier qui ait écrit l'histoire en prose. Macrobe cite de lui dans ce même chapitre un livre *Pontificii juris*. — Il a été question de Veranius au ch. 16 du liv. 11.

4. — *In altaria, aramve.*—*Altaria (ab altitudine)* : c'étaient les autels des dieux du ciel ; *aræ*, les autels des dieux de la terre ; *foci*, des espèces de fosses dans lesquelles on sacrifiait aux dieux infernaux. *Voyez* Servius, sur le vers 66 de l'églogue v. de Virgile.

5. — *Hyllus*. Nous traduisons l'observation suivante de Pontanus : « Scriverius avait écrit à la marge de son exemplaire, *Hyginus*. lequel est souvent cité par Macrobe. Toutefois, d'après la remarque du même Scriverius, le nom d'Hyllus était usité à Rome, puisqu'on le trouve dans les inscriptions et dans Martial. »

6. — *Populifugia*. Tous les auteurs ne s'accordent pas avec Macrobe sur l'origine de cette fête. Quelques-uns veulent qu'elle soit la même que la solennité des fêtes Caprotines dont il a été parlé plus haut, liv. 1, ch. 11.

7. — *Quum vitula rem divinam fecero*. Cette phrase, que nous avons dû traduire textuellement, est d'une construction un peu obscure. Tout cela revient à dire que cette forme, *facere vitula*, doit s'expliquer par l'ellipse de *rem divinam*.

8. — *Servius Sulpicius*. Servius Sulpicius Rufus, ami de Cicéron, exerça successivement, et avec distinction la questure, la préture et le consulat. Chargé d'une ambassade auprès d'Antoine, il mourut durant sa mission. Aulu-Gelle, qui le cite à plusieurs reprises (liv. 11, ch. 10 ; liv. 1v, ch. 1, 3, 4 et 20 ; liv. v1, ch. 12), donne les titres de ses principaux ouvrages. Au reste, cette définition est attribuée par lui (liv. 1v, ch. 9) non à Sulpicius, mais à Massurius Sabinus, mentionné souvent par notre auteur.

9. — *Quasi a relinquendo dicta*. Suivant un vers ancien, cité par Nigidius Figulus (*voyez* Aulu-Gelle, liv. 1v, ch. 9), *religio* viendrait de *religere*.

Religentem esse oportet ; religiosum nefas.

Ce vers est remarquable d'ailleurs par le sens particulier qu'il attribue au mot *religiosus*. — *Voir* là-dessus tout le chapitre d'Aulu-Gelle.

10. — *Ut a carendo ceremonia*. Valère Maxime, liv. 1, ch. 1, fait dériver *ceremonia* de Cérès, ou Cœris, ville d'Étrurie, qui existait encore au temps de Strabon.

11. — *Secundum Pompeium Festum*. Festus (Sextus Pompeius)

vivait vers la fin du IIIe siècle ou le commencement du IVe. Il composa un abrégé du traité *de Verborum significatione* de Verrius Flaccus (liv. 1, note 24), et fut lui-même abrégé par Paul Diacre. Il ne reste de lui que des fragments.

12. — *In circo Flaminio.* Le cirque de Flaminius, compris dans la IXe région de Rome, était situé au delà du mont Capitolin, sur la rive gauche du Tibre.

13. — *Nominatum delubrum.* On donne encore une autre étymologie, *diluere*, à cause de l'usage où l'on était de placer à l'entrée des temples des vases, en forme de bénitiers, et remplis d'eau qui servait aux ablutions.

14. — *Æneam ex Troja in Italiam detulisse.* Cf. DENYS D'HALICARNASSE, liv. 1, ch. 15.

15. — *Per quos rationem animi possidemus.* Ou bien encore, parce qu'ils occupent le fond des demeures (*penitus, penetralia*). D'autres étymologistes font dériver ce nom de *penus,* mot qui exprime toutes les choses dont les hommes se nourrissent (liv. 1, note 1).—*Voyez* CICÉRON, *de la Nature des dieux,* liv. II ch. 27.

16. — *Lavinii rem divinam faciant.* Lavinium, ville du Latium. C'est là que l'on conservait les anciens pénates d'Énée, que ce prince avait rapportés de Troie avec lui. Cf. DENYS D'HALICARNASSE, liv. 1, ch. 15.

17. — *Patriique penates.* On désignait encore les pénates sous une multitude d'autres noms. *Voyez* DENYS D'HALICARNASSE, *loco cit.*, et de plus, liv. VIII, ch. 6.

18. — *Utrumque hostiarum genus.* Les hosties (*hostiæ*) se distinguaient des victimes proprement dites (*victimæ*). Avant le combat, on immolait des *hosties,* et après la victoire, des *victimes.*

19. — *Bidentes.* On appelait *ambidentes* ou *bidentes,* les brebis âgées de deux ans, parce qu'alors elles ont deux dents plus longues que les autres. Il n'était pas permis d'offrir d'hosties au-dessus ni au-dessous de cet âge. Au surplus, ce mot s'employait indifféremment pour toute victime de deux ans. On disait d'abord *bidennes,* pour *biennes;* on a dit ensuite, par corruption, *bidentes. Voyez* à ce sujet la dissertation d'Aulu-Gelle (liv. XVI, ch. 6), reproduite presque textuellement par Macrobe, liv. VI, ch. 9 des *Saturnales.*

20. — *In his ipsis hostiis.... consultatoriis.* On donnait le nom de *consultatoires* aux victimes de la première espèce.

21. — *Pro frugibus.* C'était ordinairement une truie pleine qu'on offrait dans les fêtes champêtres consacrées à Cérès, sous la même dénomination. Ces fêtes avaient lieu au commencement du printemps et avant l'ouverture de la moisson.

22. — *Ut Aspero videtur.* Il y eut plusieurs écrivains du nom d'Asper; entre autres un Asper Junius, qu'on trouve dans la collection de Putsch, et un grammairien cité par saint Augustin.

23. — *De rege superbo Primitiæ.* Le P. Jouvenci (*Notes sur Virgile*), s'appuyant sur la définition du mot *primitiæ* par Donat, croit que l'expression *regis superbi* doit s'entendre de Turnus, et non de Mézence. Suivant lui, le sens de la phrase serait : Voilà les dépouilles (de Mézence) et les prémices heureuses de la guerre que j'ai entreprise contre un roi superbe (Turnus).

24. — *Quam Pythagoram.... adoravisse produnt.* Cf. Diogène Laerce, liv. viii. — Valerius Flaccus a dit aussi (*Argonautiques*, liv. v, v. 404) :

.... Phœbi genitoris ad aras
    Ventum, ait.

25. — *Cato* de liberis educandis. Suivant une remarque de Meursius, il faudrait lire *Varro*, au lieu de *Cato*. En effet, le traité *de l'Éducation des enfants* de Varron, bien qu'il ne nous soit pas parvenu, jouissait d'une grande réputation dans l'antiquité.

26. — *Eodem versu non omittendum puto.* Il y a dans le texte *eodem versu*, que Zeune veut remplacer par *eodem loco* ou *eodem libro*, le trait auquel Macrobe fait allusion se trouvant au vers 84.

    Templa dei saxo venerabar structa vetusto.

27. — *Velius Longus.* Velius Longus, grammairien assez estimé de son temps, au dire d'Aulu-Gelle, qui cite de lui (liv. xviii, ch. 9) un *Commentaire sur les locutions anciennes*.

28. — *Immutatio est.... epitheti.* C'est la figure nommée vulgairement hypallage.

29. — *Una ad portam Trigeminam.* Porte Trigémine, ou des trois Jumeaux. Ainsi nommée, parce que ce fut par elle que sortirent les trois Horaces pour aller combattre les trois Curiaces.

30. — *Altera in foro Boario.* Le *forum Boarium*, ou marché aux Bœufs, était compris dans ce vaste emplacement qui s'étendait entre le Tibre et les monts Capitolin, Aventin et Palatin, et où se tenaient les marchés de toutes sortes. — Cf. TACITE, *Annales*, liv. XII, ch. 24.

31. — *Octavius Herennius.... artis suæ distisus est.* — *Distisus, pertisus,* vieilles formes pour *distæsus, pertæsus.*—*Voyez* FESTUS.

32. — *Aram maximam.* C'était l'autel d'Hercule, situé dans le *forum Boarium.* Cet autel, d'une grandeur prodigieuse, existait encore du temps de Macrobe. Les Potitius et les Pinarius, contemporains d'Évandre, avaient été les fondateurs et les premiers ministres du temple; leurs descendants conservèrent ce sacerdoce jusqu'à Appius Claudius, qui, durant sa censure, attribua leurs fonctions à des esclaves publics. Toute cette histoire est rapportée au long dans le livre de l'*Origine de la nation romaine,* attribué à Caton. *Voyez* aussi TITE-LIVE, liv. I, ch. 7, et liv. IX, ch. 29; TACITE, *Annales,* liv. XV, ch. 41; DENYS D'HALICARNASSE, liv. I, ch. 39.

33. — *Veratius Pontificalis.* Meursius lit *Veranius,* comme Macrobe l'écrit ailleurs, ainsi que Festus.

34. — *Cornelius Balbus.* Cornelius Balbus (Lucius), né à Cadix. Pompée lui accorda le droit de cité, à la sollicitation de Lucius Cornelius Lentulus, dont il prit les noms. Plus tard il parvint à la dignité de consul. — Les *Exégétiques* étaient les livres des pontifes où la religion était expliquée.

35. — *Gavius Bassus.* Meursius lit *Gabius Bassus.*

36. — *Liber Tarquitii.* Les anciennes éditions portent *Tarquinii,* et confondent l'écrivain cité ici avec le Tarquinius Priscus dont il a été question liv. II, ch. 16. En effet, sans l'épithète de Priscus donnée au dernier, il serait assez naturel de lire aux deux endroits, non pas *Tarquinius* (on ne connaît aucun écrivain de ce nom dans la littérature latine), mais *Tarquitius.* Quoi qu'il en soit, il est vraisemblable que le Tarquitius ici mentionné est le même dont un traité *de Disciplina Etrusca* est cité dans l'*Index* de Pline. *Voyez* aussi AMMIEN MARCELLIN, *Hist.,* liv. XXV, ch. 2.

37. — *Pœne mancipium designavit.* — *Mancipium,* ou *mancipatio* (*manus, capere*), mancipation, aliénation de la propriété, suivant certaines formes. L'imposition des mains était une de ces formes. Ainsi Halesus, du moment que les Parques avaient étendu la main sur lui, devenait leur propriété, leur esclave.

38. — *Hominem sacrum jus fuerit occidi.* Voici les termes mêmes de la loi Tribunitia : SI. QVIS. IM. QVI. PLEBISCITO. SACER. SIT. OCCIDERIT. PARRICIDA. NE. SIT.

39. — *Ducente deo, non dea.* Il est plus vraisemblable que Virgile, à l'imitation des Grecs, prend ici le mot *deus* au genre commun. C'est ainsi que, parlant de la furie Alecto, il dit :

Nec dextræ erranti deus abfuit. (*Æn.* lib. VII, v. 498.)

40. — *Apud Calvum.* Calvus (C. Licinius) fut l'ami de Catulle, qui lui adresse plusieurs de ses épigrammes. Les fragments de ses poëmes ont été recueillis dans le *Corpus poetarum.* — M. Mahul, dans le savant travail qu'il a publié sur la vie et les écrits de Macrobe, dit n'avoir trouvé aucun détail sur Acterianus.

41. — *Lævinus.* Meursius lit *Lavinius,* grammairien dont Aulu-Gelle (liv. xx, ch. 11) cite un traité *Sordidorum vocabulorum.* On ne le connaît pas autrement.

42. — *Alma noctiluca.* — *Noctiluca,* « qui brille pendant la nuit. » C'est un surnom donné à la lune. Pontanus rapporte, d'après Spartien, que les Parthes adoraient la lune sous le nom du dieu Lunus.

43. — *Philochorus.* Il a déjà été question de Philochore, liv. I, ch. 10 (*voyez* la note 95). Il composa avec deux autres historiens de la même époque une Histoire de l'Attique, sous le nom de Ἀτθίς.

44. — *Statius Tullianus.* Les commentateurs ni les travaux des érudits ne nous apprennent rien sur ce Statius Tullianus. La *Bibliothèque latine* de Fabricius n'en parle pas.

45. — *Pacuvius.* Pacuvius, poëte tragique latin, débuta au théâtre l'an 199. Il était neveu d'Ennius. On trouve dans les auteurs les titres de dix-neuf de ses pièces, dont les fragments ont été recueillis dans le *Corpus poetarum.*

46. — *Cœlitum Camilla exspectata adveni.* Varron, en citant le même vers (*de la Langue latine,* liv. vii, § 34), écrit *advenis,* pour *adveni.* Du reste, suivant lui, *camilla* a le sens de *administra,* « intendante. » *Camilla divum,* « intendante des dieux. » Les Samothraces donnaient le nom de *Casmillus* à un ministre particulier du culte des grands dieux. Varron croit ce mot d'origine grecque, pour l'avoir rencontré dans les poëmes de Callimaque. Cf. Festus, au mot *Camillus.*

47. — *Camillos et Camillas appellant.* Varron, dans l'endroit que nous venons de citer (*voyez* la note précédente), appelle aussi *Camillus* celui qui, dans les noces, portait la corbeille destinée

à la mariée, et dont la plupart des assistants ignoraient le contenu.

48. — *Julius Festus.* C'est probablement *Pompeius Festus* qu'il faut lire, ainsi que le proposent Pontanus et Meursius.

49. — *Deos habere captivos.* C'était une croyance générale dans l'antiquité, que les dieux protecteurs d'une ville pouvaient l'abandonner pour passer du côté de l'ennemi; si bien que lorsqu'une place était assiégée, les habitants faisaient autant d'efforts pour retenir leurs dieux que les assiégeants pour les attirer à eux. Voilà pourquoi, au rapport de Plutarque et de Quinte-Curce, les Tyriens n'avaient imaginé rien de mieux que d'enchaîner les statues dans les temples. D'où vient qu'Arnobe adresse ce reproche aux païens : « Ista non prima et maxima contumelia est, habitationibus deos habere districtos? »

50. — *Ut ipsius urbis Latinum nomen ignotum esse voluerunt.* Nous ne sommes pas plus avancés aujourd'hui qu'au temps de Macrobe, et tous les efforts des érudits n'ont pu parvenir à découvrir ce nom mystérieux. Ange Politien prétend que ce nom était Amaryllis. *Voyez* Voltaire, *Mélanges historiques, Pyrrhonisme de l'histoire.*

51. — *Sunt qui Angeronam, etc.* Les auteurs ne sont pas d'accord sur les véritables attributions de cette déesse Angerona ou Angenora, comme l'écrit Scaliger dans ses notes sur Varron. On se rappelle que Macrobe en a déjà parlé assez longuement liv. i, ch. 10.

52. — *In libro quinto* RERUM RECONDITARUM *Sammonici Sereni.* Nous ajouterons à ce que nous avons dit (note 99 du liv. ii) de ce médecin poëte, le passage suivant puisé dans la *Vie de Caracalla* par Spartien (ch. iv) : « Occisique nonnulli inter cœnantes : inter quos etiam Sammonicus Serenus, cujus libri plurimi ad doctrinam exstant. »

53. — *In cujusdam Furii vetustissimo libro.* Macrobe cite plusieurs fois Furius, dans le livre vi des *Saturnales,* comme l'un des anciens auteurs que Virgile a le plus mis à contribution. Il paraît être le même que Furius Antias, dont il a déjà parlé au liv. i, et que cite Aulu-Gelle.

54. — *Si deus, etc.* Voltaire (*Mélanges historiques, Pyrrh. de l'hist.*), l'abbé Banier (*Mythologie expliquée*, t. 1er, p. 298) et Chateaubriand (*Itinéraire de Paris à Jérusalem*) ont donné des traductions libres de ces formules. Pour nous, afin de conserver à ce monument historique son caractère officiel, nous avons dû traduire aussi littéralement que possible.

55. — *Ateius Capito.* — *Voyez* la note 139 du liv. 1er.

56. — *Ecce pontifex tuus, quid apud quas aras mactetur, ignorat.* Chaque divinité avait ses victimes particulières. Ces victimes étaient choisies ou par similitude ou par opposition : par similitude, telles que du bétail noir pour Pluton, une vache stérile pour Proserpine, pour Minerve des bœufs qui n'ont jamais porté le joug, une biche pour Diane, une colombe pour Vénus, etc. ; par opposition, telles que, une truie, destructrice des moissons, pour Cérès ; un bouc, qui ronge les vignes, pour Bacchus ; une chèvre, animal qui a toujours la fièvre, pour Esculape, etc.

57. — *Horrendum dictu et visu mirabile monstrum.* Les éditions de Virgile portent :

Horrendum et dictu video mirabile monstrum.

« Un prodige horrible et merveilleux à raconter frappe ma vue. »

58. — *Sed ut locum monstro faceret sequuturo.* Ainsi, au lieu de voir dans le passage de Virgile une inadvertance, bien excusable sans doute, Macrobe y découvre un trait de génie. C'est abuser un peu du privilége de l'interprétation, comme le fait observer un des traducteurs de Virgile.

59. — *Cereri mulso litandum esse.* Le *mulsum* était du vin mêlé d'eau et de miel, que l'on servait ordinairement sur la table pendant le premier service. Plus loin (liv. vii, ch. 12), Macrobe en donne la recette, telle qu'elle était recommandée par les gourmets : « Mulsum quod probe temperes, miscendum esse novo Hymettio et vetulo Falerno. »

60. — *Tertius.* Les anciennes éditions portent *P. Tertius*.

61. — *In Papiriano enim jure.* Papirius, chef des pontifes, recueillit les lois de Numa touchant les cérémonies sacrées. Cicéron et Tite-Live parlent aussi d'un tribun Papirius, auteur d'une loi en vertu de laquelle personne ne pouvait dédier un temple ou un autel sans un ordre exprès du sénat.

62. — *In templo.... Junonis Populoniæ.* Junon Populonia, de *populatio*, « dévastation. » Elle était considérée sous ce nom comme déesse des champs, et on l'implorait dans les ravages occasionnés soit par les éléments, soit par la guerre.

63. — *Et religionem obtinet pulvinaris.* Les *pulvinaria* étaient de petits lits, ou coussins, sur lesquels on couchait les statues des

dieux. C'est devant ces coussins sacrés qu'avaient lieu les processions usitées dans les lectisternes. *Voyez* liv. 1, note 49.

64. — *Ara maxima.* Voici quelle était, suivant Pontanus, la formule dédicatoire d'un autel : QVANDO. TIBI. HODIE. HANC. ARAM. DABO. DEDICABOQ. HIS. LEGIBVS. HISQVE. REGIONIBVS. DABO. DEDICABOQ. QVAS. HIC. HODIE PALAM. DIXERO. VTI. INFIMVM. SOLVM. HVIVSQVE. ARÆ. TITVLORVMQVE. EST. SIQVIS. TERGERE. ORNARE. REFICERE. VOLET. QVOD. BENEFICII. CAVSA. FIAT. JVS. FASQVE. ESTO.

Mais est-ce bien la formule véritable? Il est permis d'en douter, quand Cicéron lui-même (*pro Domo*, c. XLVI) donne à entendre qu'on ne la connaissait déjà plus de son temps.

65. — *Et durum Bacchi domitura saporem.* Voici pour plus de clarté la phrase entière d'où la citation est prise :

.... Hinc cœli tempore certo
Dulcia mella premes; nec tantum dulcia, quantum
Et liquida, et durum Bacchi domitura saporem.
(*Georg.* lib. IV, v. 100.)

66. — *Salios Herculi dedit, quos Marti tantum dicavit antiquitas.* Les Saliens étaient à Rome les prêtres de Mars; ils furent institués par Numa au nombre de douze. On les nomma Saliens (*a saliendo*), parce que dans les fêtes ils parcouraient les rues de Rome en dansant et chantant des hymnes en l'honneur du dieu Mars. Cette origine des Saliens contredit l'assertion de Virgile, qui fait remonter leur institution au temps d'Évandre. Toutefois Scaliger, en prenant la défense du poëte, cite un ancien auteur nommé Polémon, qui assure que les Saliens étaient connus du temps d'Énée. Le savant Turnèbe prétend qu'ils ne tiraient pas leur nom de *salire*, mais de *Salius*, Arcadien qui suivit Évandre en Italie. Notons aussi cette différence, que les Saliens d'Évandre ne dansent pas; ils ne font que chanter les louanges d'Hercule.

67. — *Majores solitos decimam Herculi vovere.* Cf. PLUTARQUE, *Quest. rom.*, et DENYS D'HALICARNASSE, liv. I, ch. 40.

68. — *Cum corona laurea dimitterent cubitum.* PLAUTE, *Stichus*, acte 1, sc. 3, v. 80.

69. — *Octavii Hersennii liber.* Les commentateurs de Macrobe se taisent sur cet Octavius Hersennius.

70. — *Antonius Gnipho.* Antonius Gniphon (M.), grammairien, naquit dans les Gaules et enseigna la rhétorique à Rome, où il eut pour disciples César et Cicéron. Il composa un traité en deux

livres : *De Latino sermone.* M. Schütz infère de là qu'il est le véritable auteur de la *Rhétorique à Herennius.* — *Voyez* Suétone, *des Gramm. illustres,* ch. x.

71. — *Festra.* Terme de la vieille latinité. *Voyez* Festus.

72. — *Tunc Servius.* Le reste du chapitre jusqu'à la fin ne se trouve pas dans les éditions de Macrobe qui ont précédé celle de Pontanus. Ce dernier fait observer que tout le discours de Servius se retrouve, à quelques expressions près, dans le commentaire sur Virgile de ce savant interprète.

73. — *Themisferia.* Dans son commentaire, Servius écrit *Themisphoria*, Arnobe *Thesmophoria* : « Vultis enim consideremus mysteria et illa divina, quæ Thesmophoria nominantur a Græcis? » Cette dernière leçon est préférable. Les Thesmophories étaient chez les Grecs ce qu'étaient les céréales chez les Romains; elles se célébraient à Athènes, au mois d'octobre, et duraient cinq jours. Les hommes en étaient exclus, comme des fêtes d'Éleusis.

74. — *Lyæus.* C'est le nom grec de Bacchus : Λυαῖος de λύειν, *solvere,* délier, parce que le vin dissipe les soucis.

75. — *Marsias.* Marsias était alors pris pour Silène. Sa statue était placée dans le Forum romanum, vers les arcs de Janus, non loin des Rostres. Les orateurs qui venaient de gagner une cause, avaient l'habitude d'y déposer une couronne.

76. — *Et sic Junonem conciliavit noster Servius.* N'oublions pas que c'est Postumianus qui parle, et qui, sur le rapport d'Eusèbe, rend compte à Decius des entretiens qui ont eu lieu chez Prétextatus.

LIVRE QUATRIÈME.

1. — *Tunc Eusebus taliter exorsus est.* Le commencement de ce livre manque dans toutes les éditions antérieures à celle de Pontanus; il fut restitué par ce savant, d'après un manuscrit anglais, avec la seule addition de *palam* après *studere.* Le manuscrit portait simplement : *Orat. path. studere est.*

2. — *Stet Marpesia cautes.* Marpesse, montagne de l'île de Crète, célèbre par ses marbres.

3. — *Obstupuit....* La citation est inexacte : il faut *obstupui,* et non *obstupuit;* car c'est Énée qui parle.

4. — *Galeam ensemque vocati accipiunt.* Énée, en proposant le combat du ceste, avait promis un double prix : un taureau pour

le vainqueur ; au vaincu, pour le consoler de sa défaite , une épée et un casque. Cela explique le mouvement de honte qui fait que les amis de Darès, après que celui-ci a été vaincu par Entelle, hésitent à aller recevoir en son nom la récompense promise.

5. — *Totoque loquentis ab ore.* Les éditions de Virgile portent *ardentis*, au lieu de *loquentis*.

6. — Οἶκτος καὶ δείνωσις. — Ἔλεος καὶ φόβος, « pitié et terreur : » telles étaient, en effet, chez les Grecs, les deux grandes sources de l'émotion oratoire ou dramatique. *Voyez* ARISTOTE, *Poétique*, ch. XIV.

7. — *Satis indignanti.* — *Satis* pour *valde*. Cette locution, familière à notre auteur, se retrouve plus bas, liv. VI, ch. 2, et liv. VII, ch. 12.

8. — *Troja viros.*

    Quæ neque Dardaniis campis potuere perire,
    Nec cum capta capi, nec cum combusta cremari.
                                (ENNIUS.)

Peut-être sera-t-on tenté de voir dans cette antithèse une des perles que Virgile tirait, comme on sait, du fumier d'Ennius. Je n'oserais l'affirmer; toujours est-il que les écrivains latins, Sénèque, Ovide, Lucain, Virgile, en plusieurs autres endroits, sont remplis de pareils jeux de mots qui font pâmer d'aise les commentateurs.

9. — *Quia ira, quæ brevis furor est.* — *Voyez* HORACE, *Épît.*, liv. I, ép. 2, v. 62.

10. — *Ab infantia.* — *Infantia* est, à proprement parler, l'âge où les enfants n'ont pas encore reçu l'usage de la parole; *pueritia*, l'enfance en général, depuis l'instant de la naissance jusqu'à la douzième année environ. « *Puer infans*, » a dit Cicéron.

11. — *Pubentesque genæ.* Il y a dans Virgile *tabentesque genæ*.

12. — *A parentibus rogabatur.* Cf. CIC., *in Verr.*, act. II, or. 5, c. 45.

13. — *A Midia.* Midias était un homme riche et puissant, ennemi de Démosthène, et qui, après lui avoir fait refuser la couronne d'or à laquelle il avait droit comme chorége, osa lui donner un soufflet en plein théâtre et dans l'exercice même de sa charge. Midias fut jugé et condamné, séance tenante, suivant l'usage, par le peuple réuni tumultuairement dans le temple de

Bacchus; ensuite, la cause ayant été portée devant des juges particuliers, Démosthène composa pour cette occasion un discours plein de véhémence; mais on croit qu'il ne le prononça pas et s'arrangea avec Midias.

14. — *Capere arma Mycenis.* La phrase est affirmative dans Virgile.

> . . . . Nec solos tangit Atridas
> Iste dolor, solisque licet capere arma Mycenis.

15. — *Manifeste vel occulte.* Il a tué, ou il a été tué. *Occidit* a les deux sens.

16. — *Statuæ impositum.* Cf. Cic., *in Verr.*, act. ii, or. 5, c. 40.

17. — *Civem Romanum.* Cf. Cic., *in Verr.*, act. ii, or. 5, c. 62 et sqq.

18. — *Conjugis infandum.* Le texte de Virgile porte *conjugis infandæ*. Voici, du reste, le passage entier :

> Ipse Mycenæus, magnorum ductor Achivum,
> Conjugis infandæ prima intra limina dextra
> Oppetiit : devicta Asia subsedit adulter.

19. — *A simili.* L'argument *à simili* fait partie de la comparaison lieu commun, qu'il ne faut pas confondre avec la comparaison figure. En effet, la comparaison procède de trois manières : elle conclut du plus au moins, du moins au plus, ou d'égal à égal. « Quod in re majore valet, valeat in minore; quod in minore valet, valeat in majore; quod in re pari valet, valeat in hac quæ par est. » (Cic., *Topiques*, ch. iv.) Macrobe parle ici de la nière; il parlera des deux autres dans le chapitre suivant.

20. — Παράδειγμα, παραβολή, εἰκών. Cf. Aristote, *Rhét.*, liv. ii, ch. 20. Aristote distingue, en effet, l'exemple de la parabole, mais non d'une manière absolue. Voici ce qu'il dit : « Il y a deux espèces d'exemples : la première, lorsqu'on s'appuie sur des faits arrivés; la seconde, quand les faits sont imaginaires. Elle comprend la *parabole* et les fables. »

21. — *Materiam ejus irrisit.* Un ancien manuscrit remplace *materiam* par *misericordiam*, qu'adopte Meursius. Mais Pontanus suit la première leçon, et par *materiam* il entend la futilité du moyen employé par Orphée pour retirer son épouse des enfers.

22. — *Hoc poetæ convenit.* Macrobe semble attribuer à la parabole ce que dit Aristote de l'image ou comparaison, et réciproquement plus bas il dit de la comparaison ce qu'Aristote a dit de la parabole. Cf. ARISTOTE, *Rhét.*, liv. III, ch. 20. Au reste, la parabole, la comparaison, l'image, sont, pour ainsi dire, une seule et même chose, et l'on ne doit pas s'étonner que les rhéteurs et les grammairiens les prennent souvent l'une pour l'autre.

23. — *Et imago.* Cf. ARISTOTE, *Rhét.*, liv. III, ch. 20.

24. — *Nodis fremit.* Il y a dans Virgile *fremet* et non *fremit.*

25. — *Ad inanimalia vel ad muta.* C'est la figure appelée communément *prosopopée.*

26. — *Ea fata nepotes.* Il y a dans Virgile *facta*, et non *fata.*

27. — *Terris avertite pestem.* Les trois exemples qui précèdent appartiennent à une figure distincte de l'exclamation, et que les rhéteurs appellent *imprécation.*

TABLE

DES MATIÈRES DU TOME PREMIER.

	Pages
Notice sur Macrobe..	5
Livre premier.	
Préface adressée a son fils..	33
Plan de tout l'ouvrage..	39
De l'origine et de l'enchaînement de ces conversations de table...	43
Du commencement et de la division du jour civil.................	49
Les expressions *Saturnaliorum*, *noctu futura*, et *die crastini* sont latines...	57
Des mots vieillis et hors d'usage. L'expression *mille verborum est* est correcte et latine..	67
Origine et usage de la prétexte. Comment on en fit un nom propre; et de l'étymologie de quelques autres noms.....................	75
Origine des Saturnales. Leur ancienneté. — Excursions sur divers sujets...	87
Du temple de Saturne; des attributs qui décorent le temple et la statue; comment on doit entendre les fables répandues sur ce dieu..	103
De Janus; des noms divers et de la puissance de ce dieu........	107
Quel jour se célébraient les Saturnales : elles ne durèrent d'abord qu'un seul jour, ensuite plusieurs.....................................	113
Que l'on ne doit pas mépriser les esclaves, d'abord parce qu'ils sont sous la protection des dieux, ensuite parce qu'il y a eu parmi eux des hommes fidèles, prévoyants, courageux, des philosophes même. — De l'origine des Sigillaires...............................	121
Comment Romulus partagea l'année................................	141
Division de l'année par Numa. Cause de l'intercalation; à quelle époque eut lieu la première...	157
Des corrections faites au calendrier, d'abord par Jules César, ensuite par Auguste..	165
Des calendes, des ides et des nones................................	171
Distinction des jours chez les Romains, et leurs diverses dénominations...	181
Que tous les dieux se rapportent au soleil. Comment des différents noms d'Apollon on tire la preuve qu'il est le même que le dieu appelé Soleil...	197
Que Bacchus est aussi le même dieu que le soleil.................	225
Que Mars lui-même, ou Mercure, n'est autre que le soleil.......	235
Qu'Esculape aussi, Hygie, Hercule, Sarapis avec Isis, ne sont d'autres dieux que le soleil..	243

TABLE DES MATIÈRES.

Pages

Qu'Adonis, Attis, Osiris et Horus ne sont pas autre chose que le soleil. Que les douze signes du zodiaque eux-mêmes se rapportent à la nature du soleil.................................... 249

Que Némésis, Pan (appelé aussi Inuus) et Saturne ne sont autres que le soleil... 261

Que Jupiter aussi, et l'Adad des Assyriens ne font qu'un avec le soleil; que le culte de tous les dieux, comme on le démontre par l'autorité des théologiens et celle d'Orphée, se rapporte au culte du soleil... 263

Éloge de Virgile. Étendue et variété de ses connaissances. Des sujets qui seront successivement traités dans les livres suivants....... 273

LIVRE DEUXIÈME.

Comment les convives vinrent à parler des diverses plaisanteries et bons mots des anciens...................................... 285

Plaisanteries et bons mots de divers personnages................ 291

Bons mots de M. Tullius Cicéron............................ 299

Bons mots d'Auguste sur quelques particuliers, et de quelques particuliers sur Auguste.. 305

Bons mots et mœurs de Julie, fille d'Auguste.................. 319

Autres bons mots et reparties fines de quelques Romains........ 323

Sentences et bons mots des faiseurs de mimes Laberius et Publius. De Pylade et d'Hylas, histrions............................ 325

Des préceptes de Platon touchant l'usage du vin. Qu'il est dangereux et honteux d'être esclave des plaisirs du tact et du goût....... 333

De la recherche et du luxe de Q. Hortensius, de Fabius Gurgès, de Metellus Pius et de Metellus le grand pontife; et par suite, du porc troyen et de l'engraissement des lièvres et des limaçons........ 339

Que l'art de la danse, du chant, même celui du comédien, n'avaient rien de déshonorant chez les anciens Romains................ 347

En quelle estime furent chez les Romains des avant-derniers temps les poissons, et particulièrement la murène................... 353

De l'esturgeon, du mulet, du scare et du loup.................. 357

Des lois portées contre le luxe des anciens Romains............ 365

Des diverses espèces de noix................................ 373

Des diverses espèces de pommes et de poires.................. 379

Des diverses espèces de figues, d'olives et de raisins............ 383

LIVRE TROISIÈME.

Avec quelle exactitude Virgile a décrit les divers rites des sacrifices. 387

Avec quelle propriété Virgile s'est servi des termes consacrés dans les cérémonies religieuses................................... 391

Du sacré, du profane, du saint et du religieux; ce qu'on entend par là, et avec quelle exactitude Virgile a conservé le sens propre de ces expressions.. 399

Ce qu'on entend par le *delubrum* et les dieux pénates; que, même dans l'emploi de ces mots, Virgile est resté fidèle à son exactitude ordinaire... 405

Avec quel soin Virgile a spécifié les diverses espèces de victimes, et pourquoi il appelle Mézence contempteur des dieux........... 411

Des connaissances merveilleuses de Virgile relativement aux céré-

TABLE DES MATIÈRES.

monies religieuses, tant des Romains que des peuples étrangers; comme on le voit par le culte d'Apollon Délien et d'Hercule Vainqueur... 419

Que bien des choses auxquelles le commun des lecteurs ne fait pas attention dans Virgile, n'en ont pas moins un sens profond; et pourquoi il était permis de tuer les hommes sacrés............ 425

Passages de Virgile altérés par de fausses leçons. Que beaucoup de choses qui paraissent jetées au hasard dans ce poëte, sont très-raisonnées. De quelques autres sujets......................... 429

De la formule ordinaire pour évoquer les dieux tutélaires, et pour dévouer les villes et les armées.............................. 435

Pourquoi Virgile, dans le troisième livre de l'*Énéide*, a fait immoler un taureau à Jupiter; et à quels dieux l'on a coutume d'immoler des taureaux.. 441

Que Virgile, dans ce vers du premier livre des *Géorgiques* : *Cui tu lacte favos et miti dilue Baccho*, a donné à entendre qu'on devait sacrifier à Cérès avec du vin doux; et pourquoi, dans le premier et dans le huitième livre de l'*Énéide*, il fait faire des libations sur la table, lorsqu'elles ne devaient avoir lieu que sur l'autel. 445

Pourquoi Virgile a assigné des prêtres saliens à Hercule, et pourquoi il leur donne des couronnes de branches de peuplier..... 449

LIVRE QUATRIÈME.

Du pathétique tiré de l'extérieur de la personne................ 457
Comment le pathétique se tire du mouvement même du discours.. 459
Du pathétique tiré de l'âge, de la fortune, de la faiblesse, du lieu, du temps.. 465
Du pathétique tiré de la cause, du mode et de la matière....... 475
Du pathétique *à simili*... 483
Du pathétique *à majori* et *à minori*........................... 489

NOTES.

Livre premier.. 502
Livre deuxième... 520
Livre troisième.. 534
Livre quatrième.. 543

FIN DU TOME PREMIER.

www.ingramcontent.com/pod-product-compliance
Lightning Source LLC
Chambersburg PA
CBHW070839230426
43667CB00011B/1854